Kirstin Kabasci

Dubai und Ausflug Sharjah

dub10_010 kk

„Wir werden Geschichte schreiben
und uns der Zukunft mit stetigen Schritten nähern."

His Highness General Shaikh *Mohammed bin Rashid Al Maktoum*

Impressum

Kirstin Kabasci
Reise Know-How Dubai und Ausflug Sharjah

erschienen im
Reise Know-How Verlag Peter Rump GmbH
Osnabrücker Str. 79, 33649 Bielefeld

**9., neu bearbeitete
und komplett aktualisierte Auflage 2016**

Gestaltung
Umschlag: G. Pawlak, P. Rump (Layout);
M. Luck (Realisierung)
Inhalt: G. Pawlak (Layout); M. Luck (Realisierung)
Fotonachweis: siehe S. 408
Titelfoto: Government of Dubai, Department of Tourism and Commerce Marketing (Motiv: Wolkenkratzer an der Shaikh Zayed Rd)
Karten: B. Spachmüller; Th. Buri; C. Raisin; der Verlag

Lektorat: M. Luck

Druck und Bindung: Wilhelm & Adam, Heusenstamm

ISBN 978-3-8317-2693-6
Printed in Germany

Dieses Buch ist erhältlich in jeder Buchhandlung Deutschlands, der Schweiz, Österreichs, Belgiens und der Niederlande. Bitte informieren Sie Ihren Buchhändler über folgende Bezugsadressen:

Deutschland
Prolit GmbH, Postfach 9, D-35461 Fernwald (Annerod) sowie alle Barsortimente
Schweiz
AVA Verlagsauslieferung AG
Postfach 27, CH-8910 Affoltern
Österreich
Mohr Morawa Buchvertrieb GmbH
Sulzengasse 2, A-1230 Wien
Niederlande, Belgien
Willems Adventure, www.willemsadventure.nl

Wer im Buchhandel trotzdem kein Glück hat, bekommt unsere Bücher auch über unseren
Büchershop im Internet: www.reise-know-how.de

dub14-032 kk

Wir freuen uns über Kritik, Kommentare und Verbesserungsvorschläge, gern auch per E-Mail an info@reise-know-how.de.

Alle Informationen in diesem Buch sind von der Autorin mit größter Sorgfalt gesammelt und vom Lektorat des Verlages gewissenhaft bearbeitet und überprüft worden.

Da inhaltliche und sachliche Fehler nicht ausgeschlossen werden können, erklärt der Verlag, dass alle Angaben im Sinne der Produkthaftung ohne Garantie erfolgen und dass Verlag wie Autorin keinerlei Verantwortung und Haftung für inhaltliche und sachliche Fehler übernehmen.

Die Nennung von Firmen und ihren Produkten und ihre Reihenfolge sind als Beispiel ohne Wertung gegenüber anderen anzusehen. Qualitäts- und Quantitätsangaben sind rein subjektive Einschätzungen der Autorin und dienen keinesfalls der Bewerbung von Firmen oder Produkten.

Kirstin Kabasci

DUBAI UND AUSFLUG SHARJAH

Vorwort

Beduinische Wurzeln und visionäre Wünsche

Dubai, die Wüstenmetropole am Südufer des Golfes, bildet den zweitgrößten **Teilstaat der Vereinigten Arabischen Emirate.** In der zu beiden Seiten eines geschwungenen Meeresarms gelegenen Stadt verläuft das Leben nach dem Motto: **Einmaligkeit ist die Regel, Bescheidenheit ein Fremdwort, nichts ist unmöglich.**

Dubai steckt **voller Extreme und Widersprüche, voller Kuriositäten und Kontraste** – und sorgt(e) auf vielfältige Weise für Furore: als schnellstwachsende Stadt der Welt, als Konglomerat der Superlative, als bonbonbuntes Fantasieland, als polyglottes Business-Babel, als Hochburg der Hotellerie, als Königsstadt der Künstlichkeiten, als klimatisierter Konsumtempel, als Atlantis der Gegenwart sowie als Spielwiese bzw. Scheiterhaufen der Immobilieninvestoren.

Als solch bunt schillerndes Kaleidoskop steht Dubai im Fokus der globalen Aufmerksamkeit – nicht zuletzt dank der eifrigen und groß angelegten Selbstvermarktung. Zu Boomzeiten begleitete auch **Neid** diese Aufmerksamkeit – mit Beginn der Weltwirtschaftskrise 2008 folgten **Skepsis** und Schadenfreude auf einen eventuell bevorstehenden Niedergang. Doch trotz der babylonischen Unkenrufe setzt Dubai mit seinem alles überragenden Tatendrang und Innovationswillen seine Expansionspolitik fort – wenn auch deutlich disziplinierter und mit neuer Konzentration auf alte Stärken. Die Talsohle scheint durchschritten, Dubais Wüste wächst weiter zum Wunderland.

Dieses Metropolis der Wüste erwuchs im Zeitraffer: Seit den ersten Ölfunden 1966 und dem Zusammenschluss sieben seither selbstständiger Shaikhtümer zum Staatenbund der Vereinigten Arabischen Emirate 1971 durchsprintet dieser ehemals von der Weltgeschichte vergessene Wüstenwinkel im Schnelldurchlauf eine Entwicklung, für die andere Städte 100 Jahre und länger gebraucht haben. Dieselben Menschen, die als junge Erwachsene von Datteln und Viehzucht, Perlenhandel und Piraterie, Goldschmuggel oder Fischerei lebten, bilden heute die ältere Generation eines reichen Volkes.

Nur in jungen Jahren erlebte Dubai einen Petrodollarsegen, dann folgte eine kluge Handelspolitik gepaart mit dem Mut zu **kühnen Zukunftsvisionen.** Die Stadt hat sich **neu erfunden** – als moderner, dynamischer, liberaler und weltoffener Orient. Damit ist Dubai ein Pionier und wird von vielen anderen arabischen Staaten als Vorbild angesehen – und als Hoffnungsträger. In Dubai können Träume und Visionen wahr werden, anders als in vielen arabischen Ländern wird Globalisierung nicht als Gefahr, sondern gepaart mit Fortschrittsglauben als Geschäftsmodell umgesetzt. Eine besondere Aktualität hat dies vor dem Hintergrund, dass Dubai einer Oase der Stabilität gleicht, während Proteste, Umstürze, Machtkämpfe und Glaubenskriege andere Regionen des Nahen und Mittleren Ostens erschüttern – auch deswegen weichen immer mehr Arabien-Reisende gerne hierher aus.

Mein herzlicher **Dank** gilt dem Dubai Department of Tourism and Commerce Marketing sowie der Sharjah Commerce and Tourism Development Authority.

Ich wünsche allen Lesern einen angenehmen und erlebnisreichen Urlaub und begrüße Sie stilecht mit „ahlan wa-sahlan“ – *Kirstin Kabasci.*

Willkommen in Sharjah!

Dieses Buch stellt auch **Dubais Nachbarstadt** Sharjah und ihre Sehenswürdigkeiten vor. Sharjah bedeutet übersetzt „Osten“ und im übertragenen Sinne „aufgehende Sonne“. Die gleichnamige Hauptstadt des Emirates Sharjah liegt nur wenige Kilometer nordöstlich von Dubai – in den letzten Jahren sind beide Städte fast schon zusammengewachsen –, daher lohnt ein Besuch bereits als Tagesausflug und erst recht für einen längeren Aufenthalt. In keiner anderen emiratischen Stadt findet man eine ähnlich hohe Dichte an interessanten Museen, historischen Gebäuden, quirligen Märkten und Kunsteinrichtungen, weshalb Sharjah als **kulturelles Zentrum** der V. A. Emirate gilt.

Spannend ist der **Kontrast** beider Städte, denn Sharjah ist auffallend anders als Dubai. Statt auf Künstlichkeit und Weltrekorde trifft man auf traditionsbewussten und kulturorientierten Wiederbelebungseifer – „neu-historisch“ statt „neu-modern“ lautet Sharjahs Strategie.

Und: In Dubai gehören **alkoholische Getränke** dazu, in Sharjah dagegen gilt ein Alkoholverbot – es gibt keine Bars oder Clubs, und in Restaurants wird kein Alkohol ausgeschenkt.

Info-Kästen

Reisevorbereitung

Urlaub in Dubai

Ausflugsziele

Land und Leute

Karten

Inhalt

Internet-Adressen

Die Internet-Adressen in diesem Buch können – bedingt durch den **Zeilenumbruch** – so getrennt werden, dass ein **Trennstrich** erscheint, der nicht zur Adresse gehören muss!

Highlights aus Dubais Vielfalt

- **Dinierend über den Creek schippern**
Dhaufahrt; siehe „Sehenswertes am Creek", S. 88
- **Spaziergang durch alte Zeiten**
Al Fahidi Historical Neighbourhood; siehe „Sehenswertes in Bur Dubai", S. 106
- **Turmhohe Stadtübersicht**
Aussicht vom Burj Khalifa; siehe „Sehenswertes auf Dubais Inlandsseite", S. 127
- **Einkaufszentrum ganz multikulti**
Ibn Battuta Mall; siehe „Einkaufszentren und Malls", S. 136
- **Schnelle Pferde und imposante Hüte**
Dubai World Cup; siehe „Dubai World Cup – Wüstenspektakel von Weltklasse", S. 180
- **Stadtrundfahrt im Doppeldeckerbus**
siehe „Dubai-Sightseeing", S. 80
- **Turmhohe Wasserrutschen**
Aquaventure; siehe „Wasserparks", S. 160
- **Güldenes Labyrinth**
Goldsouq der Dubai Mall; siehe „Einkaufszentren und Malls", S. 133
- **Neuarabisch shoppen**
Souq Madinat Jumeirah; siehe „Einkaufszentren und Malls", S. 144
- **Souq im Fort-Nachbau**
Al Fahidi Traditional Souq; siehe „Sehenswertes in Bur Dubai", S. 105
- **Auf die Palme gehen**
Palm Jumeirah; siehe „Sehenswertes auf Dubais Seeseite", S. 118
- **Moschee besuchen**
Jumeirah-Moschee; siehe „Sehenswertes auf Dubais Inlandsseite", S. 114
- **Florale Hautmalereien**
Hennastudios; siehe „Sonstiges", S. 293
- **Verwöhnprogramm der Extravaganz**
Assawan Spa; siehe „Sport und Aktivitäten", S. 177
- **Hotel aus der Zukunft**
siehe „Burj Al Arab", S. 198
- **Eiseskälte und Eisdrinks**
Chill Out Ice Lounge; siehe „Gastronomie", S. 220
- **In den Himmel fahren**
Ballonfahrten; siehe „Sport und Aktivitäten", S. 174
- **Haushohe Wasserspiele**
Dubai Fountain; siehe „Sehenswertes auf Dubais Inlandsseite", S. 128
- **Folkklänge und Chillout moods**
Musikkonzerte; siehe „Kunst und Kultur", S. 193
- **Wohnen im Ökoresort**
siehe „Al Maha Ökotourismus Wüstenresort", S. 202
- **Spazieren gehen am Altstadtufer**
Creek Walkway; siehe „Sehenswertes in Bur Dubai", S. 109
- **Flanieren an der Strandpromenade**
Jumeirah Corniche; siehe „Sehenswertes auf Dubais Seeseite", S. 154
- **Ohne Stau durch die Stadt,** Dubai Metro; siehe „Öffentliche Verkehrsmittel", S. 259
- **Orient schnuppern und schmecken**
Gewürzsouq; siehe „Sehenswertes in Deira", S. 99
- **Mit der Dubai Ferry die Küste erkunden**
siehe „Öffentliche Verkehrsmittel", S. 266
- **Hai-Tunnel**
Aquarium der Dubai Mall; siehe „Einkaufszentren und Malls", S. 134
- **Highspeed-Kamele**
Kamelrennen; siehe „Sport und Aktivitäten", S. 183
- **Durch Dünen düsen**
Sandbuggy- und Quadverleih; siehe „Offroad ins Gelände wagen", S. 328
- **Oasenidylle**
Hatta; siehe „Hatta und Umgebung", S. 331
- **Kulturelle Vielfalt**
Sharjah; siehe „Sharjah-Stadt", S. 300

Hotels: Ausstattung, Klassifizierung, Kartenplatzierung

Auf S. 16/17 sind alle im Buch empfohlenen Hotels aufgelistet, die in den Umschlagkarten und in den Karten „Südliches Dubai" und „Südliches Dubai bis Jebel Ali" eingezeichnet sind; auf diese Karten bezieht sich die **Nummerierung der Hotels.**

In der Auflistung empfehlenswerter Hotels bezeichnen folgende Buchstaben bestimmte Ausstattungsmerkmale der Hotels:

MEIN TIPP: besondere Empfehlung
G – **G**arten
B – am Haus gelegener privater **B**adestrand
W – **W**assersport
F – **F**itness (z.B. Fitnessgeräte, Sauna, Jacuzzi, Massage)
R – **R**estaurant(s), Coffee Shop, Lounge
N – **N**ightlife (Bar, Nachtclub)
P – **P**ool
T – **T**ennis

Die **Klassifizierung der Hotels** in diesem Reiseführer von ***** bis * entspricht den Angaben des Dubai Department of Tourism and Commerce Marketing.

Hinweise zum Gebrauch dieses Buches

Dieser Reiseführer richtet sich an alle Reisenden, welche die Vielfalt Dubais und den Zauber seiner Kontraste aktiv erkunden möchten. Er liefert weitaus mehr als die bloße Aufzählung kultureller Sehenswürdigkeiten, sodass **Gruppenreisende, Individualisten, Familien und Shoppingtouristen** eine bunte Palette an handfesten Informationen und interessanten Hintergrundberichten finden. Damit soll dieses Buch ein Leitfaden zum Selberentdecken und ein informativer Begleiter sein.

Der **Aufbau dieses Buches** folgt einem einfachen Prinzip:

- Der erste Teil – **Reisevorbereitung** – bietet viele nützliche Hinweise zu Visa- und Einreisebestimmungen, Flugverbindungen, Reisegepäck, Geldfragen, Gesundheitsvorsorge, Versicherungen, Verhalten im Gastland etc.
- Im zweiten Teil – **Urlaub in Dubai** – wird Dubai in seiner ganzen Vielfalt beschrieben: Sehenswürdigkeiten, Shoppingmöglichkeiten, Sportofferten, Parks, Hotels, Restaurants, Bars, Nachtclubs, Autovermieter u.v.m. Dieses Kapitel ist voll von detaillierten Beschreibungen und Adressen, die dem Reisenden helfen, sich im Wüstenemirat besser zurechtzufinden und nichts zu verpassen. Stadtpläne mit allen wesentlichen Eintragungen helfen bei der Orientierung.
- Im dritten Teil – **Ausflugsziele** – sind Ausflüge nach Hatta, einer kleinen Oasenstadt im Osten des Emirats Dubai, sowie in die Sandwüste und nach **Sharjah-Stadt** beschrieben.

Dubai, ein Paradies für Golfer

dub12_003 dt

- Der vierte Teil – **Land und Leute** – informiert über geografische, historische, politische, gesellschaftliche, wirtschaftliche und kulturelle Zusammenhänge, wovon vieles nicht nur für Dubai, sondern auch für andere Emirate wie Sharjah gilt.
- Im **Anhang** finden sich ein Kapitel zur arabischen Sprache mit den wichtigsten Regeln und Redewendungen, ferner ein Glossar, das vorrangig arabische Fremdwörter erklärt, und ein ausführliches Register.

Dieses Buch ist in mehreren deutschsprachigen Ländern erhältlich. Die meisten Informationen und Adressen (z.B. Botschaften, Zoll) sind so unterteilt, dass Deutsche, Österreicher und Schweizer die für sie jeweils gültigen Angaben vorfinden. Da es jedoch manchmal zu komplex werden würde, einen Sachverhalt für alle drei Länder aufzuzählen, kann es vorkommen, dass sich manches nur auf die Mehrheit der Leser, also auf Deutsche bzw. auf Deutschland, bezieht. Dies trifft z.B. auf Servicetelefonnummern (u.a. Fluglinien, Autovermieter, internationale Hotelketten) zu.

Dieser Reiseführer enthält eine Vielzahl an praktischen Tipps und Informationen. Natürlich bleibt es nicht aus, dass so manches mit der Zeit veraltet. **Dubai wandelt sich schnell,** und so passiert dies oft schon von heute auf morgen. Betroffen sind v.a. Preise und Öffnungszeiten, die daher auch eher als Richtwerte zu verstehen sind. Auch ist der Verlauf von Zukunftsplanungen und Bauvorhaben mitunter schwer in Erfahrung zu bringen. Fehler lassen sich trotz sorgfältiger Recherchen leider nie ganz vermeiden, daher können weder der Verlag noch die Autorin eine Haftung, Garantie oder Gewähr für nicht mehr aktuelle oder falsche Angaben übernehmen.

Jegliche Angaben zu Firmen, Unternehmen oder Institutionen sowie zu deren Produkten basieren auf der persönlichen Einschätzung der Autorin, sie sind neutral, sie stellen keine Werbung dar und sie beinhalten keine Qualitätsversprechen.

In der Regel erscheint alle eineinhalb bis zwei Jahre eine neue, überarbeitete und aktualisierte Auflage dieses Buches. Falls nicht anders genannt, beziehen sich alle Daten dieser Ausgabe auf Sommer/Herbst 2015.

Nicht verpassen!

In jedem Kapitel sind einige (touristische) Highlights hervorgehoben – man erkennt sie an der **gelben Hinterlegung.**

MEIN TIPP: **Besonders empfehlenswerte Unterkünfte, Restaurants und sonstige besondere Tipps der Autorin** sind entsprechend gekennzeichnet.

Der Schmetterling zeigt an, wo man **besonders gut Natur erleben** oder **Angebote im Bereich des nachhaltigen Tourismus** finden kann.

Dabei in Dubai

Dubai befriedigt vielerlei touristische Interessen: Besucher können erstklassig ausspannen, ausgiebig einkaufen, sportlich auspowern oder auf kulturelle Entdeckungstour gehen. Das Emirat ist ein ideales Einstiegsziel für Reise- und Arabien-Anfänger und auch das richtige Reiseland für Arabien-Fans, die die Annehmlichkeiten der modernen Welt nicht missen möchten. Hauptzielgruppe der lokalen Tourismusförderung sind Reisende, die eine Mischung aus Erholung mit westlichem Komfort und einem Hauch arabischem Abenteuer suchen. Für Strandurlauber und Familien ist Dubai ideal – zumindest im Winter. Es kommen auch viele, die gerne multikulturelle Großstadtluft schnuppern und etwas von Dubais Lifestyle-Faktor miterleben möchten. Viele Geschäftsreisende hängen einen Kurzurlaub an.

Mit **Englisch** kann man sich problemlos verständigen, **ein Besuchsvisum erhält man sehr einfach,** die **Anreise ist problemlos:** Es gibt eine Vielzahl attraktiver Direktflüge, mit denen man in weniger als sieben Stunden in Dubai ist.

Verglichen mit anderen Wüstenstaaten, ist in Dubai **Reisen** eine **komfortable Sache.** Wer Wert darauf legt, kann in 5-Sterne-Hotels logieren, an üppig gedeckten Büffets der Gourmet-Restaurants Delikatessen aus aller Welt kosten und auch sonst allen nur erdenklichen Komfort genießen. Das Schöne daran ist, dass Luxus in Dubai nicht unbedingt kostspielig, sondern vergleichsweise erschwinglich sein kann.

Doch Dubai ist keine reine Luxusdestination: Auch **preiswertere Reisemöglichkeiten** bieten sich an, etwa die Übernachtung in Budget-Hotels oder in einer Jugendherberge, einfache und dabei hygienisch einwandfreie Restaurants und Imbiss-Stuben, zahllose Märkte und Supermärkte für die Selbstversorgung, kostenfreie Strände und preiswerte Strandparks sowie gut funktionierende öffentliche Verkehrsmittel.

An **Sport- und Freizeitaktivitäten** ist alles geboten, was der Aktivurlauber begehrt: Schwimmen, Tennis, Squash, Schlittschuhlaufen und Skifahren (!), Segeln, Surfen, Wasserski, Jetski, Fallschirmsegeln, Hochseefischen, Tauchen, Reiten (auf Pferden und Kamelen), Wandern, Buggyfahren, Sanddünenski. Golfspieler aus aller Welt strömen in die Wüstenstadt, denn Dubai ist zweifelsfrei *das* **Golferparadies am Golf.** Die vielen Golfplätze sind eine einzigartige Synthese aus gepflegten Grünanlagen und unverfälschter Wüstenlandschaft.

Der **Islam** hat für ausländische Besucher **kaum Restriktionen** zur Folge. In Bars und Nachtclubs wird Alkohol ausgeschenkt, ausländische Frauen können sich frei bewegen und sind keiner muslimischen Kleiderordnung unterworfen.

Nachtschwärmer können sich in **Bars, Clubs und Discos** „austoben" – Dubai bei Nacht kann trendy, cool, rockig, gemütlich, urig, romantisch, hip, arabisch und noch viel mehr sein.

Wer seinen Urlaub nicht bereits in der Heimat pauschal buchen möchte, der kann bei einem **Tourveranstalter in Dubai** Stadtrundfahrten, Ausflüge oder mehrtägige Touren mitmachen. Man kann sich auch ein individuell maßgeschneidertes Programm organisieren lassen. Die Tourbegleiter sprechen meist englisch oder deutsch.

Es lohnt sich, Dubai und das Umland mit dem **Mietwagen** zu erkunden, wozu diverse internationale und lokale Autoverleiher alle erdenklichen Wagenklassen anbieten. Die Preise dafür sind durchweg niedriger als in Deutschland.

Dubai ist auch ein **Einkaufsparadies.** Hier laufen die Kreditkarten heiß, denn das Warenangebot ist groß und die Einkaufsmöglichkeiten vielfältig. Ob in elegant gestylten Boutiquen, in ultramodernen Einkaufszentren und Malls oder aber in den orientalische Läden des traditionellen Souqs: Was auch immer man sucht – edle haute couture aus Paris, Mailand und London oder preiswerte Bekleidung aus China und Indien, exklusive Armbanduhren aus der Schweiz oder billige aus Hong Kong, wertvolle Juwelen und fein gearbeitete Goldstücke oder antiker Beduinenschmuck – nahezu alle Wünsche können erfüllt werden. Der traditionelle **Goldsouq** ist der größte des Mittleren Ostens, und er ist berühmt für seine Auswahl, Qualität, Handwerkskunst sowie die überaus attraktiven Preise. Dazu gesellen sich unzählige Juweliere in modernen Einkaufszentren. Viele Urlauber kommen allein wegen des edlen Metalles und schöner Schmuckstücke.

Zu den Hauptattraktionen zählen zweifellos auch die sonnengetränkten, sauberen **Sandstrände** und das kristallklare Meer mit seiner artenreichen **Unterwasserwelt.** Weiterhin locken Gartenanlagen, Freizeit-, Vergnügungs- und Wasserparks und unglaublich viele hochrangige Sportereignisse. Und nicht zuletzt erstreckt sich jenseits der Häusergrenze eine grandiose **Landschaft** aus unendlichen Sandmeeren, unwirklichen Gebirgsmassiven und ursprünglichen Oasendörfern. Bei Touristen sehr beliebt ist z.B. ein abendliches Barbecue in den Dünen. Andere sehen in der Wüste oder in den holprigen Pisten des Berglandes einen großen Outdoor-Abenteuerspielplatz und ein Testgelände für superstarke Geländewagen oder wieselwendige Sandbuggys.

Abschließend noch klare Worte zur **Relativierung des Traumbildes:** Dubai feiert sich gerne als Stadt der Superlative – Kritiker sehen eine Metropole der Maßlosigkeit. In der Stadt regieren nicht nur Luxus und Lifestyle, sondern auch Verkehrs- und Baustellenchaos plus Lärm, Hektik und Hitze. Dubai hat sich vielen Prämissen hingegeben, die inzwischen kritisch hinterfragt werden: so die Vorherrschaft des Kapitals, die Politik des „Alles ist möglich" um jeden Preis, das unablässige Schaffen von Künstlichem, die massive Tourismusförderung. Wer erwartet, Dubai sei rundum luxuriös und voller Glamour, wer meint, überall auf protzige Palastvillen und schwerreiche Shaikhs zu treffen, der irrt. Man kann sich bestens auf der Luxusseite des Lebens bewegen: Mit der Nobellimousine von einer Trauminsel in eine vornehme Mall und dann weiter zum opulenten Dinnerbüfett, um schließlich in einer Executive Suite zu nächtigen. Doch das ist nur die eine Seite der Medaille. In vielen Situationen, sei es bei einer Taxifahrt zum Supermarkt, beim Bummel durch den Souq oder bei einem Picknickausflug in den Park, könnte man meinen, in Neu-Dehli oder Islamabad zu sein. Denn fast 90% der Bewohner Dubais sind Gastarbeiter, die meisten Inder oder Pakistanis. Für diese große Mehrheit werden Dubais Traumwelten unerreichbar bleiben.

Hotelliste (A–Z)

Die Hotellisten auf dieser Doppelseite bzw. die Nummerierung der Hotels beziehen sich auf die **Stadtpläne in den Umschlagklappen und auf S. 78/79.**

Ahmedia Heritage
Guest House ***** (23)
Al Jawhara Metro ** (45)
Ambassador *** (2)
Anantara Dubai The Palm
Resort & Spa ***** (80)
Arabian Courtyard Hotel
and Spa **** (9)
Armani Hotel Dubai ***** (55)
Ascot **** (5)
Atlantis The Palm ***** (64)
Barjeel Heritage
Guest House ***** (1)
Burj Al Arab ***** (59)
Byblos **** (70)
Capitol **** (28)
Carlton Tower **** (18)
Centro Barsha *** (83)
Chelsea Plaza **** (29)
Citymax Al Barsha *** (82)
Citymax Bur Dubai *** (31)
Comfort Inn *** (15)
Dubai Marine Beach Resort
and Spa ***** (50)
easyHotel * (79)
Eureka ** (37)
Fairmont The Palm ***** (81)
Flora Al Souq ** (20)
Florida ** (22)
Florida International * (21)
Grand Hyatt Dubai (33) *****
Grandeur *** (62)
Grosvenor House, a Luxury
Collection Hotel ***** (75)
Habtoor Grand Beach Resort
and Spa ***** (73)
Holiday Inn Express
Dubai Internet City ** (68)
Holiday Inn Express
Dubai Jumeirah ** (27)
Holiday Inn Express
Dubai Safa Park ** (56)
Hyatt Regency ***** (26)
Hyde Park ** (3)
Ibis Deira City Centre ** (36)
Ibis World Trade Centre ** (46)
Imperial Suites *** (11)
InterContintental Dubai
Festival City ***** (34)
Juba * (24)
Jumeirah Beach Hotel ***** (58)
Jumeirah Emirates
Towers ***** (47)
Jumeira Rotana **** (48)
Jumeirah Zabeel Saray ***** (66)
JW Marriott **** (44)
Kempinski Hotel Mall of the
Emirates ***** (61)
Kempinski Hotel & Residences
Palm Jumeirah ***** (65)
Landmark Baniyas *** (19)
Le Meridien Dubai ***** (35)
Le Meridien Mina Siyahi Beach
Resort and Marina ***** (71)
Le Royal Meridien Beach
Resort and Spa ***** (74)
Madinat Jumeirah ***** (60)
Manzil Downtown
Dubai **** (54)
Marco Polo **** (16)
Mark Inn ** (25)
Mayfair *** (38)
Media One **** (72)
Ocean View ****(78)
One & Only
Royal Mirage ***** (69)
One & Only The Palm ***** (67)
Orient Guest House ***** (8)
Radisson Blu ***** (14)
Ramada **** (12)
Regal Plaza *** (13)
Regent Beach Resort *** (49)
Regent Palace **** (32)
Rixos The Palm Dubai ***** (63)
Rush Inn * (10)
Seaview **** (30)
Sheraton Dubai Creek
Hotel and Towers ***** (43)
Sheraton Jumeira Beach
Resort and Towers ***** (77)
Sofitel Dubai The Palm
Resort & Spa ***** (84)
Suba **** (40)
Sun City International ** (6)
Taj Palace ***** (39)
The Address
Downtown Dubai ***** (53)
The Palace
Downtown Dubai ***** (52)
The Oberoi ***** (57)
The Ritz-Carlton ***** (76)
Towers Rotana **** (51)
Vasantam * (4)
Versailles *** (41)
Waldorf Astoria Dubai
Palm Jumeirah ***** (85)
XVA Art Hotel ***** (7)
Zagy * (17)

vordere Umschlagklappe

27 Holiday Inn Express Dubai Jumeirah **
28 Capitol ****
29 Chelsea Plaza ****
30 Seaview ****
31 Citymax Bur Dubai ***
32 Regent Palace ****
33 Grand Hyatt Dubai *****
34 InterContintental Dubai Festival City *****
35 Le Meridien Dubai *****
36 Ibis Deira City Centre **
37 Eureka **
38 Mayfair ***
39 Taj Palace *****
40 Suba ****
41 Versailles ***
43 Sheraton Dubai Creek Hotel and Towers *****
44 JW Marriott *****
45 Al Jawhara Metro **
46 Ibis World Trade Centre ***
47 Jumeirah Emirates Towers *****
48 Jumeirah Rotana ****
49 Regent Beach Resort ***
50 Dubai Marine Beach Resort and Spa *****

Seite 79

63 Rixos The Palm Dubai *****
64 Atlantis The Palm *****
65 Kempinski Hotel & Residences Palm Jumeirah *****
66 Jumeirah Zabeel Saray *****
67 One & Only The Palm *****
68 Holiday Inn Express Dubai Internet City **
69 One & Only Royal Mirage *****
70 Byblos ****
71 Le Meridien Mina Siyahi Beach Resort and Marina *****
72 Media One ****
73 Habtoor Grand Beach Resort and Spa *****
74 Le Royal Meridien Beach Resort and Spa *****
75 Grosvenor House, a Luxury Collection Hotel*****
76 The Ritz-Carlton *****
77 Sheraton Jumeira Beach Resort and Towers *****
78 Ocean View ****
79 easyHotel *
80 Anantara Dubai The Palm Resort & Spa *****
81 Fairmont The Palm *****
84 Sofitel Dubai The Palm Resort & Spa *****
85 Waldorf Astoria Dubai Palm Jumeirah *****

hintere Umschlagklappe

1 Barjeel Heritage Guest House *****
2 Ambassador***
3 Hyde Park **
4 Vasantam *
5 Ascot****
6 Sun City International **
7 XVA Art Hotel ***
8 Orient Guest House ***
9 Arabian Courtyard Hotel and Spa ****
10 Rush Inn *
11 Imperial Suites *
12 Ramada ****
13 Regal Plaza ***
14 Radisson Blu *****
15 Comfort Inn ***
16 Marco Polo ****
17 Zagy *
18 Carlton Tower ****
19 Landmark Baniyas***
20 Flora Al Souq **
21 Florida International *
22 Florida **
23 Ahmedia Heritage Guest House *****
24 Juba *
25 Mark Inn **
26 Hyatt Regency *****

Seite 78

51 Towers Rotana ****
52 The Palace Downtown Dubai *****
53 The Address Downtown Dubai *****
54 Manzil Downtow Dubai ****
55 Armani Hotel Dubai *****
56 Holiday Inn Express Dubai Safa Park **
57 The Oberoi *****
58 Jumeirah Beach Hotel *****
59 Burj Al Arab *****
60 Madinat Jumeirah *****
61 Kempinski Hotel Mall of the Emirates *****
62 Grandeur ***
82 Citymax Al Barsha ***
83 Centro Barsha ***

Vereinigte Arabische Emirate
QATAR
DOHA
PERSISCH-ARABISCHER GOLF
Dalma
Sir Bani Yas
Jebel Dhanna
Al Sila
Ruwais
Mirfa
Tarif
Ghayathi
Medinat Zayed
Meziyrah
Arrada
Liwa - Oasen
Vereinigte Arabische Emirate
Abu Dhabi
Dubai
Sharjah
Ajman
Umm Al Quwain
Ras Al Khaimah
Fujairah
SAUDI-ARABIEN

0 40 km
©Reise Know-How 2016
Dubai08
OMAN
RAS AL KHAIMAH
Dibba
UMM AL QUWAIN
AJMAN
300
SHARJAH
Falaj Al Molla
Khor Fakkan
Masafi
OMAN
Al-Dhaid
67
DUBAI
JEBEL ALI
FUJAIRAH
Al Madam
331
Hatta
GOLF VON OMAN
Al Faqa
Shinas
ABU DHABI
Al Haiyir
OMAN
Al Ain
Buraimi
Sohar
Hamim

Übersicht

0 500 km
Dubai11
Amman
JORDANIEN
IRAK
IRAN
Kairo
KUWAIT
BAHRAIN
QATAR
VEREINIGTE ARABISCHE EMIRATE
ÄGYPTEN
Rotes Meer
Riyadh
Muscat
SAUDI ARABIEN
OMAN
Mekka
SUDAN
Khartoum
ERITREA
JEMEN
Sana'a
INDISCHER OZEAN
ÄTHIOPIEN
DJIBOUTI
SOMALIA
©Reise Know-How 2016

1 Reisevorbereitung

Dubai ist eine Erlebnisdestination der 1001 Möglichkeiten, in der Traditionen und Moderne eine faszinierende Symbiose eingehen. Vielfältige Entdeckungen und Erholung mit Sonnenscheingarantie sind gewiss. In Dubai verschmelzen die Vorteile von Metropole, Insel, Strand und Orient. Politische Krisen, soziales Elend und Gefahren durch Kriminalität existieren nicht. Kein Wunder, dass das Emirat immer wieder internationale Auszeichnungen als weltweit beste Tourismusdestination erhält.

< Wasserpfeifen stehen in vielen Cafés und Restaurants bereit

dub14-040 kk

Urlaubs-vorbereitung

- Reise bei einem Veranstalter im Heimatland oder in Dubai buchen
- Flug, Hotelzimmer und Mietwagen reservieren
- Impfprophylaxe tätigen
- Reiseversicherungen abschließen, v.a. Auslandskrankenversicherung
- Reisepapiere und Zahlungsmittel vorbereiten, Kopien anfertigen und Nummern notieren
- Welche Feiertage und Festivals fallen in die Urlaubszeit?
- Handy-SIM-Kartennummer und IMEI-Nummer notieren
- Notfalltelefonnummern von Versicherungen und Zahlungsmitteln notieren
- Notfallapotheke zusammenstellen

Besuchsvisum

Touristen aus Deutschland, Österreich und der Schweiz bekommen bei der Einreise (Flughafen, Seehafen, Grenzübergang an Land) ein Besuchsvisum (engl. „visit visa") **direkt und umsonst** in den Pass gestempelt. Voraussetzung ist, dass man einen **regulären Reisepass** vorlegt – nicht etwa einen vorläufigen –, und dass dieser nach der Ausreise noch sechs Monate lang gültig ist. Kinder benötigen einen eigenen Kinderreisepass. Das Besuchsvisum berechtigt zu einem Aufenthalt von maximal 30 Tagen.

Man kann das Besuchsvisum bei der Dubaier **Immigrationsbehörde** (General Directorate of Residency and Foreigners Affairs, Bur Dubai, Tel. 8 00 51 11, www.dnrd.ae) um einmalig 30 Tage verlängern, wofür Gebühren fällig werden. Wer ohne diese Verlängerung länger im Land bleibt, bekommt Ärger wegen illegalen Aufenthalts.

Wer sein Emirate-Besuchsvisum von der Einreisebehörde Dubais (nicht etwa von Abu Dhabi oder einem anderen Emirat) ausgestellt bekommt, kann mit diesem innerhalb des Gültigkeitszeitraums auch **nach Oman reisen,** ohne ein omanisches Visum zu beantragen (via Flug oder über den Landübergang Hatta). Wichtig ist, dass die Ausreise aus den V.A.E. und die Einreise nach Oman an offiziellen Grenzübergängen geschieht und die Grenzübertritte in den Pass gestempelt werden. Allen Oman-Reisenden sei angeraten, sich an die in den Pass eingestempelte Aufenthaltsdauer zu halten.

Jeder sollte sich drei bis vier Wochen vor seiner Reise **nach den aktuellen Einreisebestimmungen erkundigen,** Auskunft – auch zu anderen Visaarten, wie z.B. Tourist Visa, Business Visa, Multiple Entry Visa – erteilen die diplomatischen Auslandsvertretungen (s.u.). Emiratisch-staatliche Visa-Informationen unter www.uaeinteract.com und www.government.ae.

[>] Warnhinweis in der Wüste – und Aufruf zur Entschleunigung im Urlaub?

Botschaften/Konsulat

In Deutschland

Botschaft der Vereinigten Arabischen Emirate, Hiroshimastr. 18–20, 10785 **Berlin,** Tel. 030/ 51 65 16, Mo bis Fr 9–16 Uhr; es gibt auch eine Außenstelle in Bonn und ein Generalkonsulat in München; www.uae-embassy.de

In Österreich

Botschaft der Vereinigten Arabischen Emirate, Chimanistraße 36, 1190 **Wien,** Tel. 01/3 68 14 55; Konsularabteilung Mo bis Fr 9.30–12 Uhr; www.bmeia.gv.at

In der Schweiz

Generalkonsulat der Vereinigten Arabischen Emirate, Rue de Moillebeau 56, 1209 **Genf,** Tel. 022/9 18 00 00; Mo bis Fr 9–16 Uhr; www.uaemission.ae/mission/ch

Zollbestimmungen

Erlaubt ist die zollfreie Einfuhr von 400 Zigaretten oder 50 Zigarren oder 500 Gramm Zigarettentabak und einer angemessenen Menge Parfüm. Nicht-musli-

dub15_003 kk

Shop till you drop?

Bevor man sich in Dubai dem totalen Kaufrausch hingibt, ist zu bedenken, dass zu Hause ein freundlicher Zöllner über die Einhaltung der **Einreisevorschriften** wacht. Die in den Urlaub mitgenommenen Waren des persönlichen Bedarfs unterliegen keinen mengen- oder wertmäßigen Einfuhrbeschränkungen.

Die Mitgliedsstaaten der Europäischen Union erlauben bei der Einreise aus allen Nicht-EU-Staaten die **zoll- und umsatzsteuerfreie Einfuhr** der folgenden Waren (nicht zum gewerblichen Gebrauch bestimmt):

- In **EU-Länder** wie Deutschland und Österreich dürfen über 17-Jährige z.B. folgende **Freimengen** einführen: 200 Zigaretten oder 100 Zigarillos oder 50 Zigarren oder 250 g Rauchtabak; 1 l Spirituosen über 22 Vol.-%, 2 l Alkoholika bis 22 Vol.-%. Für alles, was diese Freimengen überschreitet, sind Einfuhrabgaben zu entrichten.
- Bei **Flug- oder Seereisen** bleiben andere Waren bis zu einem Wert von 430 Euro abgabenfrei. Wird diese Wertgrenze überschritten, werden Einfuhrabgaben vom vollen Wert erhoben. Zum Nachweis des Warenwertes dient der tatsächlich gezahlte Preis als Berechnungsgrundlage. Es ist also zweckmäßig,

dub14-002 kk

Kreditkartenbelege, Rechnungen oder Quittungen aufzuheben, andernfalls wird der Wert der Ware von der Zollstelle geschätzt.

- **Antiquitäten** sind nach den zolltariflichen Bestimmungen nur Waren, die älter als 100 Jahre sind. Weniger als 430 Euro wert, können sie zollfrei eingeführt werden. Bei der Einfuhr von antiquarischen Waffen gelten unter Umständen die Bestimmungen des Waffenrechts.
- **EU-Zollvorschriften** besagen, dass Personen, die mit **Bargeldbeträgen** von 10.000 Euro oder mehr in die EU einreisen oder auch aus der EU ausreisen, den Betrag beim Zoll anmelden müssen.
- **In die Schweiz** darf man pro Person 250 Zigaretten bzw. 250 Gramm Schnitttabak sowie 5 l bis 18 Vol.-% und 1 l über 18 Vol.-% an alkoholischen Getränken einführen. Andere im Urlaubsland neu gekaufte Privatwaren sind bis zu einem Gesamtwert von 300 SFr pro Person abgabenfrei.
- Zudem sollten **landestypische Einfuhrbeschränkungen** beachtet werden, beispielsweise für Tiere, Pflanzen, Arzneimittel, Betäubungsmittel, Feuerwerkskörper, bestimmte Lebensmittel bzw. landwirtschaftliche Erzeugnisse, Raubkopien, verfassungswidrige Schriften, pornografische Artikel, Waffen, Munition, Rohgold.
- **Die Einfuhr gefälschter Markenprodukte ist verboten.**

Informationen

- **Deutschland:** www.zoll.de
- **Österreich:** www.bmf.gv.at
- **Schweiz:** www.ezv.admin.ch

mische Erwachsene dürfen vier Liter alkoholische Getränke oder 48 Dosen Bier (je max. 355 ml) nach Dubai einführen.

Emiratische Anti-Geldwäschegesetze beschränken die Menge an **Bargeld,** die man undeklariert einführen darf, auf eine Summe von 100.000 Dh, egal in welcher Währung.

Ansonsten kann problemlos der **persönliche Reisebedarf** eingeführt werden. Die Einfuhr von religiösem Propagandamaterial, von pornografischen Artikeln, von Falschgeld, Drogen und Waffen ist untersagt. Raubkopien von Audioaufnahmen oder Computerprogrammen können konfisziert werden.

Vorsicht ist bei **Medikamenten** geboten, da die Einfuhr von einigen gängigen Präparaten bzw. deren Inhaltsstoffen in die Vereinigten Arabischen Emirate verboten ist (z.B. Kodein, Diazepam, Temazepam). In einigen Fällen ist die Einfuhr in der Originalverpackung gestattet, sofern zusätzlich eine ärztliche Bestätigung über den Verwendungszweck und die für die Dauer des Aufenthalts benötigte Menge beigefügt ist. Wer psychopharmazeutische Medikamente benötigt und mit sich führt, sollte in der Lage sein, im Bedarfsfall eine ärztliche Bescheinigung vorweisen zu können.

Bei der Einreise können Reisende (auch Transitreisende) evtl. auf **Drogen** kontrolliert werden. Auf den Besitz auch nur geringster Mengen (weniger als 0,10 g) stehen mehrjährige Haftstrafen! Selbst der einige Tage zurückliegende Konsum weicher Drogen kann festgestellt und bestraft werden.

■ **Infos:** www.uaeinteract.com/travel/drug.asp *(list of controlled medicines/importation of medicines for personal use);* Dubai Customs, Tel. 80 08 00 80, www.dubaicustoms.gov.ae; Ministry of Health, Drug Control Department, www.moh.gov.ae, Tel. 80 01 11 11

■ Infos zu den **EU-Zollbestimmungen** siehe Info-Kasten „Shop till you drop?".

☐ Shoppen, z.B. in The Dubai Mall – einer der Gründe für einen Flug nach Dubai

Flüge nach Dubai

Es gibt **über 100 Fluggesellschaften,** die Dubai im Programm haben, sodass man aus einem umfangreichen Angebot an Flugtagen, Preisen, Serviceleistungen, Zubringer- und Anschlussflügen und – falls erwünscht – interessanten Zwischenstopps auswählen kann. Die reine Flugzeit **ab Frankfurt** beträgt knapp **sieben Stunden.**

Fluggesellschaften

Direktflüge nach Dubai (Dubai International Airport/DXB oder Al Maktoum International Airport/DWC, Details siehe „Öffentliche Verkehrsmittel") bieten die unten genannten Fluggesellschaften, **Zubringerflüge** zum Abflugort bestehen aus vielen Städten. Die unten verzeichneten Servicetelefonnummern sind deutsche Nummern. Telefonnummern in Dubai siehe „Urlaub in Dubai/Öffentliche Verkehrsmittel".

dub15_001 dt

- **airberlin,** www.airberlin.de, Tel. 030/34 34 34 34; von Berlin nonstop
- **Austrian Airlines,** www.austrian.com, Tel. 069/50 60 05 98; von Wien nonstop
- **Emirates,** www.emirates.de, Tel. 069/9 45 19 20 00; von Düsseldorf, Frankfurt, München, Hamburg, Zürich, Genf und Wien nonstop
- **Eurowings,** www.eurowings.com, Tel. 0 18 06/32 03 20; von Köln-Bonn nonstop
- **Lufthansa,** www.lufthansa.com, Tel. 069/6 79 97 99; von Frankfurt und München nonstop
- **Swiss International Airlines,** www.swiss.com, Tel. 069/86 79 80 00; von Zürich nonstop

Außerdem gibt es unzählige Verbindungen mit mindestens einem **Zwischenstopp,** meist im Heimatflughafen der jeweiligen Airline, die zwar billiger sein können als Nonstop-Flüge, bei denen die Anreise aber länger dauert (z.B. Air France, www.airfrance.de; British Airways, www.british-airways.de; KLM, www.klm.de). Gulf Air und Qatar Airways bieten bei einem Stopp gute Verbindungen zu fairen Preisen, die emiratische Etihad Airways fliegt direkt nach Abu Dhabi und bietet von dort kostenlose Zubringer per Luxusbus nach Dubai (und zurück):

- **Etihad Airways,** www.etihadairways.com, Tel. 030/95 99 98 05; von Frankfurt, München, Düsseldorf, Zürich und Genf nach Abu Dhabi
- **Gulf Air,** www.gulfairco.de, Tel. 069/71 91 12 11; von Frankfurt über Manama (Bahrain)
- **Qatar Airways,** www.qatarairways.com, Tel. 069/25 73 98 12; von Frankfurt, Berlin, München, Zürich, Genf und Wien über Doha (Qatar)

Tipp: Wer sich **in Dubai ein Flugticket kaufen** möchte, beispielsweise um in die Region des Nahen oder Mittleren Ostens oder auf den indischen Subkontinent zu

Das Wichtigste auf einen Blick – Reisecheckliste

Reisegepäck – nicht vergessen

- Geldgürtel für Wertsachen
- Geldbörse für Kleingeld
- Pullover, Umhang für zu kühle Klimaanlagen
- Tagestasche/-rucksack
- Reiseliteratur
- Sonnencreme mit hohem Lichtschutzfaktor, Sonnenbrille, Sonnenhut
- Fotoapparat oder Videokamera samt Ersatzakku, Ersatzspeicherkarte
- Ladekabel/Ersatzakkus für Handy, Kamera etc.
- Uhr mit Wecker
- Brillenträger sollten an ein stabiles Etui und eine Ersatzbrille denken
- Für Schnorchler und Taucher die entsprechende Ausrüstung; Tipp: Kamera-Unterwassergehäuse
- Für Naturliebhaber und Vogelbeobachter lohnt ein Fernglas
- Idee: Alten Goldschmuck mitnehmen, um ihn einschmelzen und umarbeiten zu lassen

Reisepapiere – wichtig

- **Reisepass** (auch für Kinder; muss noch mindestens sechs Monate nach Ausreise gültig sein!)
- Personalausweis als Reserve, auch zum Geldtausch nützlich
- **Flugticket** bzw. Online-Buchungsnummer im Falle eines E-Tickets
- Möchte man sich einen Mietwagen mieten: Internationaler und nationaler Führerschein sowie Kreditkarte
- Kopien von Reisepass, Personalausweis, Visum und Flugticket, getrennt von den Originalen aufbewahren und am besten auch je eine Kopie zu Hause lassen
- Aufstellung von Notfalltelefonnummern, z.B. zum Sperren der Kreditkarte oder des Handys
- Bei einer Pauschalreise/Vorausbuchung des Hotels: Buchungsbestätigung, Kopie des Sicherungsscheines
- Jugendherbergsausweis, falls man in der Dubaier Jugendherberge übernachten möchte

Reiseapotheke – für den Notfall

- Mittel gegen Kopfschmerzen und Fieber
- Mittel gegen Reisekrankheit
- Mittel gegen Sonnenbrand
- Mittel gegen Magen-/Darmverstimmungen
- Mittel gegen Durchfall und Erbrechen
- Wundsalbe, Mullbinden und Pflaster
- Medikamente, die regelmäßig eingenommen werden müssen

Reisekasse – unerlässlich

- Zum Bezahlen größerer Beträge (Hotels, Mietwagenfirmen, Einkaufszentren, Boutiquen, Goldläden), zum bargeldlosen Shoppen sowie zum Abheben von Geld an den unzähligen ATM-Geldautomaten eignen sich **Kreditkarten** am besten. Viele Autoverleiher akzeptieren nur Kreditkarten. Wer seine Maestro-/EC- bzw. Girokarte nutzen möchte, sollte bei seiner Heimatbank prüfen, ob diese für den Einsatz im außereuropäischen Ausland gesperrt ist. Aufgepasst: Bankkarten mit der neuen Bezahlfunktion „V-Pay" funktionieren außerhalb Europas nicht. Je nach Hausbank in Europa sind die Kartengebühren unterschiedlich; jeder sollte sich vor Reiseantritt nach seiner günstigsten Möglichkeit erkundigen.
- Einen Teil der Reisekasse sollte man als **Bargeld (Euro)** mitführen, da dieses manchmal lieber angenommen wird als eine Kreditkarte. In zahllosen Exchange Offices erfolgt der Geldwechsel in emiratische Dirham schnell und unkompliziert (siehe auch „Urlaub in Dubai/Geldwechsel").

reisen, findet günstige Verbindungen bei dem Dubaier Low-Cost Carrier flydubai sowie bei Air Arabia, einem Pendant aus Sharjah – Websites und Telefonnummern siehe „Urlaub in Dubai/Öffentliche Verkehrsmittel".

Flugpreise

Je nach Fluggesellschaft, Jahreszeit und Aufenthaltsdauer in Dubai ist ein Hin- und Rückflug von Mitteleuropa **ab 400 Euro** bzw. 700 SFr zu haben. Für die Hauptsaison und vor allem für Reisen über Weihnachten, zu Ostern, zur Zeit des Shopping-Festivals und am Ende des Fastenmonats Ramadan (Daten siehe „Feste und Feiertage") sollte man seine Flüge frühmöglichst reservieren. Hilfe beim Flugpreisvergleich gibt es online z.B. bei www.billigflieger.de, www.momondo.de und www.swoodoo.com.

Gabelflüge (diverse An- und Abflughäfen, z.B. Frankfurt – Abu Dhabi, Dubai – Frankfurt) sind in der Regel etwas teurer, können aber von Vorteil bei der Gestaltung von Rundreisen sein.

Preiswertere Flüge sind oft mit Jugend- und Studententickets (je nach Airline alle jungen Leute bis 29 und Studenten bis 34 Jahre) möglich.

Von Zeit zu Zeit offerieren die Fluggesellschaften befristete **Sonderangebote.**

Die Preise für Tickets ein und derselben Airline können in verschiedenen Reisebüros stark variieren – insbesondere Internetbuchungen können preisgünstig sein. Ein **Preisvergleich** lohnt sich immer. Mitunter lassen sich Flüge sehr preiswert über für die Region zuständige Veranstalter buchen, da diese einen besonderen Rabatt erhalten.

Strandurlaub in Dubai (Im Bild Dubai Marina)

dub15_002 kk

Preiswert sind oft Tickets mit nur 30 Tagen Gültigkeitsdauer, die sich jedoch nicht für Langzeitreisende eignen. Andere Tickets sind günstiger, weil die gebuchten Reisetermine nicht mehr geändert werden können. Solche Tickets sollte man eher früher als später kaufen, da die billigsten Kontingente als Erstes verkauft werden.

In Europa gibt es **von Frankfurt aus** die häufigsten Verbindungen nach Dubai. Tickets für Flüge von und nach anderen deutschen Flughäfen sind oft teurer. Da kann es für Deutsche attraktiver sein, mit einem Rail-and-Fly-Ticket per Bahn nach Frankfurt zu reisen (mitunter bereits im Flugpreis enthalten).

Man kann auch einen preiswerten **Zubringerflug** der gleichen Airline von einem Regionalflughafen buchen.

Außerdem gibt es **Fly & Drive-Angebote,** wobei eine Fahrt vom und zum Flughafen mit einem Mietwagen im Ticketpreis inbegriffen ist.

Last-Minute-Flüge werden von einigen Airlines ab etwa 14 Tage vor Abflug deutlich billiger angeboten, wenn noch Plätze zu füllen sind.

Informationen

Dubai Department of Tourism and Commerce Marketing

Das Dubai Department of Tourism and Commerce Marketing informiert ausführlich über **touristische und geschäftliche Angelegenheiten:**

[>] Abras auf dem Creek (im Hintergrund Deira)

Government of Dubai, Department of Tourism and Commerce Marketing

- **www.dubaitourism.ae**
- **www.definitelydubai.com**

- **Deutschland:**
Bockenheimer Landstr. 23, 60325 Frankfurt, Tel. 0 69/71 00 02-0
- **Schweiz und Österreich:**
Hinterer Schermen 29, 3063 Ittigen-Bern, Tel. 0 31/9 24 75 99
- Zur Adresse des Hauptbüros in Dubai siehe „Urlaub in Dubai/Sonstiges".

Emiratisch-Deutsche Freundschafts-gesellschaft e.V.

Die Emiratisch-Deutsche Freundschaftsgesellschaft möchte **Kontakte und Kooperationen festigen,** so in den Bereichen Wirtschaft, Kultur, Bildung, und engagiert sich für den Erfahrungs- und Informationsaustausch zwischen beiden Ländern.

dub14-003 kk

dub14-004 kk

■ **Emiratisch-Deutsche Freundschaftsgesellschaft e.V.**
Jägerstraße 63D, 10117 Berlin,
Tel. 0 30/20 64 10 23,
www.emirati-german-friendship-society.com

Internet

Spezielles zu Dubai

■ **www.dubai-city.de**
Aktuell, vielfältig und informativ, dt.
■ **www.dubai-portal.info**
Aktuelle und vielseitige Informationen, dt.
■ **www.dubai.ae**
Government of Dubai, auch Touristeninfos, engl.
■ **www.askexplorer.com**
Infos zum Leben und Erleben in Dubai, engl.

⌃ Hinweisschilder sind meist zweisprachig

■ **www.hallodubai.com**
Infos, Neuigkeiten, Business-Forum, Reiseführer, Fotogalerie, dt.
■ **www.dubaiforums.com**
Disskusionsforen der englischsprachigen Residenten, engl.
■ **www.reiseziel-dubai.de**
Touristenthemen und interessante News, dt.
■ **www.dubai-bilder.de, www.dubai-fotos.de**
Bildergalerien, dt.
■ **www.dubai360.com**
Virtuell-interaktive Panorama-Videos, engl.
■ **www.mydubaimycity.com**
Video-Guide, engl.
■ **www.godubai.com**
Alles Neue in Dubai, engl.
■ **www.dubaicalendar.ae**
Veranstaltungen, Festivals und Events, engl.
■ **www.mydubaiconnection.com**
Online-Version des Gratismagazins „Connector", engl.

- **www.dubaifaqs.com**
Dubai FAQ Information Guide, engl.
- **www.dcb.ae**
Dubai Convention Bureau,
Tourist- und Kongressinfos, engl.
- **www.dubai.ae**
Offizielles E-Regierungsportal, engl.
- **www.dm.gov.ae**
Dubai Municipality, Stadtverwaltung, engl.
- **www.dubaipolice.gov.ae**
Dubaier Polizei, engl.
- **www.frauenkreis-dubai.de**
Deutschsprachiger Frauenkreis Dubai, dt.
- **www.desertspeak.com**
Dubai-Forum, engl.
- **www.dubaiclassified.com, www.dubizzle.com**
Dubai-Kleinanzeigen, engl.
- **www.makani.ae**
Interaktiver Stadtplan, Routenplaner, Adress- und Gebäudesuche, engl.
- **www.issuu.com**
Diverse Zeitschriften (z.B. „Connector", „What's on", „Travex") verschiedener Herausgeber kann man hier gratis lesen, meistens engl.
- **www.facebook.com/Wearedubai.DE, www.facebook.com/hallodubai**
Dubai Neuigkeiten auf Facebook, dt.
- **https://twitter.com/WeAreDubai_DE, https://twitter.com/Hallodubai**
Dubai Tweets, dt.
- **www.travex.org, www.connector.ae, www.discover-dubai.ae**
Online-Versionen von Gratis-Zeitschriften

Emirate allgemein

- **www.uaetourism.ae**
Informationen des Tourismus- und Kulturministeriums der V.A.E., engl.
- **www.discover-middleeast.com**
Deutsches Kultur- und Wirtschaftsmagazin, dt.
- **www.theemiratesnetwork.com**
V.A.E.-Netzwerk, engl.
- **www.ecssr.ac.ae**
The Emirates Centre for Strategic Studies and Research; Statistik, engl.
- **www.etisalat.ae**
Telefongesellschaft Etisalat mit Infos und Telefonnummern, engl.
- **www.askali.com**
Kulturtipps vom Insider *Ali Alsaloom*, engl.
- **www.askexplorer.com**
Verlag Explorer Publishing, mit vielen Tipps zum Leben, Arbeiten und Entdecken sowie Veranstaltungshinweisen, engl.
- **www.epg.gov.ae**
Emiratische Post, engl.
- **www.expatwoman.com**
Expatriat-Frauen-Site, engl.
- **www.classifiedsuae.com, www.uaefreeclassifieds.com**
V.A.E.-Kleinanzeigen, engl.
- **www.yellowpages.ae**
Gelbe Seiten, Telefonverzeichnis, engl.
- **www.visitabudhabi.ae**
Abu Dhabi Tourism and Culture Authority, dt.
- **www.sharjahmydestination.ae**
Sharjah Commerce and Tourism Development Authority, engl.
- **www.fujairahtourism.ae**
Fujairah Tourism Bureau, engl.
- **www.rasalkhaimahtourism.com**
Ras Al Khaimah Tourism Department, engl.
- **www.ajmantourism.ae**
Ajman Tourism Development Department, engl.
- **www.government.ae**
Regierung der Vereinigten Arabischen Emirate: Infos über die Emirate (Visa), Online-Service für Besucher, Links etc., engl.
- **www.abudhabi.ae, www.dubai.ae, www.fujairah.ae, www.sharjah.ae, www.ajman.ae, www.rak.ae**
Regierungswebsites der verschiedenen Emirate, engl.

Business

- **www.discover-middleeast.com**
Deutsches Kultur- und Wirtschaftsmagazin, dt.
- **www.businesstraveller.com**
Magazin Business Traveller Middle East, engl.
- **www.meed.com**
Middle East Business Intelligence, Wochenmagazin, engl.
- **www.arabianbusiness.com**
Arabian Business, Monatsmagazin, engl.
- **www.tradearabia.com**
Trade Arabia Business News Information, engl.
- **www.ameinfo.com**
The ultimate Middle East Business Resource, engl.
- **www.vae.ahk.de**
Deutsch-Emiratische Industrie- und Handelskammer, dt.
- **www.dubaichamber.com**
Dubai Chamber of Commerce and Industry, engl.
- **www.uaefreezones.com**
V.A.E.-Freihandelszonen, engl.
- **www.dwtc.com**
Dubai World Trade Centre, engl.

Nachrichten

- **www.wam.ae**
Emirates News Agency, engl.
- **www.khaleejtimes.com**
Khaleej Times, Tageszeitung, engl.
- **www.gulfnews.com**
Gulf News, Tageszeitung, engl.
- **www.gulftoday.ae**
The Gulf Today, Tageszeitung, engl.
- **www.thenational.ae**
The National, Tageszeitung, engl.
- **www.7daysindubai.com**
7 Days, lokale Tagesnachrichten, engl.

dub15_004 kk

- **www.emirates247.com**
Emirates 24/7, lokale Tageszeitung, engl.
- **www.middle-east-online.com**
Aktuelle Nachrichten, engl.

Essen, Trinken, Nachtleben

- **www.timeoutdubai.com**
Veranstaltungen und Gastronomie in Dubai, engl.
- **www.platinumlist.ae**
Dubais Nachtleben abendaktuell, engl.
- **www.dubailook.com**
Forum zum Nightlife in Dubai, engl.
- **www.facebook.com/WeAreHypeMag**
Hype-Gratismagazin zur Musik- und Clubkultur; auch als Gratis-App

Stadtpläne und Landkarten

- Siehe „Urlaub in Dubai/Sonstiges"

Mobil auf dem Laufenden

Alle im Folgenden genannten **Smartphone-Applikationen** sind kostenfrei erhältlich über die unten aufgeführten Urheberwebsites, z.T. auch in den App-Stores der entsprechenden Betriebssysteme. Einen Überblick über verschiedene Apps bietet die Website www.dubai.ae.

- **RTA Dubai** (www.rta.ae)
Mobil und interaktiv Infos und Serviceleistungen zum öffentlichen Nahverkehr der Dubai Road and Transport Authority, z.B. Public Transport App, Smart Taxi App, Smart Parking App.
- **Dubai Taxi Corporation** (www.dubaitaxi.ae)
Diese App bietet Zugriff auf verschiedene Taxi-Online-Dienste wie z.B. Taxibuchung oder Tracking.
- **TimeOut Dubai** (www.timeoutdubai.com)
Stadtguide mit aktuellen Veranstaltungs-, Gastronomie-, Party- und Einkaufstipps.
- **Emirates 24/7** (www.emirates247.com)
Nachrichten zu Dubai und den V.A.E.
- **Dubai92** (www.dubai92.com)
Der beliebte Radiosender (engl.) bietet ein mobiles Programm plus weitere Serviceleistungen.
- **DefinitelyDubai** (www.definitelydubai.com)
Tourismusinfos und Serviceangebot des Dubai Department of Commerce and Tourism Marketing.
- **Dubai Calendar** (www.dubaicalendar.ae)
Veranstaltungskalender rund um Festivals, Kultur, Kunst, Musik, Mode und Sport.
- **UAE Yellow Pages** (www.yellowpages.ae)
Mobiles Telefonnummern-Branchenbuch.
- **Makani** (www.makani.ae)
Standort- und koordinatenbezogenes Routenprogramm der Dubaier Stadtverwaltung, gebäudegenaue Navigation mit zehnstelligen Codenummern.
- **Yalla Emirates** (www.yallaemirates.com)
Gutscheine, Coupons, Rabatte (Einkaufen, essen gehen, Partys, Freizeitaktivitäten, Veranstaltungen, Sightseeing etc.).
- **Dubai Doctors** (www.dha.gov.ae)
Informationen zu staatlichen und privaten Krankenhäusern, Arztsuche für Besucher und Residenten.
- **Dubai Culture App** (www.dubaiculture.ae)
Details zu kulturellen Sehenswürdigkeiten, Smart Tourist Guide, Stadtplan.
- **Etisalat UAE** (www.etisalat.ae)
Die emiratische Telefongesellschaft bietet z.B. WiFi-Hotspot-Suche, Parkplatz-Codes, Live-Chat und einen Aufladeservice.
- **UAE Government Apps** (www.apps.gov.ae)
Für V.A.E.-Bürger konzipiert, bieten manche Regierungs-Apps auch Funktionen für Urlauber, z.B. Citiguard.
- **Uber** (www.uber.com)
Private, kostenpflichtige Mitfahrgelegenheiten.

[<] Falke und Kamel –
zwei der wichtigsten Tiere in Dubai

Klima und Reisezeit

Das Klima in Dubai ist **subtropisch und heiß.** Sonnenschein und blauen Himmel gibt es nahezu das ganze Jahr. Die Sonnenscheindauer liegt in den Wintermonaten bei durchschnittlich neun Stunden pro Tag. Regen fällt sehr selten, meist nur wenige Tage pro Jahr im Winter.

Die Monate von Oktober bis April werden zum **Winter** gerechnet. Während dieser Zeit herrschen Tagestemperaturen zwischen 25 und 35°C. In Küstennähe sorgt meist eine frische Meeresbrise für Kühlung. Die Luftfeuchtigkeit bewegt sich zwischen 30 und 40%.

Der **Sommer** (Mai bis September) wird mit seinen Höchsttemperaturen von 35 bis 45°C als unerträglich heiß empfunden. Doch nicht nur hohe Temperaturen, auch hohe Luftfeuchtigkeit bestimmt den Sommer. An der Küste kann sie Werte von über 80% erreichen, was so manchem Kreislauf mehr zu schaffen macht als die Hitze.

Die **beste Reisezeit** fällt auf die Monate Oktober bis Mai, am angenehmsten ist es von November bis März.

Im wüstenhaften **Landesinneren** sind die Tagestemperaturen zwar höher als an der Küste, doch die Luftfeuchtigkeit ist niedriger, weshalb dieses Klima als angenehmer empfunden wird. Auch kühlt es nachts stärker ab.

Trostpflaster für Hitzeempfindliche: Nahezu alle **Innenräume** sind klimagekühlt; da Freizeitaktivitäten zur kühleren Abendstunde stattfinden, gibt es lange Öffnungszeiten.

Aktuelle Wetterhinweise

- **www.wetter24.de,** telefonische Wettervorhersage 09 00/1 16 40 00 (für Dubai den Code 466 wählen), auch Wetter-Apps
- **www.ncms.ae,** UAE National Centre of Meteorology & Seismology, Detailangaben, Vorhersagen, Warnungen

Reisekleidung

Kleider machen Leute – das gilt auch für Urlauber. Frauen sollten in Dubai auf kurze Hosen, Miniröcke, tiefe Dekolletés und eng anliegende, bauchnabelfreie T-Shirts verzichten (Anpassung an Kultur und Klima). Männer sind gut beraten, allzu kurze Shorts und Muskelshirts für Strand- und Poolbesuch aufzusparen. Wegen der klimatischen Bedingungen empfehlen sich leichte Naturfasern wie Baumwolle, Leinen, Hanf, Seide, Viskose oder Mikrofasern. Da viele Räume klimatisiert sind und es in den Wintermonaten auch am Abend etwas kühler werden kann, sollte man auch an eine leichte Jacke oder einen Pullover denken.

Schuhe sollten luftdurchlässig, leicht und bequem sein. Wer Ausflüge in die Wüste plant oder in den Bergen wandern möchte, muss das entsprechende gut passende und robuste Schuhwerk dabeihaben. Zum Baden an der Ostküste oder um Musandam (Korallen) oder Flussläufen (Steine) sind rutschsichere Badeschuhe empfehlenswert.

Badebekleidung ist nur an Swimmingpools und Privatstränden erlaubt. Keinesfalls darf man im Badeoutfit in strandnahe Dörfer oder durch die Hotel-

Im Sommer nach Dubai?

Auf den ersten Blick mag es nicht allzu einladend erscheinen, während der heißen Sommermonate nach Dubai zu reisen, doch andererseits stellt das Emirat **eine der weltweit besten „heißen" Reisedestinationen** dar.

Wer einen stabilen Kreislauf besitzt und sich tagsüber nicht allzu viel im Freien aufhält, kann durchaus auch im Sommer nach Dubai reisen und dabei feststellen, dass dies sogar **Annehmlichkeiten und Vorzüge** mit sich bringt:

- In der Nebensaison (Mai bis Oktober) senken zahlreiche Hotels ihre Preise; Tipp: Nach „Summer-Package"-Angeboten fragen (inklusive Mahlzeiten, Sport- und Ausflugsangeboten usw.).
- Auch viele lokale Tourveranstalter und Tauchschulen bieten attraktive Nebensaisonpreise.
- Bei Mietwagenagenturen hat man als einer der „seltenen" Kunden einen breiten Verhandlungsspielraum.
- Touristische Einrichtungen sind nicht so voll wie zur Hauptreisezeit.
- Wie immer sorgen in Innenräumen und Autos Klimaanlagen für angenehme Temperaturen.

Und noch ein paar **Anregungen für den „hot summer in the city"**:

- Eine mittägliche Siesta entspricht dem Tagesrhythmus der Einheimischen und hilft, Energie für lange Abendstunden zu tanken.
- Alle Aktivitäten, die draußen stattfinden (Sport, Stadtbesichtigungen, Sonnenbaden), sind auf die frühen Morgen- und späten Nachmittagsstunden zu legen. Golfer können im Flutlicht auch abends spielen.
- Alle Aktivitäten, die in geschlossenen (= klimatisierten) Räumen stattfinden (Stadtrundfahrt, Kaufhausbummel, Museumsbesuch), sollten auf die Mittagszeit gelegt werden.
- Schlittschuhlaufen, Wassersport oder der Besuch eines Wasserparks sind ebenfalls ideal zur Mittagszeit.
- Am späten Abend, wenn Geschäfte, Souqs und Einkaufszentren schließen, ins Nachtleben stürzen.
- Einen mehrtägigen Ausflug in die kühlere Bergoase Hatta unternehmen.
- An den Veranstaltungen des Dubai Summer Surprise Festival teilnehmen.

dub056 kk

lobby spazieren. Für Frauen ist oben ohne grundsätzlich verboten. Zur „richtigen“ Kleidung siehe auch den Abschnitt „Verhalten“.

In manchen exquisiten Restaurants, Bars oder Nachtclubs herrscht eine **Kleiderordnung** (engl. *dress code*), die elegante (engl. *smart*) Kleidung vorschreibt; mit legerer, formloser Kleidung (engl. *casual*) wird man mitunter nur ungern oder gar nicht eingelassen. Generell am besten ist eine elegant-legere Mischung (engl. *smart-casual*). Bei Männern westlicher Herkunft heißt dies Jacket und Schlips, aber nicht unbedingt eine passende (schwarze) Anzughose. Für Frauen ist beispielsweise ein Kostüm smart-casual. In Bars, Nachtclubs und Discos werden sexy gekleidete Frauen natürlich gern gesehen und mit sprichwörtlich „offenen Armen“ empfangen …

Wer sich mit traditionell **emiratischen Gewändern** kleidet, wird nach außen hin zwar nur belächelt, aber Einheimische können sich mitunter beleidigt fühlen.

Reiseorganisation

Ob es günstiger ist, seine Reise **pauschal** zu buchen **oder aus individuellen Einzelbausteinen** wie Flug (siehe „Flüge nach Dubai“), Hotel (siehe „Urlaub in Dubai/Unterkunft“), Ausflüge vor Ort (siehe „Urlaub in Dubai/Reisebüros und Tourveranstalter“), Mietwagen (siehe „Urlaub in Dubai/Mietwagen“) zusammenzustellen, ist eine Frage, die jeder für sich beantworten muss. Bei Pauschalreiseveranstaltern kann es erhebliche Preisunterschiede für dieselben Destinationen in derselben Hotelklasse geben.

Viele **Internetanbieter** haben Restplätze für Pauschalreisen von den gängigen Veranstaltern im Angebot, oft jedoch keineswegs preiswerter. Bei Preisangaben für Kinder sollte man achtgeben, denn manche Anbieter unterscheiden nach jüngeren und älteren Kindern (mit frei gestalteten Altersgrenzen).

Unabhängig von der Reiseart bieten Internetportale **Hilfestellung** mit Leistungsübersicht, Preisvergleich und Kundenbewertungen, z.B. www.momondo.de, www.swoodoo.com, www.expedia.de, www.pauschalreise-preisvergleich.de, www.reise-preise.de. Websites zum Hotelpreisvergleich siehe „Urlaub in Dubai/Unterkunft“.

Wenn man bedenkt, wie viel Zeit die Sucherei in Anspruch nehmen kann, ist es häufig einfacher, sich an ein Reisebüro zu wenden, welches aus der Flut der Angebote die gewünschte Reise innerhalb des gegebenen Preislimits heraussucht. In Deutschland, Österreich und der Schweiz bieten **Hunderte von Veranstaltern** Reisen nach Dubai an. Die meisten haben auch andere sehenswerte Orte der Vereinigten Arabischen Emirate im Programm.

Reiseversicherungen

Vor Antritt der Reise ist der Abschluss einer **Auslandskrankenversicherung zu empfehlen** (s.u.). Die Notwendigkeit einer Reisegepäck- oder Reiserücktrittsversicherung ist individuell zu prüfen.

Eine private **Haftpflichtversicherung** hat man in der Regel schon. Diese ist jedoch oftmals in „Reiseversicherungspaketen" enthalten, wodurch man unnötig doppelt – aber nicht besser – versichert ist. Bei der Unfallversicherung, die man schon hat, sollte man prüfen, ob diese im Falle plötzlicher Arbeitsunfähigkeit aufgrund eines Unfalls im Urlaub zahlt.

Auch durch manche **Kreditkarten** oder Automobilclubmitgliedschaft ist man für bestimmte Fälle schon versichert. Das sollte man noch mal klären, bevor man sich unnötig doppelt versichert. Achtung: Die Versicherung über die Kreditkarte gilt immer nur für den Karteninhaber!

Bei Schweizern ist die private Krankenversicherung i.d.R. auch im Ausland gültig. Falls nicht, kann bei der gleichen Versicherung eine entsprechende Zusatzversicherung abgeschlossen werden. Aber Achtung: Ist man länger als sechs Monate verreist und hat sich korrekterweise bei der Einwohnerkontrolle abgemeldet, versichern einen die meisten Krankenkassen nicht mehr.

Tipp: Für alle abgeschlossenen Versicherungen die Notfallnummern notieren und mit der Policenummer gut aufheben! Bei Eintreten eines Notfalles sollte die Versicherungsgesellschaft unverzüglich telefonisch verständigt werden.

Der Abschluss einer **Jahresversicherung** ist in der Regel kostengünstiger als mehrere Einzelversicherungen. Günstiger ist auch die **Versicherung als Familie** statt als Einzelpersonen, allerdings sollte man hierbei die Definition von „Familie" genau prüfen.

Auslandskrankenversicherung

Die Kosten für eine Behandlung in Dubai werden von den gesetzlichen Krankenversicherungen in Europa nicht übernommen, daher ist eine Auslandskrankenversicherung **unverzichtbar.** Es gibt sie in Deutschland schon für 15–25 Euro/Jahr (Jahrespolicen mit einem Versicherungsschutz für mehrere Reisen), was günstig ist, bedenkt man, dass man sonst schlimmstenfalls die kompletten Behandlungskosten zahlen muss.

Die **Behandlungskosten** beim Arzt sind in der Regel vorab bar zu zahlen. Ausführliche Quittungen (mit Datum, Namen, Bericht über Art und Umfang der Behandlung, Kosten der Behandlung und Medikamente) sind Voraussetzung, damit die Auslagen von der Versicherung erstattet werden.

Tipp: Vor besonders teuren Behandlungen sollte man sich von der Versicherung die Kostenübernahme bestätigen lassen.

Vorsicht: Die meisten Auslandskrankenversicherungen beziehen sich auf Urlaubsreisen, wer auf Geschäftsreise ist, sollte die Versicherungsbedingungen genau prüfen.

Bei der Wahl der Versicherung sollte man einige typische **Leistungsunterschiede** genau prüfen:

- **Reisedauer:** Bei den meisten Versicherern wird von einer maximalen Reisedauer von 43 bis 62 Tagen je Reise ausgegangen; bei einem längeren Aufenthalt wird auch die Versicherung teurer.
- **Rücktransport:** Wird in der Regel nur auf ärztliches Anraten übernommen. Im Todesfall werden unterschiedlich hohe Beträge für die Rücküberführung gezahlt.
- **Selbstbeteiligung:** Einige Versicherungen haben beispielsweise bei Zahnbehandlungen eine Selbstbeteiligung, andere zahlen 100%.
- **Nachleistungsfrist:** Kann man nicht wie geplant nach Hause reisen, sollte die Versicherung die Rechnungen noch eine Zeit lang weiterzahlen.
- **Altersgrenze:** Die Kosten sind nach Alter gestaffelt; die Altersgrenzen sind je nach Versicherer unterschiedlich.
- **Chronische Krankheiten:** Wird aufgrund einer Krankheit, die schon vor Urlaubsantritt bestand, eine Behandlung fällig, wird diese nur von wenigen Versicherungen gedeckt.

Veranstalter: Pleite!

Jeder, der eine Rund- oder Pauschalreise bucht, hat das Recht darauf, sich zu vergewissern, dass der Veranstalter gegen eine Insolvenz versichert ist. Spätestens bei der ersten (An-)Zahlung sollte der Veranstalter bzw. das Reisebüro dem Kunden deshalb einen **Sicherungsschein** aushändigen. Ist das nicht der Fall und man muss annehmen, dass der Veranstalter nicht versichert ist, sollte man ermessen, wie wahrscheinlich eine Insolvenz bei diesem Unternehmen ist. Das Risiko ist bei namhaften Veranstaltern eher gering, bei sogenannten Billigveranstaltern jedoch durchaus möglich. Im Zweifelsfall erhält man bereits bezahlte Reiseleistungen nicht – beispielsweise den Rückflug …

Rettungsflüge

Sollte man so schwer erkranken oder verletzt sein, dass man nicht in einem Krankenhaus in Dubai behandelt werden möchte oder kann, so besteht je nach Zustand des Patienten die Möglichkeit, sich mit einem Rettungsflug der unten aufgeführten Rettungsflugdienste **nach Hause fliegen** zu lassen.

Hat man vor der Reise eine Auslandskrankenversicherung abgeschlossen und bescheinigt der behandelnde Arzt die Notwendigkeit eines Rettungsfluges, so trägt die Versicherungsgesellschaft die nicht ganz unerheblichen Kosten. Man kann aber auch Mitglied bei einem der Rettungsflugdienste werden, im Notfall zahlen diese dann die Aufwendungen.

- **DRF Luftrettung,** www.drf-luftrettung.de
- **OAFA Ärzteflugambulanz,** www.oafa.at
- **Rettungsflugwacht REGA,** www.rega.ch

> Hohe Temperaturunterschiede zwischen Drinnen (im Bild das BurJuman Centre) und Draußen können leicht eine Erkältung verursachen

Gesundheit

Wer nach Dubai reist, braucht **keine übermäßige Vorsorge** zu treffen. Chronisch Kranke, Herzrhythmuskranke, Reisende mit Bluthochdruck oder ansteckenden Infektionskrankheiten, Anämiekranke, Asthmatiker, ältere Menschen, Schwangere sowie Patienten, die in der Vergangenheit einen Herzinfarkt oder Schlaganfall erlitten haben, sollten mit ihrem Arzt sprechen.

Das Risiko, durch **Nahrungsaufnahme** zu erkranken, ist genauso niedrig wie zu Hause. Die größte Gefahr besteht wohl bei ungeschältem Obst, bei kalten bzw. lauwarm gehaltenen Speisen und bei nicht ausreichend erhitzten Meeresfrüchten wie Muscheln oder Austern. Um dem vorzubeugen, beachte man die knappe Regel: **„Koch es, brat es, schäl es oder vergiss es".**

Für Einreisende **aus Mitteleuropa ist keine Impfung vorgeschrieben** (zum empfohlenen Impfschutz s.u.).

Reiseapotheke

Hochwertige Medikamente sind in den vielen gut sortierten Apotheken Dubais erhältlich (siehe „Urlaub in Dubai/Notfälle"). Wer auf Nummer Sicher gehen will, kann **für unerwartete Notfälle** die Minimalausführung einer Reiseapotheke mitnehmen (siehe Info-Kasten „Rei-

dub10_002 dt

secheckliste"). Reisende, die regelmäßig eine bestimmte Medizin einnehmen müssen, sollten einen entsprechenden Vorrat mit sich führen.

Hygiene

Die hygienischen **Zustände in Dubai** sind **vorzüglich.** Das gilt insbesondere für die großen Hotels und deren Restaurants. Auch die Restaurants außerhalb der Hotels sind meist tadellos sauber, sodass man dort beruhigt essen gehen kann. Sollte man in einfachen Gastarbeiterlokalen oder an Straßenimbissen essen, so gilt dies mit Abstrichen, obwohl es dort, verglichen mit ähnlichen Lokalen in anderen arabischen Ländern, immer noch sehr sauber ist.

dub037 kk

Um die Sauberkeit der Straßen und öffentlichen Toiletten ist es meist bestens bestellt. Wer Müll achtlos auf die Straße und nicht in die vorgesehenen Abfallbehälter wirft, muss mit hohen Bußgeldern (500 Dh) rechnen.

Akklimatisation

Eine Reise in heiße Wüstenländer verlangt vom Körper/Kreislauf **langsame Anpassung.** Besonders in den ersten Tagen wird man viel schwitzen, denn der Körper versucht mit der Wasserverdunstung die Haut zu kühlen. Wichtig ist es, **viel** zu **trinken,** mindestens zwei bis zweieinhalb Liter täglich (Mineralwasser, Fruchtsäfte oder Tee).

Erkältung

Die mit Abstand häufigste Auslandserkrankung ist eine ganz gewöhnliche Erkältung. Gerade weil nahezu alle Gebäude in Dubai mit einer **Klimaanlage** (engl. *air condition,* Abk. ac) ausgestattet sind, sollte man sich bei einem längeren Innenaufenthalt mit einem Pullover oder einer leichten Jacke vor Unterkühlung schützen. Das Erkältungsrisiko wird dadurch erhöht, dass die **Temperaturunterschiede zwischen Draußen und Drinnen bis zu 20°C** betragen können und man meist verschwitzt die kühlen Innenräume betritt. Am besten niemals unter den direkten Luftstrom ei-

Frauen schwingen ihr Haar beim Na'asht-Tanz

ner Klimaanlage setzen – erst recht nicht, wenn man verschwitzt ist – und keinesfalls darunter schlafen.

Durchfall

Ursache eines Durchfalls sind nicht zwangsläufig Krankheitserreger in der Nahrung – reisebedingte Übermüdung, Hektik, Zeitverschiebung, Verschiebung des Tag-Nacht-Rhythmus, klimatische Änderungen oder ungewohnte Nahrungsmittel spielen ebenfalls eine Rolle. Daher erkranken viele Menschen in den ersten Urlaubstagen.

Bezüglich der Nahrung schützt auch hier die Befolgung der goldenen Essregel: **„Koch es, brat es, schäl es oder vergiss es“.** Leitungswasser ist in Dubai durchaus genießbar und (auch in Form von Eiswürfeln) unbedenklich. Trotzdem ist es besser, Mineralwasser zu trinken, das überall erhältlich und meist auch gekühlt vorrätig ist (zu kalt konsumiert können Getränke allerdings auch zu Magenverstimmungen und Durchfall führen). Im Falle einer schweren Diarrhö sollte ein Arzt aufgesucht werden.

Zahnschmerzen

Es ist ratsam, seine Zähne vor einer Fernreise **vom heimischen Zahnarzt durchchecken** zu lassen, denn so kann man dentale Probleme schon im Vorfeld mit großer Wahrscheinlichkeit vermeiden. Kommt es dennoch zu Zahnschmerzen, kann man bedenkenlos einen der zahlreichen sehr guten und englischsprachigen Zahnärzte (engl. *dentist*) aufsuchen.

Reisekrankheit

Hierbei handelt es sich um eine harmlose **Reizung des Gleichgewichtsorgans,** das sich im Ohr befindet – die Folge ist Übelkeit. Meist tritt die Krankheit bei Reisen mit dem Flugzeug oder dem Schiff auf. Sie kann aber auch bei holprigen und kurvenreichen Autofahrten (z.B. durch Sanddünen) entstehen. Mit der Einnahme von Medikamenten kann man vorbeugen.

Sonnenschutz

Einen **Sonnenbrand** (engl. *lobster look*) sollte man nicht nur vermeiden, weil er schmerzt. Viel folgenreicher sind mögliche Spätschäden wie vorzeitige Hautalterung oder gar Hautkrebs, die durch übermäßige UV-Bestrahlung entstehen. Vermeiden kann man Sonnenbrand, indem man sich möglichst oft im Schatten aufhält, **Sonnencreme** mit UV-A- und UV-B-Filter, die fotostabil ist und mindestens LSF 15 hat, mehrmals täglich aufträgt und möglichst viel Haut bedeckt hält. Wer seine Haut bräunen möchte, sollte dies durch **überlegtes Sonnenbaden,** nicht durch „Rösten“ in der prallen Sonne erreichen.

Keinesfalls sollte man sich in der **Mittagszeit** zu lange der Sonne aussetzen, denn bei zusätzlicher körperlicher Anstrengung und beengender Kleidung kann es leicht zum Hitzekollaps kommen. Wenn der unbedeckte Kopf zu viel Sonne abbekommt, kann ein Sonnenstich die Folge sein.

Reise-Gesundheitsinformationen

Die nachstehenden Angaben dienen der Orientierung, was für eine geplante Reise in das Land an Gesundheitsvorsorgemaßnahmen zu berücksichtigen ist. Die Informationen wurden uns freundlicherweise vom Centrum für Reisemedizin zur Verfügung gestellt. Auf der Homepage **www.crm.de** werden diese Informationen stetig aktualisiert.

Da im Einzelfall unterschiedlichste Aspekte zu berücksichtigen sind, empfiehlt es sich immer, etwa 4–6 Wochen vor der Reise eine persönliche Reise-Gesundheits-Beratung bei einem reisemedizinisch erfahrenen Arzt oder Apotheker in Anspruch zu nehmen.

Klima

- **Subtropisches bis tropisches Wüstenklima mit sehr geringen Jahresniederschlägen** (zumeist im Winter); extreme Hitze und Schwüle von Mai bis Oktober (Tageshöchsttemperaturen über 45°C).

Impfschutz

- Es bestehen **keine Einreise-Impfvorschriften.**
- **Impfschutz:** Standardimpfungen nach dem deutschen Impfkalender, speziell Tetanus, Diphtherie und Hepatitis A. Ein Impfschutz gegen Hepatitis B ist zu erwägen bei Reisen durch das Landesinnere unter einfachen Bedingungen, bei Camping-Reisen, Langzeitaufenthalten und engerem Kontakt mit der einheimischen Bevölkerung, bei einer praktischen Tätigkeit im Gesundheits- oder Sozialwesen.

Wichtiger Hinweis: Welche Impfungen letztendlich vorzunehmen sind, ist abhängig vom aktuellen Infektionsrisiko vor Ort, von der Art und Dauer der geplanten Reise, vom Gesundheitszustand sowie dem eventuell noch vorhandenen Impfschutz des Reisenden.

Sonstige Hinweise

- **Das Land ist malariafrei.**
- Die **Einfuhr von Medikamenten** unterliegt in den V.A.E. besonders strengen Vorschriften und sollte möglichst unterbleiben. Das Mitführen von Arzneimitteln zum regelmäßigen persönlichen Gebrauch in der Originalverpackung kann gestattet werden, wenn eine ärztliche Bescheinigung (englisch) über den Verwendungszweck und für die Dauer des Aufenthaltes benötigte Menge vorliegt. Eine Garantie hierfür gibt es nicht, da die Einfuhr bestimmter Substanzen prinzipiell verboten ist. Man sollte sich bei Bedarf vor der Reise unbedingt beim Gesundheitsministerium der V.A.E. erkundigen (Ministry of Health, Drug Control Department, www.moh.gov.ae, Tel. 800 1 11 11; auch www.uae-interact.com/travel/drug.asp; *Import of personal medicines via travellers to UAE, Travellers Guideline*). Mit verstärkten Kontrollen auf **Drogen** ist an den Flughäfen zu rechnen, auf den Besitz auch nur geringster Mengen oder den nachweisbaren Konsum stehen hohe Haftstrafen ohne Ansehen der Person; das gilt auch für Transitreisende.
- **Für Arbeits- und Langzeitaufenthalte wird ein HIV-Test in englischer Sprache verlangt.**

Stand: Juli 2015/© Centrum für Reisemedizin 2015
Die Angaben wurden nach bestem Wissen und sorgfältiger Recherche zusammengestellt. Eine Gewähr oder Haftung kann nicht übernommen werden.

Skorpionstich

Skorpione kommen zwar in Wüstengebieten vor, doch **keine Angst:** Sie stechen Menschen nur, wenn sie sich angegriffen fühlen, zudem sind die meisten Skorpionarten harmlos. Bevorzugt **verstecken** sie **sich unter schattigen Steinen oder Baumstämmen,** sodass hier Vorsicht geboten ist. Aber auch in leer stehende Schuhe oder warme Schlafsäcke können sie kriechen, weshalb nach einer Übernachtung unter freiem Wüstenhimmel alle Sachen erst einmal vorsichtig auszuschütteln sind. Manchmal vergraben sich Skorpione im Sand, sodass ein barfüßiger Spaziergang durch die Dünen böse Folgen haben kann. Nach einem Skorpionstich ist schnell ein Arzt aufzusuchen.

Infos

- **Centrum für Reisemedizin,** www.crm.de
- **Koordinationsstelle Reise- und Flugmedizin,** www.die-reisemedizin.de

Rauchen

In Dubai gilt ein **generelles Rauchverbot in allen öffentlichen Innenräumen bzw. Einrichtungen** (also in Hotels, Restaurants, Cafés, Einkaufszentren, Freizeitstätten, Museen, Theatern, Kinos, Sportstätten, Schulen, Ämtern, Banken etc.), in allen öffentlichen Verkehrsmitteln, an deren Haltestellen sowie in öffentlichen Parks, Freizeit- und Erholungsstätten, Stränden sowie Spielplätzen. Auch in allen Autos, in denen Kinder unter 12 Jahren mitfahren, darf nicht geraucht werden.

Erlaubt ist Rauchen in ausgeschilderten Sonderzonen und Außenarealen (z.B. von Restaurants) sowie in Bars und Nachtklubs.

dub14-041 kk

In Dubai gilt ein weitgehendes Rauchverbot

dub10_011 na

Das Schmauchen einer **Wasserpfeife** (Shisha, Hubbly Bubbly) ist in dazu lizensierten Shisha-Cafés, Restaurants oder Bars möglich. In Hotels erhalten nur Gastronomiebetriebe von 4- und 5-Sterne-Häusern eine Shisha-Lizenz und das nur für den Außenbereich (plus weitere Auflagen). Das Rauchen von Wasserpfeifen in der Öffentlichkeit außerhalb von lizenzierten Gastronomiebetrieben, z.B. am Strand oder im Park, ist untersagt.

Auf **Tabakprodukten** muss deutlich vor der gesundheitsschädigenden Wirkung des Rauchens aufmerksam gemacht werden, der Verkauf an unter 18-Jährige ist verboten. Bei Zuwiderhandlungen drohen hohe Geldstrafen (Rauchen trotz Rauchverbot 500–10.000 Dh) oder sogar Gefängnisaufenthalte.

Die Erbauer des visionären Neu-Dubai

Auch wer seinen Glimmstengel auf die Straße statt in eine Mülltonne wirft, kann mit einer Geldbuße rechnen.

Während des **Ramadan** ist tagsüber jegliches Rauchen überall in der Öffentlichkeit untersagt und könnte bestraft werden.

Tipps zum Shisha schmauchen

- Will man eine Wasserpfeife rauchen, kostet das **15–40 Dh.** Es gibt nicht nur Tabak pur in **verschiedenen Geschmacksnoten und Stärken,** sondern auch Fruchtmischungen (Apfel, Aprikose, Erdbeere, Kirsche usw.). Aus Gründen der Hygiene bekommt jeder Raucher ein eigenes, aufsteckbares Plastik-Mundstück.
- Schöne Shisha-Cafés bietet das **Madinat Jumeirah Resort** in seinen Hotels sowie im Souq Madinat Jumeirah, im Garten am Kanal gelegen mit Aussicht auf die unzähligen Windtürme des Resorts.

- „Original orientalisch" ist das **Al Hadheerah Restaurant** im Wüstenresort Bab Al Shams. Inmitten der Sanddünen außerhalb Dubais gelegen, ist der Weg nur für eine Wasserpfeife zwar zu weit, aber es lohnt umso mehr, hier einen „arabischen Abend" zu verbringen (siehe „Sehenswertes auf Dubais Inlandsseite" bzw. „Gastronomie").
- Wer mit einem einheimischen Tourveranstalter einen Abend in einem **Wüstencamp** bucht, kann dort unterm Sternenhimmel entspannt auf Kissen liegend den aromatischen Pfeifenrauch genießen.

Reisen mit Kindern

Dubai eignet sich fabelhaft für einen Familienurlaub. Die Menschen sind ausgesprochen kinderfreundlich. Fremde Kinder werden überall mit offenen Armen empfangen, Rücksichtnahme auf Kinder ist allgegenwärtig und völlig selbstverständlich. Man sollte immer bedenken, dass Emirater und viele Gastarbeiter, die in Dubai wohnen, meist mehrere Kinder haben und dass viele Bereiche kinderfreundlicher ausgestattet sind als bei uns.

Die meisten **Ferienresorts** bieten Familienzimmer oder Zimmer mit Verbindungstür an, zur Unterhaltung und Zerstreuung der Kids spezielle Kinderpools, ein vielseitiges Angebot an Kids-Club-Aktivitäten für jedes Alter und ein breit gefächertes Programm besonderer Extras für junge Gäste wie Computerspielgeräte oder einen pädagogisch betreuten Spielclub. In anderen Hotels kann man sich ein Zusatzbett aufstellen lassen und zahlt dafür einen Aufschlag auf den Doppelzimmerpreis (je nach Hotel und Alter des Kindes evtl. gratis).

In vielen Restaurants können Kinder verbilligt (oder sogar umsonst) essen, bekommen Geschenke oder ihre Getränke kostenlos aufgefüllt. In etlichen Restaurants stehen spezielle Familienräume oder -bereiche zur Verfügung. Die weit verbreiteten Fast-Food-Restaurants und Food Courts in Einkaufszentren haben einen Kinderspielbereich.

In den vielen öffentlichen Parks gibt es immer eine Anzahl von Spielgeräten und für Frauen und Kinder reservierte Tage. Zudem haben Vergnügungsparks (z.B. Global Village, IMG Worlds of Adventures) und Wasserparks (z.B. Aquaventure, Wild Wadi) spezielle Kinderangebote (siehe „Urlaub in Dubai/Vergnügungsparks" bzw. „Wasserparks"). Ein Highlight für Kids: Raus aus der Stadt zu einer erlebnisreichen **Wüstentour.**

Wenn es draußen zu heiß sein sollte, kann man **Indoor-Freizeitangebote** in klimatisiertem Ambiente nutzen, z.B. die Skihalle Ski Dubai (Mall of the Emirates), Atlantis Lost Chambers (Atlantis The Palm) oder Dubai Aquarium and Underwater Zoo (The Dubai Mall). Jede Menge Spiel- und Lernanreize bieten **Kinderspielparks** in den großen Malls oder Einkaufszentren (siehe „Urlaub in Dubai/Vergnügungsparks"). Große **Festivals** wie das Dubai Shopping Festival und das Dubai Summer Surprise bieten viele Veranstaltungen für Kinder und Familien an.

Die **Strände** fallen meist flach ins Wasser ab – ideal für (Klein-)Kinder.

Alles was man braucht, wenn man mit Kindern verreist, kann man in Dubai bekommen, sodass nichts vorratsweise mitgebracht werden muss.

Bei Kindern ist besonders genau auf **Gesundheit und Sonnenschutz** zu achten – und darauf, dass sie genug trinken. Auch das Risiko, dass sie sich beim ständigen Wechsel von Außenhitze und Kühle in klimatisierten Räumen erkälten, ist höher als bei Erwachsenen.

Flugreisen sind für Kleinkinder in der Regel unproblematisch. Da Säuglinge aufgrund der noch nicht komplett ausgebildeten Nebenhöhlen besonders empfindlich auf Druckveränderungen reagieren, sollte man ihnen etwas zum Kauen bzw. Nuckeln geben, dann gelingt der Druckausgleich besser. Kinder mit akuten Infektionskrankheiten wie einer Mittelohrentzündung oder Nasen-Rachen-Infektion dürfen nicht fliegen.

In jedem Falle sollten sich die Eltern von Säuglingen und Kleinkindern vor einer Fernreise von einem **Kinderarzt** beraten lassen. Wichtige Themen sind Impfungen, Flug und Reisemedikamente. Wegen des fast unerträglich feucht-heißen Klimas sollte man einen Familien-Sommerurlaub auf der Arabischen Halbinsel gut überdenken.

- Websites speziell für Kinderaktivitäten: **www.dubaikidz.biz, www.uae4kidz.biz**
- **„TimeOut Dubai Kids“:** als Zeitschrift oder auf www.timeoutdubai.com/kids einsehbares Kinder-Veranstaltungsmagazin

Freizeitspaß am Meer – die einen genießen einen Familienausflug, die anderen ein Jetski-Rennen

dub14-005 kk

Weitere Tipps für Aktivitäten mit Kindern

- **Entdeckungen in der Childrens City** (siehe „Urlaub in Dubai/Parks“)
- **Kamelreiten in der Wüste** (siehe „Urlaub in Dubai/Sport und Aktivitäten“)
- **Schneeballschlacht in Ski Dubai** (siehe „Urlaub in Dubai/Sport und Aktivitäten“)
- **Sandburgen bauen und Planschen** (siehe „Urlaub in Dubai/Strandparks und Strände“)
- **Haie bestaunen im Dubai Aquarium** (siehe „Urlaub in Dubai/Sehenswertes an Dubais Inlandsseite“)
- **Rosafarbener Spa- und Beautyspaß in der Hello Kitty Beauty Spa** (siehe „Urlaub in Dubai/Sport und Aktivitäten“)
- Verschiedene Spiel-, Sport- und Freizeitmöglichkeiten im **City Centre Midrif** (siehe „Urlaub in Dubai/Vergnügungsparks“)
- **Per Du mit Delfinen** (siehe Info-Kasten „Wunder trifft Wasser – Erlebnisdestination Atlantis“)

Reisen mit Körperbehinderung

Besucher mit eingeschränkter Mobilität müssen in Dubai zwar mit einigen Hürden rechnen, aber verglichen mit anderen arabischen oder asiatischen Ländern sind diese bei weitem nicht so hoch. Dank diverser staatlicher Maßnahmen werden Behinderte im Allgemeinen akzeptiert und kaum diskriminiert. Zahlreiche technische und bauliche Einrichtungen erleichtern ihnen den Alltag, immer mehr Hotels und öffentliche Gebäude werden **behindertengerecht** ausgestattet. Dubais Flughäfen sind auf Körperbehinderte eingestellt, ebenso die großen Museen, Einkaufszentren, Parks, Kinos. Spezielle Metro- und Taxiserviceleistungen bietet die Roads and Traffic Authority (www.rta.ae) an. Auch persönliche Dienste werden offeriert, so an Flughäfen, in Hotels und Krankenhäusern. Ältere Gebäude allerdings weisen oftmals unüberwindbare bauliche Hürden auf, und Busse oder Geländewagen der lokalen Tourveranstalter sind selten barrierefrei.

Um Schwierigkeiten zu minimieren, sollte der Fluggesellschaft und dem Hotel **vor Reiseantritt** Art und Schwere der Körperbehinderung mitgeteilt werden. Wer die Dienste eines lokalen Tourveranstalters, z.B. für Ausflüge, in Anspruch nehmen möchte, sollte diesen bereits vor Anreise kontaktieren und sein Anliegen erläutern. Bei Pauschalreisen sollte sich der Reiseveranstalter darum kümmern. Der Anbieter Private Tour Guide Dubai (siehe „Reisebüros und Tourveranstalter“) hat für Rollstuhlfahrer oder Menschen mit Gehbehinderung spezielle Angebote.

Faltbare **Rollstühle** kann man für die Reisedauer mieten bei Rentacrib, www.rentacrib.ae, Tel. 4 47 76 54.

An den Stranden Al Mamzar Beach und Jumeirah Beach (siehe „Strandparks und Strände“) kann man gratis spezielle **schwimmende Rollstühle** („swimming wheelchair“) ausleihen; eine Reservierung ist empfehlenswert (Dubai Municipality, Tel. 8 00/9 00).

Geld/Finanzen

Währung und Geldwechsel

Die Landeswährung der Vereinigten Arabischen Emirate ist einheitlich und nennt sich **Dirham (Dh).** Ein Dirham entspricht **100 Fils.** Der Dirham ist frei konvertierbar. Der Wechselkurs ist an den amerikanischen Dollar gekoppelt. In den letzten Jahren erziehlte der Euro meist deutlich bessere Wechselkurse. Der Wechsel von Devisen ist in den zahlreich vorhandenen Banken oder Wechselstuben sehr einfach. Vorsicht vor **Verwechslung:** Scheine sind mit arabischen und lateinischen Zahlen beschriftet, Münzen nur auf Arabisch – die arabische Ziffer 5 ähnelt der lateinischen Zahl 0!

Wechselkurse (Stand: August 2015)

- 1 US$ = 0,89 Euro, 1 Euro = 1,12 US$
- **1 Euro = 4,12 Dirham (Dh)**
- 1 Dh = 0,24 Euro
- 1 SFr = 3,94 Dh
- 1 Dh = 0,25 SFr
- Aktuelle Wechselkurse und Umrechnungstabellen z.B. unter **www.oanda.com**

Vor der Abreise können Dirham in Dubai unter Inkaufnahme der üblichen Kursabweichungen in Devisen zurückgetauscht werden.

Zu Banken und Exchange-Offices siehe auch „Urlaub in Dubai/Geldwechsel", zur Reisekasse siehe Info-Kasten „Reisecheckliste".

Feste und Feiertage

Der **islamische arbeits- und schulfreie Tag** ist der **Freitag** (siehe „Öffnungszeiten"). Vor einer Geschäftsreise sollte man sich erkundigen, ob nicht gerade religiöse oder staatliche Feiertage sind, denn dies bedeutet, dass viele Menschen mehrere Tage Urlaub machen.

Muslimische Festtage

Sie richten sich nach der **islamischen Zeitrechnung** und fallen deshalb nach unserem Kalender jedes Jahr auf einen anderen Termin. Der islamische Kalender richtet sich anders als unser gregorianischer **nach dem Stand des Mondes** und nicht nach der Sonne. Ein Mondjahr hat rund 354,5 Tage und ist somit im Durchschnitt elf Tage kürzer als unser „Sonnenjahr". Ein Mondmonat hat 29 oder dreißig Tage.

Die **Anfangszeiten der islamischen Monate** rücken jedes Jahr etwa elf Tage nach vorne, entsprechend die religiösen Festtage. Ihre endgültigen Termine werden nach dem aktuellen, örtlichen Stand des Mondes ermittelt; dadurch können sie von Land zu Land variieren.

Voraussichtliche Daten der wichtigsten muslimischen Festtage

- **Al Hijri** (Islamisches Neujahr) 14.10.2015, 03.10.2016, 22.09.2017, 12.09.2018
- **Maulid al Nabi** (Geburtstag des Propheten Mohammed) 12.12.2016, 01.12.2017, 21.11.2018

- **Lailat al Miraj** (Himmelfahrt des Propheten)
05.05.2016, 24.04.2017, 13.04.2018
- **Eid al Fitr**
(Fest zum Fastenbrechen nach Ramadan)
2 bis 3 Tage ab 06.07.2016, 26.06.2017, 15.06.2018
- **Eid al Adha**
(Großes Opferfest zur Pilgerfahrt nach Mekka)
3 bis 4 Tage ab 06.07.2016, 26.06.2017, 21.08.2018

Ramadan

Der Koran verbietet allen erwachsenen und gesunden Muslimen, **dass** im Ramadan **tagsüber** (zwischen Sonnenaufgang und -untergang) **gegessen, getrunken und geraucht wird.** Zugleich führen alle Muslime in diesem Monat, in dem Muhammad seine erste Offenbarung von Allah erfuhr, ein besonders religiöses und besinnliches Leben. Dieser **Gemeinschaftsgedanke** wird besonders nach Sonnenuntergang deutlich, wenn die Nacht quasi zum Tag wird und das Leben erwacht.

Auch für Touristen bzw. Nicht-Muslime, die während des Ramadan in Dubai sind (außer Kindern), gilt das Verbot, in der Öffentlichkeit zu essen, trinken oder rauchen (die Nichtbeachtung kommt streng genommen einer Straftat gleich und kann mit Bußgeld oder gar Gefängnis geahndet werden). Was hinter den Türen des Hotelzimmers vorgeht, interessiert nicht. Auch tagsüber einzukaufen ist völlig in Ordnung, Obst- und Gemüsemärkte und Lebensmittelläden sind wie gewohnt geöffnet. Take-away-Theken in Supermärkten bieten durchaus warme Mahlzeiten an, jedoch sollten diese nur zu Hause verspeist werden.

Alle Straßenrestaurants öffnen erst ab Sonnenuntergang, viele Hotelrestaurants haben jedoch tagsüber geöffnet. Manche besitzen einen mit Vorhängen abgetrennten Bereich, damit kein Fastender in Versuchung gerät. Hier kann man wie gewohnt alles bekommen, was man begehrt, **Alkohol** allerdings (offiziell) nicht, abends mitunter schon. Spirituosen sind in der zimmereigenen Mini-Bar und evtl. über den Zimmerservice zu erhalten, der wie gewohnt einwandfrei funktioniert.

Nachtclubs sind während des Ramadan größtenteils geschlossen, die meisten Bars und Lounges hingegen sind geöffnet und servieren auch Alkoholika, manche sperren ihre Tanzfläche ab oder verzichten auf Live-Musik. Bauchtanzshows fallen aus. Kinos zeigen Filme erst am Abend. Die genaue Handhabung hängt davon ab, wie konservativ/konsequent Regelungen umgesetzt werden.

Die größte Einschränkung besteht darin, **in der Öffentlichkeit nichts** zu **trinken,** auch wenn die Sonne noch so brennt und der Durst noch so groß ist.

Geschäftsleute sollten nicht vergessen, Einladungen zum Essen auf den Abend zu legen. Wer mit einer organisierten Tour unterwegs ist, wird nicht auf seinen Softdrink oder sein Picknick in einsamer Natur verzichten müssen.

Im Fastenmonat verläuft das öffentliche Leben tagsüber mit **Einschränkungen.** Es ist ruhiger, was von vielen als Vorteil empfunden wird. Banken und Behörden haben nur vormittags geöffnet. Die Öffnungs- und Bürozeiten von Staatsbetrieben beginnen meist eine Stunde später als sonst und enden auch früher. Privatfirmen haben nur teilweise verkürzte Arbeitstage.

Trotz mancherlei Entbehrungen hat der Ramadan auch **Vorteile:** Geschäfte und Souqs haben länger geöffnet, Restaurants schließen oft erst in den frühen Morgenstunden, und aus den Häusern strömen die leckersten Gerüche durch die Gassen.

Unter dem Motto **„Ramadan in Dubai"** finden diverse kulturelle Veranstaltungen statt, die sich sowohl an Muslime, aber auch an nicht-muslimische Touristen widmen, und die den spirituellen Aspekt des Fastenmonats betonen.

Der **Ramadan Night Market** (www.ramadannightmarket.com) in den Messehallen des Trade Centre ist bis in die frühen Morgenstunden geöffnet (20–2 Uhr) und bietet eine breite Auswahl an Einkaufs- und Speisemöglichkeiten.

Am Rande der belebtesten Straßen bieten kurz vor Sonnenuntergang kleine Imbiss-Stände **Leckereien zum Fastenbrechen** an, so etwa *sambousas* (kleine, dreieckige, mit Fleisch oder Gemüse gefüllte Teigtaschen), *felafel* (frittierte Kichererbsenbällchen) sowie Kuchen und andere zuckertriefende Süßigkeiten.

Nach Sonnenuntergang, wenn wieder gegessen und getrunken werden darf, haben zahlreiche Restaurants spezielle **Iftar-Büfetts** im Programm (ab 20 Dh in Straßenrestaurants, ab 70 Dh in Luxushotels), die unter dem Motto „all you can eat" stehen.

In den großen Hotels hat man extra Zelte, sog. **Ramadan-Cafés** oder **Iftar tents,** aufgebaut und mit Teppichen, Kissen und bunten Stoffen gemütlich dekoriert. In ihnen werden fast die ganze Nacht Getränke, Datteln und Süßigkeiten serviert, Musik und Tanz sorgen für ausgelassene Stimmung. In manchen Einkaufszentren stehen ähnliche Zelte, in denen kurz nach Sonnenuntergang Datteln, Süßigkeiten, Wasser und Kaffee spendiert werden. Auch einige Supermärkte oder Tankstellen empfangen Kunden zur Zeit des Fastenbrechens mit solchen gastlichen Gaben.

In den V.A.E. ist der 29. Ramadan ein arbeitsfreier **Feiertag.**

Am letzten Vollmond im Ramadan feiern Kinder **Hagg al Laila** („Feier der Nacht"). Sie ziehen singend durch die

Straßen und sammeln bei Verwandten oder Freunden und in Einkaufszentren Süßigkeiten, Obst und Nüsse – fast wie bei den uns bekannten Sankt-Martins-Zügen.

Das Schönste am Fasten ist das **Fastenbrechen** am Ende des Ramadan, das **Eid al Fitr.** Das viertägige Fest gibt Anlass – ähnlich unserem Weihnachtsfest – zu ausgiebigem Schlemmen und Feiern. Die Feierlichkeiten beginnen nach dem Morgengebet mit dem Austausch von Geschenken. Insbesondere Kinder werden mit Gaben und Süßigkeiten überhäuft, alle ziehen schöne neue Kleider und dishdashas an, Familienmitglieder und Freunde werden besucht, die Groß-

Datteln werden im Ramadan gerne zum Fastenbrechen gegessen

dub14-006 kk

familie macht Urlaub am Strand, jeder wünscht dem anderen ein „Eid mubarak", ein „gesegnetes Fest". In den Emiraten sind dies auch die Tage, an denen die Herrscher die Palasttüren für die Öffentlichkeit öffnen. In langen Schlangen warten zahllose diplomatische Vertreter und Bürger darauf, den Potentaten ihre Glückwünsche zu überbringen.

Voraussichtliche Ramadan-Termine

- 1 Monat ab 06.06.2016, ab 26.05.2017, ab 15.05.2018; der endgültige Tag, an dem der 30-tägige Ramadan beginnt, wird kurz zuvor, **nach dem Erscheinen des Mondes nach Neumond,** bestimmt. Daher können die Termine in den einzelnen muslimischen Ländern durchaus um einen oder zwei Tage variieren.

Christliche Feiertage

Bei einigen europäischen und amerikanischen Institutionen und Firmen sowie bei Botschaften und Konsulaten sind **Weihnachten und Ostern** arbeitsfreie Feiertage.

Staatliche Feiertage

Sie finden alljährlich zu den **feststehenden Zeiten** des gregorianischen Kalenders statt:

- **6. August:** Tag des Machtantritts des ersten Präsidenten der V.A.E., *H.H. Shaikh Zayed* (1966)
- **2. und 3. Dezember:** Nationalfeiertage, da am 02.12.1971 die V.A.E. gegründet wurden
- **1. Januar:** Neujahrstag (auch wenn das islamische Neujahr an einem anderen Tag beginnt)

Öffnungszeiten

In Dubai sollte man nicht vergessen, dass sich die Öffnungszeiten zum Teil an muslimische Gegebenheiten anpassen. Bei den Büro-, Geschäfts- und Öffnungszeiten ist bezüglich des arbeitsfreien Wochenendes eine **Zweiteilung zwischen Privat- und Regierungssektor** zu beachten: Alle Regierungsstellen und Staatsbetriebe haben Freitag und Samstag arbeitsfreies Wochenende, alle Privatfirmen können ihre Zeiten frei gestalten, die meisten haben freitags frei, manche bieten einen 7-Tage-Service. Geschäfte und Restaurants haben meist jeden Tag geöffnet.

Zur Zeit des wichtigen Gebetes am **Freitagmittag** haben viele (nicht alle!) Geschäfte, Geldwechsler, Imbisse, Straßenrestaurants, Internetshops etc. etwa zwischen 11.30 und 16 Uhr geschlossen. Manche öffnen freitags erst am Nachmittag. Im Fastenmonat Ramadan gelten andere Öffnungszeiten (s.o.).

Geschäfte

Die allgemeine Öffnungszeit der meisten Geschäfte und Boutiqen auf der Straße und in den Einkaufszentren, der Läden in den Souqs, der Apotheken sowie der Reisebüros, Tourveranstalter und Fluggesellschaften ist **Samstag bis Donnerstag 8 oder 9–13 Uhr und 16–20 Uhr.** Viele, so auch Geschäfte in den Malls, haben durchgehend oder abends bis 22 Uhr oder Mitternacht offen und manche auch freitags – wenn auch wegen des Freitagmittagsgebets eventuell mit langer Mittagspause oder erst ab dem Nachmittag. Einige Geschäfte oder Boutiquen, die außerhalb der Einkaufsstraßen oder Souqs in den Wohnvierteln liegen, öffnen nicht vor 10 Uhr.

Supermärkte haben meist jeden Tag ohne Unterbrechung von 8–22 Uhr, manche sogar rund um die Uhr geöffnet. Auch viele kleine Lebensmittelgeschäfte (engl. *groceries*) haben mittags durchgehend und bis in den späten Abend hinein offen.

Staatliche Behörden

Staatliche Behörden, Firmen und Büros (auch Botschaften und Konsulate) haben **freitags und samstags geschlossen.** Ihre Öffnungszeiten sind Sonntag bis Donnerstag 7–13 (im Sommer) und 8–14 Uhr (im Winter).

Private Firmen

Privatfirmen können sich aussuchen, ob sie entsprechend dem muslimischen arbeitsfreien Tag (Freitag) oder gemäß dem staatlichen Wochenende (Samstag) schließen. Jede Firma definiert ihre arbeitsfreien Zeiten selbst, Faustregel: **Am Freitag haben viele geschlossen,** samstags arbeiten die meisten. An den Ar-

Parfüms und Duftöle

dub14-007 kk

beitstagen gelten in der Regel die Bürozeiten **9–14 und 16–20 Uhr,** aber auch hier gilt Gestaltungsfreiheit, und manche arbeiten durch.

■ Zu den Öffnungszeiten von Banken und Wechselstuben, von Postämtern, Restaurants, Bars und Nachtclubs siehe „Urlaub in Dubai" in den entsprechenden Abschnitten.

Verhalten

Trotz aller Modernität ist Dubai ein **arabisch geprägtes und muslimisches Land.** Religion, Kultur, Gebräuche und Mentalität der Emirater (und die vieler anderer Einwohner) weichen stark von europäischen Maßstäben ab. Jedem Reisenden sollte klar sein, dass er sich in einem gewissen Rahmen den islamischen Sitten und Gebräuchen anpassen muss. Es wäre schön, wenn jeder Tourist das Verständnis entwickelt, dass ihn die Emirater als Gast willkommen heißen und er sich entsprechend verhält.

Was vielen Arabern unangenehm auffällt, ist die Hektik vieler Europäer. Araber (aber auch die vielen in Dubai lebenden Asiaten) haben eine andere **Auffassung von Zeit** als wir, denn „als Allah die Zeit schuf, schuf er sie reichlich". In allen Situationen ist es sinnvoll, Ruhe zu bewahren. Ungeduld oder gar Zorn führen rufen Unverständnis hervor, helfen aber nicht weiter.

Die nachfolgend aufgeführten Verhaltenstipps sollen **höfliches Benehmen** ermöglichen. Hält man sich nicht daran, so drücken die Einheimischen bestenfalls beide Augen zu und lassen den Gast nicht merken, dass er gerade (unbewusst) taktlos gehandelt hat.

Bei manchen Verhaltensweisen gelten **andere Kulturstandards** und Empfindlichkeiten als in Mitteleuropa. Dubai will sich in Zukunft deutlich stärker für die Respektierung der islamischen Kultur und muslimischer Moralwerte einsetzen. So können „sexy" Bekleidung, Händchenhalten und der **Austausch von Zärtlichkeiten in der Öffentlichkeit** – dazu gehört alles, was über einen Begrüßungskuss auf die Wange hinausgeht – Anstoß erregen und ein Strafgeld oder sogar die Ausweisung aus dem Land nach sich ziehen. Öffentlich gezeigte **Homosexualität,** Cross-Dressing oder Transvestismus werden hart bestraft.

Beim **Fotografieren** von Menschen sollte man umdenken, so ist das unerlaubte Ablichten von fremden Frauen verboten.

Schlimme Verstöße können ins Gefängnis führen; das Dubai Executive Council hat einen offiziellen **Benimmkodex** *(The Dubai Code of Conduct)* erlassen. Wenig Gnade findet respektloses Verhalten gegenüber der Regierung, dem Staat bzw. seinen Symbolen und gegenüber dem Islam. Ausweisung oder gar Gefängnis droht allen, die den Stinkefinger zeigen, vulgär fluchen oder im Tanga am Strand sonnenbaden. Wer außerhalb lizensierter Bars oder Restaurants **Alkohol** konsumiert oder offensichtlich betrunken durch die Stadt spaziert, kann dafür mit Geld- oder Freiheitsstrafen belangt werden. Auch bei **Drogen** kennt man keine Toleranz: Drogendelikte können schwere strafrechtliche Folgen nach sich ziehen, auch die Todesstrafe wird ab und zu verhängt!

Gastfreundschaft und Einladungen

Gastfreundschaft begegnet Fremden überall. Spontane **Einladungen** zum Kaffee, Tee oder zu Datteln abzuschlagen, gilt als unhöflich, und die Begründung, keine Zeit zu haben, stößt auf Unverständnis (s.o.). Je formeller eine Einladung ist und insbesondere bei Einladungen in ein Privathaus sollte man zunächt herausfinden, ob diese wirklich ernst gemeint ist oder eher eine gastlich-galante Floskel war. Dazu bedient man sich des arabischen Prinzips, erst dreimal höflichst abzulehnen. Wird die Einladung tatsächlich wiederholt, so war sie herzlich und ernst gemeint und sollte angenommen werden.

Kaffee- oder Teerunden dauern mindestens zwei, besser drei obligatorische Tässchen. Der traditionelle arabische Kaffee (arab. *qahwa*) wird in einer Schnabelkanne serviert, ist frisch geröstet, stark und mit diversen Gewürzen wie Kardamom, Ingwer oder Rosenwasser aufgebrüht. Möchte man nichts mehr trinken, so zeigt man dies, indem man seine leere Tasse mit einem dezenten Schwung aus dem Handgelenk hin- und herschwenkt. Unterlässt man diese Geste, so wird ständig nachgeschenkt. Nach der dritten Runde sollte man jedoch höflicherweise kundtun, dass man nichts mehr möchte.

Zur **Begrüßung** ist ein Händedruck unüblich, besonders bei Frauen. Am besten höflich und zurückhaltend beobachten, wie sich das Gegenüber und die evtl. anderen Anwesenden verhalten. Als Mann einen Augenblick Abstand wahren und das Angebot (der Frau) zum Händedruck abwarten – reicht eine arabische Frau nicht ihre Hand, so beschränkt man sich auf eine verbale Begrüßung. Als europäische Frau gilt es zu berücksichtigen, dass konservative Männer aus Respekt und Höflichkeit Distanz wahren, einen Händedruck meiden und blumige Begrüßungsworte wählen. Entsprechend sollte frau höflich-distanziert abwarten, ob ihr die Hand gereicht wird oder nicht. Viele Araber führen bei der Begrüßung ihre rechte Hand zum Herzen und unterstreichen damit ihre Herz-

dub0-0 kk

Arabische Schönheit in traditionellem Kleid, auf der Hand Henna-Malereien

dub224 kk

lichkeit; diese ausdrucksstarke Geste können auch Touristen zeigen. Die arabische Begrüßung ist eine streng festgelegte Zeremonie, in der man sich höflich nach der jeweiligen Gesundheit und dem Wohlbefinden der Familie (nie aber direkt nach dem der Frauen!) erkundigt. Auch am Telefon sollten diese Höflichkeiten nicht fehlen (stets „How are you" fragen). Besonders hoch angerechnet wird es, wenn man die wichtigsten Begrüßungsformeln auf Arabisch kann (siehe „Anhang/Sprache").

Die linke Hand gilt als unrein, da mit ihr die Reinigung auf der Toilette vollzogen wird. Daher sollte man es möglichst vermeiden, jemandem etwas mit links zu überreichen (insbesondere Essen, Geschenke, Geld und Zigaretten) oder mit der linken Hand Essen zum Mund zu führen. Araber könnten sonst schnell angeekelt oder beleidigt sein. Sehr übel wäre es, beim Speisen mit Fingern aus einer gemeinsamen Schüssel seine Linke zu nehmen. Linkshänder sollten ihnen bekannte Araber über ihre Veranlagung aufklären.

Beliebt sind Gespräche über Anreise, Herkunft, Alter, Familienstand und persönliches Umfeld. Entsprechende **Handyfotos** eignen sich gut, um eine Unterhaltung zu beleben. Probleme und Unannehmlichkeiten lässt man grundsätzlich außen vor – besser ist es, manche Fakten etwas „umzugestalten", sodass sie den Erwartungen der Gastfamilie eher entsprechen; zum Beispiel spricht man als unverheirateter Mittdreißiger besser nicht aus, dass man mit seiner Partnerin unverheiratet zusammenlebt, sondern behauptet, man sei verlobt.

Bei **Gesprächen über Politik** ist Zurückhaltung geboten, ebenso bei Diskus-

⌃ Die burqa,
eine traditionelle Gesichtsmaske der Beduinen

sionen über religiöse Themen. Empfehlenswert ist es, sich als Christ auszugeben, auch wenn man eher atheistisch eingestellt ist – keiner Religion anzugehören, ist für Muslime unvorstellbar.

Wird man zum Essen in ein **Restaurant** eingeladen, so muss man sich nicht unbedingt mit einem Geschenk bedanken. Die nächste Einladung sollte aber auf eigene Rechnung gehen, es sei denn, das Ansinnen wird höflich abgewehrt.

Bei Einladungen in einen **Privathaushalt** sollte man sich mit einem Gastgeschenk erkenntlich zeigen. Am besten sind Aufmerksamkeiten oder Süßigkeiten für die Kinder und Datteln von guter Qualität. Sollte man die Dame des Hauses noch nicht persönlich kennen, wäre ein Geschenk für sie unangebracht. Beim Betreten des Empfangsraumes (arab. *majlis*) werden die Schuhe draußen ausgezogen. In traditionell eingestellten Familien werden die Frauen in den Frauenbereich (arab. harem) geführt, während die Männer unter sich bleiben. Viele Gastgeber empfangen westliche Reisende aber auch ohne Trennung der Geschlechter. In jedem Fall wird zuerst arabischer Kaffee serviert. Handelt es sich um eine Einladung zum Essen, so wird danach eine Wasserschüssel zum Händewaschen und zum Abtrocknen eine Packung Papiertücher herumgereicht. Oft ist das Wasser mit Duftölen oder Rosenwasser parfümiert. Dann erst beginnt die eigentliche Mahlzeit, meist eine Reisplatte mit Lammfleisch, frischem Brot und verschiedenen kleinen Beilagen. Bei Hochzeiten, Geburten und religiösen Festen wird eine Reihe von Spezialitäten aufgetischt. Im Falle einer spontanen oder weniger formellen Einladung wird eine Auswahl an frischem, gekühltem Obst mit Süßigkeiten und Datteln serviert. Nach der Mahlzeit wäscht man sich erneut die Hände, und es wird wieder Kaffee ausgegeben. In Frauenrunden werden meist wertvolle Parfüms und Duftöle gereicht. Man tupft sich einige Tropfen an die Seite der Daumen, auf die Wangen, an den Schleier oder unter die Nase. Oft macht auch ein Weihrauchbrenner mit qualmendem Weihrauch, Sandelholz oder anderen Essenzen die Runde.

Beim Besuch bei Arabern zu Hause, wie auch in sonstigen Situationen, sollte man es **vermeiden, einzelne Sachen explizit zu loben:** Sätze wie „Das ist aber eine schöne Wanduhr" oder „Ihre Armbanduhr gefällt mir sehr" können dazu führen, dass Araber einem diesen Gegenstand im Bewusstsein ihrer Gastgeberpflichten schenken – auch wenn einem selbst das nie in den Sinn gekommen wäre. Eine solche Situation kann durchaus unangenehm sein, sie wird jedoch meist galant überspielt. Andernfalls: Erst dreimal ablehnen, danach erst wäre das Schenken ernst gemeint. Wer vorher etwas annimmt, hat zwar materiellen Wert gewonnen, ist aber deutlich im Ansehen gesunken, wenn nicht als Schnorrer durchgefallen. Es ist daher grundsätzlich besser, ein allgemeines Lob auszusprechen, etwa im Sinne von „Das Design Ihres Wohnzimmers gefällt mir sehr".

Da dem **Prinzip der Gegenseitigkeit** im arabischen Raum ein hoher Stellenwert zukommt, sollte man – wenn möglich – eine etwa gleichwertige Einladung als Dankeschön aussprechen – natürlich in der ernst gemeinten dreimaligen Form. Geht das nicht, kann man beispielsweise anbieten, dass sich der Sohn beim nächsten Auslandsbesuch doch melden und revanchieren könnte. Oder man sendet aus der Heimat ein kleines Präsent, etwas Typisches zum Beispiel.

Essen und Trinken

Beim Essen im Zusammensein mit Arabern sollte man darauf achten, möglichst **nicht die linke Hand zum Mund zu führen** (s.o.).

Wird man zu einer **traditionellen Mahlzeit** eingeladen, so wird meist mit den Fingern von einer gemeinsamen Platte gegessen. Man macht dies am elegantesten, indem man aus der Speise (insbesondere Reis) einen mundgerechten Klumpen formt, ihn auf die Fingerspitzen der rechten Hand legt und mit dem Daumen in den Mund schiebt. Dass dabei die Hand klebrig wird, ist normal, ein verschmierter Mund wirkt dagegen wenig vorteilhaft. Brotstücke werden als „Löffel" oder „Zange" verwendet. Sie dürfen nur einmal in das Essen getaucht werden und sind dann mit zu essen. Besonders in einfachen Beduinenhaushalten wird noch oft so gegessen.

Auch in arabischen **Restaurants** darf ungehemmt mit den Fingern gespeist werden, selbst in DeLuxe-Restaurants.

Zum muslimischen **Fastenmonat Ramadan** siehe „Feste und Feiertage", zu alkoholischen Getränken siehe Info-Kasten „Alkohol".

dub07_054 kk

Kleidung

Im Gegensatz zu anderen Ländern des Mittleren Ostens fallen die Bekleidungssitten für Ausländer in Dubai wenig beengend aus. Wichtig ist, dass Männer und Frauen trotz der hohen Temperaturen das **muslimische Anstandsgefühl nicht verletzen,** indem sie in der Öffentlichkeit zu viel Haut zeigen. Schultern und Knie sollten stets bedeckt sein, was schon aus gesundheitlichen Gründen sinnvoll ist, denn körperbedeckende Kleidung schützt vor Sonnenbrand, den man bei der intensiven Sonneneinstrahlung und der durchschnittlichen Sonnenscheindauer von acht bis zehn Stunden am Tag sehr leicht bekommt.

Shorts bei Männern wirken in den Augen vieler Araber lächerlich, da sie diese als Unterhose tragen.

Für **Frauen** empfehlen sich blickdichte und nicht zu tief ausgeschnittene Kleidungsstücke. Damit zeigt man Anstand und wird entsprechend behandelt. Wer seine Körperrundungen zur Schau stellt, provoziert lüsterne Blicke und Kommentare.

Anzeige der Gebetsrichtung

An Dubais **Stränden** weisen Schilder darauf hin, dass oben ohne untersagt ist – dies gilt auch an Pools.

In **Bars und Nachtclubs** gilt eine lockere und „offenere“ Kleiderordnung.

Handeln

Festpreise gelten für Lebensmittel und die Produktpalette **in Supermärkten** sowie in manchen Geschäften der Einkaufszentren. Sonst aber kann man die typisch arabische Möglichkeit, einen guten Preis zu erfeilschen, nahezu überall nutzen: in den Läden der Souqs, selbst in Goldgeschäften, in exklusiven Boutiquen, sogar in Läden, die ein großes Schild „fixed prices“, „Festpreise“, im Schaufenster aufgestellt haben.

Besonders **beim Kauf von Souvenirs muss man handeln,** es gehört einfach „dazu“ und steigert das Ansehen des Käufers. Die vom Händler zuerst genannte Summe bildet den Auftakt zu einem Verhandlungsgespräch, ist aber nicht der Endpreis der Ware. Der Ausgangspreis beruht darauf, wie der Anbieter Kaufkraft und Sozialstatus des Interessenten einschätzt. Steigt dieser in Preisverhandlungen ein, wird der Händler das Gefeilsche mit einem verschmitzten, aber einladenden Lächeln begleiten; wer keinen Preisnachlass anstrebt, dem wird auch nur selten einer eingeräumt. Handeln ist stets eine freundliche, keine aggressive Sache. Hilfreich sind Fingerspitzengefühl und Redegewandtheit, oberstes Gebot ist, dass es von einem einmal gemachten Angebot kein Zurück gibt. Die Zauberformel heißt „last price“, Nachlässe bis zu 20% sind realistisch. Übermäßige „Halsabschneiderei“ findet man in Dubai im Gegensatz zu manch anderem arabischen oder asiatischen Land nicht. Und überall kann man unbehelligt schauen, fragen, Preise vergleichen, ohne dass Händler gleich aufdringlich zum Kauf animieren.

Fotografieren

Beim Fotografieren (und Filmen) von Menschen ist **Höflichkeit oberstes Gebot.** Für Muslime, die den Koran streng interpretieren, ist die Abbildung von Menschen in jeglicher Form verboten. Es sollten **keine Großaufnahmen von Menschen** gemacht werden, **ohne sie gefragt zu haben.** Absagen sollten akzeptiert werden und einem nicht die Laune verderben. Dies gilt insbesondere gegenüber arabischen Frauen! Glauben Sie bitte nicht, sie in aller Heimlichkeit porträtieren zu können, es ist nicht nur absolut unhöflich, sondern per Gesetz verboten und beschwört mit hoher Wahrscheinlichkeit Ärger herauf.

Viele Araber sehen es mit dem **Bilderverbot** nicht so eng, und überall hängen schließlich die riesigen Porträts ihrer Herrscher. Immer wieder posieren Familien vor Brunnen oder in Parkanlagen, der Fotoapparat ist bei jedem Familienausflug obligatorisch. Inder und Pakistanis lassen sich oft auffallend gerne fotografieren.

Strikt vermieden werden sollte die Ablichtung von militärischen Anlagen und Herrscherpalästen. Auch öffentliche Gebäude wie Ministerien, Industrieanlagen, Verkehrseinrichtungen (Flughäfen) und alles, was mit der Erdöl- und Gasförderung zu tun hat, sind tabu.

Männer und Frauen

Männer sollten darauf achten, keine emiratische Frau in Verlegenheit zu bringen. Langes, offensichtliches Anstarren, Ansprechen oder gar absichtliches Berühren kann erheblichen Ärger mit sich bringen, denn „mann" entehrt damit nicht „nur" die Frau, sondern – viel schlimmer – ihre gesamte Familie.

Touristinnen sollten arabische Männer nicht mit „offenen" oder allzu „einladenden" Blicken ansehen, da das als „Anmache" interpretiert werden könnte.

Zärtlichkeiten, egal ob zwischen Mann und Frau oder gleichgeschlechtlich, sollten/dürfen in der Öffentlichkeit nicht ausgetauscht werden.

Frauen allein unterwegs

In den V.A.E. können Frauen relativ gut alleine reisen – wenn sie sich gewissen **landesüblichen Sitten anpassen.** Natürlich sollten sie sich körperbedeckt und gepflegt kleiden sowie zurückhaltend, aber durchaus selbstbewusst auftreten. Frau sollte sich aber immer bewusst sein, dass arabische, aber auch indische und pakistanische Frauen niemals ohne männliche Begleitung reisen würden und eine allein reisende Frau daher deren Gesellschaftsnormen sprengt.

Die beste Art für allein reisende Frauen, mobil zu sein, ist der eigene **Mietwagen.** Wer möchte, kann kann sich in einer der rosafarbenen „Ladys only"-Frauentaxis – von Frauen – chauffieren lassen (siehe „Urlaub in Dubai/Öffentliche Verkehrsmittel"). In Bussen und in der Metro können (nicht müssen!) Frauen in eigenen Bereichen unter sich sein.

In **Restaurants** können Frauen ungestört im sogenannten Familienbereich, über den nahezu alle Restaurants verfügen, speisen.

Manche **Banken** haben „Ladys only"-Abteilungen. Wenn nicht, dann genießen Fauen das Vorrecht, sich in Warteschlangen in Banken, Postämtern oder Behörden vorne anstellen zu dürfen.

Allein reisende, europäisch aussehende Frauen haben vor allem in Dubais Stadtteil Deira und in den Souqs mitunter das Problem, **als Russin angesehen zu werden.** Der Tourismus und der Warenverkehr mit den Republiken der ehemaligen Sowjetunion boomen. Die Schattenseite: Viele Russinnen bzw. Osteuropäerinnen, aber auch Asiatinnen und Afrikanerinnen arbeiten als Prostituierte. Das ist zwar allen bekannt, doch es wird gerne verschwiegen. Werden Touristinnen mit Freudendamen verwechselt, kann es sein, dass ihnen lüsterne Männer zweideutige Avancen machen à la „Oh la la" oder „Hey Baby" oder einen Geldbetrag zurufen. Dies geschieht insbesondere beim Bummel durch „Rotlichtviertel" oder im Dunstkreis von Stundenhotels, doch beherzigt frau die obigen Ratschläge, so schränkt dies die Verwechslungsgefahr ein.

Das zweitgrößte Risiko, in eindeutig-zweideutiger Weise angesprochen zu werden, besteht **beim (Sonnen)baden** außerhalb der Hotels und **beim Besuch einer Bar oder eines Nachtclubs,** wo sich frau in den Augen mancher Männer quasi wie auf einem Präsentierteller anbietet. An öffentlichen Stränden sollte frau – schon aus Respekt gegenüber dem muslimischen Anstandsgefühl – Schultern und Knie bedeckt halten. Insgesamt beschränken sich Belästigungen meist

dub2_8 kk

auf Blick- und Wortebene, nur im allerseltensten Ausnahmefall werden Frauen (körperlich) bedrängt.

Moscheebesuch

In den Emiraten dürfen Gebetsräume von Moscheen meist nur von gläubigen Muslimen betreten werden. In Dubai allerdings können die Moscheen Jumeirah und Al Farooq Omar Bin Al Khattab im Rahmen einer **Führung** besichtigt werden (siehe „Urlaub in Dubai/Sehenswertes auf Dubais Seeseite"). In Sharjah finden Führungen durch die Moschee Al Noor statt (siehe „Ausflugsziele/Sharjah-Stadt").

Für den Besuch sollten Männer und Frauen **angemessen gekleidet** sein: Knie, Oberschenkel, Schultern und Oberarme bedecken, transparente Kleidungsstücke oder solche mit Slogans, Symbolen oder Fotos vermeiden. Frauen sollten zudem ihr Dekolleté bedecken und ein Kopftuch tragen (entsprechende Kleidungsstücke können ausgeliehen werden). Beim Betreten des Gebetsraumes sind die Schuhe auszuziehen.

Essen, Trinken, Rauchen, Zärtlichkeiten, Telefonieren bzw. Surfen im Internet sowie lautes oder auffälliges Verhalten sind nicht gestattet. **Fotografieren** ist in der Al Farooq Omar Bin Al Khattab Mosque untersagt, in der Jumeirah Mosque nicht, jedoch sollte man Menschen weder beim Beten stören noch ungefragt ablichten.

Literaturtipps

- *Kirstin Kabasci,* **KulturSchock Kleine Golfstaaten/Oman.** Reise Know-How Verlag; Hintergründe zu Kultur, Tradition, Geschichte und Gesellschaft
- **Islam Verstehen:** Sympathie-Magazin vom Studienkreis für Tourismus und Entwicklung e.V., www.sympathiemagazin.de; handliches Heft

- *Felicia Englmann,* **Arabersaison: Eine Reise hinter den Schleier der Golfstaaten.** Scoventa Verlag; leicht leserliches Grundwissen über die Region und Knigge zum Umgang mit Golfarabern
- *Jens Bölscher,* **Business-Knigge für deutsche Manager in Dubai: Verhaltensweisen verstehen und Geschäfte erfolgreich gestalten.** Books on Demand; mit Praxisbeispielen angereicherte Einführung in die wesentlichen Aspekte der arabischen Geschäftskultur
- *Gabriele Scheuring, Christian Baumeister,* **Business Knigge Dubai – Vereinigte Arabische Emirate.** Audiobook; Ratgeber für die Besonderheiten interkultureller Kommunikation im Geschäftsleben

Strom

Die Stromspannung beträgt **220–250 Volt** bei 50 Hertz. Es treten keinerlei Probleme beim Betrieb von europäischen und japanischen Geräten auf.

Für den **Anschluss** benötigt man englische, dreipolige Stecker. Flache Eurostecker kann man in zwei der Pole einstecken, für Schukostecker braucht man allerdings einen **Adapter.** In den Hotels ist meist eine Steckdose damit ausgestattet, weitere Adapter erhält man auf Anfrage. Zudem sind sie für wenige Dirham in den Supermärkten Dubais erhältlich.

Medien

Rundfunk und Fernsehen

Nahezu alle **Hotelzimmer** sind mit TV und Radio ausgestattet. Die Emirate Dubai, Abu Dhabi und Sharjah haben zum Teil mehrere Kanäle, die in allen Emiraten senden, jeweils in Arabisch und Englisch. In Dubai zu empfangende **englischsprachige Radiosender** sind Radio 1 (104,1 FM), Radio 2 (99,3 FM), Dubai 92 (92,0 FM) und Channel 4 (104,8 FM).

Der **englischsprachige Fernsehsender Channel One TV** ist mit seinen Serien, Dokumentationen, Spielfilmen und Nachrichten bei den europäischen Ausländern der populärste. In der gesamten arabischen Welt bekannt ist **Al Arabiyya,** neben dem qatarischen Sender Al Djazira der zweitwichtigste überregionale arabische Nachrichtensender.

Hinzu kommen **Satellitenkanäle** aus Europa und Asien sowie aus arabischen Ländern, auch Sendungen in Französisch, Hindi, Urdu oder Bengali werden ausgestrahlt. Englischsprachige Nachrichtensendungen kommen regelmäßig, sowohl im Fernsehen als auch im Radio.

Zeitungen und Zeitschriften

- **Ausländische Zeitungen und Zeitschriften** gibt es in den großen Hotels, in Supermärkten und in Buchläden mit englischsprachiger Literatur.
- **„Gulf News", „The Gulf Today", „The National"** und **„Khaleej Times"** sind **englischsprachige Tageszeitungen** und werden überall von Stra-

ßenhändlern angeboten oder in Geschäften mit Zeitschriften und Lebensmitteln verkauft (3 Dh).

- Sehr empfehlenswert ist die alle zwei Monate erscheinende englischsprachige Zeitschrift **„liveworkexplore“**, die sich den Themen Leben, Arbeiten und Entdecken in Dubai (bzw. in den Emiraten insgesamt) widmet. Mit Veranstaltungskalender, Businessthemen, Sightseeing- und Ausflugstipps.
- Das wöchentlich erscheinende **Magazin „Time-Out Dubai“** bietet eine **Fülle von Tipps und Adressen** zu Gastronomie, Freizeit- und Sportmöglichkeiten sowie die Termine aller kulturellen und sportlichen Veranstaltungen, Ausstellungen und Messen. Hinzu kommen Infos zu Themenabenden und Promotions der großen Hotelrestaurants sowie die Veranstaltungen der Clubs.
- Ähnliches steht im **Veranstaltungsmagazin „What's on“**, das monatlich erscheint.
- **„Discover Me“** ist ein zweimonatlich in Dubai produziertes deutschsprachiges Kultur- und Wirtschaftsmagazin mit Themen zum gesamten Nahen Osten; nur in wenigen Buchläden oder Supermärkten erhältlich.
- Alle zwei Monate informiert **„Brownbook“** als urbaner Guide zum Mittleren Osten über die Schwerpunktthemen Kultur, Mode und Design.
- Um Lifestyle geht es in **„Arabian Women“** sowie dem Pendant **„Arabian Man“.**
- Viel Werbung, aber auch viele Infos finden sich in den **Gratis-Monatsmagazinen „Dubai Travex“** sowie **„Connector“** und **„Discover Dubai“.** Sie liegen in Supermärkten, Hotels oder Reiseagenturen aus und sind auch online einsehbar.
- Auch **Business-Reisende** finden eine Auswahl an Magazinen, beispielsweise die Monatsmagazine „Arabian Business“, „Money Works“ oder „Business Traveller Middle East“.
- **Zeitungen und Zeitschriften online** siehe „Informationen“.

Zeitverschiebung

Die gesamten V.A.E. sind der mitteleuropäischen Zeit **in der Winterzeit um drei, während der Sommerzeit um zwei Stunden voraus.**

Ein Kamel als Fotomotiv bei einem Wüstenausflug

dub14-044 kk

The perfect profile to match your own.
الإطار المثالي المناسب لنمط حياتك

dub14-039 kk

2 Urlaub in Dubai

Dubai ist eine kosmopolitische Wüstenmetropole voller Kuriositäten und Kontraste. Auf einer Fläche von 4114 km² leben etwa 2,3 Millionen Menschen, die wenigsten stammen aus den Emiraten selber, rund 90% sind Einwanderer und Gastarbeiter. Die vielen Annehmlichkeiten einer Hightech-Luxusgesellschaft mit internationalem Lifestyle sind ebenso Teil des Lebensalltags wie das bewusste Aufrechterhalten alter Werte und Stammestraditionen.

< Dubai Marina, JBR Walk

Orientierung

Dubai hat viele Gesichter. In ihren alten Stadtvierteln zeigt die Stadt Spuren ihres historischen Wachstums – so waren die Stadtteile Bur Dubai und Deira im 19. Jahrhundert von einer Stadtmauer umgeben, Forts und Wehrtürme schützten diese Gebiete damals. Stellenweise sind historische Strukturen sichtbar, renoviert oder rekonstruiert. Um sie herum verteilen sich Quartiere, die im 20. Jahrhundert errichtet wurden. Das feucht-schwüle Klima trägt dazu bei, dass vieles schnell verfällt, der Zahn der Zeit nagt unermüdlich. In den alten Arealen wird ständig abgerissen, ausgebessert und erweitert. Baulücken werden mit Hochhäusern ausgefüllt, Straßen von Hochstraßen überbrückt oder mit Metrolinien untergraben.

Rundherum entstehen Stadtteile für das 21. Jahrhundert, typischerweise als **„Stadt in der Stadt"** angelegt und mit Bürotürmen oder Villenvierteln versehen. In Dubai werden immer neue Visionen, Superlative und Wahrzeichen geschaffen. Die Meinungen darüber, ob dies Dubais Reiz ausmacht oder ob diese stadtplanerische Strategie überstrapaziert wurde, gehen auseinander.

Das Augenfälligste am Stadtbild von Dubais historischem Zentrum ist der **Creek,** ein **natürlicher Meeresarm,** der sich weit in die ehemalige Wüste windet und das dicht bebaute Areal zweiteilt. Beide Seiten lohnen eine Erkundung. Anders als in neueren Vierteln kann man am Creek-Ufer entlang sowie in den Souq-Arealen von Deira und Bur Dubai sogar recht gut spazieren gehen – eine Seltenheit in Dubai. Den Creek überwinden können Fußgänger bestens per Boot (siehe „Sehenswertes am Creek") und – weniger schön, aber praktisch – durch den Shindagha-Tunnel nahe der Creek-Mündung. Die Al Maktoum Bridge, die weiter stadtauswärts gelegene Floating Bridge, die Garhoud Bridge sowie die Business Bay Bridge sind wichtige Autoverbindungen über den Creek. Weitere **Brücken** sind in Planung bzw. Bau, z.B. soll 2017 die provisorische Floating Bridge durch eine feste Brücke ersetzt werden.

NICHT VERPASSEN!

- **Der Creek** windet sich durch das alte Stadtzentrum | 85
- **Die Souqs von Deira u. Bur Dubai** sind orientalische Marktviertel | 95, 103
- **Das Dubai Museum** präsentiert Geschichte und Brauchtum | 105
- **Im Viertel Al Fahidi Historical Neighbourhood** stehen viele Windturmhäuser | 106
- **Die Jumeirah-Moschee** lädt zur Besichtigung ein | 114
- **Palm Jumeirah** ist eine Riesenpalmeninsel | 118
- **Dubai Marina:** urbane Vielfalt | 124
- **Der Burj Khalifa** ragt 828 m in den Himmel | 127
- **Der Souq Madinat Jumeirah** bietet tolle Einkaufs- und Ausgehmöglichkeiten | 144

Diese Tipps sind gelb hinterlegt.

> Das Heritage Village im Shindagha-Volkskundeviertel am Creek

Auf der nördlichen Seite des Creek bildet der historisch gewachsene **Stadtteil Deira** einen Teil des Stadtzentrums. Das „Kernstück" von Deira ist die **Landspitze Al Ras,** die dem Mündungsverlauf des Creek seine markante Biegung verleiht. Die Uferstraße den Golf entlang, deren markantestes Gebäude das Hyatt Regency Hotel mit seinem Drehturm darstellt, wird Corniche Rd genannt. Im Zuge des Baus der vor der Uferpromenade gelegenen dritten Palmeninsel wird dieses Areal umfassend ausgebaut, es entstehen ein Fischereihafen, Lagerhallen, Wohn- und Bürohochhäuser sowie Hotels. In Deira sollte man es nicht versäumen, durch den ursprünglichen Souq, vor allem durch den Goldsouq, und auf der von traditionellen Holzschiffen gesäumten Uferpromenade des Creek zu bummeln.

Wichtige Straßen in Deira sind die beiden Uferstraßen: die Baniyas Rd am Creek und die Al Khaleej Rd paralell zum Golfufer. Mitten durch Deira laufen die Naif Rd, die Rigga Rd und die Al Maktoum Rd. Auf letztgenannter Straße sind der monumentale Uhrturm (engl. *clocktower*), der Union Square sowie der Baniyas-Platz zentrale Orientierungspunkte.

Bekannte **Bezirke** auf der Deira-Seite sind: Naif (um die Naif Rd), Hamriya (am Golfufer), Al Rigga (rund um die Rigga Rd), Al Muraqqabat (rund um die westliche Al Rasheed Rd), Hor al Anz (rund um die östliche Al Rasheed Rd). An Deira angrenzend sind Garhoud (zwischen Dubai International Airport und Creek) und Dubai Festival City (creekeinwärts jenseits der Business Bay Bridge).

dub15_007 kk

Südlich der Lagune dehnt sich der zweite wichtige Teil des alten Stadtzentrums aus: **Bur Dubai.** Eines der ältesten Gebäude der Stadt steht hier: das **Fort.** 1787 erbaut, beherbergte es lange Jahre den Herrschersitz, heute ist es ein hypermodernes Museum. In Anbindung an diesen historischen Bau stehen die Regierungsgebäude (arab. *diwan*). Das Fort ist das einzige historische Gebäude in Bur Dubai. Andere Häuser, die alt aussehen, sind wiederaufgebaut worden und bieten Touristen Einblicke in die Vergangenheit, zu erleben in den beiden Volkskundevierteln Al Fahidi Historical Neighbourhood – ein Wohnviertel mit markanten Windturmhäusern – und Shindagha mit Wohngebäuden und einem rekonstruierten Herrscherpalast.

Wichtige **Stadtteile um Bur Dubai** heißen Al Mankhool (um die Al Mankhool Rd), Al Karama (zwischen Trade

Centre Rd und Zabeel Rd) und Oud Metha (um die Oud Metha Rd). Zentrale Verkehrsschneisen sind die Al Khaleej Rd, die Mankhool Rd, die Trade Center Rd, die Zabeel Rd und die Umm Hureir Rd. Von Bedeutung ist auch die Khalid ibn al Waleed Rd, die wegen der zahlreichen ansässigen Geldinstitute sogenannte „Bankenstraße", die Bur Dubai vom Rashid-Hafen bis zur Al Maktoum-Brücke durchschneidet.

Südlich des Zentrums dehnt sich der **Stadtteil Jumeirah** entlang der ehemals natürlichen Küstenlinie des Golfes aus. Noch vor wenigen Jahren ein kleines Fischerdorf vor den Toren Dubais, liegt Jumeirah heute geografisch gesehen mittendrin, und der Lifestylefaktor hier ist hoch. Das Rückgrat ist die Jumeirah Rd, die sich vom **Stadtteil Satwa** (mit der Einkaufsstraße 2nd of December Rd als Mittelpunkt) nach Süden zieht und in

die Al Sufouh Rd übergeht. In Jumeirah stehen elegante Villen, originelle Geschäfte, Restaurants und Cafés haben eröffnet, und hier reihen sich die luxuriösen Strandhotels aneinander. Touristisch interessant sind die Strände, die stilvoll dekorierte Jumeirah-Moschee und zahlreiche Einkaufszentren. Doch die Kehrseite der Glitzermedaille sind Großbaustellen: Neue Hotels sowie diverse künstliche Inseln sind im Entstehen.

Meist wird Jumeirah als Synonym für alle Strandbereiche zwischen Zentrum und Jebel Ali gebraucht. Sicherlich hat auch die Namensgebung der künstlichen Palmeninsel Palm Jumeirah zu dieser Prominenz beigetragen. Doch dabei werden einige Stadtteilnamen unter den Tisch gekehrt. So **Umm Suqeim und Al Sufouh,** die im Süden von Jumeirah am Meeresufer liegen, auch **Al Wasl,** wenige Blocks im Landesinneren.

Palm Jumeirah, auf Arabisch **Nakhlat Jumeirah,** die mittlere der drei Palmeninseln, wurde als erste große künstliche Insel Dubais fertiggestellt. Dubai hat zu seiner Bauboomzeit begonnen, an diesem Küstenstück schöne neue Welten zu schaffen und nach den Sternen zu greifen. Baulich manifestiert sich das z.B. in den Kunstinseln von The World. Doch die Krise ließ so manches – im wahrsten Sinne des Wortes – versanden. Die Erschaffung der Jumeirah-Palmeninsel ist vollendet, sie wird derzeit bebaut, doch ob und wann weitere Inselpläne realisiert werden, ist ungewiss.

An der Küste südlich von Palm Jumeirah schließt sich die noble Hochhauszone **Dubai Marina** an. Hotels und

Blick auf den Creek Richtung Meer

dub14-042 dt

Apartments sind vertikal geschachtelt und stehen dicht an dicht. Der auf Arabisch **Marsa Dubai** genannte Stadtteil hat einen eigenen Jachthafen und liegt auf einer lang gezogenen Insel zwischen Strand und künstlichem Meereskanal.

Ist die Rede von **Jebel Ali,** so in den seltensten Fällen vom kleinen gleichnamigen Ort ca. 40 km südlich des Zentrums an der Schnellstraße nach Abu Dhabi. Meist meint Jebel Ali den Hafen mit Freihandelszone und Industriegebiet (siehe „Land und Leute/Wirtschaft").

Das Areal um Jebel Ali wird massiv ausgebaut, beispielsweise mit der Jebel-Ali-Palmeninsel und dem Giga-Stadtteil **Dubai World Central** inklusive weltgrößtem Flughafen Al Maktoum International Airport.

Ein paar Blocks weiter im Landesinneren führt die autobahnähnliche **Shaikh Zayed Rd E11** an Jumeirah und Dubai Marina vorbei nach Jebel Ali (und weiter nach Abu Dhabi). Dieser Streifen Dubais kann – im wahrsten Sinne des Wortes – als aufstrebend charakterisiert werden: **New Dubai** wird das Gebiet genannt. Einst symbolisierte das World Trade Centre am Anfang der Shaikh Zayed Rd Dubais Weg an die Spitze, doch heute führt das Gebäude ein Schattendasein. Entlang der Shaikh Zayed Rd reihen sich Dutzende glasverspiegelte Apartment-, Hotel- und Bürohochhäuser aneinander. Einkaufszentren übertreffen sich in ihren riesenhaften Dimensionen, **Spezial-Freihandelszonen** wie Internet City, Media City, Knowledge Village, Investment Park oder Business Bay locken Investoren an, und ein klotziges Eingangstor weist den Weg zur Dubai International Financial City.

dub07_194 mm

Noch ein Stück weiter im Landesinneren, zwischen der Shaikh Zayed Rd und der Al Khail Rd E44, liegen die **Stadtteile Zabeel, Al Quoz** und **Al Barsha.** Jenseits davon dehnen sich diverse neue und vornehme **Wohngebiete** aus, so etwa Emirates Hills, The Meadows, The Lakes, Jumeirah Islands oder Desert Springs Village. All das – und überhaupt alles in der Stadt – wird überragt vom 2010 eingeweihten **Burj Khalifa;** mit 828 m bzw. 189 Stockwerken ist er nicht nur der Sieger des Turmbaus zu Dubai, sondern der höchste Wolkenkratzer der Welt. Zu seinen Füßen duckt sich ein als **Downtown Dubai** bekannter Stadtteil. Im Schatten des Burj sorgen Seen und Parkanlagen für natürliche Lichtblicke inmitten des urbanen Overkill. Die weltweit größte Mall, The Dubai Mall, erfüllt alle erdenklichen Konsumwünsche.

Und nochmals weiter Richtung Wüste, zwischen Al Khail Rd und **Shaikh Mohammed Bin Zayed Rd E311,** einer von Abu Dhabi bis in die nördlichen Emirate verlaufenden Schnellstraße (die bis 2017 zur achtspurigen Autobahn ausgebaut wird), liegen der **alte Stadtteil Nad al Sheba** sowie die **Neubaugebiete Meydan City und Mohammed bin Rashid City.**

Es ist unübersehbar: Dubai dehnt sich immer weiter ins Landesinnere aus. Noch liegt die Shaikh Mohammed Bin Zayed Rd E311 jenseits der dichten Bebauung, aber es sind zahlreiche neue Projekte in Planung/Bau, so auch weite

Deira – vom Creek umspülte Halbinsel Al Ras (rechts: Ansicht um 1940)

dub10_014 dt

Smart und interaktiv – Dubais neues Geo-Adress-System

Nach und nach wird in den V.A.E. ein neues Geo-Adress- und Navigations-System eingeführt. **Makani** heißt es in Dubai, verantwortlich dafür sind die Stadtverwaltung und die Roads and Transport Authority. In Dubai bekommen 22.000 Straßen erstmals einen Namen bzw. einen neuen Namen. Zudem werden Stadtteile unterteilt und ggf. umbenannt. **130.000 Adressen** – genauer: die Hauseingangstüren – sollen mittels geografischer Koordinaten und eines speziellen zehnstelligen Makani-Codes eindeutig zu finden sein. Beispielsweise hat das Stadtverwaltungsgebäude am Creek in Deira die Nummer 30002 95324. Nicht nur online kann man diese Nummern ermitteln, auch an den Gebäuden angebrachte Schilder zeigen sie an.

Gratis-Applikationen wie QR-Code und Google-Maps-Anbindung sollen das System unterstützen und eine mobile und interaktive **Navigation per Smartphone, Tablet, Navi und PC** ermöglichen. Anfang 2015 waren alle Hauptverbindungsstraßen und zirka die Hälfte der Nebenstraßen umbenannt und etwa die Hälfte der neuen Straßenschilder montiert. Bis voraussichtlich 2019 soll Makani vollendet sein.

Dubai wird eingeteilt in **13 Sektoren,** die wiederum gegliedert sind in kleinere **Distrikte.** Straßennamen innerhalb der Sektoren/Distrikte orientieren sich an einem stadtteiltypischen Thema. Leitgedanke in Jumeirah sind beispielsweise Meer oder Fische und in Deira Kultur und Tradition. In anderen Stadtteilen werden Straßen nach Poeten oder Baumarten benannt.

Um **Autofahrern** eine bessere Orientierung zu bieten, zeigen Schilder von Schnellstraßen nicht nur den Straßennamen, die Schnellstraßennummer und den Distrikt, sondern auch die Richtung an. Dabei verweist „North" immer nach Norden Richtung Sharjah, „South" nach Süden Richtung Abu Dhabi, „East" nach Osten ins Landesinnere und „West" zum Meer. Autobahnen und Schnellstraßen haben blaue Schilder, Hauptverbindungsstraßen grüne, Sehenswürdigkeiten braune und sonstige Straßen weiße.

Bis sich das neue Adress-System eingespielt und etabliert hat, wird die **Verwirrung** groß sein, denn Einheimische nutzen häufig nur im Volksmund bekannte Straßennamen bzw. markante Orientierungspunkte (z.B. Hotels, Banken, Einkaufszentren, Verwaltungseinrichtungen), um eine Adresse zu beschreiben. Für Ortsunkundige und alle, die nicht genau wissen, wie eine Adresse auf Englisch oder Arabisch auszusprechen ist, eröffnet Makani ganz neue Möglichkeiten.

Hier zusammenfassend dieses Buch betreffende **wichtige Neuerungen** (neue **Stadtteilnamen** sind fett gesetzt):

- Palm Jumeirah = **Nakhlat Jumeirah**
- Dubai Marina = **Marsa Dubai**
- Bastakiya = **Al Fahidi Historical Neighbourhood**
- Downtown Dubai = **Burj Khalifa**

Neue **Straßennamen:**

- E311 = Emirates Rd = **Shaikh Mohammed Bin Zayed Rd**
- E611 = Dubai Bypass Rd = **Emirates Rd**
- Al Dhiyafah St. = **2nd December Rd**
- Emaar Boulevard = **Mohammed bin Rashid Boulevard**
- Abdulla Omran Taryam St. = **Al Thuraya St.**
- Al Saada St. = **First Al Khail St.**

Infos

- **www.makani.ae**

Teile von **Dubailand,** dem weltweit größten Freizeitpark, samt der dazugehörigen Falcon City of Wonders, den Arabian Ranches, der Dubai Sports City, der Dubai Golf City sowie dem Dubai Investment Park.

Im Nordosten Dubais liegt **Sharjah** (siehe „Ausflugsziele") – die beiden Städte sind in den letzten Jahren quasi zusammengewachsen. Ab der Al Maktoum Bridge führt die **Al Ittihad Rd E11** durch die Innenstadt dorthin – Verkehrsstau und Nervenzusammenbruch höchst wahrscheinlich. Auch über die Umgehungsstraße Shaikh Mohammed Bin Zayed Rd E311 kann man Sharjah erreichen, aber auch hier gilt: Nur im Stop-and-Go-Modus geht's voran. Auch die Hauptstadt der V.A.E., Abu Dhabi, ist über die E311 zu erreichen. Um Dubai entstehen immer mehr Zubringer- und Umgehungsstraßen, so die **Emirates Rd E611.** In den nächsten Jahren hofft man durch den Ausbau weiterer Metrolinien und auch durch den Bau einer inneremiratischen Eisenbahn den Straßenverkehr zu entlasten.

Für Touristen kann die Orientierung verwirrend sein, denn Einheimische nutzen zur Wegbeschreibung Stadtviertel und markante Gebäude wie Hotels, Banken, Einkaufszentren und große Geschäfte. Doch dies könnte sich nach der Etablierung von **Makani,** Dubais neuem **Geo-Adress-System,** ändern (siehe Exkurs).

Dubai-Sightseeing

Tipp für Unentschlossene: Wer nicht genau weiß, ob er eine Rundfahrt im Doppeldeckerbus oder im Amphibienbus mitmachen möchte, kann zum BurJuman-Einkaufszentrum fahren; hier kann man sich im Büro von Wonder Bus informieren oder aber direkt in einen Doppeldeckerbus einsteigen und losfahren (alle drei unten genannten Veranstalter halten dort).

Organisierte Stadtrundfahrten bieten neben den unten genannten Veranstaltern auch lokale Tourveranstalter an (siehe „Reisebüros und Tourveranstalter").

du15_008 bbt

> Sightseeing mit dem Big Bus

Dubai Süd

0 1 km
©Reise Know-How 2016
Dubai06
Anschluss siehe Umschlagklappe vorne
Dubai Zentrum
Sharjah
Hatta
Al Ain
E11
E66
E44
E311
Dubai Dry Dock
Al Mina Rd
Mankhool Rd
Al Jafiliya
Zabeel Technology Theme Park
ZABEEL
Dubai Wildlife and Waterbird Sanctuary
Trade Centre Rd R/A
Dubai World Trade Centre
2nd Zabeel Rd
2nd of December
Consulate General of Switzerland
Int. Exhibition Centre
World Trade Centre
Satwa
Jumeirah Moschee
SATWA
Ras Al Khor Rd
Ras al Khor Industrial Area
Oud Metha Rd
Emirates Towers
Jumeirah Beach
Jumeirah Rd
Al Wasl Rd
Al Satwa Rd
Sheikh-Zayed Rd
Financial Centre
Bu Kidra R/A
Al Ain Rd
Nad Al Shiba Rd
Consulate General of the Federal Republic of Germany
Dubai Int. Financial Centre
Doha Rd
Al Khail Rd
JUMEIRAH
Defence R/A
Interchange No 1
Al Safa St.
THE OLD TOWN
Burj Khalifa/ Dubai Mall
Burj Khalifa
Mercato Beach
DOWNTOWN DUBAI
Golf Course
Al Urouba St.
Iranian Hospital Rd
BUSINESS BAY
AL WASL
Business Bay
Kamel-rennbahn
Meydan Rd.
Meydan Racecourse
Jumeirah Beach Park
Safa Park
Al Athar St.
Al Hadiqa St.
Interchange No 2
MEYDAN CITY
Al Quoz Pond Park
Majlis al Ghuraifah
MOHAMMED BIN RASHID CITY (im Bau)
Al Farooq Omar bin Al Khattab Moschee
PERSISCH-ARABISCHER GOLF
Jumeirah Corniche
AL QUOZ
Umm Al Sheif St.
UMM SUQEIM
Jebel Ali, Abu Dhabi
Noor Islamic Bank
Free Fun Beach
Interchange No 3
Al Manara St.
Al Quoz Industrial Area
Bu Qtair Beach
Dubai
Jumeirah
Jebel Ali
Umm Suqeim Park
Al Thanya St.
Umm Suqeim Beach
First Gulf Bank
Wild Wadi
Interchange No 4
Umm Suqeim St.
Mall of the Emirates
Ski Dubai
AL BARSHA
Al Sufouh Rd
AL SUFOUH
Sharaf DG
Anschluss siehe Seite 79
Einkaufszentren
A Al Hana Centre
B Al Ghazal Mall
C Dune Centre
D Jumeirah Emirates Towers Boulevard
E Palm Strip Centre
F Magrudy Centre, Beach Centre, Jumeirah Plaza
G Century Mall
H The Village
I Jumeirah Beach Centre
J Mercato Mall
K Town Centre
L Wasl Vita
M Citywalk
N Galleria Mall
O Box Park
P Dubai Mall
Q Souq Al Bahar
R Bay Avenue
S Beach Park Plaza
T Sunset Mall
U Saga World
V Times Square Centre
X Gold and Diamond Park
Y Mall of the Emirates
Z Souq Madinat Jumeirah

Südliches Dubai bis Jebel Ali

Stadtrundfahrt im Doppeldeckerbus

Für Touristen fahren Doppeldeckerbusse (bei günstigem Wetter ist das Dach geöffnet), die an zahlreichen Sehenswürdigkeiten stoppen. Jeder, der mitfahren möchte, kann an einer beliebigen Station zusteigen und das Ticket lösen, eine Buchung im Voraus ist nicht nötig (für große Gruppen jedoch ratsam). Unterwegs kann man getreu dem Motto **„Hop on/hop off"** nach Belieben an den vielen Stationen aus- und einsteigen. Ein englischsprachiger Reiseleiter ist an Bord, per Kopfhörer kann man sich eine deutsche Stadtbeschreibung vom Tonband anhören. Alle Anbieter haben zudem eine Stadtrundfahrt am Abend im Programm (ohne Ausstiegsmöglichkeiten).

Palm Jumeirah, The Crescent West – Joggen mit Blick auf Dubai Marina

The Big Bus Company

Jeden Tag werden drei Hop-on/hop-off-Tagestouren bedient: **City Tour** (wenn man nicht aussteigt 2 Std.), **Beach Tour** (2 Std. 20 Min.) und **Marina Tour** (1½ Std.). Mit einem wahlweise 24 oder 48 Stunden gültigen Tagestouren-Ticket kann man auf all diesen Touren fahren, nach Belieben ein- und aussteigen und zwischen den Touren wechseln. Eingeschlossen sind vier kürzere **Exkursionen:** Flamingo Lagoon Discovery (Khor Dubai), Palm Island Drive, Sharjah Tour, Desert Sunset Tour. Ebenfalls frei sind der Eintritt ins Dubai Museum, ins Atlantis Aquarium, ins Shaikh-Saeed-Haus, eine Wasserbusfahrt, eine Dhau-Cruise (Creek oder Dubai Marina) und geführte Spaziertouren.

- **Onlinepreise** für ein 24-Stunden-Tagesticket: Erwachsene 240 Dh, Kinder (5–15 Jahre) 100 Dh, Familien 580 Dh.
- Die Busse der Tagestouren fahren **täglich im 15- bzw. 30-Minuten-Takt:** erster Bus der City Tour ab

dub14-054 kk

Wafi Mall 9 Uhr, letzter Bus 15 Uhr; erster Bus der Beach Tour ab Mall of the Emirates 9 Uhr, letzter Bus 17 Uhr; erster Bus der Marina Tour ab Mall of the Emirates 8.10 Uhr, letzter Bus 17 Uhr. Man kann bei allen Tagestouren auch von jedem anderen Haltepunkt aus starten. Die Exkursionen haben andere Zeiten.

- Zudem gibt es eine knapp **dreistündige Abendtour,** jedoch ohne Zwischenstopps: Start täglich, wahlweise ab Deira City Centre 19.15 Uhr, Wafi Mall 19.25 Uhr, Mall of the Emirates 19.45 Uhr oder Souq Madinat Jumeirah ab 20 Uhr. Erwachsenen-Onlineticket: 145 Dh.
- **Ticketkauf** im Bus, via Internet, in vielen Hotels und an den Abfahrtshaltestellen an den Einkaufszentren Deira City Centre, Wafi Mall, Mall of the Emirates, BurJuman Centre, Souq Madinat Jumeirah und Dubai Festival City.
- Ein **Abu-Dhabi-Kombiticket** spart Geld und beschert eine freie Hin- und Rückfahrt dorthin.
- **www.bigbustours.com,** Tel. 3 40 77 09

City Sightseeing

Jeden Tag werden zwei Hop-on/hop-off-Routen gefahren: **Red Route** (wenn man nicht aussteigt ca. 1½ Std.) und **Blue Route** (2 Std.). Zu beiden Routen starten die Busse alle 30 Minuten. Ab der Dubai Mall fahren die Busse beider Routen zwischen 9 und 20 Uhr zu jeder vollen und halben Stunde ab. Im Preis enthalten sind u.a. eine Night Tour, ein Creek-Dhau-Cruise, der Eintritt ins Dubai Museum und ins Shaikh-Saeed-Haus, ein geführter Stadtrundgang und eine Wasserbusfahrt. Inhaber eines 48-Stundentickets können zudem an einer Sharjah City Sightseeing Tour teilnehmen und genießen Gratis-Transfer dorthin. Die **Night Tour** ist eine allabendliche Stadtrundfahrt ohne Ausstieg (18–20 Uhr).

- **www.citysightseeing-dubai.com,** Tel. 3 16 75 06, 800/2 73 82 24; 24-Stundenticket 240 Dh, 48-Stundenticket 295 Dh, Familienticket 580 bzw. 720 Dh (Onlinepreise); Passagiere können WiFi gratis nutzen.
- **Ticketkauf** im Bus, online und in vielen Hotels; Serviceschalter im Deira City Centre, BurJuman Centre, Mall of the Emirates, Madinat Jumirah, Dubai Mall
- **Red Route:** Al Ghubaiba – Gold Souq – Spice Souq – Creek – Deira City Centre – BurJuman Centre – Shaikh Zayed Rd – Dubai Mall – Creek – Al Fahidi Historical Neighbourhod – Al Fahidi Fort (Dubai Museum) – Bur Dubai Souq
- **Blue Route:** Dubai Mall – Jumeirah-Moschee – Jumeira Beach Rd – Umm Suqeim Beach – Burj al Arab – Souq Madinat Jumeirah – Atlantis The Palm – Mall of the Emirates

Easy Tour

Täglich gibt es eine **Hop-on/hop-off-Route (orange),** sie dauert ohne auszusteigen inklusive diverser Besichtigungs- und Fotostopps 4 Stunden und beinhaltet Eintritt ins Dubai Museum, Erfrischungsgetränke sowie Gutscheine für Einkaufs- und Restaurantrabatte. Preisgünstiger, aber ohne Möglichkeit zum Aussteigen zwischendurch, ist die zweistündige **Abendtour.**

- **www.easytour.ae,** Tel. 3 88 34 10; Onlinepreis 24-Stunden-Ticket Tagestour: Erwachsene 150 Dh, Kinder 80 Dh, Familien 350 Dh; Abendtour Erwachsene 100 Dh
- **Routenverlauf:** BurJuman Centre – Dubai Museum – Old Souq – Jumeirah-Moschee – Mercato Mall – Jumeirah Public Beach – Wild Wadi – Burj Al Arab – Atlantis The Palm – Souq Madinat Jumeirah – Atlantis The Palm – The Dubai Mall – Burj Khalifa – Emirates Towers – Dubai International Financial

Centre – Garhoud Bridge – Deira City Centre – Bur Dubai Creek – Al Fahidi Historical Neighbourhood – BurJuman Centre; Start ab BurJuman Centre täglich 10 und 16 Uhr, die Abendtour (2 Std. ohne Zwischenstopps) startet dort täglich um 20 Uhr

Bur Dubai und Creek im Amphibienbus

Einzigartig am Golf: **Sowohl an Land als auch über den Creek** führen die Stadtrundfahrten mit dem auffälligen und technisch ausgeklügelten Amphibienfahrzeug von Wonder Bus. Der erste und der letzte Teil der Tour führen ganz „normal" durch Bur Dubai, doch zwischendrin geht es über eine Rampe hinein in den Creek; rund die Hälfte der 1½-stündigen Tour führt über's Wasser.

Start und Ende der Tour ist am Einkaufszentrum BurJuman in Bur Dubai. Ticketverkauf durch viele Hotels und Reiseveranstalter, zudem online oder vor dem Start im Wonder-Bus-Tours-Büro im BurJuman-Einkaufszentrum. Es starten drei bis vier Touren täglich; die genauen Abfahrtszeiten sind vom Wasserstand im Creek abhängig und telefonisch zu erfragen.

- **Wonder Bus Tours,** www.wonderbusdubai.net, Tel. 3 59 56 56; Erwachsene 160 Dh, Kinder 115 Dh

Bootsfahrten durch den Creek

Zu den Möglichkeiten einer Creek-Stadtbesichtigung siehe im folgenden Abschnitt „Sehenswertes am Creek".

Rundflüge mit Hubschrauber

Dubai-Boomtown einschließlich seiner künstlichen Inselwelten aus der Luft – Buchungen übernehmen die meisten der lokalen Tourveranstalter sowie:

- **Aerogulf Services,** Tel. 8 77 61 20, www.aerogulfservices.com
- **Heli Dubai,** Tel. 2 08 14 55, www.helidubai.com

Motorradrundfahrt

Wer möchte, kann sich mit einem Motorrad (Honda Gold Wing) oder Trike durch die Stadt chauffieren lassen. Angeboten werden **Tages- und Abendrundtouren** entlang der Highlights der Stadt.

- **Flybike,** Tel. 3 60 68 67, www.flybike.info; einstündige Rundtouren ab 260 Dh inkl. Fahrer

☑ Shoppen im Souq Madinat Jumeirah

dub12_021 dt

Dhaus – jahrhundertealte Schiffsbautradition

Die traditionellen arabischen Holzdhaus sind **einer der ältesten Schiffstypen,** die seit Jahrhunderten von geschickten Seefahrern und berühmten Navigatoren über die Weltmeere gefahren wurden. Von den Küsten der Arabischen Halbinsel segelten arabische Seeleute bereits im achten Jahrhundert allen Stürmen, Piraten und sonstigen Gefahren zum Trotz bis nach China. Diese frühen Dhaus wurden **ohne jegliches Metall,** also auch ohne Nägel, konstruiert. Die Planken wurden mit in Öl eingeweichten und gedrehten Kokosnussfasersträngen regelrecht „zusammengenäht". Ein in dieser Bauweise genähtes Schiff hatte den Vorteil, dass es flexibler war, Stöße gegen Riffe geschmeidig abfing und nicht auseinanderbrechen konnte.

Von Beginn des 16. bis Ende des 17. Jahrhunderts brachten die **Portugiesen,** die als Kolonialmacht diverse Stützpunkte entlang der Golfküste kontrollierten, neue Einflüsse in den arabischen Bootsbau, die im Laufe der Jahre weiterentwickelt und „arabisiert" wurden. Zu der Zeit, als die Perlenindustrie ihren wirtschaftlichen Höhepunkt erreichte, war der Bootsbau die bedeutendste Industrie des südlichen Golfes.

Bis ins 20. Jahrhundert dienten die Holzdhaus dem Warentransport im Golf sowie der Perlentaucherei. Auch heute noch werden sie für den Seehandel und zum Fischfang benutzt.

Der **Ausdruck „Dhau"** stammt ursprünglich nicht aus dem Arabischen, sondern ist ein von Europäern benutzter Sammelbegriff für verschiedene traditionell-arabische Holzschifftypen, den aber auch viele Araber in ihren Wortschatz aufgenommen haben.

An einer mittelgroßen Dhau bauen sechs Schiffsleute – sie stammen meist vom indischen Subkontinent – ungefähr drei Monate. **Augenmaß und Formgefühl** sind die wichtigsten Voraussetzungen für einen Bootsbauer, denn gezeichnete Pläne gibt es nicht.

Dubai hat in Jaddaf und Hamriya kleine **Dhauwerften,** die man besichtigen kann. Ebenfalls eindrucksvoll sind die traditionellen **Bootsrennen,** bei denen Ruderboote bzw. unter Segel stehende Dhaus gegeneinander antreten. Das Innere eines solchen Holzschiffes und die dortige Atmosphäre kann man bei einem gemütlichen Essen im Rahmen einer **Dinner Creek Cruise** begutachten und „genießen".

dub14-009 kk

Sehenswertes am Creek

Seit Jahrhunderten ist die 12 km lange, geschwungene Lagune die **Lebensader Dubais.** Das Leben der Einheimischen war schon immer zum Meer hin ausgerichtet. Der Fischreichtum des Golfes bot ihnen die Nahrungsgrundlage, die strategisch günstige Lage des Ortes am Eingang zur Arabischen Halbinsel war die Basis für Handelsgeschäfte. In der Lagune fanden Fischerboote und Handelsschiffe sicheren Schutz vor der rauen See des Golfes.

Mit Beginn dieses Millenniums wurde begonnen, den Creek weiter auszugraben. Er geht in den Business Bay Canal über, der als 3,2 km langer **Dubai Water Canal** nach Unterquerung der Shaikh Zayed Rd in Jumeirah ins Meer münden soll. Mitte 2016 sollen die Arbeiten am Dubai Water Canal beendet sein, dann folgen flankierende Flaniermeilen, Hotels, Business- und Freizeiteinrichtungen; auch Wassertransportmöglichkeiten sollen eingerichtet werden.

Anfahrt mit öffentlichen Verkehrsmitteln

- Um per **Bus** nah an den Creek-Altstadtbereich heranzukommen, empfiehlt sich als Ziel z.B. die im Stadtteil Deira gelegene Bus Station Gold Souq oder die Bus Station Al Ghubaiba in Bur Dubai.
- Mit der **Metro** (Green Line) bieten sich die Stationen Al Ras in Deira bzw. Al Ghubaiba in Bur Dubai an (Bus- und Metrostationen liegen übrigens nah beieinander).
- Auch per **Wassertaxi** kann man ankommen, beispielsweise aus den küstennahen Neustadtbereichen, die folgenden Stationen liegen im Altstadtareal (creekeinwärts aufgelistet): Al Shindagha, Al Ghubaiba, Bur Dubai, Al Fahidi, Deira Old Souq, Al Sabkha, Baniyas, Al Seef. An manchen dieser Stationen legen weitere Wassertransportmittel wie Wasserbusse oder Abra-Boote an, diese eignen sich zum schnellen Überqueren des Creek.

Vorschlag für einen Halbtages-Spaziergang durch Deira und Bur Dubai

1. In Deira im Goldsouq starten.
2. Das Frauenmuseum Bait al Banat besichtigen.
3. In Deira/Al Ras zum Heritage House und zur Al Ahmadiyah School spazieren und beide besichtigen.
4. Spaziergang weiter durch den Deira-Souq und den Gewürzsouq.
5. Ab der Abra Station Deira Al Sabkha per Boot nach Bur Dubai übersetzen.
6. Pause im Bait al Wakeel, einem Restaurant/Café mit Creek-Terrasse.
7. Durch den Bur-Dubai-Stoffsouq und den Elektromarkt spazieren.
8. Das Bur Dubai Museum im Al Fahidi Fort besichtigen.
9. Durch den Al Fahidi Traditional Souq bummeln.
10. Spaziergang durch das Viertel Al Fahidi Historical Neighbourhood, bei Bedarf Pause in einem dortigen Windturmhaus-Café.
11. Am Bur Dubaier Creek-Ufer entlang ins Shindagha-Volkskundeviertel spazieren und die dortigen traditionellen Häuser besichtigen.
12. Danach als Ausklang am Creek-Ufer des Shindagha-Volkskunde-Viertels essen.

dub14-010 kk

- Ab Dubai Marina, Marina Mall Station, kann man tägl. ab 11, 13 und 18.30 Uhr mit der **Dubai Ferry** ans Creekufer von Bur Dubai zur Station Al Ghubaiba fahren. Die schöne Fahrt übers Meer entlang der Golfküste kostet ab 50 Dh und dauert 1 Std.
- Über den Creek kommt man zudem durch den **Shindagha-Autotunnel** (hässlich, aber nützlich).
- **Weitere Details** siehe „Öffentliche Verkehrsmittel".

Dhaus am Creek-Ufer

An beiden Seiten des Creek liegen traditionelle Dhaus vor Anker. Dabei handelt es sich um **große, bauchige Holzschiffe,** die aus dem Iran, Indien, Pakistan, Bahrain, Oman, Djibouti, Somalia, Kenia, Sri Lanka und Singapur kommen. Wie seit Jahrhunderten spielt der Dhauhandel trotz der Existenz moderner Containerschiffe auch heute noch eine bedeutende Rolle. Bei einem Spaziergang entlang der Uferpromenade von Deira kann man an den Namen der unzähligen großen und kleinen Dhaus oft erkennen, woher die Boote samt ihrer Besatzung stammen. In den frühen Morgen- oder späten Abendstunden sind die Seefahrer eifrig mit dem Ein- und Ausladen beschäftigt. Die Waren werden mit großen Sackkarren direkt weiter in den nahe gelegenen Souq transportiert.

Besonders viele Holzschiffe ankern an den Kais (engl. *wharfage*), am Deira-Ufer zwischen dem Sheraton Dubai Creek Hotel and Towers und der Al Maktoum Bridge. Über den Anlegestel-

⌃ Preiswert, luftig und ohne Stau – Abra-Fahrt auf dem Creek vor Bur Dubai

len soll ab 2016 **Aladdin City** entstehen: Drei goldfarben leuchtende Bauwerke in Form von Wunderlampen sollen aus dem Creek emporragen und durch einen über dem Wasser laufenden klimatisierten Fußgängerbrückenweg verbunden sein. Zwei der Aladdin-Häuser sollen Büros beherbergen, das größte ein Hotel. Besucher sollen von hier aus einmalige Ausblicke auf den Creek und die ankernden Dhaus genießen können.

Abras und Wasserbusse

Abras sind kleine hölzerne Motorboote, die Passagiere zwischen den Ufern der Lagune von Dubai transportieren. Zudem verkehren **geschlossene, klimatisierte und behindertenfreundliche Wasserbusse** der Roads and Transport Authority (RTA). Alle Boote fahren zwischen den frühen Morgen- und späten Abendstunden (auf einer Abra-Route sogar rund um die Uhr) alle paar Minuten ab und kosten 1 Dh (Abra) bzw. 2 Dh (Wasserbus) pro Strecke (5–7 Min.). Weitere Strecken und Stationen sind in Planung. Wasserbusse müssen mit einer RTA-NOL-Karte/-Ticket bezahlt werden, Abras bar.

- **Details** zu interessanten Möglichkeiten siehe „Öffentliche Verkehrsmittel".
- **Infos:** Tel. 8 00/90 90, www.rta.ae
- Die RTA-Creek-Abra- und Wasserbusrouten sind in den **Karten** im Buchumschlag eingezeichnet.

An- bzw. Ablegestellen

Die **Abra- und Wasserbus-Stationen** finden sich wie folgt:

In Deira (creekeinwärts)

- **Deira Old Souq Station:** Deira Baniyas Rd, am Ende der Old Baladiya St. (Abra-Station und Abra Heritage Tour; auch Wassertaxi-Station)
- **Deira Al Sabkha Station:** am Ende der Al Sabkha Rd (Abra- und Wassertaxi-Station)
- **Deira Baniyas Station:** Baniyas Rd, zwischen Stadtverwaltung und Hotel Sheraton (Wasserbus- und Wassertaxi-Station)
- **Dubai Festival City Station:** an der Dubai Festival City (Abra-Station)

In Bur Dubai (creekeinwärts)

- **Al Shindagha:** beim Heritage Village (Abra-Station und Abra Heritage Tour; auch Wassertaxi-Station)
- **Al Ghubaiba Station:** an der gleichnamigen Metrostation, auch Busstation (Abra-, Wassertaxi- und Ferry-Station)
- **Bur Dubai Station:** an der Bank of Baroda (Abra und Wassertaxi-Station)
- **Bur Dubai Old Souq Station:** an der Grand Mosque (Abra- und Wasserbus-Station)
- **Al Fahidi** (Abra Heritage Tour, s.u.)
- **Al Seef Station:** Al Seef Rd (Wasserbus- und Wassertaxi-Station)
- **Al Jadaf Station:** Al Jadaf, an der Green Line Metro Station Creek (Abra-Station)

Routen

Die motorisierten Abra-Holzboote werden von der Dubai Roads and Transport Authority (RTA) betrieben und verkehren tagtäglich alle paar Minuten von den frühen Morgenstunden bis Mitternacht auf **drei Routen** von einem Altstadtufer zum anderen. Jedes Streckenstück kostet pro Person 1 Dh:

- **Route 1:** Deira Old Souq Station – Bur Dubai Station, 6–24 Uhr

■ **Route 2:** Al Sabkha Station – Bur Dubai Old Souk Station, rund um die Uhr
■ **Route 3:** Al Shindagha Station – Al Ghubaiba Station – Al Fahidi Station, 15–23 Uhr

Zusätzlich pendeln neuere und teurere RTA-Abras auf einer **Heritage Tour** zwischen den Stationen Al Shindagha, Deira Old Souq und Al Fahidi:

■ **Al Shindagha Station – Deira Old Souq Station – Al Fahidi Station,** Sa bis Mi 10–22 Uhr, Do bis Fr 10–24 Uhr, alle 15 Min., 10 Dh pro Person und Teilstück

Creekeinwärts fahren RTA-Abras zwischen Dubai Festival City (Deira-Ufer) und Al Jadaf (Bur-Dubai-Ufer), wo Anschluss an die Metro Green Line besteht:

■ **Dubai Festival City – Al Jadaf,** 9–23 Uhr zu jeder vollen und halben Stunde, 2 Dh pro Person

dub15_005 kk

RTA-Wasserbusse fahren zwischen den Stationen Bur Dubai Old Souq, Deira Baniyas und Al Seef Sa bis Do 7–22 Uhr und Fr 10–24 Uhr ca. alle 15 Min. und kosten 2 Dh pro Teilstück, zahlbar mit RTA-NOL-Karte bzw. Ticket (siehe „Öffentliche Verkehrsmittel").

Wassertaxis

Für **individuelle Fahrten** kann man ein Wassertaxi wählen; die klimatisierten Boote schippern zu neun Stationen im Creek (und zu zwölf weiteren in den Küstengewässern sowie nach Palm Jumeirah).

Wer sich für eine Rundfahrt ein **Boot chartern** möchte, der kann auch dafür ein Wassertaxi mieten: Kostenpunkt pro Boot 400 Dh/Std.; außerdem per Motor-Abra für ca. 120 Dh pro Stunde und Boot.

Creek Cruise

Auf einer **Dhau,** einem traditionellen Holzschiff, kann man eine interessante Stadt- und Creekbesichtigung unternehmen. Es werden **Rundfahrten** zu verschiedenen Zeiten offeriert, entweder als reine **Sightseeing-Tour** oder als **Dhau Dinner Cruise** mit Verpflegung, meist als Büfett. Beispielsweise startet Tour Dubai tagsüber ab dem Creek Walkway einstündige Sightseeing-Dhau-Touren und abends zweistündige Dinner Crui-

[<] Dhau vor der Hochhauskulisse von Dubai Marina

ses. Cruises Dubai fährt vom Deira-Ufer los, ebenso mit einstündigen Sightseeing Cruises tagsüber und abends mit zweistündigen Dinner Cruises. Dhaus anderer Veranstalter starten ihre etwa zweistündigen Dinner Cruises meist zwischen 20 und 20.30 Uhr. Die Preise inkl. Mahlzeit variieren zwischen 200 und 500 Dh. Man kann abends einfach den Creek entlang bummeln und sich eine Dhau aussuchen. In Deira und auf der anderen Seite in Bur Dubai stehen diverse Veranstalter mit ihren Dhaus bereit (s.u.). Vorbestellungen sind – außer für große Gruppen – meist nicht nötig. Auch die Tourveranstalter in Dubai bieten Dhau-Cruises an.

Das **individuelle Chartern einer Dhau** ist bei den unten genannten Veranstaltern sowie beim Al Boom Tourist Village (siehe „Sehenswertes in Bur Dubai") und bei lokalen Tourveranstaltern (siehe „Reisebüros und Tourveranstalter") möglich.

Aber auch **andere Bootstypen,** wie die Dubai Ferry, bieten sich für eine Creek-Fahrt an. Ein **Amphibienbus** kombiniert Wasser- und Landerkundung (siehe „Dubai-Sightseeing").

Veranstalter am Deira-Ufer

Am Uferfußweg zwischen den Hotels Radisson Blu und Sheraton Dubai Creek Hotel and Towers stehen diverse Veranstalter mit ihren Dhaus zu einer Creek-Rundfahrt bereit, u.a.:

- **Al Mansour/Radisson Blu Hotel:** täglich um 20 Uhr zweistündige Dinner Creek Cruises in traditioneller Dhau mit Büfett und arabischer Musik, 185 Dh, Tel. 2 22 71 71, www.radissonblu.de.
- **Cruises Dubai:** einstündige Sightseeing Cruise um 10.30, 13.30, 16.30, 24 Uhr, ab 29 Dh, zweistündige Dinner-Cruises mit Büfett und Live-Unterhaltung um 20.30 Uhr, 149 Dh, oder vor Dubais Küste (Details siehe „Dubai Marina/Marsa Dubai"), vorherige Buchung erwünscht, Tel. 0 50/8 71 72 00, www.cruisesdubai.net.

Veranstalter am Bur Dubai-Ufer

Am Creek Walkway (bei der British Embassy auf Höhe der Trade Centre Rd) ankern zahllose weitere Dhaus, z.B.:

- Mit der **Dubai Ferry** kann man ab der Al Ghubaiba Station den Creek auf zwei Rundrouten erkunden. Täglich um 15 Uhr startet die nachmittägliche Tee-Runde creekeinwärts bis zur Floating Bridge und dann wieder creekauswärts ein Stück an der Golfküste entlang bis zum Hyatt Hotel zurück nach Al Ghubaiba. Um 17 Uhr schippert die Dubai Ferry zu einer Sonnenuntergangs-Foto-Rundfahrt durch den Creek und weiter die Küste entlang bis zum Strand von Jumeirah (und zurück). Jede Route kostet 50 Dh und dauert 1 Std. Weitere Infos bei RTA (siehe „Öffentliche Verkehrsmittel").
- **TourDubai** startet täglich ab dem Creek Walkway Sightseeing-Dhau-Touren (ohne Mahlzeiten), stündliche Abfahrt zwischen 10.30 und 17.30 Uhr, 45 Dh, auch zweistündige Dinner Cruises mit Büfett ab 20.30 Uhr, 200 Dh, Tel. 3 36 84 07, www.tour-dubai.com, Reservierung nicht notwendig.
- **Bateaux Dubai** bietet täglich luxuriöse Rundfahrten im 56 Meter langen, rundum verglasten Flussschiff, Abfahrt vom Creek Walkway, Dinner Cruise mit erlesenem Abendessen und Live-Musik um 20.30 Uhr, ab 395 Dh, Tel. 8 14 55 53, www.bateauxdubai.com.
- Weiter creekeinwärts startet vom **Al Boom Tourist Village** allabendlich um 20 Uhr eine Dhau zur zweistündigen Dinner Cruise, Tel. 3 24 14 44, www.alboom.ae.

Rundfahrt auf dem Creek

Fährt man hinter dem **Sheraton Dubai Creek Hotel and Towers** ab und konzentriert sich zunächst auf die nordöstliche Uferseite des **Stadtteiles Deira,** so sieht man rechts neben dem Sheraton Hotel das Hauptgebäude der **National Bank of Dubai** – unverkennbar durch seine segelartige Form und die messingfarbene Glasfläche – und das ebenfalls verspiegelte Hochhaus der **Industrie- und Handelskammer** mit seiner dreieckigen Grundfläche.

Vom Ufer zurückgesetzt fällt das mit einem riesigen „Golfball" gekrönte Hauptgebäude der staatlichen **Telekommunikationsgesellschaft Etisalat** auf. Neben ihm thront der **Dubai Creek Tower** mit seiner Glasfassade und einem runden Dachaufbau. Fährt man weiter creekauswärts Richtung Mündung, liegen am Uferstreifen unzählige Holzschiffe vor Anker. Diese **Dhaus** stehen auch weiter creekeinwärts an den Kaianlagen.

Weiter creekauswärts gefahren und den Blick auf die Deira-Seite gerichtet, folgen die architektonisch unspektakulären Gebäude der **Arab Bank for Investment and Foreign Trade** und das auffällige, postmoderne Gebäude der **Dubaier Stadtverwaltung** (engl. *municipality*). Das gegenüberstehende Denkmal – ein Kamel mit Schachbrett und einem Turm – soll an die Schach-Olympiade von 1986 erinnern. Es folgen das **Radisson Blu Hotel** und der mit Spiegelglas verkleidete **Twin Tower Complex,** ein Einkaufszentrum mit Büros und Apartments (siehe „Einkaufszentren und Malls"). Stets betriebsam ist es an den **Abra-Anlegestellen,** hinter denen sich das **Souqgebiet von Deira** mit seinen vielen Geschäften ausdehnt. An der Abra-Anlegestelle Deira Al Sabkha steht das Gebäude der **Emirates Bank International Limited,** dessen goldene Glasfassade im Sonnenlicht glitzert.

Man umrundet nun die in den Creek hineinragende **Halbinsel Al Ras** mit dem Kernbereich des Souqs von Deira. Hinter dem großen Parkhausgebäude verlaufen die gedeckten Gassen der **Gewürz- und Haushaltswaren-Souqs.** Hier findet sich auch einer der diversen

Eingänge in die Hauptgasse (Sikkat al Khail Street) des weiter im Landesinneren liegenden **Goldmarktes.** Auf der weiteren Fahrt wird dieser umrundet, bis man am großen Gebäude des **Gold Centre,** eines Einkaufszentrums ausschließlich mit Juwelierläden, die Mündung des Creek fast erreicht hat. Unweit von hier verläuft der **Shindagha-Autotunnel** unter dem Wasser.

Die meisten Dhau-Touren drehen nun um und fahren creekeinwärts zurück. Wendet man von nun an seinen Blick auf den im Südwesten gelegenen **Stadtteil Bur Dubai,** so sieht man zunächst den nahe am Ufer stehenden Komplex des **Heritage- and Diving Village,** dessen Besichtigung sehr zu empfehlen ist. Auffällig sind die **Windtürme,** die im traditionellen Stil rekonstruiert wurden. Ebenfalls mit Windtürmen versehen

Stadtrundfahrt an Land und auf dem Creek mit einem Amphibienbus

dub14-011 kk

und rekonstruiert sind die südlich folgenden Häuser, u.a. die des Shaikh *Obaid* und des Shaikh *Saeed*, das als **Museum** eingerichtet ist. Einst stand das Ensemble mitten in Shindagha, einem der ältesten Stadtteile Dubais. Es war jedoch so baufällig, dass man es Ende der 1980er Jahre nahezu komplett abgerissen hat. Auf der dem offenen Meer hin zugewandten Seite von Shindagha liegt der **Rashid-Hafen,** dessen Verladekräne im Hintergrund die traditionellen Windtürme überragen.

Im Anschluss dehnt sich der **Bur Dubai Souq** aus, in dem sich vor allem Stoffe und Elektrogeräte finden. Hinter der **Abra- und Wasserbus-Anlegestelle Bur Dubai Old Souq** erstreckt sich ein eingezäunter Bereich mit Regierungsgebäuden, **Diwan** genannt; markant ist die Diwan-Moschee mit ihrer blütenweißen Kuppel. Kurz dahinter steht das **Viertel Al Fahidi Historical Neighbourhood** mit seinen rekonstruierten **Windturmhäusern.** Blickt man noch einmal zurück auf den Diwan, erkennt man, dass in ihm diese typischen Windturmhäuser imitiert wurden.

Etwas weiter, nahe am Al Fahidi Fort, steht die **Große Moschee,** unverkennbar durch ihr schlankes, 70 Meter hohes Minarett und den riesigen Gebetsraum, der von 54 Kuppeln gekrönt ist.

Der **Creek Walkway** verläuft am Ufer entlang bis zur Waterbus & Watertaxi Station Al Seef. An diesem Uferstreifen stehen diverse Boote zur Creek Cruise bereit. Es folgt das gartengleiche Gelände der britischen Botschaft, weitere diplomatische Vertretungen finden sich landeinwärts in Bur Dubai. Ebenfalls auf dieser Seite steht ein Wohnpalast von Shaikh *Mohammed* (Fotografieren verboten). Kurz vor der Al Maktoum Bridge liegen der **Gerichtskomplex** und das **Rashid-Krankenhaus.** Hier drehen die Rundfahrt-Dhaus wieder um.

Würde man jenseits der **Al Maktoum Bridge** sowie der Floating Bridge weiter durch den Creek schippern, käme auf der linken Seite im **Stadtteil Garhoud** das landeinwärts stehende **Einkaufszentrum City Centre.** Dann passiert man den Jachthafen des **Dubai Creek Golf and Yacht Club.** Direkt am Wasser steht das futuristisch anmutende Clubhaus des Marineclubs, das in seiner Form einem Boot nachempfunden wurde. Augenfällig ist die Dachkonstruktion, die den aufgeblähten Segeln eines riesigen Schiffes gleicht. Für eine Wüstenstadt einmalig ist das gepflegte Grün des 80 Hektar großen Golfplatzes. Noch weiter creekeinwärts folgt die **Dubai Festival City.** Dahinter überquert die **Business Bay Bridge** den Creek. In der Mitte des Meeresarms entstehen die Wohnwelten des Wasserviertels **The Lagoons** – hier soll ökologisch und nachhaltig gebaut werden, selbstverständlich samt Einkaufs- und Restaurantareal und mit den weltweit höchsten Zwillings-Wolkenkratzern als nicht zu übersehendem Höhepunkt. Die Brücke **Sheikh Rashid bin Saeed Crossing** (Autos und Metro) soll in Zukunft den Creek überspannen.

Zwischen Floating Bridge und Garhoud Bridge ist die südwestliche Uferseite fast durchgängig mit Rasen begrünt, denn hier erstreckt sich das riesige Areal des **Creek Park** samt dem Dubai Dolphinarium. Am südlichen Parkende, kurz vor der **Garhoud Bridge,** befindet sich der **Familien-Vergnügungspark WonderLand** mit dem Wasserpark Splash Land. Direkt an der Brücke liegt das **Al Boom Tourist Village.** Würde man weiter creekeinwärts fahren, folgt das Culture Village, derzeit noch eine Baustelle. Das (derzeitige) **Ende des Creek** ist zu einem Naturschutzgebiet erklärt worden (siehe „Ras al Khor").

Der Creek wird weiter ausgebaggert: Zukünftig soll er am Areal der Business Bay vorbei als **Dubai Water Canal** den Burj Khalifa passieren und unter der Shaikh Zayed Rd hindurch in Jumeirah bis ans Meer reichen und dann statt ca. 14 km über 26 km lang sein.

Culture Village

Am Bur-Dubai-Ufer, zwischen den Brücken Garhoud und Business Bay, entsteht **direkt am Creek** das Culture Village. Die Gebäude, vornehmlich Apartments der Oberklasse, sollen durch architektonische Besonderheiten auffallen – *Shaikh Mohammed* gab vor, traditionell-emiratisches Design mit Modernität zu kombinieren.

Für Touristen interessant sein werden der Souq, Gastronomieareale, Uferpromenade, Museen, Galerien, Kultureinrichtungen und eine Schiffswerft zum Bau traditioneller Dhaus. Auch Hotels wird das Culture Village bieten.

Ein Gebäude soll – palastartig pompös – hervorstechen: das **Palazzo Versace Hotel.** Das Fashionhotel der Sonderklasse wird ab Mitte 2016 mit 215 Gästesuiten, 169 Apartments und einem riesigen Pool im Lagunenstil mit gekühltem Sandufer auftrumpfen – Gäste können bei Gluthitze barfuß ins Wasser gehen, ohne sich die Füße zu verbrennen. Das Versace-Markenzeichen, Ästhetik und Luxus zu vereinen, spiegelt sich sowohl in der opulenten Architektur als auch im edelsten Interieur und dem extraordinären Gästeservice wieder.

■ **Infos:** www.dubaipropertiesgroup.ae, www.palazzoversace.ae

Dubai Festival City

Lifestyle in Dubai heißt vor allem „shopping", „dining", „entertaining" – und das lässt sich perfekt in der Festival City ausleben. Auf 3,8 km Länge vor reizvoller Uferkulisse am Creek gelegen, kann man in diesem Veranstaltungsstadtteil seine Freizeit genießen. Die Festival-Stadt gliedert sich in die **Distrikte Marsa Al Khor, Festival Centre und Al Badia,** ihre Wahrzeichen sind das runde Becken des Jachthafens und die angegliederte Creek-Promenade mit dem **Canal Walk,** einem 400 m langen **künstlichen Kanal,** auf dem traditionelle Boote die Besucher umsonst zu ihrem Ziel schippern (nur spätnachmittags und abends). Beispielsweise zu einem der vielen Restaurants, die das Ufer säumen, oder in eines der vielen Geschäfte (mehr dazu siehe „Einkaufszentren und Malls" bzw. „Orte mit vielfältigem Gastronomieangebot").

Ein ganz besonderes Restaurant sei in der Festival City empfohlen: Das **Al Fanar Restaurant and Café** bietet die seltene Gelegenheit, emiratische Speisen zu moderaten Preisen zu genießen! Man kann entweder draußen am Wasserkanal oder drinnen sitzen, alles ist originell und liebevoll im nostalgischen Stil der Emirate vor dem Ölzeitalter dekoriert – samt Karawanenkamelen (aus Plastik). Am einfachsten zu finden, wenn man von Marks & Spencer zum Hinterausgang Richtung Canal Walk geht und glaubt, an einem kleinen Museum zu stehen. Geöffnet: Sa bis Do 12–24 Uhr, Fr 14–24 Uhr, www.alfanarrestaurant.com, Tel. 2 32 99 66.

Festival Centre und Festival Square sind die Herzstücke des Stadtteils: zum einen ein **Veranstaltungszentrum,** in dem Konzerte und Kulturevents stattfinden, zum anderen ein **Einkaufsparadies** mit 600 Geschäften. Selbstverständlich gibt es drinnen zahlreiche Restaurants, Bistros, Essensstände und Cafés. Kulinarische Vielfalt und pittoreske Stadtansichten bietet der **Marina Restaurant Pavilion** (siehe „Orte mit vielfältigem Gastronomieangebot"). Zur Übernachtung stehen Hotels wie InterContinental oder Crowne Plaza bereit, Golfer können auf den Greens von Al Badia ihrer Passion nachgehen. Innerhalb der Festival City verkehrt ein Shuttlebus.

■ **Anfahrt mit öffentlichen Verkehrsmitteln:** Watertaxi Station Dubai Festival City, Abra Station Dubai Festival City; innerhalb der Festival City gibt es zwei Shuttlebuslinien (gratis)
■ **RTA-Abras** schippern zum anderen Creek-Ufer nach Al Jadaf, wo Anschluss an die Metro Green Line besteht (9–23 Uhr zu jeder vollen und halben Stunde, 2 Dh p.P.)
■ **Infos:** www.dubaifestivalcity.com, Tel. 8 00/3 32 22

Ras al Khor

Das südlichste Ende des Creek wurde – der Einzirkelung durch Schnellstraßen zum Trotz – als **Wildpark und Vogelschutzgebiet** deklariert **(Ras al Khor Wildlife Sanctuary).** Auf dem über 6 km^2 großen Areal können Hobby-Ornithologen von Beobachtungshäusern aus Vögel betrachten. 67 Spezies haben sich hier angesiedelt, in den Wintermonaten überwintern zahlreiche Zugvögel. Das Uferareal steht voller Mangroven (lat. *Avicennia marina*) und bietet nicht nur sichere Brutplätze, sondern vor allem ein reiches Nahrungsangebot, unter anderem für Flamingos.

■ **Anfahrt per Auto:** über die Ras al Khor St. (E44) oder die Oud Metha Rd (E66); an beiden Straßen Beobachtungsstationen (engl. *bird watch hides*)
■ **Infos:** Eintritt frei, für Einzelbesucher und Familien Besuch ohne Anmeldung möglich, geöffnet Sa bis Do 9–16 Uhr, www.wildlife.ae, Tel. 6 06 68 22

Sehenswertes in Deira

Anfahrt mit öffentlichen Verkehrsmitteln

■ Die im Altstadtareal von Deira gelegenen Sehenswürdigkeiten liegen nahe beieinander und lassen sich miteinander kombiniert zu Fuß erkunden. Zur direkten Anfahrt mit öffentlichen Verkehrsmitteln empfiehlt es sich, per **Bus** zur Bus Station Gold Souq bzw. per **Metro** zur Green Line Metro Station Al Ras zu fahren (diese beiden Bus- und Metrostationen liegen in Gehnähe zueinander). Außerdem liegen die Green-Line-Metrostationen Palm Deira und Baniyas Square in Deira; auch die Metro Station Union, an der sich Green Line und Red Line kreuzen.
■ Auch per **Wassertaxi** kann man ankommen, beispielsweise aus den küstennahen Neustadtbereichen, die folgenden Stationen liegen im Altstadtbereich am Deira-Creekufer (creekeinwärts aufge-

listet): Deira Old Souq, Al Sabkha, Baniyas. An diesen Stationen legen weitere Wassertransportmittel wie Wasserbusse oder Abra-Boote an, diese eignen sich zum schnellen Überqueren des Creek (siehe „Sehenswertes am Creek“).

Weitere Details siehe „Öffentliche Verkehrsmittel“.

Historische Altstadtgebäude

Im gesamten Altstadtgebiet von Deira (und Bur Dubai) stehen historische Baudenkmäler, deren **Renovierung bzw. Wiederaufbau** sich die Stadtverwaltung angenommen hat. Dazu werden ausschließlich traditionelle Materialien wie Korallen- und Muschelstein, Lehm, Sandelholz und Gips verwendet und traditionell verarbeitet. Baustil und Design der Zierornamente z.B. im Mauerwerk und auf den Holztüren folgen althergebrachten Mustern.

Etliche Projekte sind bereits abgeschlossen, doch **in Zukunft** sollen weitere Wohn- und Handelshäuser, aber auch Werkstätten, Wehrtürme oder historische Plätze hergerichtet und touristisch erschlossen werden. Spezielle Stadtführer sollen Touristen das kulturelle Erbe Dubais erklären, Touch-Screen-Computer Informationen liefern oder abendliche Lichtinstallationen die Vergangenheit erhellen.

Deira Souq

Der Souq von Deira dehnt sich **auf der Halbinsel Al Ras** aus – genau genommen ist die ganze Landspitze ein einziges riesiges Souqgebiet. Die Stadtverwaltung Dubais hat an vielen Stellen Restaurierungen der alten Gebäude und Gassen vornehmen lassen.

Gold Souq

In der mitten in Deira gelegenen Hauptgasse des Goldmarktes, der mit einem Schatten spendenden Dach überspannten **Sikkat al Khail St.,** ist wahrhaftig alles, was glänzt, aus (purem) Gold. In den Schaufenstern und Vitrinen der über **400 Läden** wird der Betrachter durch die funkelnde Auslagen aus Gold und Juwelen regelrecht geblendet. Immer wieder kann man Araberinnen beobachten, die sich ihren Schmuck gleich pfundweise einpacken lassen. Während Europäer **Gold** eher aus ästhetischen Gründen kaufen, ist es **für Araberinnen eine wichtige Wertanlage.** Goldschmuck stellt den größten Teil des Brautpreises, der von der Familie des Bräutigams an die Eltern der Braut und an sie persönlich gezahlt wird. Viele Schmuckstücke sind im Stil des alten **traditionellen Beduinenschmucks** gestaltet und beschützen die Trägerin z.B. vor dem „Bösen Blick“. Andere Stücke sind mit indischen Elementen verziert, denn unter den Goldkäufern sind auch viele Inder. Das Angebot berücksichtigt natürlich auch den Geschmack der Europäer, die schlichte und kleinere Preziosen bevorzugen.

Bei Europäern am beliebtesten sind 14- und 18-karätige **Schmuckstücke,** unter Indern erfreut sich 22-karätiger Schmuck größter Wertschätzung, wohingegen Araber 21 oder pure 24 Karat bevorzugen. Mit dem nötigen „Kleingeld“ können Sie auch **Goldbarren** oder **Bullion-Münzen** aus 24-karätigem Gold kaufen, die in allen Gewichtsabstufungen erhältlich sind. Als Normmaß gilt der **Zehn-Tola-Barren,** der 116,64 g entspricht und eine alte indische Gewichtseinheit ist.

Der **Preis** der Schmuckstücke richtet sich nach dem karatabhängigen aktuellen **Goldwert und Gewicht.** Die Kunstfertigkeit der Verzierung ist nicht maßgeblich, lediglich ein sehr geringer Aufschlag muss dafür gezahlt werden. Aktuelle Goldpreise stehen in den lokalen Tageszeitungen.

Wer lieber **in klimatisierten Gebäuden** Juwelen und goldene Schmuckstükke bewundern oder einkaufen möchte, der findet an der Al Khor St., unweit der Bus Station Gold Souq südlich des Shindagha-Tunnels gleich drei „goldige“ **Einkaufszentren: Gold Land, Gold Centre, Al Raas Centre** und **Gold House.** Auch in den **Shopping Malls** in den neuen Stadtteilen Dubais gibt es meist mehr als einen Juwelier mit erlesenen Auslagen – üppig dekoriert ist der Goldmarkt in der Dubai Mall. In dem an der Shaikh Zayed Rd gelegenen **Gold and Diamond Park** sind 90 Schmuckläden beheimatet.

Souvenir-Tipps: Im Goldsouq gravieren zahlreiche Verkäufer Namen in lateinischen oder arabischen Lettern in Goldschmuck ein. Einige Händler kaufen auch alten Schmuck auf bzw. verrechnen seinen Ankaufspreis mit neu erworbenen Schmuckstücken.

Wen edles Geschmeide nicht interessiert, der findet um den Goldsouq zahllose Läden mit **Bekleidung und Souvenirs.** Etliche verkaufen allerdings nur Großmengen (engl. *whole sale*).

Naif Market

Folgt man der Sikkat al Khail St., der Hauptgasse im Goldsouq, ostwärts, so ändert diese jenseits der Kreuzung mit der Al Sabkha Rd ihren Namen in Naif Rd. Hier liegt der Naif Market schräg gegenüber der Naif-Polizeistation, die in einem rekonstruierten Fort eingerichtet ist. Der Naif Market ist kein Markt im eigentlichen Sinne, sondern in einem arkadengesäumten Marktgebäude verkaufen **250 Geschäfte** Waren des Alltagsbedarfs, vorrangig preiswerte Frauenbekleidung, Accessoires, Duftstoffe und Schuhe, aber auch Haushaltswaren und Elektronikartikel. Hinzu kommen Restaurants und Cafeterias.

■ **Infos:** geöffnet 9–23 Uhr, Tel. 80 09 00

Naif Traditional Souq

Nahe beim Naif Market und ebenfalls in der Naif Rd liegt der Naif Traditional Souq. Auch hier sind in einem an ein altes Gebäude erinnernden Neubau Geschäfte untergebracht. Rund **100 Läden** offerieren vor allem lokaltypische Handwerksartikel, Kleidung, Schmuck, Souvenirs, Duft- und Räucherwaren, das Angebot richtet sich an Touristen. Zudem finden sich Restaurants und Cafés. Etwas Besonderes ist der Außenplatz, auf dem kulturelle Feste und ein Freitagsmarkt abgehalten werden.

■ **Infos:** geöffnet 9–23 Uhr, Tel. 80 09 00

⟩ Im Gewürzsouq

Naif Museum

In der Naif Rd kann man sich **im Naif Fort,** dem ersten Quartier und Ausbildungszentrum der Polizei Dubais aus dem Jahr 1939, über die **Geschichte der Dubaier Polizei** informieren. Im ehemaligen Gefängnisturm wurde eine Ausstellung eingerichtet. Auch der Werdegang von Shaikh *Mohammed* wird dokumentiert.

■ **Infos:** geöffnet Sa bis Do 8–19.30 Uhr, Fr 14.30–19.30 Uhr, Tel. 2 26 02 86

Wasl District Souq

Am Rand des Stadtteils Naif, in der Al Maktoum Hospital Rd **am Fish R/A,** wurde auf dem Gelände des ehemaligen Al Maktoum Hospital der Wasl District als multifunktionaler Bezirk in emiratischem Design angelegt. Dazu gehören Wohneinheiten und Büros, für Touristen interessant ist der Souq.

Der Wasl District Souq beherbergt rund **200 Geschäfte,** die sich über vier um Innenhöfe errichtete und von Gassen durchzogene Gebäudeteile erstrecken. Vielerlei traditionelle Waren werden feilgeboten: Bekleidung, Schmuck, Gewürze, Trockenobst, Lederwaren, Duftstoffe, Räucherwaren, Haushaltswaren und Handwerksprodukte. Auch Antiquitäten und Souvenirs sind zu haben. Schneiderstuben und Bordürensticker bieten Service nach Maß an, Restaurants und Coffee Shops laden zur Einkehr und Stärkung ein.

2017 sollen das Al Maktoum Hospital Museum zur Medizingeschichte Dubais und das Hyatt Palace Hotel eröffnen.

■ **Infos:** geöffnet 9–23 Uhr, Tel. 8 00/92 75, www.wasl.ae

dub14-013 kk

Der Souq – Orient pur

In der arabischen Gesellschaft hatte der **Warenhandel** schon in vorislamischer Zeit einen hohen Stellenwert. In nahezu allen Winkeln des arabischen Raumes verdingten sich arabische Kaufleute im **Fernhandel.** Auf den verzweigten Handelswegen wurden die edelsten Güter, darunter Gold, Seide, Gewürze, Weihrauch, Elfenbein, Teppiche und Pelze, transportiert.

Entsprechend wichtig waren – und sind – die Märkte. Das **traditionelle Marktviertel** (arab. *souq*) ist in nahezu allen arabischen Ländern das Zentrum des lokalen Handels. Hier erlebt der Besucher „Orient pur“, mit all seinen wechselnden Eindrücken.

dub14-014 kk

Wie die Stadt selbst, so ist auch der Markt Dubais durch den Creek zweigeteilt, sodass es einen **Deira Souq** und einen **Bur Dubai Souq** gibt. Das Bummeln und Stöbern in den Souqgassen wird durch das (scheinbare) Durcheinander, die ständig wechselnden Gerüche und die vielen Menschen aus aller Welt zu einem echt orientalischen Erlebnis.

In den engen, verwinkelten Gassen findet man ein **vielfältiges Warensortiment,** das von Zahnstochern über Bekleidung bis hin zu edlen Juwelen reicht. Der Großteil entfällt auf preiswerte Textilien, Stoffe, Schuhe, Taschen, Haushaltswaren, Uhren und Elektroartikel.

Handeln ist im Souq ausdrücklich erwünscht und sollte immer Teil des Einkaufes sein. Meist ist es schnell möglich, sich gegenseitig auf einen Preisnachlass von etwa einem Viertel bis zu einem Drittel des Ausgangspreises zu einigen.

Viele der **Händler** in Deira stammen aus Indien oder Pakistan, in Bur Dubai haben sich im Laufe der Zeit überwiegend persische Kaufleute angesiedelt. Die Mehrheit der Käufer kommt aus Russland und den GUS-Staaten, um durch Einkäufe im großen Stil ihre heimischen Schwarzmärkte zu beliefern.

Neben Geschäften gibt es auch zahlreiche **Restaurants,** Imbisse und Cafés mit Softdrinks und frischen Fruchtsäften. Die vielen im Souq ansässigen **Exchange-Stuben** bieten durchgängig bessere Kurse als die Banken – und insbesondere als die Wechselschalter in den Hotels.

Die meisten Geschäfte des Souq **öffnen am frühen Morgen,** sind über Mittag geschlossen und haben danach erst wieder ab etwa 16 Uhr bis zum Abend geöffnet.

Globalisierung im Souq

Gewürzsouq

Ein Erlebnis der besonderen Art verspricht ein Bummel durch die gedeckten Gassen des Gewürzmarktes, der sich in Deira **zwischen der Old Baladiya St., der Al Ras St. und der am Creek entlanglaufenden Baniyas Rd** ausdehnt.

Die Gerüche der verschiedensten **Gewürze** ziehen durch die Gassen. Pfeffer, Paprika, Curry, Cumin, Koriander, Kardamom, Kurkuma, Ingwer, Gewürznelken, Muskatnüsse, getrocknete Fische, Kräuter, Chillischoten, Knoblauch und Limonen – alles wird in riesigen Säcken oder Kisten offeriert.

Es finden sich auch unzählige **Kräuter und Naturheilmittel,** gegen jedes Zipperlein hat man hier das passende Kraut parat. Sowohl als Heilmittel, aber in erster Linie als Duftstoff wird **Weihrauch** verwandt. Wohlriechende Dufthölzer und Räuchermischungen werden ebenfalls angeboten. Dazwischen steht immer wieder **Hennapulver,** mit dem sich arabische und indische Frauen die Hände und Füße verschönern.

Auch Reis, Nüsse, Rosinen, Kaffeebohnen, Tee und kostspieligen echten Safran kann man kaufen.

Frauenmuseum Bait al Banat

Dieses in der Region einzigartige Museum stellt auf drei Etagen verschiedene Facetten aus dem Leben der Frauen in den Vereinigten Arabischen Emiraten vor. Geschichte und Kultur sind wichtige Inhalte, aber auch zu Themen wie Politik, Kunst oder Sport bieten sich interessante Einblicke. Geleitet wird das Museum von der Psychologie-Professorin *Dr. Rafia Ghubash.* Der Name „Bait al Banat“ bedeutet übersetzt **„Haus der Mädchen“.** Das Museum findet sich nahe des Goldsouqs und der Bus Station Gold Souq. Auch ein Café, ein Parfüm- und Andenkenladen sowie eine Bibliothek gehören zum Museum.

■ **Infos:** geöffnet Sa bis Do 10–19 Uhr, Eintritt: 20 Dh, Tel. 2 34 23 42, www.womenmuseumuae.com

Deira Fish Market

An der Deira Corniche, am Hamriya R/A, soll Ende 2015 der Deira Fish Market eröffnen, auf dem **neben Fisch** in seiner ganzen Vielfalt **auch Fleisch, Gemüse, Obst und Gewürze** zum Verkauf kommen werden. Das Angebot wird umfassend, farbenprächtig und vor allem frisch sein. Ein Besuch wird sich insbesondere am Vormittag lohnen, wenn die Verkaufstische förmlich überquellen. Interessant werden sicherlich die **Fischauktionen.** Darüber hinaus bietet das mehrgeschoßige Marktgebäude einen Supermarkt, Restaurants und Cafeterias. In Zukunft sollen Wassertaxis am Fish Market anlegen.

Heritage House

Dieses **„Volkskundehaus“** ist ein **schönes Beispiel traditioneller Architektur.** Das renovierte und teilweise auch neu aufgebaute Gebäude wurde mit alten Gegenständen und Puppen als **kleines Museum** eingerichtet.

Der **Haupteingang** liegt im Norden **an der Al Ahmadiyah St.,** einer südlichen Parallelstraße der Al Khor St., die

die Halbinsel Al Ras von Südwesten nach Nordosten durchzieht. Schwer vorstellbar, dass hier noch in den 1950ern Jahren Meer war! Hinter dem Eingang liegt eine große **Empfangshalle** mit Zugang zum **Versammlungsraum** (arab. *majlis*), in dem reine Männerrunden stattfanden – der Versammlungsraum der Frauen liegt im nordöstlichen Gebäudeteil. Vom Haupteingang führt ein schmaler Gang nach links in den Innenhof und zu einem Seiteneingang.

Das **Herzstück** ist der **große Innenhof** (arab. *al housh*), um den die Wohnräume der Hausbesitzer und Hausangestellten sowie die Küche und Vorratsräume angeordnet sind. Vom Hof sind auch der typische **Windturm** (arab. *bajeel*) und die zwei Verandas (arab. *lewaan*) zu sehen. Die um den Hof laufende, arkadengesäumte Veranda verhindert effektiv eine direkte Sonneneinstrahlung in die Zimmer.

Sehenswert ist auch die über dem Eingang gelegene **2. Etage,** einst ein von allen Seiten winddurchfluteter Versammlungs- und Schlafraum, heute der **Ausstellung traditioneller Spiele** gewidmet.

Die ältesten Räume der Hauses stammen vom Ende des 19. Jahrhunderts. **Ursprünglich** war es **ein kleines Haus** mit nur zwei festen Zimmern und Palmwedelanbauten um den Innenhof, um 1910 wurde es von seinem damaligen Besitzer, einem wohlhabenden Perlenhändler, umfangreich erweitert.

Durch seine **detaillierte Einrichtung** lohnt eine Besichtigung, um sich in Gedanken einige Jahrzehnte zurückzuversetzen. **Englischsprachige Schrifttafeln** und **Touch-Screen-Computer** informieren über die Historie und Restaurierung dieses und weiterer Gebäude.

Infos: geöffnet Sa bis Do 8–19.30 Uhr, Fr 15–19.30 Uhr, Eintritt: frei, Tel. 2 26 02 86

dub14-012 kk

Al Ahmadiyah School

Die Medressa („Schule") wurde **1912** von Shaikh *Ahmed bin Dalmouk* **gegründet** und nach ihm benannt. Auf die **erste reguläre Lehranstalt des Emirates** konnten in erster Linie Händler ihre Söhne zu einer fundierten Ausbildung schicken. Damit trat die Schule an die Stelle indischer Eliteschulen.

An der Al Ahmadiyah wurden **Arabisch, Islamwissenschaft und Mathematik** gelehrt. Viele Prominente drückten hier die Schulbank, so auch H.H. Shaikh *Rashid bin Saeed Al Maktoum,* der spätere Herrscher des Emirats. Zur Zeit der Perlendepression in den 1930er Jahren musste die Al Ahmadiyah – wie die meisten einheimischen Schulen – den Lehrbetrieb einstellen. Doch sie war die einzige Schule, die wieder eröffnet wurde und die Wirtschaftskrise des Zweiten Weltkriegs überlebte. 1965 war das Gebäude zu klein geworden, sodass der Unterricht in neue Räume verlegt wurde.

Nach langem Dornröschenschlaf und langsamen Verfall wurde das Gebäude **restauriert** und als ein **Bildungsmuseum** eingerichtet. Um einen kleinen Innenhof liegen auf zwei Etagen die ehemaligen Klassenräume. Der **Innenhof** mit seinen weißen Stukkaturen und den Bögengängen ist sehr schön anzusehen. Drumherum sind alte, eingerichtete **Klassenzimmer,** historische Fotografien und Dokumente zu besichtigen. Englischsprachige Texte und nach Belieben zuschaltbare Filme informieren über die Hintergründe.

■ **Infos:** geöffnet Sa bis Do 8–19.30 Uhr, Fr 15–19.30 Uhr, Eintritt: frei, Tel. 2 26 02 86

◁ Municipality Museum

Bin Juman House

Neben dem Heritage House und der Al Ahmadiyah School liegt das Bait bin Juman, das „Haus des bin Juman". Dieses **historische Haus** einer bekannten Dubaier Kaufmannsfamilie wurde Ende des 19. Jahrhunderts erbaut. In den letzten Jahren aufwendig restauriert, ist es jedoch nicht von innen zu besichtigen.

Bin-Dalmouk-Moschee

Dieses um 1930 erbaute Gotteshaus im Osten der Al Ahmadiyah School ist mit seinen vergitterten Fenstern und der schlichten rechteckigen Grundform nur bei genauem Hinsehen und nach Erkennen der Gebetsecke (arab. *mihrab*) als Moschee zu definieren. Der eigentliche Name ist **Bin Lootah,** doch die Menschen nennen sie Dalmouk-Moschee **(Zutritt nur für Muslime).**

Municipality Museum

Am östlichen Ende der Hauptgasse des Gewürzsouqs, an der Old Baladiya St., steht das Haus, das bis 1964 als Dubais Rathaus diente. Im Gebäude informiert eine kleine Ausstellung der Stadtverwaltung über die **Geschichte der Stadtverwaltung.** Außen ist der umlaufende Holzbalkon hervorzuheben. Die heutige

Administration hat ihr deutlich größeres Hauptgebäude immer noch am Creek von Deira, jedoch weiter creekeinwärts (zwischen dem Radisson Blu Hotel und dem Sheraton Dubai Creek Hotel and Towers).

Infos: geöffnet Sa bis Do 7.30–15 Uhr, Eintritt: frei, Tel. 3 45 36 36

Museum des Poeten Al Oqaili

In Al Ras, in der Nähe des Gewürzsouqs, führen Hinweisschilder in der Altstadtgasse Sikka 15b zum Wohnhaus des 1954 verstorbenen Dichters **Mubarak bin Hamad Al Oqaili,** das er bis 1946 bewohnte. Ein Besuch vermittelt Einsichten in die traditionelle Bauweise und bietet Informationen zum Leben des Hausherren.

Al Oqaili war eine **Koryphäe der klassischen arabischen Poesie** der V.A.E. des 20. Jahrhunderts. Er war auch ein Meister der typischen Beduinendichtung der Region. Bevor sich der 1880 in Saudi-Arabien Gebürtige in Dubai niederließ, bereiste er verschiedene Golfländer. Er stand der Dubaier Herrscherfamilie sehr nahe.

Al Oqaili hatte das zweigeschossige Haus 1923 um einen zentralen Innenhof erbauen lassen. 2010 wurde es mit traditionellen Baumitteln sorgsam restauriert. Schön sind die **alten Türen und Fensterläden aus Teakholz,** die Wohnräume sind mit **Kalligrafie- und Ornamentbändern** verziert. In den Räumlichkeiten werden Manuskripte, Schreibutensilien und persönliche Besitztümer des Dichters ausgestellt.

Infos: geöffnet So bis Do 8–14 Uhr, Eintritt: frei, Tel. 2 34 23 85

Deira Corniche und Deira Islands

Rund um das Hyatt Hotel, zwischen Shindagha-Tunnel und Hamriya-Hafen, wird die **Uferpromenade** Deiras neu gestaltet. Strände, Parks, Hotels, Büro- und Geschäftsgebäude, Apartments, Sport-, Einkaufs- und Freizeiteinrichtungen sowie Museen sollen die City attraktiver

dub150 kk

[<] Al Ahmadiyah-Bögen mit Stuckornamenten

machen. Auch **vier künstliche Inseln** gehören zu den Ausbauplänen. Zusammen sollen sie über 15 km² umfassen und Dubais Küstenlinie um mehr als 40 km verlängern, davon 21 km Strand. U.a. sollen Eigentumswohnungen, Hotelanlagen, ein Nachtmarkt im Design eines arabischen Souqs (5000 Geschäfte, 96 Gastronomiebetriebe, geplante Eröffnung 2017), eine Mall, ein Amphitheater und ein Jachthafen entstehen. Vor der globalen Finanzkrise waren diese Eilande als Teil einer dritten Palmeninsel geplant, doch das Projekt wurde zu einer kleineren Inselgruppe umgestaltet.

- **Infos:** www.nakheel.com

Sehenswertes in Bur Dubai

Anfahrt mit öffentlichen Verkehrsmitteln

- Die im Altstadtareal von Bur Dubai gelegenen Sehenswürdigkeiten liegen nahe beieinander und lassen sich miteinander kombiniert zu Fuß erkunden. Zur direkten Anfahrt mit öffentlichen Verkehrsmitteln empfiehlt es sich, per **Bus** oder **Metro** (Green Line) zu der in Bur Dubai gelegenen Al Ghubaiba Station zu fahren (Bus- und Metrostation liegen nebeneinander). Auch die Metro-Green-Line-Stationen Al Fahidi und Burjuman liegen in Bur Dubai, an letztgenannter kreuzen sich Green Line und Red Line.
- **Abra-Boote** legen an den folgenden Stationen am Creekufer an (creekeinwärts aufgelistet): Al Shindagha, Al Ghubaiba, Bur Dubai, Bur Dubai Old Souq, Al Fahidi (siehe „Sehenswertes am Creek").
- Auch per **Wassertaxi** kann man ankommen, beispielsweise aus den küstennahen Neustadtbereichen, die folgenden Stationen liegen am Bur-Dubai-Creekufer (creekeinwärts aufgelistet): Al Shindagha, Al Ghubaiba, Bur Dubai, Al Fahidi, Al Seef. An manchen dieser Stationen legen weitere Wassertransportmittel wie Wasserbusse oder Abra-Boote an.
- Ab Dubai Marina kann man um 11, 13 und 18.30 Uhr per **Dubai Ferry** nach Al Ghubaiba fahren.
- **Weitere Details** siehe „Öffentliche Verkehrsmittel".

Bur Dubai Souq

Auch das Souqgebiet von Bur Dubai wurde umfangreich renoviert. Manche Gassen sind mit hölzernen Bogengängen überdacht und Häuser **im traditionellen Stil** mit Korallenstein sowie zum Teil mit Windtürmen **restauriert.**

Stoffsouq

Zwischen dem Al Fahidi-Fort/Dubai-Museum (s.u.) und dem Creek liegt der **farbenprächtige Stoffmarkt** Bur Dubais. Die Schaufenster der Geschäfte konkurrieren um die bunteste Auslage, unter den Vordächern und vor den Eingängen flattern indische Seidensaris und Kaschmirschals, im Innern der Läden stapeln sich dicke Stoffballen in allen Farben, Mustern und Qualitäten.

Elektrosouq

Die **Al Fahidi St.** und einige ihrer Seitenstraßen sind spezialisiert auf den Verkauf von HiFi-Geräten, Unterhaltungs-

Al Fahidi Fort, Dubai Museum

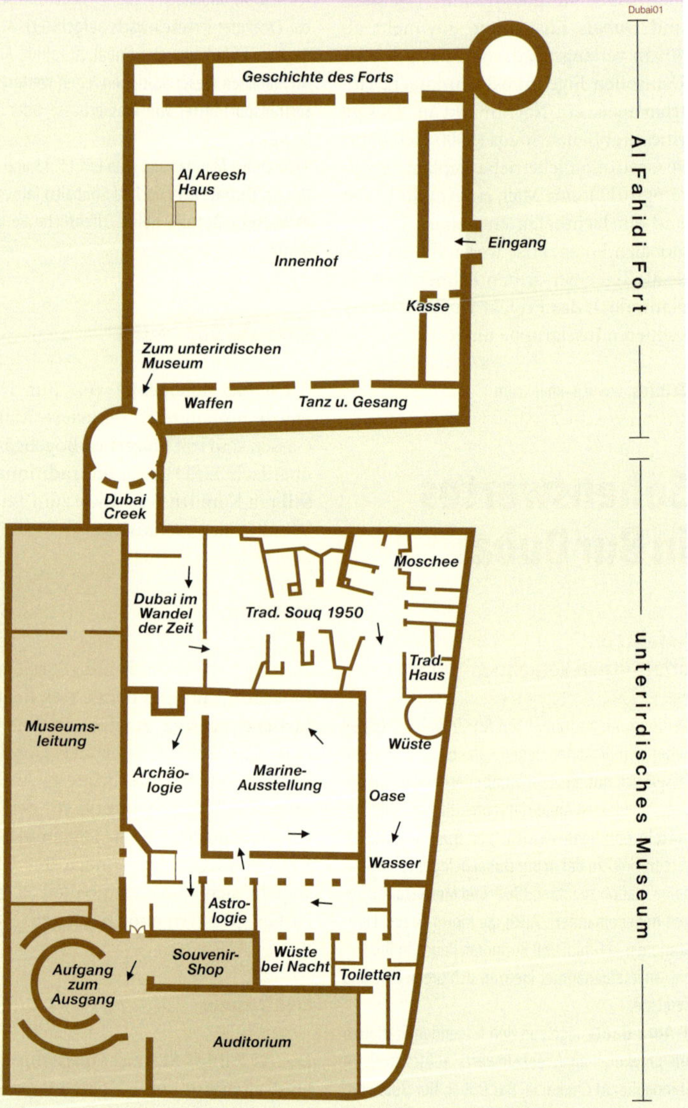

elektronik, elektronischen Haushaltsgeräten, Handys, Armbanduhren sowie Fotozubehör. Das Angebot ist groß, es gibt sowohl „Billigschrott" als auch qualitativ hochwertige Markenprodukte und technische Neuheiten. Die Handelsspanne kann hoch sein.

Bait al Wakeel

Zwischen der Abra & Watertaxi Station Bur Dubai und der Abra & Waterbus Station Bur Dubai Old Souq liegt das renovierte Bait al Wakeel am Creek-Ufer. Im Jahr **1935** von H.H. Shaikh *Rashid bin Saeed Al Maktoum* **erbaut,** war es einst das **erste Handelshaus Dubais.** In vergangenen Zeiten wurde es von einer Schifffahrtsgesellschaft genutzt, heute beherbergt es ein **Café/Restaurant** mit arabischer Kost, Grillspeisen und Fischgerichten. Sehr schön – und bei Touristen beliebt – ist die über (!) dem Creek gelegene Terrasse; wer nicht speisen möchte, kann eine Wasserpfeife, einen Kaffee oder einen Fruchtsaft genießen. Nicht zu überbieten ist die Aussicht auf die hin und her schippernden Abra-Boote und hölzernen Frachtdhaus vor dem Dubaier Häuserwirrwarr.

■ **Infos:** geöffnet tägl. 12–24 Uhr, Tel. 3 53 05 30

Dubai Museum im Al Fahidi Fort

1787 wurde das imposante Al Fahidi Fort erbaut, das heute das **bedeutendste historische Gebäude Dubais** ist. Bis 1896, als H.H. Shaikh *Maktoum bin Hasher Al Maktoum* in das Palastgebäude an den Creek (den heute rekonstruierten Palast des Shaikh *Saeed*) umzog, wurde es als Herrschersitz genutzt. Zudem diente die Festung zur Bewachung und Verteidigung der Stadt sowie als Waffenlager und Gefängnis.

Seit 1971 ist das Fort **Sitz des Dubai Museum.** In seinen historischen Räumen werden die Geschichte des Gebäudes sowie Hintergründe und Dokumente zur traditionsreichen Vergangenheit gezeigt. In das mobile Sommerhaus (arab. *al areesh*) früherer Beduinen ist der Eintritt gestattet. Für Kühlung sorgte ein Windturm, dessen Wände aus einem mit Leinentüchern bespannten Holzgerüst bestehen.

Im südwestlichen Wehrturm (dem ältesten) befindet sich der Eingang in einen unterirdischen Museumsteil, der trefflich als **„multimediales Reich der Sinne"** beschrieben werden kann. Viele raffinierte Film-, Ton- und Lichteffekte, Hologramme und sogar Gerüche sorgen dafür, dass dieser Teil des Museums „lebt". In einem Rundgang wird man durch die Dubaier Geschichte und Kultur geführt. Krönung sind die vielen wirklichkeitsnahen Darstellungen mit Puppen und ausgestopften Tieren.

■ **Infos:** geöffnet Sa bis Do 8.30–20.30 Uhr, Fr 14.30–20.30 Uhr, Eintritt: 3 Dh, Tel. 3 53 18 62

Al Fahidi Traditional Souq

In der Nähe des Museums, wenige Gehminuten Richtung Khaleed bin al Waleed Rd, ist der Al Fahidi Traditional Souq etwas Besonderes. In einem Gebäudekomplex, der **einem Fort nach-**

empfunden ist, werden in **232 Geschäften** vielerlei traditionelle Waren und Souvenirs angeboten. Touristen finden Gefallen an lokaltypischen Handwerkswaren, Kleidung, Stoffen, Schmuck, Duft- und Räucherstoffen. Von praktischem Nutzen in diesem auf nostalgisch getrimmten Souq sind Geldwechsler, Apotheke, Cafeterias und ein Hypermarket. Das mit Türmen bewehrte und von Arkaden gesäumte Gebäude ist eine pittoreske Kulisse und bietet eine moderne Ausstattung (Klimaanlage!).

Infos: geöffnet 9–23 Uhr, Tel. 80 09 00

Al Fahidi Historical Neighbourhood

Mitten im Trubel Bur Dubais öffnet sich eine kleine Oase der Ruhe, eines der wenigen Areale, in dem Spazierengehen Spaß macht. Das wenige hundert Meter **östlich des Forts** gelegene Viertel Al Fahidi Historical Neighbourhood ist eines der ältesten Dubais. Ursprünglich war das Viertel als „Bastakiya" bekannt, abgeleitet von der irakischen Stadt Bastak, aus der sich ab Anfang des 20. Jahrhunderts wohlhabende Kaufmannsfamilien ansiedelten. Der neue Name hat sich im alltäglichen Sprachgebrauch noch nicht durchgesetzt. Die meisten Gebäude und Wohnhäuser wurden damals aus lokal verfügbaren Baumaterialien wie Korallenstein, Muscheln und Lehm errichtet, später wurden viele mit Sandstein stabi-

> ⌄ Warenvielfalt im Souq

dub014-016 kk

dub014-017 kk

lisiert. Viele Gebäude besitzen einen noch vollständig erhaltenen, aber nicht mehr in Betrieb befindlichen **Windturm.** Die bis zu 15 m hohen Türme (arab. *bajeel*) leiten vor allem nachts frischen Wind in die Häuser und warme Luft nach oben ab. Typisch für die Häuser ist auch, dass sie um einen **Innenhof** (arab. *hawi*) herum erbaut sind.

Die Stadtverwaltung ließ das gesamte Stadtviertel mit traditionellen Baustoffen **restaurieren** und bemüht sich um die Konservierung der zuvor verfallenen Gebäude. Zudem wurde die historische Siedlung mit rekonstruierten Häusern erweitert.

Mitten im Viertel steht ein Stück der alten **Stadtmauer.** Dubai hatte einst zwei Schutzmauern: Die ältere schützte ab 1800 die Altstadt Bur Dubais, das Fort und die Moschee; sie bestand aus Korallenstein und Gips, war ca. 600 m lang und 2,50 m breit. Eine zweite Mauer wurde um 1850 in Deira erbaut. Beide wurden bei Stadterweiterungen abgetragen.

Schlendert man durch die schattigen Gassen, bekommt man einen **Eindruck vom alten Dubai.** In den Windturmhäusern sind Kunstgalerien, Restaurants, Museen, Kunst- und Kulturorganisationen oder Shops untergebracht, in denen man traditionelles Handwerk, Antiquitäten oder Andenken kaufen kann. Manche Wohnhäuser kann man sich von innen ansehen – lohnenswert ist der Ausblick von einer Dachterrasse.

Eine stadtbekannte Kunstgalerie mit wechselnden Ausstellungen ist die **Majlis-Galerie** (Al Fahidi St., Details siehe „Kunst und Kultur“). Das **Heritage House** der Alserkal Cultural Foundation (Building 79 neben dem Orient Guest House beim Ruler Court, Tel. 3 53 59 22)

dub014-015 kk

organisiert abwechslungsreiche Ausstellungen von Künstlern aus aller Welt. **Mawaheb** bietet Kunst von und für Menschen mit Körperbehinderung, zudem werden originelle Andenken verkauft (beim Shaikh Mohammed Centre for Cultural Understanding, Details siehe „Kunst und Kultur"). Literaturfreunde können das **Dubai International Writers' Centre** besuchen und sich über Veranstaltungen informieren (www.diwc.ae, Tel. 3 55 98 44).

Gemütliche **Cafés** in schattigen Innenhöfen bieten das Arabian Tea House und das Local House (beide an der Al Fahidi St.). Zu einer Pause in einem Innenhofcafé laden ebenso die **Boutique-Hotels Orient und XVA** (samt Geschenkshop und Kunstgalerie, siehe „Kunst und Kultur") ein, zudem kann man in beiden gemütlich und stilvoll in einem Windturmhaus übernachten (siehe „Unterkunft"). Ein schickes **Restaurant** der gehobenen Preisklasse ist Bastakiyah Nights am Creek-Ufer.

Liebhaber von historischen Münzen oder Briefmarken kommen im **Coins House** bzw. im **Philately House** auf ihre Kosten (am Creek-Ufer neben der Al Farooq Mosque; Coins House geöffnet So bis Do 8–14 Uhr, Tel. 3 53 92 65; Philately House geöffnet Sa bis Do 8.30–17.30 Uhr, www.epa.ae). Ein Besuch des **Coffee Museum** (am Al Fahidi R/A, geöffnet Sa bis Do 10–16.30 Uhr, www.coffeemuseum.ae, Tel. 3 53 87 77) ist sehr empfehlenswert, denn man bekommt einen Eindruck vom Inneren eines Windturmhauses, vor allem aber besticht das Museum durch seine liebevolle Ausstattung. Die kleine, aber feine Ausstellung thematisiert die lokale wie auch globale Kaffeegeschichte und -kultur. Kaffeeliebhaber können frisch aufgebrühten Kaffee genießen, beispielsweise zubereitet auf äthiopische, jemenitische, ägyptische oder mexikanische Art. Auch emiratischer Beduinenkaffee wird in den typischen kleinen Porzellantassen serviert. In einer hauseigenen Bibliothek können Interessierte sich ausführlich informieren, zudem bietet ein kleiner Shop kaffeebezogene Andenken an.

Neben dem Coffee Museum hat sich das der Völker- und Kulturverständigung verschriebene **Shaikh Mohammed Centre for Cultural Understanding** ebenfalls in einem rekonstruierten Windturmhaus eingerichtet; hier kann man sich über die angebotenen Aktivitäten und Veranstaltungen informieren. Nach Voranmeldung kann man an einer organisierten Stadtteilführung durch das Viertel Al Fahidi Historical Neighbourhood und den benachbarten Distrikt Al Fahidi teilnehmen: **Walking-Touren** dauern etwa 60 Min. und kosten 50 Dh p.P. (So bis Do ab 9 Uhr). **Heritage-Touren** dauern ca. 90 Min., kosten 65 Dh p.P. und beinhalten einen Besuch der Diwan-Moschee (Sa 9 Uhr, So, Di, Do 10.30 Uhr). Alle Spaziergänge schließen mit einer traditionellen Kaffeerunde ab (weitere Informationen und Anmeldung beim Shaikh Mohammed Centre for Cultural Understanding; Details siehe „Sonstiges").

Im Altstadtviertel Al Fahidi Historical Neighbourhood findet jedes Jahr während der Dubai Art Week (siehe „Veranstaltungen und Festivals") die **Sikka Art Fair** statt. Die kulturellen Veranstaltungen und Kunstausstellungen plus Entertainmentangebot und Live-Musik sind zu einem beliebten Event für einheimische Künstler und Besucher geworden.

Creek Walkway

Das Creek-Ufer südlich des Viertels Al Fahidi Historical Neighbourhood wird gerne als **Flaniermeile** genutzt, insbesondere abends. Die Aussicht auf die spiegelglasschimmernde **Skyline von Deira** ist imposant, Bänke und Schattensegel laden zum Verweilen ein. Am Ufer reihen sich zahllose traditionelle **Dhau-Boote** aneinander. Die meisten bieten zur Abendzeit Creek-Rundfahrten mit Dinner an, manche auch Lunch Cruises (siehe „Sehenswertes am Creek").

Ab der Al Seef Station bringen einen **RTA-Wasserbusse** ohne Verkehrsstau hinüber zur Deira oder weiter creekauswärts auf die Seite von Bur Dubai. Auch **RTA-Wassertaxis** schippern ab hier zu weiteren Anlegestellen am Creekufer und an der Golfküste (Details siehe „Öffentliche Verkehrsmittel").

Während der Tageshitze ist das Gelände wenig besucht, ab dem späten Nachmittag kommen immer mehr Besucher, denn das **gesamte Creek-Ufer bis hinunter zum Souq von Bur Dubai** eignet sich hervorragend zum gemächlichen **Promenieren.** Es gibt gemütliche Cafés/Restaurants, in denen man entweder drinnen oder draußen unmittelbar am Creek-Ufer etwas essen oder trinken kann (keine Alkoholika). Auch Wasserpfeifen stehen bereit.

■ Am Heritage Village kann man im **Al Bandar Seafood Restaurant** (geöffnet 12–1 Uhr, Tel. 3 93 90 01, www.alkoufa.com) Fischgerichte, arabische und internationale Speisen genießen; vor dem Diving Village liegt das **Kan Zaman,** in dem arabische und emiratische Gerichte angeboten werden (geöffnet 17–2 Uhr, Tel. 3 93 99 13, www.alkoufa.com). Ebenfalls arabische Kost sowie Grillspeisen, Meeresfrüchte und Shishas gibt es im **Al Areesh Restaurant** (geöffnet 12–24 Uhr, Tel. 3 93 11 13).

Shindagha: Kultur- und Volkskunde-Viertel

An der Creekmündung in Bur Dubais Norden hat die Stadtverwaltung den Boden des historischen, aber wegen seiner Baufälligkeit anfangs der 1970er Jahre abgerissenen Stadtteils Shindagha zu einer „historischen Zone" erklärt **(Shindagha Historical Zone)** und sich dem Wiederaufbau von traditionellen Gebäuden gewidmet. Auch in Zukunft sollen traditionelle Häuser rekonstruiert werden und Ausstellungen beherbergen, auch ein Shindagha Museum soll entstehen, zudem sind Ausstellungsboote, z.B. zur Perlentaucherei, in Planung.

Shaikh Saeed House (Museum of Historical Photos and Documents)

Prunkstück der Shindagha Historical Zone ist der **rekonstruierte Palast von H.H. Shaikh Saeed Al Maktoum,** dem einstigen Machthaber Dubais und dem Urgroßvater des heutigen Herrschers. Der ursprünglich aus dem Jahre 1896 stammende und im Laufe der Zeit verfallene Gebäudekern wurde mit den traditionellen Materialien Korallenstein, Gips und Kalk wiederaufgebaut. Der letzte Hausherr Shaikh *Saeed* lebte bis zu seinem Tod 1958 in diesem Palast am Eingang des Creek. Durch diese Lage hatte der Herrscher alle ein- und auslaufenden Schiffe im Blick, eine stetige

Die kühle Brise – Windtürme

Die Technik, Häuser mit Windtürmen (arab. **barjeel**) zu erbauen, spielte in vergangenen Zeiten, als Ventilatoren und Klimaanlagen noch nicht bekannt waren, eine bedeutende Rolle in der Golfregion. Die barjeel sind nach allen vier Seiten geöffnet, um jede noch so laue Brise einfangen und in das Haus leiten zu können. Im Inneren trennt eine X-förmige Mauer die einzelnen Öffnungen voneinander. Dadurch wird verhindert, dass der Wind geradewegs durch den Turm durchzieht. Diese Konstruktion ermöglicht es auch, dass auf der einen Seite kühle Luft ein- und auf der anderen warme Luft ausströmt. Im Winter konnte der Turm mit Brettern verschlossen werden.

Der **Ursprung** der Windtürme liegt im Südiran; in Dubai wurden die Barjeel zu Beginn dieses Jahrhunderts von den aus Persien zugewanderten reichen Händlern „eingeführt". Heute sorgen elektronische Klimaanlagen für Kühlung, sodass die Barjeel meist funktionslos und nur noch als Taubenschlag attraktiv sind.

dub371b kk

Meeresbrise sorgte für angenehme Kühlung. Vier **Windtürme** leiteten die Frischluft ins Palastinnere, ebenso die zahlreichen mit Stuck verzierten Fensteraussparungen. Das riesige zweistöckige Gebäude hat drei offene Innenhöfe. Es lohnt sich, über die Außentreppen auf die Flachdächer zu steigen und die Aussicht über den Creek einmal so zu erleben.

In den Räumen werden **historische Fotos** zur Geschichte und zum Wiederaufbau des Palastes, zum traditionellen Leben auf See und in der Wüste sowie zur Stadtentwicklung Dubais präsentiert. Künstlerisch sehr ansprechend und historisch aufschlussreich sind die Fotografien der Al Maktoum-Familie. **Alte Münzen, historische Dokumente und Landkarten** sowie seltene Briefmarken runden die Ausstellung ab.

Infos: geöffnet Sa bis Do 8.30–20.30 Uhr, Fr 15–20.30 Uhr, Eintritt: 2 Dh, Tel. 3 93 71 39

House of Camel und House of Horse

Versteckt hinter dem Shaikh Saeed House, widmen sich diese beiden nebeneinander gelegenen rekonstruierten Häuser den beiden liebsten Beduinentieren: dem Kamel und dem Pferd.

Das **House of Camel,** ursprünglich Anfang der 1940er von Shaikh *Rashid bin Saeed Al Maktoum* erbaut, war ein Kamel- und Pferdestall. Die um einen

> Fassadendetails am Shaikh Saeed House

Innenhof gruppierten Räume informieren über Historie, Anatomie und Aufzucht des Kamels. Im Raum der Rennkamele kann man auf lebensgroßen Plastikkamelen Platz nehmen und diese per Knopfdruck zum Laufen bringen.

Das **House of Horse** widmet sich dem Araberpferd und informiert von wichtigen Ahnenlinien über die Zucht bis zu Poesie und Geschichte.

Infos: geöffnet Sa bis Do 8–14 Uhr, Eintritt: frei

House of Traditional Architecture und Shaikh Obaid bin Thani House

Den historischen Wert der traditionellen Architektur veranschaulichen diese ursprünglich zu Beginn des letzten Jahrhunderts erbauten, doch zwischenzeitlich abgerissenen und wiederaufgebauten Häuser.

Im **Haus des Shaikh Juma Al Maktoum** ist eine Ausstellung eingerichtet. Vorgestellt werden regionale Bauformen und -materialien sowie Dekorationsstile.

Deutlich wird die Rolle traditioneller Ornamentik, denn gemäß der Vorgaben des Koran wird auf die Abbildung von Menschen und Tieren verzichtet. Zur Dekoration dienen arabeske oder abstrakte Muster und auch **Kalligrafien** mit religiösem Hintergrund. **Ornamentik** findet sich häufig in Form von Gipsverkleidungen (Oberfenster, Windtürme) und als Holzschnitzerei (Türen, Balkone), aber auch als Malerei (Deckenbalken) oder Glaserei (Oberlichter). Im Haus werden auch Techniken und Materialien zur **Konservierung** historischer Gebäude thematisiert.

Auch das näher am Creek gelegene **Haus des Shaikh Obaid bin Thani** ist in dieser Bauform rekonstruiert worden. Zwei Etagen reihen sich um einen In-

dub161 kk

nenhof, überdachte Arkadengänge und ein mächtiger Pippal-Baum spenden Schatten. Das 1916 erbaute Gebäude wurde durch den damals noch lukrativen Perlenhandel finanziert.

House of Traditional Architecture: geöffnet Sa bis Do 8–17 Uhr, Eintritt frei

Shaikh Obaid bin Thani House: geöffnet Sa bis Do 8.30–22 Uhr, Fr 16–22 Uhr, Eintritt frei

Kalligrafie

Die Kalligrafie, die **Schönschreibkunst,** schafft eine formvollendete Verbindung von Wort und Bild. Durch sie wachsen aus Buchstaben nicht nur elegante und verschlungene Formen, denn der eigentliche Kernpunkt ist der Inhalt des Textes, der meist einen religiösen oder philosophischen Kontext hat. Kalligrafen schöpfen aus den Buchstaben **fantasievolle Muster** sowie Tiere oder traditionelle Gegenstände. Das Innere der Moscheen, insbesondere die nach Mekka gerichtete Gebetsnische, schmücken lange kalligrafische Schriftbänder sowie ausladende Arabesken oder Ornamente.

Heritage Village und Diving Village

Ebenfalls in Shindagha – vom Shaikh Saeed House creekauswärts – kann man das Heritage Village („Volkskundedorf") und das Diving Village („Tauchdorf") besuchen.

Der in rekonstruierten Windturmhäusern um einen großen Innenhof herum erbaute Komplex des **Heritage Village** bietet Gelegenheit, die emiratische **Kultur, Geschichte und Tradition** kennen zu lernen. Originalgetreu nachgebaut sind diverse Marktstände, eine Silberschmiede, ein Dattelhändler, Süßwarenverkäufer, Gewürzläden usw. Zudem kann man eingerichtete Steinhäuser aus der Bergregion und Beduinenzelte aus verwebter Ziegen- und Schafswolle betreten. Das Heritage Village dient zeitweise auch als Ausstellungs- und Verkaufsort für **traditionelles Kunsthandwerk, Antiquarisches und Souvenirs.** In einem Innenhof wurde das sogenannte **UAE Village** eingerichtet. Aus allen Landesteilen sind soziale Entwicklungszentren und Frauenverbände vertreten. Frauen aus minderbemittelten Familien stellen traditionelles Handwerk her, das ausgestellt wird und käuflich erworben werden kann. Der Erlös kommt den Frauen direkt zugute.

Das benachbarte **Diving Village** widmet sich der **maritimen Historie** Dubais. Informationen und Einblicke vermitteln allerlei Ausstellungs-und Verkaufsstücke zur Fischerei und Perlentaucherei, nachgebaute Schiffsmodelle sowie Dhaus in Originalgröße.

Kalligrafie der arabischen Worte „Der Heilige Koran"

Zu feierlichen Anlässen und während des Dubai Shopping Festival finden in beiden Anlagen **folkloristische Veranstaltungen** (Tänze, Konzerte, Theateraufführungen und Kunstausstellungen, Kinderspiele etc.) statt, hinzu kommen Verkaufsstände und Imbissbuden.

■ **Infos:** geöffnet Sa bis Do 8.30–22.30 Uhr, Fr/Sa 16.30–22.30 Uhr, Eintritt frei, Tel. 3 93 71 51

Al Boom Tourist Village

Dieses gastronomische Touristendorf liegt weiter creekeinwärts **an der Garhoud-Brücke** und beherbergt das im Hüttenstil errichtete **Restaurant Al Dhaleez,** in dem arabische und internationale Speisen sowie Fisch- und Grillgerichte serviert und auch Büfetts aufgebaut werden. Das **Maharaja** bietet indische Speisen mit Creek-Panorama. Beide geöffnet 11–16 und 19–24 Uhr.

Auf einer fest verankerten Original-Dhau kann man im **Mumtaz-Restaurant** Fisch und Meeresfrüchte essen und die Aussicht genießen (tägl. 20–22 Uhr).

Alkoholika gibt es im Al Boom Village und auf dessen Schiffen nicht.

■ **Infos:** Tel. 3 24 14 44, 3 24 30 00, www.alboom.ae
■ **Anfahrt mit öffentlichen Verkehrsmitteln:** Watertaxi Station Al Boom Tourist Village

Sehenswertes auf Dubais Seeseite

Anfahrt mit öffentlichen Verkehrsmitteln

■ Die kilometerlange Küstenlinie der Stadtteile Jumeirah, Umm Suqeim und Al Sufouh kann man z.B. über die Bus Station Satwa (östliche Al Satwa Rd) erreichen. Von dort gibt es diverse **Buslinien** entlang der Küstenstraßen Jumeirah Rd bzw. der Al Sufouh Rd bzw. durch die angrenzenden Viertel.
■ Per **Wassertaxi** werden folgende Stationen angefahren (stadtauswärts aufgelistet): Jumeirah Open Beach, Jumeirah Beach Park, Jumeirah Beach Hotel, Al Sufouh, One & Only Royal Mirage, Mina Syahi, Dubai Marina, Dubai Marina Mall.
■ An den Stationen DAMAC Properties und Jumeirah Lakes Towers der Metro Red Line kann man in die **Dubai Tram** einsteigen: Die Straßenbahn fährt von dort sowohl die Dubai Marina als auch Al Sufouh entlang; die Dubai Tram ist auch an die über Palm Jumeirah fahrende Palm Monorail angeschlossen.
■ **Details** siehe „Öffentliche Verkehrsmittel".

Jumeirah, Umm Suqeim und Al Sufouh

Weite Teile Dubais liegen **am Ufer des Golfs** – von der Creek-Mündung bis zu Palm Jumeirah sind es rund 24 km. Im alltäglichen Sprachgebrauch wird die gesamte Küstenlinie als Jumeirah bezeichnet – ganz in Vergessenheit geraten scheinen Umm Suqeim und Al Sufouh.

dub379 kk

Strandvillen und -hotels reihen sich aneinander, Strände und die 14 km lange Uferpromenade **Jumeirah Corniche** (siehe „Strandparks und Strände") laden zu Sport, Spiel, Spaziergang oder Sonnenbad ein. In den Parks kann man die Seele baumeln lassen – prima als Kombination von beidem der Jumeirah Beach Park, der allerdings wegen Bauarbeiten am Dubai Canal vorübergehend bis voraussichtlich Anfang 2017 geschlossen ist. Entlang der zentralen Verkehrsachse, der Jumeirah Rd bzw. ihrer Verlängerung Al Sufouh Rd, finden sich Geschäfte und Boutiquen, Restaurants und Cafés, Kliniken und Schulen. Prima essen gehen kann man in den Restaurants des **Jumeirah Fishing Harbour** zwischen Jumeirah Beach Park und Mercato Mall am Meer, interessant auch der Rummel auf dem **Fischmarkt.** Einen weiteren Fischmarkt (Souq al Bahar) mit ca. 40 Ständen gibt es stadtauswärts in Umm Suqeim, in der Bucht, wo auch der Dubai Offshore Sailing Club liegt.

Bautätigkeiten am Dubai Canal, der nach seiner geplanten Fertigstellung Mitte 2016 von der Küste Jumeirahs in einer Schleife am Burj Khalifa vorbei zum Creek führen soll, durchschneiden Jumeirah. Weitere Bauprojekte sind Pearl Jumeirah, Jumeirah Bay Island und La Mer, kleinere Kunstinseln an der Küste im Norden von Jumeirah; sie sollen Eigentumswohnungen, Hotels, Freizeit- und Einkaufsgelegenheiten bieten (Infos unter www.meraas.com).

Übrigens haben sich **zwei Schreibweisen** für den Namen des Stadtteils Jumeirah eingespielt: Jumeira ohne „h" entspricht der offiziellen englischen Umschrift der Dubaier Stadtverwaltung, Jumeirah mit „h" haben zahlreiche Hotels, Cafés und Schulen als Eigennamen gewählt (und wird in diesem Reiseführer bevorzugt).

Jumeirah-Moschee

Die im Nordosten der Jumeirah Rd stehende, 1975 erbaute Moschee gehört zu den schönsten der Stadt. Mit ihren **zwei schlanken Minaretten** und der **Gebetshalle mit fünf Kuppeln** ist sie ein anschauliches Beispiel moderner islamischer Architektur. Abends, wenn zahlreiche Scheinwerfer das Gebäude anleuchten, erstrahlt die elfenbeinfarbene Fassade in einem breiten Spektrum von Beige- und Gelbtönen.

⌃ Ornamente verzieren die Jumeirah-Moschee

Sie ist eine der wenigen Moscheen des Landes, die **Nicht-Muslimen Eintritt** gewährt, jedoch nur im Rahmen einer Führung des Shaikh Mohammed Centre for Cultural Understanding. Eine solche **Führung** ist sehr empfehlenswert, denn sie vermittelt nicht nur Einblicke in das bonbonbunte, stuckverzierte Innere der Moschee, sondern es werden auch die wesentlichen Grundzüge des islamischen Glaubens erläutert. Klasse: Jeder bekommt seine persönlichen Fragen zum Islam und zur Kultur der Vereinigten Arabischen Emirate beantwortet.

■ **Führungen** für nicht-muslimische Besucher: Sa bis Do 9.45 Uhr, 10 Dh (wer möchte, kann sich vorher anmelden, siehe „Sonstiges")
■ **Tipps zum gebührlichen Verhalten** für den Moscheebesuch siehe „Urlaubsvorbereitung/Verhalten"

Moschee Al Farooq Omar bin Al Khattab

Zwischen Jumeirah und der Shaikh Zayed Rd dehnt sich der Stadtteil Al Safa aus. Südlich vom Safa Park steht die **größte Moschee Dubais** – und auch diese empfängt **Touristen** im Rahmen eines geführten Rundgangs. Die Moschee ist benannt nach *Omar bin Al Khattab,* auch bekannt als *Al Farooq*. Sunniten betrachten den Gefährten des Propheten Mohammed als zweiten Kalifen des Islam; er übernahm diese Würde nach dem Tod des Kalifen *Abu Bakr* im Jahr 634.

8600 m² ist die Moschee groß, die Hauptgebetshalle misst 4200 m², 2000 Betende finden Platz. Unverkennbar ragen die **vier schlanken Minarette** der Moschee 65 m in den Himmel, die Zentralkuppel 30 m. **21 Kuppeln** krönen das Gebetshaus. Entsprechend der blassblauen Farbe dieser Kuppeln wird die Moschee auch „Blue Mosque" genannt – und auch im Inneren zeigen Ornamente, Mosaiken und Glasfenster viel Blau. Farbgebung und Architektur lehnen sich an die Sultan-Ahmed-Moschee in Istanbul an. Es ist die erste Moschee ottomanischen Baustils in Dubai. Schön der **riesige Kronleuchter** unter der Zentralkuppel – er zeigt sich im marokkanischen Stil.

Ein Islamisches Zentrum, eine Bibliothek, Veranstaltungsräume und ein Jugendclub sind der Moschee angegliedert.

■ **Führungen** für nicht-muslimische Besucher: So bis Do 10.30 und 16.30 Uhr
■ **Infos:** www.alfarooqcentre.com, Tel. 3 94 44 48
■ **Tipps zum gebührlichen Verhalten** für den Moscheebesuch siehe „Urlaubsvorbereitung/Verhalten"

Majlis al Ghuraifah

Hier bekommt man einen guten Eindruck davon, wie anders das Leben in Dubai nur eine Generation zuvor gewesen sein muss. Das historische Haus Majlis al Ghuraifah steht **südlich des Jumeirah Beach Park** in einer Seitenstraße der Jumeirah Rd und ist ausgeschildert; es ist ein schönes Beispiel dafür, wie sehr sich das Leben in Dubai in nur 60 Jahren gewandelt hat. Als H.H. Shaikh *Rashid bin Saeed Al Maktoum* das Gebäude **1955 als Versammlungsort errichten** ließ, stand es noch in einer kleinen Fischersiedlung aus Palmwedelhütten inmitten von Dattelpalmen, die von einer hier entspringenden Quelle versorgt wurden. Das Gebäude hat zwei Stockwerke und besteht aus Korallenstein und Gips. Eine von Säulen gestützte Veranda bildet das Parterre, in der 1. Etage befindet sich ein Versammlungsraum (arab. *majlis*), der besichtigt werden kann. Einst traf der Herrscher hier Gäste, auch seine Bürger empfing er regelmäßig, um sich ihre Anliegen anzuhören.

Des Weiteren steht auf dem Gelände ein aus Palmwedeln und -ästen errichtetes **Windturmhaus** (arab. *al areesh*), und durch den jungen Garten plätschert ein traditioneller **Bewässerungskanal** (arab. *falaj*).

dub14-018 dt

Infos: geöffnet Sa bis Do 8.30–13.30 und 15.30– 20 Uhr, Fr 15.30–20 Uhr, Eintritt: 1 Dh, Tel. 3 94 63 43

Das Hotelresort Madinat Jumeirah bietet einen neuarabischen Souq

Madinat Jumeirah

„Jumeirah-Stadt" ist die passende Übersetzung dieses **riesigen Hotelresorts,** das geografisch genau gesehen im Stadtteil Al Sufouh liegt. Zwischen Meeresstrand, Garten und Wasserkanälen gelegen, bestimmen die vielen Winddtürme das Erscheinungsbild dieser außergewöhnlichen Anlage.

Unbedingt sehenswert ist **Souq Madinat Jumeirah:** Als Neuinterpretation eines traditionellen arabischen Marktviertels passt er ganz zum Stil des Resorts, das durch und durch emiratisch designt ist. Viele der insgesamt 95 Läden verkaufen Souvenirs, Antiquitäten und Handwerksartikel. Es finden sich auch Friseure und Hennamalerei. Alles reiht sich an enge, gedeckte Gassen; die hohe, von Holzsäulen getragene Konstruktion des Souqs (mit Klimaanlage) und das farbenfrohe Warensortiment vermitteln ein wirklich orientalisches Flair.

Wer diesen Souq besucht, sollte sich Zeit nehmen, um sich in einem der 20 gemütlichen **Cafés** oder interessanten **Restaurants** niederzulassen, viele herrlich im Garten oder an Wasserkanälen gelegen mit Aussicht auf unzählige Windtürme (siehe „Orte mit vielfältigem Gastronomieangebot"). Auch Bars und Nachtclubs gibt es im Souqgebiet. Die vielen verwinkelten **Terrassen,** insbesondere die Dachterrassen, gehören zu den schönsten der Stadt! Auch ein Amphitheater und ein Theater sind Teil des Souq Madinat Jumeirah.

Madinat Jumeirah durchziehen **Wasserkanäle und Grünanlagen.** Besucher können an einer geführten Bootstour teilnehmen, sie starten zwischen 16 und 23 Uhr alle 20 Minuten (50 Dh p.P.). Nähere Informationen zum Hotelresort und zur Gastronomie stehen in den entsprechenden Kapiteln.

In den Wintermonaten wird am Samstagvormittag auf dem A'Rukn Courtyard ein **Wochenmarkt** mit Bio-Produkten veranstaltet.

Zur Übernachtung im Resort siehe Info-Kasten „Madinat Jumeirah".

- **Lage:** am südlichen Strand von Umm Suqeim
- **Infos:** www.jumeirah.com, Tel. 3 66 88 88
- **Anfahrt mit öffentlichen Verkehrsmitteln:** Watertaxi Station Jumeirah Beach Hotel

The World

Da kaum ein Flecken des natürlichen Meeresufers unbebaut ist, wurde in großem Stil **neues Land** gewonnen. So versucht Dubai seine Sehnsucht nach Leben am Wasser zu befriedigen. Der technische Aufwand ist immens, der Eingriff in die Natur massiv.

Allein mit The World sind 232 km neuer Strand entstanden. Diese Kunstwelt besteht aus **300 künstlichen Inseln,** die sich zu einer Weltkarte formieren. 9 x 7 km misst dieser riesige Insel-Atlas. Nur Boote, Hubschrauber, Wasserflugzeuge und Mini-U-Boote können das Neuland derzeit erreichen. Die Landgewinnung ist seit 2008 abgeschlossen, der Großteil der Inseln ist verkauft und wartet auf seine Bebauung. Die Landbesitzer können ihr Land so gestalten, wie sie möchten. Jeder kann nach Gutdünken Privatrefugien, Jachthäfen, Hotel- oder Restaurantinseln realisieren. Der Bauträger hat die Versorgung mit Strom und Wasser und die Einrichtung von Knotenpunkten mit Gemeinschaftseinrichtungen zugesichert, doch das Versprechen wurde noch nicht eingelöst.

Eine der wenigen bebauten Inseln ist **Lebanon.** Hier hat ein privater Strandclub, **The Royal Island Beach Club,** eröffnet. Es gibt den Strand, Pool, Wassersport, Restaurant und Chalets. Gäste können den Club auf Tagesbasis nutzen. Wohl an keinem Strandflecken Dubais kann man den Stress der Stadt weiter hinter sich lassen als hier. Di, Do und Fr gibt es ein Sunset-Dinner für 475 Dh inkl. Boottransfer, Partys und Konzerten (unregelmäßige Termine, Anmeldung erbeten, Boote ab Jumeirah Fishing Harbour, Jumeirah 2).

Ab 2016 sollen erste Teile von **The Heart of Europe** eröffnen: Auf einer Inselgruppe aus sechs Eilanden entstehen neben Eigentumswohnungen verschiedener Art sechs Hotels sowie eine 1,6 km lange Einkaufs- und Gastronomiemeile – alles inspiriert von europäischen Baustilen. Einmalig: Künstlicher Regen und Schnee sollen die Sonnenhitze auf manchen Plätzen und Gassen kühlen.

- **Infos The World:** www.nakheel.com
- **Infos The Royal Island Beach Club:** www.royalislandbeachclub.ae, Tel. 50/6 17 65 07

Palm Jumeirah/ Nakhlat Jumeirah

Diese **2008 eingeweihte** und kleinere der beiden künstlichen Dubaier Palmeninseln breitet sich im Süden von Jumeirah aus. 94 Millionen Kubikmeter Sand und sieben Millionen Tonnen Gestein mussten zu ihrer Erschaffung aufgeschüttet, verdichtet und bebaut werden.

Würde man dieses Material zu einer zwei Meter hohen und einen halben Meter dicken Mauer aufschichten, dann würde diese dreimal die Erde umrunden. Den Palmeninseln gemeinsam ist nicht nur der Riesenpalmen-Grundriss, sondern auch der sie umgebende Wellenbrecher-Halbkreis, der vor der Gewalt des Meeres schützen soll.

Auf dieser vordersten Meeresfront der Jumeirah-Palme – auf Arabisch heißt Palme „Nakhlat" – sollen **30 Luxushotels** ihre Pforten öffnen. Die opulenteste, raffinierteste und bereits eröffnete Resortanlage ist das Atlantis. Zum Hotel und den drei Attraktionen **Aquaventure** (Erlebnis-Wasserpark), **Lost Chambers** (Atlantis-Fantasiewelt) und **Dolphin Bay** (Delfin-Bucht) siehe Info-Kasten „Wunder trifft Wasser – Erlebnisdestination Atlantis".

Die Dimensionen von Nakhlat Jumeirah: Länge des Wellenbrecherrings (engl. *crescent*) 11 km, Durchmesser der Palme 6 km, 16 Palmwedel, Uferlinie 78 km.

Auf dem 2 km langen und 450 m breiten **Palmstrunk** (engl. *trunk*) ist ein Apartmenthochhaus-Stadtteil entstanden. Zwischen den Wohnvierteln Shoreline und Golden Mile bietet der **Al Ittihad Park** einen 3,2 km langen, von Palmen und einheimischen Wüstenpflanzen flankierten Joggingweg. Das westliche Palmenstammufer soll auf 1,5 km Länge als **West Beach** mit einem Strand samt Flanierpromenade, Park und Luxus-Strandclubs ausgebaut werden.

Rund **30.000 Menschen** wohnen auf der Jumeirah-Palme, auf dem Stamm vornehmlich in Apartments, auf den Palmwedeln in Strandvillen, viele mit eigener Bootsanlegestelle. Der Zugang zu den Palmwedeln ist nur Anwohnern möglich. Auf dem Wellenbrecherkranz stehen Luxushotels, weitere sollen hinzukommen.

Auf dem Stamm in Bau (2016 soll Eröffnung sein) ist die **Nakheel Mall**, 90.000 m² und 200 Geschäfte groß, voller Einkaufsgelegenheiten sowie mit topmodernem Hotel und Kinokomplex, einem riesigen Gartenhaus und Aussichtsplattform.

Gegenüber vom Atlantis Hotel entsteht das Gastronomie- und Einkaufsviertel **The Pointe.** Hier sollen sich 120 Restaurants und Cafés plus 75 Geschäfte an brunnengesäumten Flanierwegen aufreihen – schön ist die Uferlage mitten auf der Palmeninsel.

Weitere Shops, Restaurants und Cafés werden sich am **Boardwalk** ansiedeln: Um den gesamten Wellenbrecherring ist ein 11 km langer Steg im Entstehen. Er soll sich 100 m ins Meer hinein erstrecken und von zwei Piers an den Enden flankiert werden. Der Boardwalk ist mit seinem einmaligen Meerblick als besondere Flaniermeile konzipiert.

Über diese Gigapalme gehen die **Meinungen** auseinander: Manche halten sie für ein Zeichen des Größenwahns, andere sehen darin eine großartige Bauleistung, die wassernahen Wohnraum geschaffen hat – was deutlich attraktiver ist, als in einem der Villen- und Apartmentviertel in Dubais wüstenhaftem Umland zu wohnen.

- **Infos:** www.nakheel.com
- **Anfahrt mit öffentlichen Verkehrsmitteln:** Über die Palmeninsel fährt die Einschienenbahn **Palm Monorail** von der Gateway Station am Festland-Inselaufgang über den Palmenstamm zur Atlantis Aquaventure Station auf dem Wellenbrecherring; zur Palm Monorail Gateway Station kommt

Wunder trifft Wasser – Erlebnisdestination Atlantis

Atlantis The Palm (64)

Dieses familienfreundliche Ferienresort ist 2250 Tonnen Marmor schwer, **46 Hektar** riesig und besticht durch seine Lage auf dem Scheitelpunkt des Wellenbrecherrings von Palm Jumeirah. Wie das antike Atlantis – so es denn existiert hat – ragt auch dieses übermorgenländische Atlantis aus dem Wasser auf. Dank dieses exponierten Standorts ist Atlantis zu einer Ikone der Stadt avanciert. Und dank des absoluten Luxusniveaus zu einer Top-Adresse unter all den anderen Sterne-Hotels.

Atlantis ist nicht nur Namensgeber, sondern auch das immer wiederkehrende Motiv der Resortanlage. **Mythos und Meereswelt** treffen aufeinander, hier wurden fantasievolle Aquarienwelten und künstliche Ausgrabungsstätten geschaffen. Die größte ist die Ambassador Lagoon, mit 11 Millionen Litern Wasser.

Überall werden maritime und mythische Farben, Formen und Themen kombiniert. Das **verspielt-fantastische Ambiente** zeigt sich schon beim Betreten des Hotels in Gestalt der 18 m hohen und bis ins Detail filigran-ausgefeilten Glasskulptur in Form einer Koralle. Und jenseits aller Kunst und Künstlichkeit bietet Atlantis 65.000 Meerestieren einen echten Lebensraum, der nach neuesten zoologischen Erkenntnissen eingerichtet wurde und gepflegt wird.

Das korallenfarbene Gebäude ist einem **mystischen Wasserschloss** nachempfunden, die zwei höchsten Türme, die Royal Towers, flankieren einen mächtigen Torbogen und sind mit einer Brücke verbunden.

In luftiger Höhe liegt die edelste Suite des Hauses, die **Bridge Suite.** Wer hier einzieht, gönnt sich 924 m² Wohlfühlwohnfläche, eine einmalige Aussicht, einen goldüberzogenen Esstisch und private Riesenterrassen.

Ganz unten weitere besondere Gästezimmer: Die **Lost Chamber Suites** ermöglichen durch deckenhohe Glaswände Einblicke in die Unterwasserwelt der Ambassador Lagoon. Kleine und große Fische ziehen ihre Runden durch antike Wasserkulissen, und man kann Auge zu Auge mit ihnen schlafen gehen, um dann im Traum als Kapitän *Nemo* selber durch diese perfekte Illusion eines Unterwasserreiches zu navigieren.

Ein paar **Zahlen:** 1539 Zimmer und Suiten hat der Luxustempel (eine Erweiterung um 800 Zimmer steht bevor). 3000 Bedienstete kümmern sich um das Wohl der Gäste, allein über 500 von ihnen sind für kulinarische Wünsche zuständig und lassen Gaumen in **23 Gastronomiebetrieben** frohlocken. Nicht nur Fine Dining wird geboten, auch zum Nachmittagstee, Freitagsbrunch, Familienfrühstück, Feierabenddrink oder Sonnenuntergangs-chill-out lohnt ein Besuch. Besonders bizarr: Im Ossiano werden Seafood-Spezialitäten vor Panoramascheiben mit Blickkontakt zu den Fischen der Aquarienwelt der Ambassador-Lagune serviert.

Zudem bieten **Lounges und Bars** Besonderheiten, so Nasimi Beach (geöffnet: 9–1 Uhr), ein trendy Strandclub, in dem man tagsüber in Cabañas entspannen und abends zu DJ-Sound oder Live-Musik feiern kann; auf der Terrasse zeigt sich das Nasimi als Strandrestaurant und bietet mediterrane Kost und Seafood. Etliche Partys, Konzerte und sonstige Events finden statt, so **Sandance-Partys** und -Konzerte am Strand, bei denen internationale DJ-Größen und Bands von mittags bis nachts für Stimmung sorgen (www.sandance.ae).

Selbstredend verfügt das Hotel über einen **Wellnessbereich** mit Anwendungen und Behandlungen aus allen Teilen der Welt. Auch das Konferenzzentrum, die Einkaufspromenade, die Strand-, Sport-, Fitness- und Spielmöglichkeiten. Apropos Strand: Er ist 1,4 km lang!

Doch wer glaubt, Atlantis sei nur eine Nobelherberge der Extraklasse, der irrt. Denn die Anlage bietet Besuchern – auch Nicht-Hotelgästen – **weitere Attraktionen:** Aquaventure, Dolphin Bay, Sea Lion Point und Lost Chambers. Für deren Besuch sollte man sich einen ganzen Tag Zeit nehmen.

- **Hotelausstattung:** G, B, W, F, T, R, N, P
- **Tel.** 4 26 00 00, www.atlantisthepalm.com
- **Tipp: RTA-Elektro-Abraboote** schippern Besucher vor dem Hotel zwischen Palmwedelspitze und Wellenbrecherring übers Meer, 13–21 Uhr, 20 Min. kosten 65 Dh p.P.

Aquaventure

Aquaventure ist der **größte Wasservergnügungspark der Region,** dessen 2,3 km langer, verschlungener Wasserweg die Besucher nicht nur über Rutschen, durch Stromschnellen und Wellenbecken führt, sondern auch unter (!) Haie. Beispielsweise saust man von der nahezu senkrechten **Riesenrutsche Leap of Faith** (27,5 m hoch, 60 m lang) von der Spitze einer mesopotamischen Tempelpyramide in fast freiem Fall in einem durchsichtigen Acryltunnel hinab unter eine Haifischlagune. Nicht nur die Haie bringen das Adrenalin zum Brodeln, auch die Geschwindigkeit, die auf dieser Rutsche erreicht wird. Auch Shark Attack führt durch eine Röhre hinab ins Haifischbassin, jedoch mit weniger Speed. Die längste Röhrenrutsche der Welt heißt **Aquaconda.** Auf dem **Zipline-Rundparcours** kann man an einer Seilbahn in rund 20 m Höhe über den Park sausen. Als **besondere Attrak-**

dub12_010 at

Im Foyer des Hotels Atlantis The Palm

tionen gibt es mehrfach täglich geführte Besuchertouren hinter die Kulissen des Parks, Rochenfütterung, Hai-Safari, Schnorchel- und Tauchgänge.

Im Park, der viele altorientalische Stilelemente aufweist, sind alle Wasserwege miteinander verbunden, auch der Strand ist mit einbezogen, und alles ist eingebettet in eine tropische Parklandschaft. **Familien mit Kindern** finden im Splashers einen kindgerechten Wasserspielplatz mit Rutschen, Wasserfällen, Fontänen und vielem mehr.

■ **Infos:** geöffnet täglich 10 Uhr bis Sonnenuntergang; Tagesticket: Erwachsene 250 Dh, Kinder 205 Dh, inkl. Zugang zu einem privaten Gästestrand, beim zusätzlichen Besuch der Lost Chambers lohnt ein Kombiticket; für Gäste des Atlantis The Palm freier Eintritt; Tel. 4 26 00 00

Lost Chambers

Im **Aquarium** Lost Chambers, den „versunkenen Kammern", kann man die neu geschaffene **Ausgrabungsstätte des legendären Atlantis** erkunden. In einem Labyrinth führt der Weg durch gläserne Unterwasserbecken und -tunnel, vorbei an bunten Fischschwärmen, versunkenen Ruinen, vergessenen Artefakten und verschollenen Manuskripten. Teufelsrochen schweben an Hieroglyphen vorbei, Muränen gucken hinter Schatztruhen hervor, Feuerquallen schweben umher. Als besondere Attraktionen gibt es mehrfach täglich geführte Besuchertouren, Fütterungen und ein Wassertheater. Mehr als 160 Spezialisten widmen sich der Erforschung und dem Erhalt des maritimen Ökosystems.

Tipp: Im Untergeschoss des East Tower kann man – ohne Eintritt zu bezahlen – durchs Besucherfenster blicken.

■ **Infos:** geöffnet täglich 10–22 Uhr; Eintritt: Erwachsene 100 Dh, Kinder 70 Dh, beim zusätzlichen Besuch von Aquaventure lohnt ein Kombiticket; für Gäste des Atlantis The Palm freier Eintritt; Tel. 4 26 10 40

Dolphin Bay und Sea Lion Point

In der Dolphin Bay können Träume wahr werden. In dieser von einem **Tropengarten** umgebenen **Meereslagune** bietet sich die seltene Gelegenheit, **mit einem Delfin oder Seelöwen** zu **schwimmen.** Diese Begegnung unterliegt strengen Regeln und findet unter Anleitung statt, wobei die Bedürfnisse der Tiere an erster Stelle stehen. Trainer informieren ausführlich über die Lebensweise dieser Meeressäuger, die Einnahmen kommen Meeresschutzzwecken zugute. 90 Minuten dauert die Stippvisite bei den Delfinen, davon 30 Minuten im Wasser. Tauchern wird die Möglichkeit geboten, mit einem Delfin zu tauchen. Wer nicht ins Wasser möchte, kann ein Fotoshooting mit einem Delfin oder Seelöwen buchen oder die Tiere beobachten und fotografieren.

Angeschlossen sind eine Meeressäuger-Klinik sowie ein Rettungs- und Pflegezentrum für gestrandete Tiere.

■ **Infos:** geöffnet täglich 10 Uhr bis Sonnenuntergang; Eintritt: Planschen mit Delfinen, Erwachsene und Kinder ab 795 Dh; Erinnerungsfoto mit Delfin oder Seelöwen ab 425 Dh; Schwimmen mit Seelöwen ab 595 Dh; Rabatte für Atlantis-Hotelgäste; jeweils inkl. Zugang zu einem privaten Gästestrand und ins Aquaventure; Tel. 4 26 10 30

man ab Al Sufouh oder Dubai Marina mit der **Dubai Tram** (Station Palm Jumeirah), die beiden Zwischenstationen auf dem Palmenstamm, Trump Tower und Palm Mall, sind noch nicht eröffnet; Anfahrt per **Wassertaxi** zu den Stationen One & Only The Palm, Atlantis, One & Only Royal Mirage, Rixos Hotel und Atlantis.

■ **Cruise with Nakheel:** The-World-Projektentwickler Nakheel bietet Gruppen ab 12 Personen Bootstouren um die Palmeninsel an; verschiedene Bootstypen, ab 1000 Dh, www.nakheel.com, Tel. 3 90 33 33

■ **RTA-Elektro-Abraboote** schippern Besucher vor dem Atlantis Hotel zwischen Palmwedelspitze und Wellenbrecherring übers Meer, 13–21 Uhr, 20 Min. kosten 65 Dh p.P.

■ **Fahrräder** können ausgeliehen werden, z.B. bei Nextbike, siehe „Radfahren"

Bereits eröffnete Resorts auf Palm Jumeirah

Immer mehr Hotelresorts eröffnen auf Palm Jumeirah. Alle bieten modern-luxuriöse Ausstattung, hauseigenen Sandstrand und sind in eine Gartenanlage eingebettet. Die meisten Hotels liegen **malerisch am Meer** auf dem Wellenbrecherkranz, der die Palmeninsel umschließt, manche aber auch auf dem Palmenstamm.

Die Insel eignet sich bestens für einen **Strand- oder Familienurlaub.** Auch wenn auf der Palmeninsel (noch) nicht allzu viele Möglichkeiten zum Einkaufen oder gastronomischer Art bestehen, so gibt es die en masse im nahe gelegenen Stadtteil Dubai Marina, der mit den Schienenbahnen Palm Monorail und Dubai Tram (siehe „Öffentliche Verkehrsmittel") schnell erreicht ist.

2015 in Betrieb

■ **Atlantis The Palm (64),** siehe entsprechenden Info-Kasten

■ **Jumeirah Zabeel Saray (66)**
Exquisites Luxusresort: aufwendige Ausschmückung im osmanischen Stil, großer Lagunenpool, 405 Gästezimmer (alle mit Balkon) sowie luxuriöse, voll ausgestattete Villen; www.jumeirah.com

■ **One & Only The Palm (67)**
Elegantes Luxus-Boutique-Hotel mit nur 90 Zimmern und malerischen Gärten, Springbrunnen und Pools, von orientalischen und andalusischen Einflüssen geprägt, niedriger, geräumiger Baustil; www.oneandonlythepalm.com

■ **Kempinski Hotel & Residences Palm Jumeirah (65)**
Palastähnliches Hotelresort mit exquisiten Suiten, Penthouses und Villen, familienfreundlich, 5-Sterne-Service; www.kempinski.com

■ **Rixos The Palm Dubai (63)**
Dieses Resort bietet eine Kombination von Freizeitaktivitäten, Familienunterhaltung und Businessausstattung, 231 Gästezimmer und 28 Wohnsuiten; www.rixos.com

■ **Sofitel Dubai The Palm Resort & Spa (84)**
Familienfreundliches Luxusresort mit karibischem Inselflair und persönlichem Service, alle 361 Zimmer mit Balkon, auch Hotelapartments, 14 Gastronomiebetriebe; www.accorhotels.com

■ **Fairmont The Palm (81)**
Traditionell-orientalische Stilelemente sind in die imposante Architektur des palastähnlichen Hotelgebäudes eingebunden, 381 Gästezimmer mit mindestens 48 m² Größe, familienfreundlich; www.fairmont.com

■ **Anantara Dubai The Palm Resort & Spa (80)**
Familienfreundliches Resort mit thailändischem Ambiente und Lagunenlandschaft, 260 Zimmer, davon 130 mit direktem Poolzugang, 15 Poolvillen und 18 Über-Wasservillen, thailändische Tuk-Tuk-Dreiradtaxis und Langboote bieten Transport an; www.dubai-palm.anantara.com

■ **Waldorf Astoria Dubai Palm Jumeirah (85)**
319 Luxusgästezimmer sowie sechs Gastronomiebetriebe bieten den berühmten Waldorf-Service, www.waldorfastoria3.hilton.com

Voraussichtlich ab 2016 in Betrieb
■ **Byblos Palm Jumeirah**
■ **The Langham Palm Jumeirah**
■ **Viceroy Dubai Palm Jumeirah**

Dubai Marina/Marsa Dubai

Dieses **modern-dynamische Strandviertel** liegt am Fuße des Stammes von Palm Jumeirah, in guter Nachbarschaft zu zahlreichen Strandhotels. Dubai Marina – auf Arabisch Marsa Dubai – besticht durch maritimes Flair, durch das Miteinander von Wasser und Architektur, von Strand und Jachten vor einer imposanten Hochhauskulisse. Ein rund 4 km langer **künstlicher Meereskanal** schlängelt sich durch das Gebiet, in dem zirka 200 Hochhäuser dicht an dicht in den Himmel ragen. Etwa 120.000 Menschen wohnen hier.

Ihrem Anspruch gemäß hat die Dubai Marina einen eigenen **Jachthafen.** Etliche **Hotels** finden sich hier (z.B. Ocean View, Grosvenor House, Habtoor Grand Beach Resort and Spa, Le Royal Meridien Beach Resort and Spa, Amwaj Rotana Jumeirah Beach Residence), darunter viele Strandresorts. Zwischen den Hotelstränden finden sich **Strandclubs** und ein öffentliches **Strandareal** (siehe „Strandparks und Strände"). Dubai Marina versteht sich zudem als Einkaufs-, Gastronomie- und Flanierareal.

Ein markantes Ensemble sind die 36 Apartmentürme der **Jumeirah Beach Residence (JBR),** die zwischen Marinakanal und Meer in den Himmel ragen und die Flaniermeile **JBR Walk** flankieren bzw. in ihren Schatten stellen. Der knapp 2 km lange JBR Walk liegt – von einer Häuserzeile getrennt – am strandgesäumten Golfufer.

Ein weiterer Spazierweg ist der **Marina Walk,** der sich rund um den Marinakanal zieht. Das Kerngebiet dieser ca. 11 km langen Flaniermeile liegt im Osten des Marinakanals, etwa zwischen Metrostation DAMAC Properties und dem **Cayan Tower,** der durch seine Spiralform auffällt. Beide Walks sind begrünt und mit Brunnen und Bänken bestanden.

An beiden Walks wechseln sich **Restaurants, Geschäfte und Cafés** ab, Donnerstag- und Freitagabend herrscht viel Betrieb. In den kühleren Wintermonaten postieren sich an der Uferpromenade bei der Marina Mall mittwochs bis samstags von 10–22 Uhr Marktstände des **Marina Market** (www.marinamarket.ae) mit Souvenirs, Bekleidung, Accessoires etc. und bereichern das Viertel mit Outdoor-Shopping, zudem laden die Einkaufszentren **Marina Mall** und **The Beach** zum Shoppen ein (siehe „Einkaufszentren und Malls").

Fußmüde können sich einen Pedal-Buggy mieten und das Areal erkunden (außen an der Marina Mall), auch Fahrräder werden vermietet. Zu Wasser kann man in einen Wasserbus steigen oder ein Wassertaxi chartern, auch Fahrten in Dhau-Holzbooten oder Schnellbooten werden offeriert.

▷ Dubai Marina Canal: Anlegestelle der Dubai Ferry

Kulinarische Genüsse aus aller Welt bietet **Pier 7,** ein der Marina Mall angeschlossener Restaurantturm. Weitere Hinweise zum Gastronomieangebot siehe „Orte mit vielfältigem Gastronomieangebot".

■ **Anfahrt mit öffentlichen Verkehrsmitteln:** Red Line Metrostationen DAMAC Properties und Jumeirah Lakes Towers; ab diesen Stationen fährt die Dubai Tram zu den Stationen Dubai Marina und Marina Towers bzw. Dubai Marina Mall, Jumeirah Lakes Towers, Jumeirah Beach Resicence 1 und Jumeirah Beach Resicence 1; Watertaxi Stationen Dubai Marina und Dubai Marina Mall; weitere Infos siehe „Öffentliche Verkehrsmittel".

■ Eine besondere **Anreise übers Meer** besteht mit der **Dubai Ferry** ab der Al Ghubaiba Station am Bur-Dubai-Ufer des Creek (tägl. 11, 13, 18.30 Uhr, ab 50 Dh, weitere Infos siehe „Öffentliche Verkehrsmittel").

■ Die **Dubai Ferry** schippert täglich um 15 Uhr zum Afternoon Tea durch den Marinakanal und wieder zurück, und um 17 Uhr startet eine Sightseeing-Rundfahrt um das Inselprojekt The World; pro Route und Person ab 50 Dh, weitere Infos siehe „Öffentliche Verkehrsmittel".

■ Um im Marinakanal vorwärtszukommen, kann man in einen RTA-Wasserbus steigen oder ein RTA-Wassertaxi chartern: **RTA-Wasserbusse** verbinden die Stationen Marina Mall und Marina Walk bzw. Marina Mall und Promenade bzw. Marina Walk und Marina Terrace sowie Marina Mall und Marina Terrace miteinander, Sa bis Mi 10–22 Uhr, Do 10–24 Uhr, Fr 12–24 Uhr alle 10–15 Min., pro Teilstück 2 Dh, zahlbar mit einer RTA-NOL-Karte/-Ticket (siehe „Öffentliche Verkehrsmittel") oder als Tageskarte 25 Dh. Zwischen den Stationen Dubai Marina Mall und Dubai Marina kann man per **RTA-Wassertaxi** fahren, Preis pro Boot 60 Dh.

■ **Yellow Boats:** In einem Schnellboot kann man Dubai Marina (30 Min., 60 Dh) oder auch weitere

dub14-019 kk

Ziele wie die Palmeninsel und den Burj Al Arab erkunden, Abfahrt vom Pier der Dubai Marina, am Marina Walk gegenüber von Spinneys, Tel. 8 00 80 44, www.theyellowboats.com

- Diverse Anbieter bieten **Dhaufahrten** entlang der Dubai Marina und der Jumeirah-Küste (teilweise auch durch den Creek) an, tagsüber Sightseeing Cruises oder abendliche Dinner Cruises, beispielsweise **Cruises Dubai:** täglich einstündige Sightseeing-Cruises (10.30, 13.30, 16, 24 Uhr, 50 Dh, Abfahrt von der Kanalpromenade West bei der Dubai Ferry Station), jeden Abend zweistündige Dinner Cruises mit Büfett und Unterhaltungsprogramm (ab 20.30 Uhr, 225 Dh), auch Dinner Cruises im Glas-Panoramaboot, Tel. 0 50/ 8 71 72 00, www.cruisesdubai.net; **Tour Dubai:** täglich einstündige Sightseeing-Tour (stündlich zwischen 10.30 und 17.30 Uhr, 65 Dh, Abfahrt von der Kanalpromenade West bei der Dubai Ferry Station), abends zweistündiger Dinner Cruise mit Bauchtanz und Büfett (ab 20.30 Uhr, 300 Dh), vorherige Buchung erwünscht, Tel. 3 36 84 07, www. tour-dubai.com; **Bristol:** täglich einstündige Touren mit der Dhau „Captain Jack" (stündliche Fahrt 11–23 Uhr, 60 Dh, Tel. 3 68 24 80, www.bristol-middleeast.com, Abfahrt vom Marina Walk beim Starbuck's Café).
- **Fahrradverleih:** z.B. Nextbike, s. „Radfahren"
- Am **JBR-Strand** zwischen den Hotels Hilton und Sheraton bietet die großflächige Einkaufsplaza **The Beach** (siehe „Einkaufszentren und Malls") nicht nur Geschäfte, Gastrobetriebe und Kinos, sondern auch Freizeitangebote im Freien wie Strandclub (siehe „Wassersport"), Freiluftkino, Fitnessgeräte, Wasserspielplatz, Joggingweg sowie Grünflächen.
- Der **Arabian Water Park** ist ein Wasserpark aus aufblasbaren Spielgeräten am JBR-Ufer; geöffnet: 15. Juni bis 15. Sept. 8–12 und 15–19 Uhr, 16. Sept. bis 14. Juni 8.30–18.30 Uhr, Stundenpreis 60 Dh, Tagespass 195 Dh, www.arabianwaterparks.com, Tel. 3 88 32 23.
- 2016 soll die Fertigstellung der **Freizeitinsel Bluewaters** erfolgen, deren Aushängeschild das mit 210 m Höhe weltgrößte Riesenrad ist. Ein auf dem Rad angebrachter, 80 m großer Bildschirm soll Filme, Werbung und Informationen (an)zeigen. Zudem sollen die Dubai-üblichen Einkaufsmöglichkeiten, Hotels (z.B. Venu Bluewaters Island Hotel, Eröffnung 2017), Freizeitangebote, Uferpromenaden und Wohneigentum entstehen; Zugang via Fußgängerbrücke, Seilbahn, Fähre und Autobrücke; www.meraas.com.

Palm Jebel Ali

An der Grenze zum Emirat Abu Dhabi hat man begonnen, für Palm Jebel Ali, eine **zweite Palmeninsel,** neues Land zu gewinnen. Die Ferne zur City wird aufgewogen durch die Nähe zu Dubais neuen Wirtschaftszentren wie der Freihandelszone Jebel Ali und dem Transport- und Logistikzentrum Dubai World Central samt größtem Flughafen der Welt (Al Maktoum International Airport).

Auch auf Palm Jebel Ali stehen Wohnen und Freizeit im Vordergrund. Die Landgewinnung ist zum Großteil vollendet, doch Bauverzögerungen prägen die letzten Jahre. Rund 250.000 Menschen wollen die Projektentwickler auf die Insel locken und versprechen ihnen eine **Stadt in der Stadt** mit sämtlichen Einrichtungen des Alltagslebens.

Die Jebel-Ali-Palme setzt sich aus verschiedenen Inseln, einem Stamm mit 16 Palmwedeln und einem vierteiligen Wellenbrecherring zusammen. Anders als Palm Jumeirah soll diese Palmeninsel zusätzlich einen **mittleren Ring** haben, der aus auf Stelzen erbauten Häusern im Wasser besteht und als arabische Schriftzeichen einen Vers von Shaikh *Mohammed* nachbildet: „Lernt von der Weisheit der klugen Menschen, nicht jeder, der reitet, ist ein Jockey. Es bedarf eines Visionärs, um auf Wasser zu schreiben, angesehene Männer wachsen durch große Herausforderungen."

Auf Palm Jebel Ali könnte als erstes **Heritage Island** eröffnen: Die ca. 1 km lange und 500 m breite Volkserbe-Insel führt zurück in eine Zeit vor 200 Jahren und vermittelt einen Eindruck vom harten Leben der Fischer und Beduinen damals. Dabei wird Kulturpflege mit Ökotourismus verknüpft. Nicht nur Touristen sollen informiert werden, vor allem auch junge Emirater. Touristen werden für den Inselbesuch in traditionelle Kleidung gehüllt und können den ganzen Tag in der alten Zeit verbringen – oder auch nur für einen Rundgang. Themen sind u.a. Falkenjagd, Tanz, Fischerei, Perlentaucherei, Kamelzucht und Handwerk. Eine Brücke verbindet Heritage Island mit dem Festland.

Infos: www.nakheel.com

Bootstouren entlang der Golfküste

In Dubai ansässige Tourveranstalter (siehe „Reisebüros und Tourveranstalter") sowie Marine Clubs und Jachtcharterfirmen (siehe „Sport und Aktivitäten") veranstalten **Bootstouren und Jacht-Cruises** an der Jumeirah-Küste, vorbei an den Strandhotels, dem Luxushotel Burj al Arab und den künstlichen Inseln. Zudem bietet Nakheel, Bauträger der Palmen- und Weltinseln, Bootsrundtouren um Palm Jumeirah und die Eilande von The World an (s.o.).

Eine besondere Besichtigungsmöglichkeit bietet sich mit **RTA Dubai Ferry:** Die klimatisierte Fähre schippert ab der Ferry Station Marina Mall durch den Marinakanal und entlang der Küstengewässer und ihren Kunstinseln. Aber auch Rundfahrten durch den Marinakanal oder zum Inselprojekt The World und retour kann man mit der Dubai Ferry unternehmen (Details siehe „Dubai Marina/Marsa Dubai" und „Öffentliche Verkehrsmittel").

Ab Dubai Marina starten diverse Veranstalter ihre täglichen Rundfahrten und abendlichen Dinner Cruises in **traditionellen Dhau-Holzschiffen** (Details siehe „Dubai Marina/Marsa Dubai").

Auch per **Schnellboot** kann man die Golfküste entlangsausen (siehe „Dubai Marina/Marsa Dubai").

Sehenswertes auf Dubais Inlandsseite

Downtown Dubai/ Burj Khalifa

Ein himmelhoch aufragendes **Wahrzeichen Dubais** ist der Burj Khalifa, der „Turm Khalifas", also der Turm des Präsidenten der V.A.E. Dieser Wolkenkratzer ist eine Stadt über der Stadt mit Apartments, Büros, Gastronomiebetrieben, Sport- und Freizeitstätten, Einkaufszentren und Hotels. 35.000 Menschen wohnen in dieser multifunktionalen **„City in the Sky".** Noch nie zuvor wurden so viel Beton gen Himmel gepumpt und so große Mengen Stahl und Glas auf so engem Raum verbaut. Auch recycelter Stahl aus dem abgebrochenen Berliner Palast der Republik fand Verwendung.

Der **asymmetrische Turm** ragt **828 m hoch** in den Himmel und ist das höchste Gebäude der Welt. So unglaublich die Höhe, so außergewöhnlich die Konstruktion. Neueste Bautechniken ergänzen sich und sorgen für Stabilität bei extremen Sommertemperaturen und sogar Bodenbewegungen; der Turm pendelt an seiner Spitze nur einen Meter hin und her. An diesem Monument haben Stararchitekten und Meisterbauer ihr Bestes zusammengetragen – der Burj symbolisiert die Schaffenskraft globaler Zusammenarbeit. Und das Selbstbewusstsein der herrschaftlichen Bauherren Al Maktoum – auch in Krisenzeiten geht es aufwärts, dem Firmament entgegen.

Auf den **Etagen 124, 125 und 148** bieten **Aussichtsterrassen** die wohl beeindruckendste Stadtansicht: einen Weitblick auf die Millionenmetropole und den Nahblick auf das architektonische Konglomerat aus sachlichem Einkaufskoloss samt drum herum angelegtem neo-arabischen Stadtteil.

Eines der Hotels im Burj ist das **Armani Hotel.** In diesem ersten Stardesignerhotel der Region hat der prominente italienische Modeschöpfer *Giorgio Armani* die komplette Inneneinrichtung entworfen, so auch die Apartments der Armani Residences.

Zu Füßen des Himmelsstürmers wurde **Downtown Dubai** angelegt – offiziell heißt dieser Stadtteil Burj Khalifa, inoffiziell „The Centre of Now“. 320.000 Häuser für 750.000 Menschen stehen in diesem „Zentrum des Jetzt“. Dazu gehören die Viertel The Old Town, The Old Town Island, Shaikh Mohammed bin Rashid Boulevard sowie das riesige Einkaufszentrum **The Dubai Mall** und der neu-arabische **Souq Al Bahar** (siehe „Einkaufszentren und Malls“).

Den Anblick des stählern funkelnden Burj Khalifa unterstreicht das Türkis eines riesigen künstlichen Sees. Mittendrin zeigt die **Dubai Fountain** wechselnde Wasser-, Licht- und Klangspektakel der Extraklasse. 100.000 Liter Wasser werden bis zu 150 m in die Höhe geschossen (Sa bis Do 13 und 13.30 Uhr, Fr

dub014-043 dt

In Downtown Dubai steht das höchste Gebäude der Welt, der Burj Khalifa

13.30 und 14 Uhr, täglich 18–23 Uhr alle halbe Stunde, www.thedubaimall.com).

Eine gute Aussicht hat man von **The Burj Steps,** den amphitheaterförmig angelegten Treppen zwischen The Dubai Mall und Burj Khalifa; hier finden öfters Konzerte statt. Grüne Lichtblicke bietet der **Burj Park** (Eintritt frei, rund um die Uhr geöffnet).

Auch **The Old Town** ist anders als der Name suggeriert ein neuer Stadtteil, jedoch im Stil traditionell arabischer Formengebung mit schmalen Gassen und schattigen Bogengängen. Diese neue „Alt"stadt möchte dörfliche Atmosphäre versprühen, und so sind Apartment- und Bürohäuser niedrig gehalten. **The Old Town Island** ist ein (halb) von Wasser umspülter Bereich, der neu-alte **Souq Al Bahar,** der „Meeressouq", bietet rund 100 stilvoll-orientalische Shops (siehe „Einkaufszentren und Malls"). 22 Restaurants, Cafés und Lounges laden zur Einkehr ein, in vielen kann man prima draußen sitzen: am Brunnen bzw. Seeufer, in Innenhöfen oder mit freiem Wolkenkratzer-Blick (siehe „Orte mit vielfältigem Gastronomieangebot"). Das Luxushotel The Palace Downtown Dubai (siehe „Unterkunft") passt sich perfekt in The Old Town Island ein. Weitere Luxushotels im Viertel sind z.B. The Adress Downtown Dubai, Manzil und Vida Downtown Dubai.

Auch die weltgrößte Mall, die **Dubai Mall,** dehnt sich hier aus, gegenüber der Mall liegt der neo-arabische **Souq Al Bahar** (siehe „Einkaufszentren und Malls" sowie „Orte mit vielfältigem Gastronomieangebot").

The Business Hub ist das Geschäftszentrum im Schatten des Burj. Der mit Hochhäusern bestandene, sechsspurige und 3,5 km lange **Shaikh Mohammed bin Rashid Boulevard** umschließt den Distrikt. Zahlreiche Cafés und Restaurants versprühen Piazza-Flair. Der Boulevard ist Schauplatz imposanter Paraden, z.B. am Nationalfeiertag.

Am Boulevard findet sich **The Pavilion Downtown Dubai,** ein Treffpunkt von und für Kunstinteressierte und Künstler. Neben den Kunstgalerien interessant sind das Restaurant, die Espresso-Bar und das Wasserpfeifen-Café. Mehr zu The Pavilion und zur Dubaier Kunstszene siehe „Kunst und Kultur".

Am Boulevard wird eine **Oper** gebaut, die Fertigstellung soll 2017 erfolgen. In dem topmodernen, einem Dhau-Schiff nachempfundenen Gebäude sollen nicht nur Opern, sondern auch Theateraufführungen, Konzerte und Ausstellungen stattfinden. Zudem sollen ein Museum für moderne Kunst, rund 50 Galerien, zwei der Kunst gewidmete Hotels sowie Design-Studios die Kulturszene bereichern. Kolonnaden, Parks, Plätze, schattige Innenhöfe, Gassen und Promenaden werden den künftigen **Dubai Modern Art Museum & Opera House District** prägen.

Auch die größte **Moschee** der Stadt entsteht, sie soll das kulturelle Wahrzeichen dieses Stadtteils werden.

2020 sollen die Bautätigkeiten in Downtown Dubai abgeschlossen sein.

■ **Aussichtsetagen des Burj Khalifa: At the Top Burj Khalifa** bietet Aussicht aus dem 124. Stock in 454 m Höhe, Vorverkaufsticket mit festem Termin 125 Dh, Direktticket 300 Dh, geöffnet: 8.30–24 Uhr; **At the Top Burj Khalifa Sky** bietet Zugang in die 125. und in die 148. Etage, Letztere in 555 m Höhe und damit der weltweit höchste von Menschenhand erbaute Aussichtspunkt (mit Außenterrasse und Luxus-Lounge), nach Reservierung kostet ein Erwachsenenticket 400 Dh, geöffnet: 12–22 Uhr; die Fahrt im Hochgeschwindigkeitsaufzug dauert nur 1 Min.; Zugang: The Dubai Mall, Lower Ground Level, Besucherzentrum At the Top, Tel. 8 00/28 84 38 67, www.burjkhalifa.ae.

- **Burj-Khalifa-Souvenirboutiquen:** Besitzer eines Tickets für At The Top Burj Khalifa können in einer Souvenirboutique in luftiger Höhe im 124. Stock einmalige Andenken an den Wolkenkratzer kaufen, alle anderen können dies in einer weiteren Boutique in The Dubai Mall machen.
- **The Dubain Fountain:** Showstart täglich zwischen 18 und 23 Uhr alle halbe Stunde.
- **Dubai Fountain Lake Ride:** Mit einem RTA-Abra-Elektroboot kann man sich zwischen 17.45 und 23.15 Uhr über den See schippern lassen, die Fahrt startet halbstündlich zwischen den Wassershows und dauert eine halbe Stunde; Preis p.P.: 65 Dh, Ticketverkauf an der Bootsanlegestelle an der Brunnenpromenade an The Dubai Mall sowie im Besucherzentrum At the Top (s.o.).
- **Boulevard Bus Tour:** Auf dem Shaikh Mohammed bin Rashid Boulevard kann man mit einem besonderen Bus einen Tag lang für 10 Dh fahren, Ein- und Ausstieg nach Belieben an elf Stationen, Tickets in Kiosken um The Dubai Mall sowie im Besucherzentrum At the Top (s.o.).
- **Buggy on The Boulevard:** Rikschaservice für ein oder zwei Personen, Fahrpreis je nach Streckenlänge, wechselnde Standorte am Shaikh Mohammed bin Rashid Boulevard.
- **Dubai Trolley:** Wasserstoffbetriebene Doppeldecker-Straßenbahnen fahren gratis durch Downtown Dubai, derzeit auf 1 km Länge, zukünftig auf 7 km; oben sind sie offen, unten sitzt man klimatisiert; praktisch: Man kann nach Belieben ein- und aussteigen, es gibt keine festen Haltestellen. Das Trolley-Terminal liegt bei Old Town Island, die Bahnen fahren zwischen 16 und 23 Uhr.
- **Radverleih:** z.B. Nextbike, siehe „Radfahren".
- **Segway-Touren:** Downtown Dubai kann man mit einem Segway, einem elektronisch betriebenen, sich selbst balancierenden Einpersonenroller, besichtigen; Segway Glides Dubai bietet tägl. 10–22 Uhr geführte Touren (30 Min. kosten p.P. 160 Dh, Abfahrtszeiten je nach Wetter und Buchungslage, keine Touren in den Sommermonaten) und Segway-Vermietung an: Tel. 0 56/1 46 40 93, www.segway-glides.com; Start am Segway Glide Experience Center, Vida Downtown Dubai Hotel, Shaikh Mohammed bin Rashid Boulevard.
- **Events:** In Downtown Dubai finden viele wechselnde Events wie Konzerte, Modenschauen, Autoparaden, Feuerwerke etc. statt.
- **WiFi:** Kunden des Telefon- und Internetproviders du kommen am Shaikh Mohammed bin Rashid Boulevard kostenfrei ins Internet.
- **Infos Burj Khalifa, Events, Boulevard Bus Tour, The Dubain Fountain, Lake Ride etc.:** www.burjkhalifa.ae, Tel. 8 00/28 84 38 67
- **Infos Downtown Dubai:** www.mydowntowndubai.com, www.emaar.com
- **Anfahrt mit öffentlichen Verkehrsmitteln:** Metro Red Line Station Burj Khalifa/Dubai Mall

Dubai Moving Image Museum

Das Museum thematisiert die **Geschichte der bewegten Bilder** und filmischer Entertainmentformen. Von den ersten Höhlenmalereien, die Bewegungen darstellten, über Schattenspielformen, erste Lochkameras, Guckkästen, Kaleidoskope, 3D-Stereoskope bis zum Beginn des Kinozeitalters spannt sich der Bogen. Zahlreiche Ausstellungsstücke – alle in Privatbesitz – veranschaulichen den Wandel der Unterhaltungstechnik.

- **Infos:** www.dubaimovingimagemuseum.com, Tel. 4 21 66 79, geöffnet Sa bis Do 11–18 Uhr, Eintritt: 50 Dh

Anfahrt mit öffentlichen Verkehrsmitteln: Metro Red Line Station Dubai Internet City

Meydan City

Meydan heißt übersetzt **„Treffpunkt"**, und in diesem Sinne entsteht nahe dem Ende des Dubai Creek, zwischen Business Bay, Ras al Khor und den (ebenfalls in Bau befindlichen) Mohammed bin Rashid Gardens, ein weiterer Prestige-Stadtteil. Meydan City wird propagiert als Business-, Freizeit-, Lifestyle- und Pferdesport-Distrikt und soll sich auf einem sechs Millionen Quadratmeter großen **Areal aus vier unterschiedlich konzipierten Bezirken** zusammenfügen: Race Course, Horizons, Metropolis und Godolphin Parks.

Bereits fertiggestelltes Herzstück ist die **Meydan-Pferderennbahn,** deren 1,6 km lange Tribüne 60.000 Zuschauer fasst. Hier findet das weltweit höchstdotierte Pferderennen, der Dubai World Cup, statt. Es gibt Stallungen samt Trainings- und Aufzuchteinrichtungen, Godolphin-Galerie und Museum. Das am Westflügel der Tribüne angegliederte **5-Sterne-Hotel The Meydan** bietet direkten Ausblick auf die Rennbahn (www.themeydan.com). Eine Besonderheit ist das integrierte **IMAX-Kino,** das Dokumentarfilme rund um den Pferderennsport sowie aktuelle Blockbuster in kristallklarer Hyper-Auflösung zeigt. Zudem gibt es einen Meydan Museum and Gallery Complex.

Das zentrale Thema der Meydan City, der **Pferderennsport,** ist eine Herzensangelegenheit der Herrscherfamilie, deren Ideen die Basis für diese gigantische Anlage bilden. Dubai gilt als Mekka für Liebhaber edler und millionenteurer Vollblüter aus aller Welt. Um Einblicke in die Rennställe zu bekommen, kann man an einer Meydan Stable Tour teilnehmen (siehe Info-Kasten „Trinker der Lüfte").

Interessierte können das nahe der Pferderennbahn gelegene **Falcon Heritage and Sports Centre,** ein Falkenzentrum mit Museum, besuchen.

Das in Bau befindliche **Horizons-Areal** soll einen Mix aus eher niedriggeschossigen Bürohäusern, Geschäftsarkaden, Restaurants sowie familiengerechten Apartmentanlagen bieten, alles durchzogen von schiffbaren Kanälen.

Ein ähnliches Angebot ist für **Metropolis** geplant, jedoch in Form von Hochhäusern.

Der 4 km lange **Godolphin Canal** soll vom Creek zur Meydan City führen und Besuchern die Möglichkeit geben, per Jacht anzureisen oder sich von dieser Pferderennen anzusehen – angetaut werden kann in der stadtteileigenen Marina. Großflächige Uferbereiche sollen in Gestalt der **Meydan Godolphin Parks** begrünt werden. Markantes Markenzeichen der Parkanlagen soll der **Godolphin Gateway Tower** sein, der in seiner luftigen Mitte die Silhouette eines Pferdekopfes nachbildet.

Bereits eröffnet sind die Pferderennbahn, der Golfplatz (siehe „Sport und Aktivitäten") und ein Hotel. Der **Wire World Meydan Adventure Park** (siehe „Vergnügungsparks") soll Ende 2015 seine Pforten öffnen.

Infos: www.meydan.ae

Einkaufszentren und Malls

Wie wäre es mit einem Einkaufsmarathon? Kein Problem, denn Dubai ist ein **Konsumparadies** ohnegleichen. Das allgegenwärtige Motto lautet **„Do buy“** – **„Kaufen Sie!“**. Durch dieses Wortspiel ist ein passender Spitzname für die Stadt entstanden.

Die zahlreichen Einkaufszentren und Malls westlichen Stils repräsentieren viele Aspekte, auf die Dubai so stolz ist: internationale **Warenvielfalt** und **Kaufkraft,** gepflegte, **elegante Atmosphäre,** großzügige, **moderne Architektur** sowie Sauberkeit und Sicherheit. In diesen klimatisierten Wunderwelten findet ein Großteil des öffentlichen Lebens der Einheimischen statt, sie sind wichtige Begegnungsstätten. Kein Wunder also, dass Konsumtempel der Extraklasse wie Pilze aus dem Boden schießen.

Auch wenn Dubai nicht wirklich billig ist, so finden sich doch Schnäppchen. Von wenigen Ausnahmen abgesehen – z.B. bei Lebensmitteln, in Supermärkten und einigen wenigen Läden – kann man nach einem **Discount** fragen. Dies gilt insbesondere in den Souqs (siehe „Sehenswertes in Deira“, „Sehenswertes in Bur Dubai“), aber auch in exklusiven Boutiquen, Juwelierläden oder Elektrogeschäften.

In allen großen Einkaufszentren erlauben **Cafés, Spezialitätenrestaurants, Schnellimbisse und preiswerte Restaurants** Verschnaufpausen. Wer kulinarische Auswahl liebt, der wird von den sogenannten **Food Courts,** den „Speisebereichen“, begeistert sein. Hier kann man sich eine preiswerte Mahlzeit von verschiedenen **Snack-Bars mit Schnell-Gerichten** aus unterschiedlichen Ländern zusammenstellen und entweder mitnehmen (engl. *take away*) oder an den bereitgestellten Tischen verspeisen.

Meist finden sich in allen großen Einkaufszentren auch **Serviceeinrichtungen** wie Postschalter, Reinigungen, Apotheken, Schuster etc. Geldwechselbüros und Bankautomaten sichern den Geldnachschub. Und nahezu alle größeren Einkaufszentren besitzen **Kinderspielgelände oder Unterhaltungszentren,** zum Teil mit Aufsichtspersonal. Hauseigene **Parkplätze** stehen meist zur freien

Hypermarkt gesucht?

- **Carrefour:** z.B. Shindagha, Century Mall, Deira City Centre, Mall of the Emirates, City Centre Midrif; Tel. 3 93 93 95, www.carrefouruae.com
- **Choithram:** z.B. Al Karama, Bur Dubai, Jumeirah, Umm Suqeim, JBR Walk; Tel. 3 52 69 46, www.choithram.com
- **Géant:** Ibn Battuta Mall, Tel. 3 68 58 58, www.geant-uae.com
- **HyperPanda:** Dubai Festival City; Tel. 2 32 55 66, www.panda.com.sa
- **Lulu:** z.B. im Arabian Centre, Al Barsha, neben Mall of the Emirates; Deira, Muteena St.; Al Qusais, neben dem Stadion; Al Karama, im Souq; Tel. 2 98 88 50, www.luluhypermarket.com
- **Spinney's:** z.B. Umm Suqeim, Al Ghurair Centre, Al Qusais, Dubai Marina, Dubai Festival City, Mercato Mall, Mazaya Centre, Souq Al Bahar, BurJuman; Tel. 3 94 16 57, www.spinneys-uae.com

Verfügung. Die Großen dieser urbanen Wunderwelten verfügen gar über diverse **Freizeiteinrichtungen** wie Kinos, Theater, Eislaufbahnen – oder sogar eine Skihalle!

Die Geschäfte in den großen und beliebten Einkaufszentren sind sechs oder sieben Tage die Woche durchgehend **geöffnet** (meist Sa bis Mi 10–22 Uhr, Do, Fr und manche auch Sa bis 23 oder 24 Uhr, Fr meist erst ab 14–16 Uhr), hauseigene Gastronomiebetriebe, Supermärkte, Kinos und Kinderspielzentren haben mitunter andere Öffnungszeiten. In diesen klimatisierten Einkaufstempeln kann man gut der Mittagshitze entfliehen. In kleineren Einkaufszentren schließen die Geschäfte mittags um 13 oder 14 Uhr, nachmittags haben sie wieder ab 16.30 oder 17 Uhr bis abends zwischen 21 und 24 Uhr geöffnet, freitags sind manche vormittags und mittags geschlossen. Gegen Abend strömen zahlreiche Emirater zum Bummeln und Shoppen durch die Einkaufspassagen.

Typisch Dubai: Man kann in neuen, **auf Alt und Orientalisch getrimmten „Souqs"** shoppen gehen. In diesen schönen Scheinwelten ist nichts historisch gewachsen, und hier findet sich wenig für den alltäglichen Bedarf. Dafür kann man durch klimatisierte Gassen bummeln und aus der vollen Vielfalt kunterbunter Souvenirs aus allen Winkeln der orientalischen Welt schöpfen. Solche neumodischen Souvenirsouqs heißen Souq Madinat Jumeirah (in der Madinat-Jumeirah-Hotelstadt), Souq Al Bahar (zwischen The Dubai Mall und Burj Khalifa), Trade Routes (im Festival Centre), Arabian Souq (Mall of the Emirates), Arabian Treasures (Deira City Centre) sowie Khan Murjan (in der Wafi Mall). Die Preise können vergleichsweise hoch sein, trotz Handeln (preiswertere Souvenirbezirke sind die Souqs in Bur Dubai, Deira, Naif und Al Karama). Weitere neu designte Souqs in auf Alt getrimmter Kulisse sind der Al Fahidi Traditional Souq (im Souqgebiet von Bur Dubai) und der Naif Traditional Souq (im Souq von Deira).

Fast alle großen Einkaufszentren bieten **WLAN-Zugang,** entweder im gesamten Haus oder auch nur in Gastronomiebetrieben, mitunter gratis. Viele Einkaufszentren unterhalten einen kostenfreien **Shuttle-Busservice** und fahren Kunden zu zentralen Plätzen Dubais sowie in manche großen Hotels.

Neben den im Folgenden aufgelisteten größten und populärsten Einkaufszentren gibt es **im gesamten Stadtgebiet** weitere, kleinere. Außerdem verfügen diverse große Hotels über hauseigene Einkaufspassagen, meist finden sich dort exklusive Boutiquen. Und da das immer noch nicht reicht, entsteht gerade das weltweit größte Einkaufszentrum, die Mall of the World, und auch auf Palm Jumeirah wird eine Mall gebaut.

The Dubai Mall und Souq Al Bahar

In Downtown Dubai wurde inmitten des auf Alt getrimmten Neubaubezirks The Old Town und in direkter Nachbarschaft zum Burj Khalifa **eine der spektakulärsten Malls der Welt** eröffnet: **The Dubai Mall.** Rund 1200 Outlets erstrecken sich über vier Etagen. Auch die Warenhäuser Lafayette, Debenhams, Marks & Spencer sowie Bloomingdales finden sich hier.

Im detailverliebt und aufwendig dekorierten Gold Souq funkelt es aus über 220 Geschäften. Die Fashion Avenue bietet über 70 Geschäfte mit namhafter Designerware. The Grove versammelt Sportgeschäfte und Cafés unter einem – je nach Wetter – offenen Dach. The Village stellt eine mediterrane Einkaufsstraße nach, wegen der Spezialisierung auf Jeans auch „Denim District" genannt.

The Dubai Mall vereint **rund 200 Restaurants, Cafés, Eisdielen** und einen Food Court für alle Preisklassen und Geschmacksvorlieben (siehe „Orte mit vielfältigem Gastronomieangebot").

Doch die Dubai Mall ist auch eine Erlebniswelt: Am Haupteingang wurde ein ca. 25 m langes, 7,50 m hohes **Dinosaurier-Skelett** aufgebaut – die 155 Millionen Jahre alten Knochen wurden in Wyoming/USA gefunden und stammen von einem *Amphicoelias Brontodiplodocus*. Im **Dubai Aquarium** kann man Haien, Rochen und sonstigen bunten Fischen zusehen, wie sie ihre Runden drehen, der Blick von außen ist gratis. Durch dieses Riesenaquarium führt ein knapp 50 m langer Unterwassertunnel. Im angegliederten Unterwasserzoo des **Discovery Centre** tummeln sich Wassertiere sowie nachtaktive Tiere – die beliebtesten Bewohner sind „Queen Croc" und „King Croc", zwei australische Salzwasserkrokodile, die jeweils ca. 750 Kilo wiegen; Eintritt inkl. Aquarium 70 Dh (www.thedubaiaquarium.com).

Spaß nicht unter, sondern auf Wasser in seiner gefrorenen Form bietet die **Eislaufbahn,** auf der man Schlittschuh laufen kann (www.dubaiicerink.com). Man kann sich auch an einem **A380-Flugsimulator** versuchen (30 Min. für 350 Dh, (www.emiratesa380experience.com).

Sega Republic ist eine abwechslungsreiche Vergnügungshalle für Kinder, Jugendliche und Junggebliebene mit Speed-, Sport-, Adventure-, Cyberpop and Redemption Game Zone inklusive Riesen-Achterbahn. In **KidZania** können Kinder in einer Mini-Kinderstadt alle möglichen Erwachsenenberufe spielen. Der **Reel Cinema Complex** bietet Amusement in 22 Kinos.

Und da all dies nicht genug zu sein scheint, wird The Dubai Mall mit neuen Einkaufs- und Entertainment-Einrichtungen erweitert.

Wer in stilvoll-orientalischem Ambiente shoppen möchte, kann das Mall-Gebäude verlassen, über eine Brücke einen See überqueren und zum **Souq Al Bahar** bummeln. Auf zwei Etagen bieten ca. 100 Geschäfte Markenmode, Kunst, Handwerk, Antiquitäten und Souvenirs in orientalisch gestylten und säulenbestandenen Souq-Gassen. 22 Restaurants, Cafés und Lounges laden zum Shop-Stopp ein (siehe „Orte mit vielfältigem Gastronomieangebot").

Vor der Mall erstreckt sich ein künstlicher **See,** in dessen Mitte die Dubai Fountain für Staunen sorgt (siehe „Sehenswertes auf Dubais Inlandsseite"), daran angrenzend ist der Lake Park.

Von der Dubai Mall kann man hoch hinaus: Das Besucherzentrum **At the Top** bietet Zugang zur Aussichtsterrasse im 124. Stock des nebenan gelegenen Burj Khalifa (siehe „Sehenswertes auf Dubais Inlandsseite").

„Gold to go": Goldmünzen oder -barren kann man an zwei Automaten ziehen (At the Top und Galeries Lafayette).

> Modenschau in The Dubai Mall

Lage: Downtown Dubai, am Burj Khalifa, Shaikh Zayed Rd, am Interchange 1/Exit 51
Infos The Dubai Mall: Tel. 8 00/3 82 24 62 55, www.thedubaimall.com
Infos Souq Al Bahar: Tel. 3 62 70 11, www.soukalbahar.ae
Anfahrt mit öffentlichen Verkehrsmitteln: Metro Station Red Line Burj Khalifa/Dubai Mall

Mall of the Emirates und Ski Dubai

Gigantisch: Mit knapp 250.000 m² eine der größten Dubaier Malls, ein Lifestyle-Ziel erster Güte ganz im Zeichen konsumorientierter Freizeitgestaltung.

Rund 550 Einzelhandelsgeschäfte bieten alle erdenklichen Waren vom Gemälde zur Gabel, von der Armbanduhr zur Zahnpasta, von Haute Couture bis zum Jogginganzug. Internationale und nationale Markennamen finden sich in über 200 Modeboutiquen. Zudem gibt es über 90 **Restaurants, Imbisse und Cafés** (siehe „Orte mit vielfältigem Gastronomieangebot“). Ende 2015 sollen Erweiterungsarbeiten abgeschlossen sein.

Auch ein **Arabian Souq** genannter Bereich mit Antiquitäten, Handarbeiten, Andenken und Teppichen aus arabischen Ländern wurde gestaltet, ca. 50 Geschäfte finden sich hier.

Die Shoppingmeile wird gekrönt von **Glasdächern und Kuppeln,** darunter

dub14-045 dt

geben zahlreiche **Brücken und Balkone** reizvolle Blicke auf die verschiedenen Ebenen frei. Licht- und Raumeffekte sind raffiniert gestaltet und vermitteln eine moderne Eleganz.

Kurios, aber typisch für das Wüstenemirat: Der Mall angegliedert ist ein **Indoor-Skiresort.** Am Westende der Mall kann man dem eisigen Treiben durch eine Glaswand zusehen (siehe Info-Kasten „Der größte Kühlschrank der Welt"). Zum Gesamtkomplex gehören ferner das **Dubai Community Theatre and Arts Centre,** der **VOX-Kinokomplex,** das riesige **Unterhaltungszentrum Magic Planet,** ein Carrefour Hypermarket und Hotels.

- **Lage:** Shaikh Zayed Rd E11, am Interchange 4/ Exit 39
- **Infos:** www.malloftheemirates.com, Tel. 4 09 90 00
- **Anfahrt mit öffentlichen Verkehrsmitteln:** Metro Red Line Station Mall of the Emirates

Ibn Battuta Mall

In dieser Mall kann Shopping zur Nebensache werden, denn wer sie betritt, begibt sich auf eine farbenfrohe **Reise durch Raum und Zeit.** Die riesige Mall ist dem berühmten arabischen Weltreisenden *Ibn Battuta* gewidmet, der im 14. Jahrhundert über 30 Jahre lang die Welt bereiste. Die Mall besticht durch ihr orientalisches Dekor. Sie ist unterteilt in sechs Entdeckerwelten („Courts"), die alle landesspezifisch (Andalusien, Tunesien, Ägypten, Persien, Indien, China) ausgestaltet sind.

Beeindruckende **Ausstellungsstücke** vermitteln Informationen zu *Ibn Battuta* und seinen Reisen und geben ein Bild von den Errungenschaften vergangener Zeiten, etwa aus Seefahrt oder Astrologie. Erwähnt seien der Nachbau von *Ibn Battutas* Holzschiff (in Originalgröße, von Wasserspielen in Szene gesetzt, im China Court) oder die technisch ausgefeilte Elefantenuhr (im Persian Court).

275 Geschäfte verteilen sich auf sechs Zonen. Wer Hunger hat, ist im Restaurant- oder im Food Court gut aufgehoben (50 Restaurants), wer gerne draußen sitzt, kann dies in den Restaurants des Chinese Garden tun oder eines der 16 Restaurants des Tunesia Court wählen. Als Supermarkt ist Géant angegliedert. Für Unterhaltung nach dem Shoppen steht das hauseigene IMAX-Kino bereit. Da die Mall so beliebt ist, wird sie um 150 Shops erweitert.

Mit einem **In-Mall-Shuttle** können Fußlahme für 5 Dh die 1,3 km vom einen Ende zum anderen fahrend zurücklegen.

- **Lage:** Shaikh Zayed Rd E11 zwischen Interchange 5 und 6/Exit 27
- **Infos:** www.ibnbattutamall.com, Tel. 3 62 19 00
- **Anfahrt mit öffentlichen Verkehrsmitteln:** Metro Red Line Station Ibn Battuta

Deira City Centre

370 Geschäfte weist dieses Traditionshaus auf, viele davon Modeboutiquen. Dank ihrer zentralen Lage ist diese Mall eine der meistfrequentierten der Stadt. Der **Jewelery Court** bietet eine breite Auswahl an Gold- und Juwelenschmuck. Die **Bin Hendi Avenue** ist ein moderner zweigeschossiger Bereich, wo vornehmlich Geschäfte für Fashion und Accessoires, aber auch Restaurants und Cafés mit innovativen Ideen die Kunden anziehen. Wer die arabische Produktpalette schätzt, findet Gefallen an **Arabian Treasures,** einem eigenen Bereich mit kunstvollen Antiquitäten, handgeknüpften Teppichen und orientalischen Geschenkartikeln.

Im Ostflügel der 1. Etage findet sich das **Freizeitzentrum Magic Planet Indoor.** In dieser kunterbunten Einrichtung ist auch ein riesiger **Food Court** mit Fast Food untergebracht. Im City Centre laden 60 Restaurants zu vielfältigen kulinarischen Exkursionen ein. Dem Komplex angegliedert sind ein Carrefour-Supermarkt, Hotels, ein Kinozentrum sowie Apartments und Büros.

- **Lage:** Stadtteil Garhoud, Ecke Garhoud Rd und Baniyas Rd
- **Infos:** www.deiracitycentre.com, Tel. 2 95 44 86
- **Anfahrt mit öffentlichen Verkehrsmitteln:** Metro Red Line Station Deira City Centre

Festival Centre

Die creekeinwärts gelegene **Dubai Festival City** (siehe „Sehenswertes am Creek") bietet in ihrem Einkaufszentrum Festival Centre Warenvielfalt in rund **600 Geschäften und 100 Gastronomiebetrieben** (eine Erweiterung steht bevor). Die pittoreske Lage am Wasser zieht zahlreiche Besucher an.

Trade Routes, im Zentrum des Festival Centre, ist ein neo-orientalischer Markt. Hier kann man aus einem breiten Sortiment an Souvenirs, Handwerksarbeiten und Teppichen wählen. Doch auch wer nichts kaufen möchte, wird beein

⌄ Elefantenuhr in der Ibn Battuta Mall

dub10_015 na

druckt sein von der Vielfalt des Sortiments in den Einkaufsgassen und dem edel anmutenden Ambiente der zwischendrin liegenden kuppelgekrönten, marmorverkleideten Innenhöfe. Der **Gold Marketplace** ist ebenfalls wie ein Souq gestaltet, in rund 60 Geschäften funkeln goldene Geschmeide und Juwelenschmuck. Zum Einkaufszentrum gehört auch ein Kinokomplex. Bei Residenten beliebt sind die angrenzenden Großgeschäfte des **Power Centre,** so der Panda Hypermarket, das Plug-Ins für Unterhaltungselektronik, das Möbelhaus Ikea und der ACE Outdoorladen.

In der Festival City finden viele **Kulturevents und Konzerte** statt, auch der **Covent Garden Market** mit seinen Marktständen voller origineller Souvenirs, Handarbeiten, Bekleidungsstücken, Accessoires und Dekoraren (www.coventgardenmarket.ae, Tel. 3 25 51 23). Zum Relaxen und Plauschen nimmt man in einem der vielen **Cafés** oder **Restaurants** am Canal Walk Platz oder begibt sich in den nahe gelegenen Marina Restaurant Pavilion am Jachthafen (siehe „Orte mit vielfältigem Gastronomieangebot"). Hotels bieten Übernachtungsmöglichkeiten.

- **Lage:** Stadtteil Garhoud, Dubai Festival City
- **Infos:** www.festivalcentre.com, Tel. 8 00/3 32
- **Anfahrt mit öffentlichen Verkehrsmitteln:** Watertaxi Station Dubai Festival City

BurJuman Centre

Im BurJuman Centre in Bur Dubai ist die Dichte an **exklusiven Geschäften und Boutiquen** besonders hoch. Auf **drei Shopping-Etagen** buhlen über 300 schicke Shops mit einer Vielzahl von Luxusmarken um die Gunst der Kunden.

Ein besonderes Flair „versprühen" die **vielen Brunnen.** Für Hungrige anziehend: **40 Speisestätten!** Zwei Food Courts bieten schnelle, preiswerte Mahlzeiten und die Restaurants feine, raffinierte Kost. Im Pavilion Garden kann man klasse auf einer Gartendachterrasse schmausen. **Für Kinder** interessant: die Planet-Sega-Spielzonen Fun World, Fun City und das Toby Adventureland. Zudem mit dabei: ein Carrefour Hypermarket.

Touristen hilft der **Informationsschalter des DTCM** (siehe „Sonstiges"). Am BurJuman Centre starten Wonder Bus und The Big Bus ihre **Stadtrundfahrten** (siehe „Dubai-Sightseeing").

- **Lage:** Bur Dubai, Khalid ibn al Waleed Rd, Ecke Trade Centre Rd
- **Infos:** www.burjuman.com, Tel. 3 52 02 22
- **Anfahrt mit öffentlichen Verkehrsmitteln:** Red Line und Green Line Metro Station Burjuman

Al Ghurair Centre

Das **älteste Einkaufszentrum Dubais** bietet mit **über 350 Geschäften** eine große Auswahl. Die meisten Waren haben mittleres Preisniveau. Im Gegensatz zu den anderen Einkaufszentren ist Al Ghurair dafür bekannt, dass man hier gut handeln kann. Der Einkaufsbereich ist groß und verschachtelt.

Auch ein **Kinokomplex, Sparkey's Kids Club, Food Court, Restaurants** und **Hotels** sind vorhanden.

- **Lage:** Al Rigga, Umer ibn al Khattab Rd, Ecke Rigga Rd

■ **Infos:** www.alghuraircentre.com, Tel. 2 22 52 22
■ **Anfahrt mit öffentlichen Verkehrsmitteln:** Red Line und Green Line Metro Station Union

Lamcy Plaza

Weniger sehenswert, aber nützlich. Auf vier Etagen finden sich im Gegensatz zu anderen Einkaufszentren Dubais keine einzelnen Geschäfte, sondern **offene Abteilungen und Verkaufsstände** – so wirkt die Lamcy Plaza wie ein **großes Warenhaus.** Zur Lamcy Plaza gehören auch ein Supermarkt, ein Food Court, mehrere Kinos und ein Spielezentrum für Kinder.

■ **Lage:** Stadtteil Oud Metha, Al Qutaeyat Rd, nordwestlich der Garhoud Bridge über die Shaikh-Zayed-Schnellstraße nach Abu Dhabi (E11/ Exit 55) oder vom Creek Park aus zu erreichen
■ **Infos:** www.lamcyplaza.com, Tel. 3 35 99 99

Wafi Mall und Souq Khan Murjan

Unter den lichtdurchfluteten, in Pyramidenform gestalteten Glasdächern der **Wafi Mall** finden sich **über 300 Geschäfte und Boutiquen** mit vorwiegend exklusivem Warenangebot. Wafi ist ein Magnet für markenorientierte und modehungrige Shoppingfreaks und bietet eine große Auswahl mit altorientalischem Flair.

Khan Murjan ist ein interessanter Souq-Bereich im altorientalischen Dekor des späten 14. Jahrhunderts, in dem man Kunsthandwerk und Souvenirs aus allen Winkeln der arabischen und persischen Welt einkaufen kann. Sehr schön ist die detailgetreue arabische Architektur mit ihrer üppigen Dekorierung. Khan Murjan versteht sich auch als **kulturelles und historisches Zentrum** des traditionellen islamischen Kunsthandwerks. Authentizität wird groß geschrieben, bei der Architektur und auch beim Warensortiment. Von Andalusien bis Afghanistan reicht das Angebot der **Händler und Handwerker.** In dem zum Himmel offenen Innenhof findet sich das gemütliche **Restaurant Khan Murjan** (geöffnet 11–22 Uhr, abends Live-Musik, Tel. 3 27 97 95), das arabische Speisen verschiedenster Herkunft traditionell zubereitet, beispielsweise auf dem Holzkohlegrill.

Zur Mall gehören auch **30 Restaurants und Cafés,** viele mit raffiniertem Angebot (siehe „Orte mit vielfältigem Gastronomieangebot"). Auch Bars und Clubs mit Alkoholausschank bietet Wafi. Im **Food Court** kann man schnell und preiswert satt werden. Zur Mall gehört auch ein Coffee Court. Im 3. Stock zieht die **Encounter Zone,** ein ausgefeilter Hightech-Vergnügungspark, Kinder und Erwachsene in ihren Bann.

Angegliedert an die Mall ist **Pyramids,** ein im Pyramiden-Stil errichteter und mit Pharaonen-Dekor verzierter Restaurant- und Freizeitbereich samt **Cleopatra's Spa.** Auch ein Carrefour-Supermarkt gehört zur Wafi Mall.

Unterkunft bietet das **5-Sterne-Hotel Raffles Dubai,** das die Form einer Pyramide hat und neben 240 Zimmern auch 91 Shops sowie neun Bewirtungsstätten, eine Spa und einen botanischen Garten sein Eigen nennt. Die **Wafi Residence** birgt Luxusapartments.

■ **Lage:** Stadtteil Umm Hureir, nordwestlich der Garhoud-Brücke über die Shaikh-Zayed-Schnellstraße nach Abu Dhabi (E11/Exit 56) oder vom Creek Park aus zu erreichen
■ **Infos:** www.wafi.com, Tel. 3 24 45 55
■ **Anfahrt mit öffentlichen Verkehrsmitteln:** Metro Green Line Station Dubai Healthcare City

Jumeirah Emirates Towers Boulevard

Die beiden **Türme** der Jumeirah Emirates Towers stehen – anders als ihr Name suggeriert – nicht im Stadtteil Jumeirah, sondern in Satwa, am Beginn des Shaikh Zayed Highway E11. Der Büroturm misst 350 m, der kleinere Hotelturm 305 m.

Der chrom- und glasfunkelnde Jumeirah Emirates Towers Boulevard hat breite Flanierwege und einen großen überdachten Innenhof. Er beherbergt **50 Geschäfte,** es sind überwiegend vornehme Modeboutiquen, die stolze Preise verlangen. Trendy und schick präsentieren sich die Restaurants, Cafés, Lounges und Bars (siehe „Orte mit vielfältigem Gastronomieangebot").

■ **Lage:** Unübersehbar am Beginn des Shaikh Zayed Highway E11
■ **Infos:** www.boulevarddubai.com, www.jumeirah.com, Tel. 3 19 87 32
■ **Anfahrt mit öffentlichen Verkehrsmitteln:** Metro Red Line Station Emirates Towers

Twin Towers

Mit ihrer markanten Silhouette prägen die **18-stöckigen Zwillingstürme** die Skyline des Creek in Deira. Sie sind eine Art Fluchtpunkt für diejenigen, die im Trubel einen klimatisierten Rastplatz suchen. Die unteren Etagen beherbergen ein **dreigeschossiges Einkaufszentrum** mit zirka 50 Geschäften und Boutiquen, die überwiegend Markenware bieten. Auch ein **Food Court** sowie die **Gourmet Terraces** mit Lagunenblick und Gelegenheit zum Draußensitzen gehören dazu – das Preisniveau ist mittel (Tipps: Apple Café & Restaurant mit arabischen, iranischen und kontinentalen Gerichten und Büfetts, geöffnet: 12–22 Uhr, Tel. 2 27 77 41, www.applecaferestaurant.net; Danail Restaurant mit persischem Büfett, geöffnet: Sa bis Do 11–22 Uhr, Fr 14–22 Uhr, Tel. 2 27 76 69, www.danial-restaurant.com). Die restlichen Etagen bestehen aus Apartments und Büros.

■ **Lage:** Deira, am Creek, Baniyas Rd
■ **Infos:** Tel. 2 24 92 22
■ **Tipp:** Pause einlegen auf der Außenterrasse im 3. Stock mit schöner Aussicht über den Creek
■ **Anfahrt mit öffentlichen Verkehrsmitteln:** Red Line und Green Line Metro Station Union, Watertaxi und Waterbus Station Baniyas

DragonMart

„Made in China" – so lautet das Motto in diesem „Drachenmarkt". Auf knapp 2 km Länge werden im DragonMart und seiner Erweiterung DragonMart2 vornehmlich Waren aus China gehandelt. Von Baumaterial bis zur Baumwollsocke findet sich hier ein zwar qualitativ weniger gutes, aber dafür umso preiswerteres und riesiges Sortiment samt etlicher Kuriositäten. Sowohl Groß- als auch Einzelkunden können einkaufen. Auch Food Court, Entertainment-Zone, Kinos, 3-Sterne-Hotel sowie weitere Warenhäuser inklusive Hypermarket gehören zum DragonMart. Auch **Dienstleistungen** werden angeboten: So haben sich Tourismusunternehmen, Kurierdienste und internationale Handelsfirmen angesiedelt.

Der DragonMart gehört zur **International City,** einem Neu-Dubaier Stadtteil, der für 120.000 Einwohner konzipiert ist und in dem Nachbauten historischer Baudenkmäler aus verschiedenen Kulturen vereint werden sollen. Unter anderem soll Pekings Verbotene Stadt nachgebildet werden.

■ **Lage:** Der DragonMart ist Teil der International City, gelegen an der nach Hatta führenden E44 (nahe der Shaikh Mohammed Bin Zayed Rd E311)
■ **Infos:** www.dragonmart.ae, Tel. 4 33 62 00

Dubai Outlet Mall

Einkaufszentrum, in dem ausschließlich **Outlet-Markenware** verkauft wird: Bekleidung, Sportartikel, Spielzeug, Elektronik – rund 1200 Marken in 240 Geschäften. Auch **Comicave,** ein Superstore für Comics, findet sich hier, ferner Food Court sowie Restaurants und Cafés, Freizeiteinrichtungen, ein Kinderspielzentrum, Apartments, Büros, Ausstellungs- und Konferenzräume. Die Outlet Mall ist Teil der **Outlet City.**

■ **Lage:** an der Straße nach Al Ain bzw. Hatta (E66) an der Kreuzung mit der Emirates Rd E611
■ **Infos:** www.dubaioutletmall.com, Tel. 4 23 46 66

Gold and Diamond Park

Exklusiv edlen Geschmeiden verschrieben hat sich der Gold and Diamond Park. **90 renommierte Juweliergeschäfte** beherbergt der Komplex, daneben knapp 120 Schmuckherstellungsbetriebe. Hier kann man sich seine Lieblingsschmuckstücke nach Maß anfertigen oder alte Stücke umgestalten lassen und dabei zusehen. Ein Innenhof bietet Cafés und Restaurants.

■ **Lage:** Shaikh Zayed Road E11 am Interchange 4/ Exit 39
■ **Infos:** www.goldanddiamondpark.com, Tel. 3 62 77 77
■ **Anfahrt mit öffentlichen Verkehrsmitteln:** Metro Red Line Station First Gulf Bank

Al Karama Souq

Im vorwiegend von Indern bewohnten Stadtteil Al Karama gibt es eine **Vielzahl an preiswerten Geschäften** und kleinen Einkaufszentren, so im Al Karama Souq an der Rückseite der Zabeel Rd (größtenteils zwischen Street 16 und 20). Hier werden hauptsächlich Billigbekleidung, Schuhe sowie Ledertaschen und Koffer verkauft. Die zahlreichen Souvenirhändler bieten viel Kitsch feil. Überall gilt: Handeln ist ein Muss!

■ **Lage:** am einfachsten erreicht man dieses Souqgebiet über die Zabeel Rd oder die Khaleed Ibn al Waleed Rd
■ **Anfahrt mit öffentlichen Verkehrsmitteln:** Metro Red Line Station Al Karama

Satwa-Geschäftszentrum

In der Al Satwa Rd – sie verläuft parallel zur Jumeirah Rd im Stadtteil Satwa – finden sich vorwiegend Waren des täglichen Bedarfs. Doch das eigentliche Geschäftszentrum Al Satwas ist die **2nd of December Rd,** die ab der Jumeirah Rd zum Trade Centre führt. Hier finden sich Boutiquen, Antiquitätenläden, Cafés, Fast-Food-Restaurants und die kleineren Einkaufszentren **Dune Centre** (Tel. 3 45 50 42) und **Al Ghazal Mall** (Tel. 3 45 30 53). In der Querstraße **Al Mankhool Rd** liegt das **Al Hana Centre** (Tel. 3 98 17 77). Das Warenangebot ist für diesen Stadtteil typisch multikulturell arabisch, asiatisch und europäisch. Ähnlich vielfältig ist das Angebot an **Imbissen und Restaurants** der mittleren Preisklasse.

■ **Lage:** am einfachsten erreicht man Satwa ab dem Beginn der Jumeirah Rd oder der Shaikh Zayed Rd (Exit 53).
■ **Anfahrt mit öffentlichen Verkehrsmitteln:** Bus Station Satwa

Dubai Duty Free

Der rund um die Uhr geöffnete Duty-Free-Komplex des **Dubai International Airport** im Stadtteil Garhoud ist einer der größten und preiswertesten zollfreien Flughafenmärkte der Welt. Bereits bei über fünfzig Gelegenheiten ist der Duty Free von Dubai zum weltweit besten zollfreien Shop der Welt prämiert worden. Man kann nicht nur vor dem Abflug, sondern bereits bei der Ankunft und auch im Transit an allen Terminals shoppen, die Verkaufsfläche beträgt 33.000 m². Regelmäßig finden Verlosungen statt, bei denen man eine vergleichsweise hohe Chance hat, Gewinner eines Luxusautos oder Millionär zu werden – auch online kann man Lose erwerben.

■ **Infos:** www.dubaidutyfree.com, Tel. 2 16 24 53

Times Square Centre

Dieses übersichtliche Einkaufszentrum hat **50 Geschäfte,** die Alltagswaren auf mittlerem Preisniveau verkaufen, zudem einen Food Court und Cafés. Im wahrsten Sinne des Wortes „cool" ist die **Chill Out Lounge,** in der man Drinks bei -6 Grad aus Eisgläsern genießen kann, während man noch überlegt, im Eisstuhl Platz zu nehmen. Zweimal im Monat wird der **Arte Souq** für einheimische Kunst und Kunsthandwerk veranstaltet (freitags 12–19 Uhr, www.arte.ae).

■ **Lage:** Al Quoz, Shaikh Zayed Rd E11 Exit 43/Interchange 3
■ **Infos:** www.timessquarecenter.ae, Tel. 3 41 80 20

City Centre Midrif

Familienorientiertes Einkaufszentrum mit 430 Geschäften, 80 Gastrobetrieben, Carrefour Hypermarket und vielfältigen Freizeitmöglichkeiten für alle Altersklassen (Magic Planet Little Explorers, Aqua Play, Sky Trail, Ifly, Yalla Bowling).

■ **Lage:** Midrif, Shaikh Mohammed bin Zayed Rd (E311) Ecke Tripoli St.
■ **Infos:** www.citycentremirdif.com, Tel. 8 00/64 22

Arabian Centre

Einkaufszentrum mit rund **200 Geschäften,** Food Court und Restaurants sowie Unterhaltungsangeboten wie Kinozentrum, Bowlingbahnen und Spielgelegenheiten für Kinder, außerdem Lulu Hypermarket.

- **Lage:** Al Mizhar, Al Khawaneej Rd zwischen Dubai International Airport und Mushrif Park
- **Infos:** www.arabiancenter.com, Tel. 2 84 55 55

Bay Avenue Mall

64 Einzelgeschäfte, Cafés und Restaurants im Geschäfts- und Wohnviertel Business Bay zwischen Shaikh Zayed Rd und Downtown Dubai. Etliche Gastronomiebetriebe mit Außentischen finden sich an der Promenade des angrenzenden Bay Avenue Park.

- **Anfahrt mit öffentlichen Verkehrsmitteln:** Red Line Metro Station Business Bay
- **Infos:** www.dubaipropertiesgroup.ae, Tel. 3 91 11 14

Einkaufszentren in Jumeirah

Entlang der Jumeirah Rd im Strandstadtteil Jumeirah liegen **mehrere** kleinere oder mittelgroße **Einkaufszentren** nebeneinander. Sowohl Luxusartikel als auch Waren des täglichen Bedarfs werden verkauft, diverse Cafés und Restaurants laden zu Speis' und Trank ein.

Das gegenüber der Jumeirah-Moschee gelegene arkadengesäumte **Palm Strip Centre** (Tel. 3 46 14 62) besteht aus Geschäften mit Modebekleidung, Wohnaccessoirs und Haushaltswaren.

Kurz hinter der Jumeirah-Moschee folgen weitere, quasi nebeneinander liegende Einkaufszentren: das **Magrudy Centre** (Tel. 3 44 41 92), das **Jumeirah Centre** (Tel. 3 49 97 02), die pinkfarbene **Jumeirah Plaza** (Tel. 3 49 71 11) sowie schräg gegenüber das bei westlichen Residenten beliebte **The Village** (Tel. 3 49 44 44).

Etwas weiter stadtauswärts, auch an der Jumeirah Rd., liegt landeinwärts das **Beach Centre** (Tel. 3 44 70 77).

Und noch etwas weiter südwestlich präsentiert sich die **Mercato Mall** mit 140 Geschäften. Bonbonfarben und im mediterranen Renaissance-Stil (Tel. 3 44 41 61, www.mercatoshoppingmall.com).

Nahebei folgt das **Town Centre** (Tel. 3 44 01 11, www.towncentrejumeirah.com); einen Besuch wert ist das Restaurant Al Fanar: Hübsch und liebevoll eingerichtet, fühlt man sich in alte Beduinenzeiten zurückversetzt, und es ist einer der wenigen Orte, wo emiratische Kost angeboten wird.

Wieder etwas weiter – gegenüber dem Jumeirah Beach Park – folgt die **Beach Park Plaza** (Tel. 3 42 80 60, www.beachparkplaza.com), und weiter stadtauswärts bietet die **Sunset Mall** vornehmlich Mode-Markenware, das zweigeschossige gläserne Gebäude steht an der Seeseite der Jumeirah Rd (Tel. 3 30 73 33, www.sunsetmall.ae). **Saga World** ist eine Mall speziell für edle arabische Antiquitäten, Kunsthandwerk, Bekleidung, Wohnaccessoirs und Teppiche (Tel. 3 95 90 71, www.sagaworldonline.com).

Am Ende der Jumeirah Rd, am Übergang zur Al Sufouh Rd, ist der **Souq Ma-**

dinat Jumeirah im Hotelresort Madinat Jumeirah das größte und touristisch interessanteste Einkaufsareal Jumeirahs (s.u. und auch „Sehenswertes auf Dubais Seeseite").

Nicht an der Jumeirah Rd, sondern an der landeinwärts gelegenen Al Safa Rd im Stadtteil Al Safa liegt **Citywalk,** eine Einkaufspassage, in der sich Geschäfte und Gastronomiebetriebe um Fußgängerpromenaden und eine große Brunnenanlage gruppieren (www.citywalk.ae, Tel. 5 11 46 70, Al Safa Rd Ecke Al Wasl Rd). Direkt nebenan entlang der Al Wasl Rd liegt das kleinere Einkaufszentrum **Wasl Vita** (www.wasl.ae, Tel. 8 00/92 75). Etwas weiter stadtauswärts, ebenfalls in der Al Wasl Rd, findet sich **The Galleria Mall** (www.facebook.com/The-GalleriaAE, Tel. 8 00/22 55 44). Architektonisch anders ist **Boxpark:** Auf einer Länge von 1,2 km reihen sich entlang der Al Wasl Rd 220 Schiffs- und Industrie-Designcontainer aneinander bzw. stapeln sich übereinander und beherbergen 44 Geschäfte und vielerlei Gastronomiebetriebe (www.boxpark.ae, Tel. 8 00/ 63 72 27).

⌃ Klein, aber fein – die Mercato Mall in Jumeirah

Souq Madinat Jumeirah

Dieser sehr sehenswerte Souq ist Teil des riesigen, von Wasserkanälen und Grünanlagen durchzogenen **Hotelresorts Madinat Jumeirah.** Es ist in Anlehnung an traditionelle arabische Souqviertel gestaltet und bietet **klimatisierte Gassen mit 95 Geschäften,** die zumeist Souvenirs, Antiquitäten, Handwerksartikel,

Kleidung, Accessoires, Schmuck, Wohnungsdekoration und Feinkost im Sortiment haben. Die Preise sind höher als im „echten" Souq, aber das herrliche Ambiente ist diesen Aufpreis wert. Im Souq sind alle – also auch Nicht-Hotelgäste – willkommen.

Nähere Informationen siehe „Sehenswertes auf Dubais Seeseite", „Orte mit vielfältigem Gastronomieangebot" und Info-Kasten „Madinat Jumeirah".

■ **Lage:** im Hotelresort Madinat Jumeirah am südlichen Strand von Umm Suqeim
■ **Infos:** www.jumeirah.com, Tel. 3 66 88 88
■ **Anfahrt mit öffentlichen Verkehrsmitteln:** Watertaxi Station Jumeirah Beach Hotel

Shopping-Stadtteil Dubai Marina

Im Hochhaus-Apartment-Stadtteil Dubai Marina werden **Lifestyle und Leisure-Shopping** groß geschrieben, entsprechende Einkaufsgelegenheiten gibt es hier.

In der **Marina Mall** mit ihren rund 130 Geschäften und Restaurants (siehe „Orte mit vielfältigem Gastronomieangebot") stellen Modeboutiquen das Gros des Angebots. Etwas Besonderes ist die kreisrunde und geräumige Bauweise mit pittoresken Wasseraussichten (Tel. 4 36 10 20, www.dubaimarinamall.com).

The Beach ist eine zwischen den Hotels Hilton und Sheraton gelegene, großflächige Einkaufsplaza mit 70 Geschäften und Gastronomieeinrichtungen. Als Besonderheit sind zwischen einzelnen Einkaufsgebäuden Außen-Freizeitareale wie Freiluftkino, Wasserspielplatz, Joggingweg sowie Grünflächen und ein Strandclub integriert (Tel. 4 31 01 90, www.thebeach.ae).

An den beiden Vorzeige-Promenaden des Stadtteils, dem **Marina Walk** (im Osten des Marinakanals) und dem Strandboulevard **JBR Walk** (an der Uferpromenade gegenüber den Strandhotels und dem öffentlichen Strand), kann man vortrefflich shoppen und bummeln, denn hier wechseln sich Geschäfte, vor allem Modeboutiquen und Sportartikelläden, sowie Cafés, Restaurants und Imbisse ab.

In den kühleren Wintermonaten lädt der **Marina Market** zum Shoppen ein: An der Kanalpromenade hinter der Marina Mall bieten rund 50 Marktstände eher hochpreisige Modekleidung, originelle Souvenirs, Schmuck, Geschenke, Spielzeug und Handarbeiten an (Nov. bis April, Mi bis Sa 10–22 Uhr, www.marinamarket. ae).

■ **Lage:** Dubai Marina, zwischen Palm Jumeirah und Jebel Ali, Interchange 5/Exit 29 ab Shaikh Zayed Rd E11
■ **Anfahrt mit öffentlichen Verkehrsmitteln:** Red Line Metrostationen DAMAC Properties und Jumeirah Lakes Towers; Dubai Tram Stationen Marina Towers, Dubai Marina, Dubai Marina Mall, Jumeirah Lakes Towers, Jumeirah Beach Resicence 1 und Jumeirah Beach Resicence 2; Watertaxi Stationen Dubai Marina und Dubai Marina Mall; Dubai Ferry Station Marina Mall

Souvenirs

Es gibt unzählige Artikel, die man als Andenken mit nach Hause nehmen kann. Leider sind die wenigsten original emiratisch, meist handelt es sich um **Importwaren.** Auch nahezu alle traditionellen Gegenstände, die heute kaum noch benutzt werden, sind importiert. Zumeist wurden sie in Oman, im Jemen, im Iran oder in Indien gefertigt. Um den Goldsouq in Deira herum finden sich diverse Läden, die solch traditionelle Gegenstände als **preisgünstige Souvenirs** verkaufen. Zudem gibt es in allen großen Einkaufszentren und in manchen Hotels Souvenirgeschäfte oder auch **Antiquitätenläden;** letztere führen ein exklusives Warenangebot.

Ein **großes Angebot** an Souvenirs in neumodisch-orientalischer Marktatmosphäre haben der Souq Madinat Jumeirah, der nachgebaute Souq im Hotelresort Madinat Jumeirah, Khan Murjan in der Wafi Mall, der Souq al Bahar bei The Dubai Mall sowie der Souq Arabian Treasures des Deira City Centre. Die allerletzte Gelegenheit zum Shoppen bieten die Dubai-Duty-Free-Läden an Dubais Flughäfen.

Vorsicht: In so manchen Souqgebieten, aber auch in Einkaufszentren und Supermärkten sind **Imitate** bekannter Markenartikel in Umlauf (engl. *fake, copy*), was Händler mitunter auch offen zugeben. Vielerlei wird gefälscht – nicht

dub15_009 kk

nur Markenkleidung und Modeaccessoires, sondern auch Zigaretten, DVDs, Elektronik, Software, Parfums, Make-up etc. Nicht nur, dass diese Kopien zumeist eine deutlich schlechere Qualität aufweisen als ihre echten Vorbilder, auch ist die Einfuhr in die Länder der EU verboten – solche Imitate können beschlagnahmt werden.

- **Krummdolche:** Viele verschiedene Versionen, Schaft teilweise aufwendig mit Silberschmiedearbeit verziert; dazu gehört auch ein mit Silberfäden handbestickter Gürtel, womit der Dolch traditionell um die Hüfte getragen wird.
- **Weihrauchverbrenner:** Aus Ton oder Silber.
- **Weihrauch:** Je heller, desto besser die Qualität, da der Weihrauch dann umso weniger verunreinigt ist; zu kaufen abgepackt in den Supermärkten oder lose im Gewürzsouq; das Harz wird in tönernen oder silbernen Brenngefäßen auf glühender Kohle verbrannt.
- **Kaffeekannen:** Mit dem markanten Schnabelausguss.
- **Kleine Dolche oder Messer:** Schaft mit Silber verziert.
- **Alte Vorderlader-Gewehre:** Aus den Zeiten alter Beduinentradition.
- **Traditioneller Silberschmuck:** Halsketten, Armreifen, Finger-, Ohr- und Zehringe, Gürtel, Haarschmuck, Fußreifen etc.
- **Silberdosen und Kajal-Behälter:** In verschiedenen Größen und Formen.

☐ Weihrauchbrenner und Räuchermischungen sind beliebte Souvenirs

- **Handgeknüpfte Teppiche:** Importware aus dem Iran, Afghanistan und Pakistan, am preiswertesten sind Wollteppiche aus Afghanistan und Baluchistan, am teuersten persische Seidenteppiche, große Auswahl im Deira Tower (siehe „Einkaufszentren und Malls").
- **Antike Holztruhen:** Wie sie früher von den Beduinen benutzt wurden.
- **Kunstgegenstände aus Messing:** Tabletts, Wandteller, Kaffeekannen.
- **Holzschränkchen, Kisten und Figuren:** Vielfältiges Angebot, zumeist indische Massenware, trotzdem oft originell.
- **Parfüm, individuell gemischte Duftöle und Räuchermischungen:** In unzähligen Parfümerien und Kosmetikläden in den Souqs oder Einkaufszentren und Malls sind knapp 100 Duftnuancen erhältlich, 100 ml ab 5 Dh; zum Verbrennen gedachte traditionelle Duftmischungen beinhalten Mischungen aus Sandelholz, Weihrauch, Myrrhe, Moschus, Rosenblättern, Ölen und Blüten und werden in tönernen Weihrauchbrennern auf glühender Kohle verbrannt.
- **Wasserpfeifen:** Auch für Nichtraucher einen Versuch wert, denn der aromatische Rauch wird wassergekühlt und dadurch deutlich milder.
- **Wasserpfeifentabak:** Den klebrigen Tabak gibt es entweder „pur" oder auch aromatisiert mit Erdbeer-, Aprikose-, Kirsch-, Bananengeschmack im Souq und in Supermärkten.
- **Orientalische Gewürze:** Sich einfach durch die Vielfalt in den Gewürzsouqs schnuppern oder abgepackt im Supermarkt.
- **Datteln:** In den Souqs und Lebensmittelläden in vielen Qualitäts- und Preisstufen.
- Ein Souvenir besonderer Art bietet sich für Frauen an. Sie können in einem **Hennastudio** ihre Hände oder Füße mit Mustern aus diesem hautverträglichen Naturfarbstoff bemalen lassen. Einfache Muster kosten pro Handseite ab 40 Dh und halten etwa drei Wochen. Auch in den Wüstencamps mancher lokalen Tourveranstalter bieten Hennakünstlerinnen ihre Dienste (gratis) an.

- **Libanesische Süßspeisen:** Aus Blätterteig und mit viel Honig, Nüssen und Datteln, in Supermärkten und Konditoreien erhältlich.
- **Gold- und Juwelenschmuck:** Große und preiswerte Auswahl im Goldsouq und im Duty-Free-Bereich am Dubai International Airport, exklusive Stücke in den Juwelierläden großer Hotels oder in Einkaufszentren.
- **Designerbekleidung, Haute-Couture, Markenledertaschen und exklusive Schuhe:** In Boutiqen, Einkaufszentren, Malls und im Duty Free.
- **Stoffe:** In den Souqs von Deira und Bur Dubai sind alle Qualitätsstufen zu finden, vorwiegend vom indischen Subkontinent; auch in den Einkaufszentren sind Stoffläden vorhanden.
- **Traditionelle Kleidung:** Viele Frauen finden Gefallen an den farbenfrohen Kleidern, die mit aufwendigen Stickereien und Applikationen versehen sind. Arabische wie auch indische Modelle finden sich in vielen Varianten in den Souq-Arealen von Deira und Bur Dubai.
- **Maßgeschneiderte Anzüge oder sonstige Kleidungsstücke:** Schneiderstuben gibt es überall, am einfachsten passendes Musterstück mitnehmen.
- **Armbanduhren:** Von der Billiguhr bis hin zum exklusiven Schweizer oder italienischen Markenprodukt für mehrere tausend Euro.
- **Elektroartikel und Fotozubehör:** Große Auswahl im Bur Dubai Souq; nicht vergessen: nach weltweiter Garantiekarte und Ersatzteilservice fragen und prüfen, ob Stromspannung und Stecker, mit denen das Gerät betrieben wird, der heimischen Norm entsprechen!
- **Bildbände:** Erhältlich in großen Buchläden mit englischsprachiger Literatur.
- **Sandfläschchen:** Kleine oder größere Flaschen gefüllt mit buntem Sand, in dem Bilder „gemalt" sind; beliebt: sieben Sandsorten aus den sieben Emiraten.
- **Souvenirkitsch:** Burj Al Arab in Schneekugeln, „I love Dubai" auf T-Shirts, eine Palmeninsel im Aschenbecher, güldene Tierfiguren, hölzerne Schatullen, mit Strass besetzte Döschen, mit Blechmünzen klimpernde Bauchtanzgürtel, ornamentbestickte Kissenhüllen und vieles mehr gibt es in den Souvenirgeschäften in den Souqs von Deira, Bur Dubai und Al Karama.
- **Kamelkitsch:** Ein beliebtes Souvenirmotiv sind Kamele: auf Postkarten, als Schlüsselanhänger, auf Käppis, als Kühlschrankmagnet, auf Glasuntersetzern, auf Feuerzeugen, auf Einkaufstaschen, auf Kaffeebechern, auf T-Shirts, Kamele zum Kuscheln, Kamele als Holzfigur, aus Speckstein und als Briefbeschwerer.
- **Kamelmilchprodukte:** Kamelmilchscholokade, z.B. vom Hersteller Al Nassma, gibt es in gut sortierten Confiserien oder auch im fabrikeigenen Farmshop (www.al-nassma.com); Kamelmilchseife, z.B. von The Camel Soap Factory, findet sich in Souvenirläden, z.B. in der Al Jaber Gallery in The Dubai Mall oder im Fabrikshop (www.camelsoapfactory.com); Kamelmilch wird in Supermärkten verkauft.
- **Artikel im zollfreien Einkauf:** In den Duty Free Shops der Flughäfen; angeboten werden Alkohol, Gold- und Juwelenschmuck, Tabakwaren, Elektronikartikel, Videos, Audio-Kassetten und CDs, Parfüm, Kosmetika, Bekleidung und Stoffe, Lederwaren und Schuhe, Spielzeug, Sport- und Fotobedarf, Bücher, Armbanduhren, Sonnenbrillen, Bücher, Kristallwaren, Souvenirs und Lebensmittel. Zollfreies Schnäppchen-Shoppen lohnt sich insbesondere im riesigen Duty-Free-Areal des Dubai International Airport.

▷ Traditionelle Kleidung an Schaufensterpuppen

dub14-020 kk

Parks

Creek Park

Der Park **am Creek gegenüber vom Dubai Creek Golf Course** dehnt sich auf über 2½ km Länge zwischen der Floating- und der Garhoud Bridge aus. Es gibt diverse botanische Gartenflächen, einen Palmenhain mit falaj-Wasserkanal, ausgedehnte Rasenflächen, ein weitläufiges Wegenetz (bei Joggern sehr beliebt), eine 18-Loch-Minigolfanlage, Kinderspielplätze, Imbissbuden, Grillplätze, Fahrrad- und Pedalbuggyverleih, eine Drahtseilbahn (2½ km lang, ohne Air Condition, daher besser am Abend benutzen; Startpunkt am Gate ½, 25 Dh), Bimmelbahnen, mehrere Kioske und Restaurants. Fahrräder, Trikes und Vierräder können an Gate 1 und 4 ausgeliehen werden (je nach Anbieter 20–30 Dh pro Stunde plus Kaution).

Dem Park am Gate 1 angegliedert ist das **Dubai Dolphinarium,** das Delfin- und Seehundshows bietet (Tel. 3 36 97 73, www.dubaidolphinarium.ae).

Ebenfalls dort ist die **Children City,** ein multimediales und interaktives Museum für Kinder, Schulgruppen und Familien, liegt im Creek Park hinter Gate 1. Auf drei Etagen können Kinder zwischen 5 und 15 Jahren (sowie Erwachsene mit Spaß am Spiel) die Welt, in der wir leben, spielerisch entdecken und erforschen. Aktiv können naturwissenschaftliche Phänomene ergründet werden – die Natur, der Weltraum, physikalische Phänomene, der menschliche Körper sowie die emiratische und andere Kulturen und Lebensformen sind die zentralen Themen. Auch eine Spieleecke für Kleinkinder, ein Planetarium mit dreidimensionalen Projektionen und eine kleine Theaterbühne gehören zur kunterbunten Dubaier Kinderstadt.

Richtung Garhoud Bridge sind eine **Paintball-Arena** (Pursuit Games Paintball, www.paintballdubai.com, Tel. 3 24 47 55), der **WonderLand-Vergnügungspark** (siehe „Vergnügungsparks") und das **Al Boom Tourist Village** (siehe „Sehenswertes in Bur Dubai") an den Park angegliedert.

- **Creek Park:** geöffnet 8–22 Uhr, Eintritt: 5 Dh, Tel. 3 36 76 33
- **Children City:** geöffnet Sa bis Do 9–20 Uhr, Fr 15–21 Uhr, Eintritt: Kinder 10 Dh, Erwachsene 15 Dh, Familien (2 Erwachsene, 2 Kinder) 40 Dh, jeweils plus Parkeintritt, www.childrencity.dm.gov.ae, Tel. 3 34 08 08
- **Anfahrt mit öffentlichen Verkehrsmitteln:** Watertaxi-Stationen Creek Park A und Creek Park B

Zabeel Park

Zentral zwischen dem Stadtteil Al Karama und den Straßen Zabeel Rd und Shaikh Rashid Rd gelegen, bietet dieser riesige **Erholungs- und Themenpark** über 220.000 m² **Grasfläche plus See und Wasserfall.** In diesem idealen Familienpark ist für alle Altersklassen etwas geboten. Insbesondere am Wochenende sind Rasenflächen, Spielplätze und Grillplätze von picknickenden Familien bevölkert. Der Park ist in drei Grundstücke unterteilt, Fußgängerbrücken und eine Bimmelbahn überwinden die kreuzenden Straßen.

Der Zabeel Park versteht sich als **Technologiepark** und gliedert sich in

dub14-046 dt

drei Zonen, in denen mit futuristisch-interaktiven Ausstellungen oder Shows die Themen Technologie, alternative Energien und Kommunikationstechnologie präsentiert werden. Der Park bietet WLAN.

Im Park (nahe Gate 2) erhebt sich **Dubai Frame,** ein 150 m hoher und 93 m breiter, begehbarer Bilderrahmen. Als beliebtes Fotomotiv rahmt er Ansichten auf alte und neue Stadtteile ein. Man kann mit einem gläsernen Aufzug an der Seite hochfahren und eine oben gelegene Aussichtsgallerie mit Glasfußboden und Café besuchen. Am Sockel veranschaulicht eine Multimedia-Ausstellung die Transformation Dubais vom lokalen Handels- und Fischerort zur global agierenden Metropole.

Weitere Highlights im Zabeel Park sind das 3D-Kino und Unterhaltungszentrum (im **Saturn Dome**) und die Eislaufbahn (im **Lunar Dome**). Außerdem gibt es Cafés (z.B. im **Mars Dome**), Restaurants (z.B. am Seeufer), Erfrischungs- und Snackbuden, ein Amphitheater, Fußball-, Tennis-, Basketball- und Mini-Cricketplätze, einen Minigolfplatz sowie Skateboard- und BMX-Anlagen. Denkmäler, die an Dubais Partnerstädte wie Genf, Istanbul und Frankfurt erinnern, zieren den Park.

Ein 4,3 km langer, sowohl harter als auch mit Gummimatten ausgelegter **Joggingkurs** führt um den Park. Wer möchte, kann sich mehrsitzige Spaßräder ausleihen. Der See lässt sich mit Booten erkunden.

Im Winter werden zwei Märkte abgehalten: Jeden Freitagvormittag bietet der **Ripe Market** Bio-Obst und -Gemüse sowie Handwerks- und Kunstprodukte

Im Zabeel Park

(Gate 1, Tel. 3 80 76 02, www.ripeme.com). Am ersten Samstag im Monat findet ein **Flohmarkt** statt (Gates 1, 2, 3, www.dubai-fleamarket.com, Tel. 0 55/ 3 05 73 89).

Infos: geöffnet 8–22 Uhr, Eintritt: 5 Dh, Tel. 3 98 68 88

Anfahrt mit öffentlichen Verkehrsmitteln: Metro Red Line Station Al Jafiliya

Umm Suqeim Park

Kleiner **Frauen- und Familienpark** mit großen Spielplätzen und Coffee Shop im Stadtteil Umm Suqeim, direkt neben dem Jumeirah Beach Hotel gelegen.

Infos: geöffnet 8–23 Uhr, So bis Mi nur für Frauen und Kinder, Do bis Sa nur für Frauen, Kinder, Familien, Eintritt: frei, Tel. 3 48 45 54

Anfahrt mit öffentlichen Verkehrsmitteln: Watertaxi Station Jumeirah Beach Hotel

Miracle Garden und Butterfly Garden

In **Miracle Garden,** einem über sechs Hektar großen Blumengarten, sind über 45 Millionen Blumen angepflanzt, teilweise in aufwendigen Arrangements wie Blütenteppichen, -bögen und -skulpturen. Aber auch Obst und Gemüse werden kultiviert – und dürfen von den Besuchern gepflückt und gegessen werden, zudem kann man im Aromagarten verweilen.

Angegliedert an den Miracle Garden ist der **Butterfly Garden.** Unter neun Glaskuppeln birgt dieser Schmetterlingsgarten rund 35.000 Schmetterlinge sowie ein Insektenmuseum. In der Mitte des Gartens breitet sich ein riesiges Blumenbeet in Schmetterlingsform aus.

Miracle Garden: geöffnet 10–22 Uhr, Eintritt: 30 Dh

Butterfly Garden: geöffnet 9–17.30 Uhr, Eintritt: 50 Dh

Anfahrt: E311 an der Kreuzung mit der Umm Suqeim Rd schräg gegenüber der Dubai Motor City

Infos: www.the-miracle-garden.com, www.dubaibutterflygarden.com

Holy Quran Park

Der 64 Hektar große, im Stadtteil Al Khawaneej gelegene Park soll Ende 2015 eröffnen. Er widmet sich speziell **Pflanzen, die im Koran,** dem heiligen Buch der Muslime, **Erwähnung finden.** 54 Pflanzen nennt der Koran, davon sind drei metaphorischer Natur, etwa ein Gewächs, das aus dem Höllenboden sprießt. Die 51 „realen" Pflanzen sind im Park angepflanzt, darunter Granatapfel, Feige, Olive, Tamarinde, Banane und Gemüsepflanzen wie Lauch, Zwiebel, Knoblauch und Kürbis. Hinweisschilder liefern Informationen. Auch ein Dattelpalmenhain, ein Wüstengarten und ein andalusischer Garten sind angelegt. Etliche Brunnen versprühen kühles Nass, ein See bereichert die Kulisse. Kinderspielplätze, Jogging- und Radwege sowie ein Amphitheater ergänzen die Szenerie.

Mushrif Park

Dieser große Park ist selbst an Wochenenden nicht allzu voll, denn er liegt **au-**

ßerhalb der Stadt an der Airport Rd in Richtung Al Awir. Er ist ideal für einen Familienausflug, denn unter den Ghaf-Bäumen verteilen sich viele schöne und **schattige Picknick- und Grillplätze.** Kinder freuen sich über mehrere Kinderspielplätze, Spiel- und Vergnügungszonen, eine Bimmelbahn (2 Dh) sowie die Möglichkeit zum Pony- und Kamelreiten. Erwachsene können sich im Restaurant oder einem der verschiedenen Gärten entspannen. An heißen Tagen kann man sich herrlich in einem der beiden nach Geschlechtern getrennten Swimmingpools erfrischen (10 Dh). Berühmt ist der Park wegen seiner **„World Villages"**, Miniatur-Nachbauten von Häusern aus der ganzen Welt. Auch ein Beduinenzeltlager ist dabei.

- **Infos:** geöffnet 8–22 Uhr, Eintritt: 5 Dh, der Park kann auch mit dem Auto befahren werden (10 Dh pro Wagen), Tel. 2 88 36 24

Strandparks und Strände

Al Mamzar Beach Park

Diese Parkanlage besticht durch einen **Strand,** der sich **beidseits des Parks** an der Mamzar-Lagune und am Golf erstreckt. Hält man sich nach dem Eingangstor links, erreicht man das Golfufer, nach rechts das Ufer der Lagune, die sich an der Grenze zwischen Dubai und Sharjah ins Landesinnere zieht. Der Strand ist in mehrere schöne Sandbuchten unterteilt, zwischen denen Wellenbrecher für ruhiges Wasser sorgen – also **ideal für Kinder,** zumal auch Rettungsschwimmer Wache halten. Noch kann man sich am freien Meerblick erfreuen, was sich jedoch ändern könnte, wenn die Bauarbeiten an Deira Islands fortschreiten. Zudem gibt es Grillplätze, Dusch- und Umkleidekabinen sowie Kioske, Café, Fast-Food-Restaurant und Swimmingpool. Im Amphitheater können kulturelle Veranstaltungen stattfinden. Besucher können sich ein Chalet mieten (mit Klimaanlage 150–200 Dh).

- **Lage:** Al Mamzar, Anfahrt entweder über die Al Khaleej Rd am Hamriya-Hafen vorbei oder über die Schnellstraße Al Ittihad (E11) nach Sharjah und ab dem Al Mamzar Interchange der Beschilderung folgend gen Norden
- **Infos:** geöffnet 8–22 Uhr, Mo, Mi nur für Frauen und Kinder (Jungen bis 7 Jahre, für Frauen alleine empfehlenswert), Eintritt: 5 Dh, Pool: 10 Dh, Tel. 2 96 62 01
- **Anfahrt mit öffentlichen Verkehrsmitteln:** Watertaxi Station Al Mamzar

Al Mamzar Beach

Südlich des Al Mamzar Beach Park liegt ein **öffentlicher Strand.** Rund um die Al Mamzar-Lagune dehnt sich der feine **weiße Sandstrand** aus, der langsam ins stets **ruhige Wasser** abfällt und daher bei Familien mit Kindern sehr beliebt ist. Die Aussicht auf das gegenüberliegende Lagunenufer mit den in Sharjah aufragenden Hochhaustürmen ist bizarr. Auch **Toilettenhäuschen und Duschen** sind vorhanden. **Fahrräder** können ausgeliehen werden, z.B. bei Nextbike, siehe „Radfahren". Ein Rad- und Joggingweg zieht sich entlang dem Ufer.

Anfahrt mit öffentlichen Verkehrsmitteln: Watertaxi Station Al Mamzar

Tipp: Am Strand starten mit Elektromotor angetriebene **RTA-Abra-Boote** zu einer Rundfahrt in der Lagune, 10–13 und 16–20 Uhr, das Boot kostet 60 Dh für 30 Min.; Do/Fr 16.30 Uhr machen RTA-Ferry-Boote eine Rundfahrt in Al Mamzar, ab 50 Dh für 60 Min.

Jumeirah Corniche

Zumeist wird der gesamte Küstenbereich Dubais „Jumeirah" genannt, doch streng genommen liegen zwischen Jumeirah und Palm Jumeirah auch noch die Stadtteile Umm Suqeim und Al Sufouh.

Die Jumeirah Corniche ist mit ihren 14 Kilometern die **längste Strandpromenade des Emirats:** Sie erstreckt sich ab der Höhe der Jumeirah-Moschee bis zum Burj Al Arab Hotel. Ein Spazier- und Joggingweg mit schattigen Sitzbänken und Kiosken flankiert die Corniche, ebenso ein Rad-und Skateweg. Strandtennis-, Fußball- und Volleyballfelder finden sich an der Promenade, Sportgeräte (z.B. Surfboards, Kajaks) können ausgeliehen werden. Diverse Strandabschnitte bieten sich zum Schwimmen und Sonnenbaden an, Umkleidemöglichkeiten, Toiletten und Duschen sind vorhanden. Sonnenliegen und -schirme werden z.B. an der Jumeirah Beach verliehen. Hier können auch Fahrräder, Trikes und Vierräder gemietet werden. Kioske beherbergen Snack- oder Getränkebuden, Eisdielen und Cafés finden sich z.B. an der Kitesurf Beach. Food-Trucks parken an beliebten Strandabschnitten und bieten Speis und Trank an. In Zukunft soll die Jumeirah Corniche mit den Wegen des in Bau befindlichen Dubai Water Canal verbunden werden.

Strände (stadtauswärts gelistet)

Auf Höhe der Jumeirah-Moschee beginnt **Jumeirah Beach,** auch „Jumeirah Open Beach" genannt. Viele Touristen, deren Hotel ohne Strandanschluss ist, kommen hierher. Einheimische nennen den Strand bezeichnenderweise „Russian Beach". Begrenzt wird er durch die Grundstücke der Strandvillen.

Daran anschließend folgt südwestlich (stadtauswärts) auf Höhe der Mercato Mall **Mercato Beach,** ein kleines Strandstück, an dem meist weniger Rummel herrscht als an der Jumeirah Beach.

Am darauf folgenden **Jumeirah Fishing Harbour** gibt es einen Jetski- und Flyboard-Verleih und verschiedene Restaurants und Cafés (siehe „Orte mit vielfältigem Gastronomieangebot"), bei Interesse kann man sich den Fischmarkt ansehen.

Weiter stadtauswärts beginnt kurz hinter dem Jumeirah Beach Park ein Strandabschnitt, der **Sunset Mall Beach** oder wegen der ansässigen Kitesurfschule mitunter **Kitesurf Beach** genannt wird. Hier treffen sich Surfer, Kitesurfer und andere Wassersportenthusiasten, da sie gute Strömungs- und Windverhältnisse vorfinden. Der Strand wird unterbrochen von der Bucht des Dubai Offshore Sailing Club, wo auch der Umm Suqeim Fishing Harbour mit einem weiteren Fischmarkt liegt.

Kitesurf Beach heißt das Ufer direkt südöstlich des Dubai Offshore Sailing Club am Anfang von Umm Suqeim, von vielen auch **Free Fun Beach** genannt. Auch hier können sich Sportbegeisterte bei Strandaktivitäten oder Wassersport austoben.

Südwestlich (stadtauswärts) setzt sich dieses Strandstück bis zum Porto Dubai fort – hier heißt der Strand **Bu Qtair Beach. Porto Dubai** ist eine in runder Form aufgeschüttete Landzunge, deren Bebauung mit exklusiven Strandvillen ins Stocken geraten ist. In der Ferne ragt das Burj Al Arab Hotel als beliebtes Fotomotiv aus dem Meer.

Noch weiter südwestlich (stadtauswärts), jenseits des Porto Dubai, folgt eine dicht an den Hotels Jumeirah Beach und Burj Al Arab gelegene Bucht. Von dieser **Umm Suqeim Beach** ist die Aussicht auf den Burj Al Arab besonders beeindruckend, vor allem abends, wenn das segelförmige Gebäude bunt beleuchtet wird. Dieser Strandabschnitt liegt genau hinter dem Umm Suqeim Park, der an Wochentagen nur für Frauen und Kinder zugänglich ist. Es folgen das in der Form einer Riesenwelle erbaute Jumeirah Beach Hotel und der Wild Wadi Waterpark.

- **Anfahrt Jumeirah Beach:** ab der Jumeirah Rd hinter dem Palm-Strip-Einkaufszentrum abbiegen in die Street 47a, ausgeschildert als „Open Beach"; Watertaxi Station Jumeirah Open Beach
- **Anfahrt Mercato Beach:** ab der Jumeirah Rd hinter der Mercato Mall rechts in Street 13a abbiegen; Watertaxi Station Jumeirah Beach Park
- **Anfahrt Sunset Mall Beach:** ab der Jumeirah Rd direkt an der Sunset Mall rechts abbiegen
- **Anfahrt Kitesurf Beach:** von der Jumeirah Rd bei Saga World rechts abbiegen

◁ Traumstrand an der Jumeirah Corniche

Anfahrt Bu Qtair Beach: von der Jumeirah Rd knapp 1 km hinter Saga World rechts in die Seitenstraßen 5a oder 11a abbiegen

Anfahrt Umm Suqeim Beach: von der Jumeirah Rd vor oder hinter dem Umm Suqeim Park rechts zum Strand abbiegen; Watertaxi Station Jumeirah Beach Hotel

JBR Beach

Dubai Marina wird zur Seeseite hin von den **Hochhausapartments Jumeirah Beach Residences** (JBR) flankiert. Hier verläuft ein aufgeschüttetes, leicht ansteigendes Strandstück, an dem öffentliche und Hotelstrände liegen. Die Atmosphäre hier ist wenig idyllisch, aber umso mehr urban. Skurril wirken die vor der Wolkenkratzerkulisse ruhenden Kamele, die darauf warten, Touristen eine Runde über den Strand zu tragen. Wassersportveranstalter und Bootsverleiher bieten ihre Dienste an.

Die Einkaufsplaza **The Beach** dehnt sich direkt am Strand aus, ihr Strandclub The Beach Club ist vergleichsweise preisgünstig (siehe „Wassersport").

Zwischen den Hotels The Ritz Carlton und Hilton liegt der Strandclub **Meydan Beach,** ein weiterer neben dem Fallschirmlandeplatz (**Zero Gravity;** zu beiden siehe „Wassersport").

Wer zwischen Strandspaziergang und Sonnenbaden Hunger oder Durst bekommt, findet entlang des angrenzenden **Jumeirah Beach Residence Walk** eine Vielzahl an Sandwichshops, Eisdielen, Cafés und Restaurants. Auch kleine Supermärkte bietet der JBR Walk.

Anfahrt: Dubai Marina, am Strand der Jumeirah Beach Residences

Anfahrt mit öffentlichen Verkehrsmitteln: Red Line Metrostationen DAMAC Properties und Jumeirah Lakes Towers; Dubai Tram Stationen Jumeirah Beach Resicence 1 und Jumeirah Beach Resicence 1; Watertaxi Stationen Dubai Marina und Dubai Marina Mall

Palm Jumeirah Strände

Die Palmeninsel säumen kilometerlange Strandabschnitte. Allerdings steht der Zugang zu vielen Palmenbereichen **nicht allen offen,** die Hotelstrände z.B. dürfen nur von Übernachtungs- bzw. zahlenden Tagesgästen genutzt werden, die Strände der Palmwedel nur von registrierten Anwohnern. Auf dem Palmenstamm kann man den **Riva Beach Club** nutzen (siehe „Wassersport"). In Zukunft werden weitere Strandclubs entstehen.

Anfahrt mit öffentlichen Verkehrsmitteln: Über die Palmeninsel fährt die Einschienenbahn Palm Monorail von der Gateway Station am Festland-Inselaufgang über den Palmenstamm zur Atlantis Aquaventure Station auf dem Wellenbrecherring; zur Palm Monorail Gateway Station kommt man ab Al Sufouh oder Dubai Marina bzw. JBR mit der Dubai Tram (Station Palm Jumeirah), die auf dem Palmenstamm gelegenen Zwischenstationen Trump Tower und Palm Mall sind noch nicht eröffnet; per Wassertaxi kommt man zu den Stationen One & Only The Palm, Atlantis, One & Only Royal Mirage, Rixos Hotel und Atlantis.

Vergnügungsparks

Dubailand

An der Shaikh Mohammed Bin Zayed Rd E311 entsteht der Freizeitpark Dubailand. Dubais Streben nach Superlativen entsprechend wurde er als **weltgrößter Freizeitpark** konzipiert. Doch Finanzierungsschwierigkeiten und daraus resultierend Bauverzögerungen und -stopp machen dem Projekt zu schaffen; dennoch sind einzelne Attraktionen schon in Betrieb (s.u.). Das **Experience Center** zeigt Besuchern anhand von Modellen und Ausstellungsstücken, wie Dubailand künftig aussehen soll.

- **Infos:** www.dubailand.ae, Tel. 3 68 00 00

Bereits (teilweise) in Betrieb sind:

- **Global Village:** s.u.
- **Dubai Outlet City:** Einkaufszentrum, das ausschließlich Outlet-Ware anbietet; siehe „Einkaufszentren und Malls"
- **Dubai Sports City:** Stadien, Sportstätten, Sportschulen, Golfplatz; s.u.
- **Dubai Motor City:** Motorsport, inklusive Formel-1-Rennbahn (Dubai Autodrome) und F1-X-Vergnügungspark; siehe „Sport und Aktivitäten"
- **Falcon City of Wonders:** in Falkenform angelegtes Wohn- und Freizeitareal im Zeichen der Weltwunder und sonstiger Großbauten wie Pyramiden, Chinesische Mauer, Eiffelturm, Taj Mahal; komplette Fertigstellung 2020; www.falconcity.com
- **City of Arabia:** Stadt in der Stadt für 32.000 Einwohner mit Villen und Hochhäusern, Schulen, Kliniken, Freizeitstätten (z.B. Indoor-Vergnügungspark IMG Worlds of Adventure, s.u.), Einkaufsmöglichkeiten (u.a. Mall of Arabia mit rund 1000 Geschäften, 100 Gastrobetrieben, Hotel, Spielhalle Restless Planet), Büros, Schienenbahn, Parks, 8-km-Wasserkanal mitsamt Wasserweg-Promenade Wadi Walk und Wassertaxis; www.cityofarabiame.com
- **Miracle Garden:** siehe „Parks"
- **Al Barari:** von einem Garten umgebenes Villenviertel mit diversen Wellness-Angeboten, www.albarari.com

Global Village

In diesem nur im Winterhalbjahr geöffneten **Kirmespark** präsentieren sich **70 Länder** mit Miniatur-Nachbauten berühmter Baudenkmäler, mit kulinarischen Köstlichkeiten, kulturellen Darbietungen, Spiel- und Spaßaktionen sowie Souvenirständen. Eine Bimmelbahn fährt durch das Global Village, Elektro-Abra-Boote schippern über einen künstlichen Kanal. Vor allem Familien kommen gerne hierher. Das „Weltdorf" ist alljährlich Austragungsort für die Veranstaltungen anlässlich des Dubai Shopping Festival (siehe „Veranstaltungen und Festivals").

- **Lage:** Shaikh Mohammed Bin Zayed Rd E311, Exit 37 neben Arabian Ranches
- **Infos:** geöffnet Anfang Nov. bis Mitte April 16–24 Uhr, Mo nur für Frauen und Familien, Eintritt: 15 Dh, www.globalvillage.ae, Tel. 3 62 41 14

WonderLand

Südöstlich des Creek Park liegt dieser für Dubaier Verhältnisse eher unspektakuläre **Familien-Freizeitpark,** der sich zusammenfügt aus dem Vergnügungsbereich Theme Park und dem Wasserpark SplashLand.

Im **Wasserpark SplashLand** gibt es diverse Swimming-, Sport- und Activity-Pools sowie Wasserrutschen, einen „Lazy River“ und verschiedene Sonnenterrassen.

Der **Theme Park** gleicht einer Kirmes mit Achterbahn, Stock Cars, Karussells, Bumper Cars und Bumper Boats sowie Losbuden, Spielplätzen und weiteren Fahrgeschäften.

In den bonbonfarbenen Häusern der zentral verlaufenden **Main Street** finden sich diverse Restaurants und Snack Bars, Cafés, Eiscreme- und Süßwarenstände, Souvenirshops, Geschicklichkeitsspiele, Autoscooter, Showbühne und ein großes Unterhaltungszentrum mit allerlei elektronischen Spielgeräten.

Lage: Umm Hurair, westlich der Garhoud Bridge am Creek

Infos: geöffnet SplashLand 10–20 Uhr, Theme Park 10–24 Uhr, oft wechselnde Öffnungszeiten; Eintritt: SplashLand 125 Dh, Theme Park 125 Dh, Kombiticket 150 Dh, www.wonderlanduae.com, Tel. 3 24 32 22

Anfahrt mit öffentlichen Verkehrsmitteln: Watertaxi Station Al Boom Tourist Village, Green Line Metro Station Healthcare City

Wire World Meydan Adventure Park

In diesem **Hochseilgarten** können Abenteuerlustige ab voraussichtlich 2016 einen Parcours über 70 Hindernisse in Bäumen, auf Felsen, Stangen und Pfählen überwinden. Der Park bietet Spaß für die ganze Familie, denn neben dem Hochseilgarten gibt es auch einen Fahrradpark und ein Bungee-Trampolin.

Lage: Meydan, an der Pferderennbahn

Infos: www.wireworldparks.com, Tel. 3 27 55 55

IMG Worlds of Adventure

Ende 2015 soll der **größte Indoor-Vergnügungspark der Welt** seine Pforten eröffnen, täglich werden bis zu 20.000 Besucher erwartet, etwa 140.000 m² groß ist die stets angenehm klimatisierte Halle.

Die **Fahrgeschäfte und Attraktionen** sind in vier Themenbereiche unterteilt. Für Spaß sorgen z.B. beliebte Figuren aus den Serien LazyTown, Ben 10, Adventure Time oder Power Puff Girls des US-Fernsehsenders Cartoon Network. Ein anderer Bereich ist Superhelden von MARVEL Comics wie Spider Man, Hulk, Thor, Captain America und Iron Man gewidmet. Im Lost Valley – Dinosaur Adventure glaubt man sich in die Urzeit zurückversetzt. Der **IMG Boulevard** vereint Gastronomiebetriebe, Geschäfte und interaktive Spielangebote.

Lage: Shaikh Mohammed Bin Zayed Rd E311, in der City of Arabia

Infos: www.imgwoa.ae, Tel. 3 81 11 11

Dubai Safari Park

Dubai Safari Park soll im Jahr 2016 eröffnen und **1000 Tieren** aus der ganzen Welt eine neue Heimat bieten. Der Zoo erstreckt sich auf einer Fläche von ca. 150 Hektar im Stadtteil Al Warqa und umfasst ein Safariareal, ein arabisches, ein asiatisches und ein afrikanisches Dorf sowie einen Botanischen Garten, einen Schmetterlingspark und einen Streichelzoo. Die **künstlich angelegte Wasserlandschaft** kann per Boot erkundet werden. Der Park bezieht seinen Strom aus Solarenergie und bereitet sein Wasser wieder auf, beispielsweise für den Wasserfall.

Dubai Parks & Resorts

Im Gebiet von **Jebel Ali** entsteht ein gigantischer Freizeitpark mit **drei Themenparks und über 100 Attraktionen:** Motiongate Dubai, Bollywood Parks Dubai und Legoland Dubai (samt Legoland Waterpark und Legoland Hotel) sollen in der ersten Bauphase bis Ende 2016 fertig werden. Ein zentraler Distrikt namens Riverpark – einschließlich künstlichem Fluss – soll mit einem Familienhotel, Geschäften und Gastronomiebetrieben alle Parkteile verbinden.

- **Infos:** www.dubaiparksandresorts.com

Indoor-Vergnügungszentren

In den Emiraten vergnügen sich Familien bzw. Kinder gerne in klimatisierten Unterhaltungszentren, die meist **in großen Einkaufszentren und Malls** (siehe „Einkaufszentren und Malls") zu finden sind. **„Endutainment Centre"** werden diese grellbunten Plastikwelten oft genannt. Kinder aller Altersklassen können sich austoben in Hüpfburgen, Riesenröhrenrutschen, Achterbahnsimulatoren, Geisterzimmern, Räuberhöhlen, Krakenkarrusells u.v.m. Elektronische Simulations- und Spielautomaten sowie Videogames sorgen für Zerstreuung. Meist finden sich auch Angebote für Jugendliche, evtl. auch für Erwachsene.

- Einer der größten Indoor-Freizeitparks der Golfregion, **Kid Zania** (www.kidzania.ae), findet sich in The Dubai Mall. Teens und Twens werden von der **Sega Republic** (www.segarepublic.com) angesprochen.
- Ebenfalls riesig ist **Magic Planet** (www.theplaymania.com) in der Mall of the Emirates, im Deira City Centre und im City Centre Midrif (hier finden alle Altersklassen, auch Erwachsene, Spaß in den Bereichen Little Explorers, Aqua Play, Sky Trail und IFly).
- Kinder bis 12 Jahre haben Spaß in den **Fun City Edutainment Centers** (www.funcity.ae), z.B. in den Einkaufszentren Ibn Battuta Mall, Mercato Mall, Lamcy Plaza und Arabian Center.
- Anspruchsvoll ist das Angebot in der Encounter Zone im 3. Stock der Wafi Mall; sie teilt sich auf in **Kids Connection** für Kinder unter 12 Jahren und **Galactica** für Teenager und Erwachsene.
- Das Einkaufszentrum BurJuman umfasst die Spielzone **Planet Sega** und für die Allerkleinsten das **Toby Adventureland.**
- Auch **in anderen Einkaufszentren** gibt es ähnliche (wenn auch kleinere und weniger einfallsreiche) Vergnügungszonen.
- Ein ähnliches Angebot bieten auch Dubais Vergnügungsparks.

Wasserparks

Aquaventure

Dem Atlantis The Palm Hotel auf Palm Jumeirah angegliedert ist dieser **größte Wasserpark der Region** (siehe „Sehenswertes auf Dubais Seeseite").

Wild Wadi

Dieser **neben dem Jumeirah Beach Hotel** gelegene Wasserpark ist den Fluten eines reißenden Flusses nachempfunden. Zentrale Figur im Park ist *Juha,* ein Gefährte von *Sindbad dem Seefahrer,* dessen legendäre Reisen allenorts im Park aufleben. Auffallend sind der Einfallsreichtum und die Detailtreue, mit der Wild Wadi gestaltet wurde: felsige Uferlandschaften, gestrandete Schiffe, Vogelgeschrei vor dem Eintreffen der großen Flut – klasse auch die Lichtshow am Abend! Stündlich werden dazu 30 Millionen Liter Wasser durch den Park gepumpt.

In **30 nassen Attraktionen** finden sowohl große als auch kleine Wasserratten ihren Spaß. Viele davon sind miteinander verbunden, ein Adrenalin-Stoß jagt also den nächsten. Keine Angst: Sicherheit und Sauberkeit werden groß geschrieben, und für Kinder stehen kindgerechte Attraktionen bereit.

Im wilden Wadi kann man mit einer Geschwindigkeit von 80 km/h auf der 120 Meter langen **„Jumeirah Sceirah"** runterrasen (auf nebeneinander laufenden Bahnen kann man auch Rutschpar-

dub10_020 at

tien gegeneinander austragen), ferner kann man durch einen knapp 500 Meter langen **„Lazy River“** gleiten, in die Dunkelheit des **„Tunnel of Doom“** rutschen oder im **„Wipeout and Riptide Flow Rider“** highspeed-surfen, wenn mehr als sieben Tonnen Wasser pro Sekunde in das Becken herabfallen und sich die perfekte Welle auftürmt.

Auch für diejenigen, die lieber entspannen möchten, bietet der Park **ruhigere Flusspassagen.** Wer VIP-Komfort liebt, kann eine Cabana mieten. Auch der zum Park gehörige **Strand** lädt zum Ausruhen und Sonnenbaden ein. Den Hunger zwischendurch kann man in den parkeigenen Imbissbuden und Restaurants stillen.

■ **Infos:** geöffnet November bis Februar 10–18 Uhr, März bis Mai 10–19 Uhr, Juni bis August 10–20 Uhr, Eintritt (Tagesticket): Erwachsene 245 Dh, Kinder 185 Dh, www.wildwadi.com, Tel. 3 48 44 44
■ **Anfahrt mit öffentlichen Verkehrsmitteln:** Watertaxi Station Jumeirah Beach Hotel

◁ Im Haifischtunnel des Aquaventure-Wasserparks

Sport und Aktivitäten

In Dubai kann man aus einem sehr breiten und **abwechslungsreichen Sport- und Freizeitangebot** wählen, sodass jeder auf seine Kosten kommen kann. Das **Dubai Sports Council** bietet unter www.dubaisportscouncil.ae eine Karte, auf der die rund 100 Sportstätten Dubais inklusive ihrer GPS-Koordinaten, Kontaktdaten und Metro-Verbindungen verzeichnet sind. Auch eine Gratis-App gibt es über das Dubai Sports Council.

Swimmingpool (auf der Dachterrasse oder im Garten), **Tennisplatz mit Flutlicht, klimatisierte Squashplätze und Fitnessräume, Sauna, Massageräume und Jacuzzi** gehören zur Grundausstattung nahezu aller großen **Hotels.** Viele 5- und 4-Sterne-Hotels bzw. -Resorts verfügen über **Wellness- und Spa-Bereiche.**

Hotels bieten die Möglichkeit zur Nutzung ihrer Sport- und Freizeiteinrichtungen auch für Nicht-Hotelgäste. Dazu bezahlt man einen Beitrag für eine **Tagesmitgliedschaft im Hotel-Sportclub** und kann dann Strand, Pool, Fitness- und Sportclub nutzen. In Luxushotels kostet dies wochentags (So bis Do) ab ca. 200 Dh – natürlich sind Unterricht und Sonderleistungen wie SPA-Behandlungen extra zu bezahlen.

Diesen Service der Tagesmitgliedschaft bieten auch die meisten hotelunabhängigen **Sport- oder Strandclubs,** in denen Emirater und die in Dubai lebenden westlichen Ausländer Dauermitglieder sind.

Verschiedene Sportarten wie Klettern, Tennis, Wasserpolo, Skaten bietet **Dorrell Sports,** Tel. 3 06 50 61, www.dorell-sports.com.

Sportkurse (z.B. Schwimmen, Tennis, Fußball, Cricket, Basketball) und Training bietet Exel Sports Services, www.excelsportsuae.com, Tel. 0 50/2 23 92 35.

Wassersport

Das im Winter angenehme Klima, das warme Meereswasser und der ewige Sonnenschein, die schönen Sandstrände und das azurblaue Meer machen Dubai zu einem **Paradies für Wassersportler.** Hinzu kommt, dass es kaum Unterschiede zwischen Ebbe und Flut und nur schwache Meeresströmungen gibt und dass der Wind konstant, vorhersehbar und selten zu stark ist. Aktuelle Infos und Vorhersagen (Wind, Wellen, Temperatur etc.) bietet das Dubai Coastal Zone Monitoring and Forecasting Programme unter www.dubaicoast.ae.

Sowohl **Strandhotels** und **Hotelresorts** als auch diverse **Sport- und Marineclubs** stellen professionelle Ausrüstungen für die verschiedenen Wassersportarten bereit. **Mitgliedschaften auf Tages- oder Wochenbasis** können nahezu überall abgeschlossen werden.

Möglich sind z.B. Windsurfen (spezielle Infos: Surfcommunity, www.surfersofdubai.com; Surfschulen Surf Dubai, www.surfingdubai.com, Tel. 0 50/5 04 30 20, Surf School UAE, www.surfschooluae.com, Tel. 3 79 19 98), Stehpaddeln (Surf Dubai bietet Unterricht und Brettverleih am Strand von Umm Suqeim), Flyboarding (in Ghantoot am Cassells Hotel Resort, www.flyboards-uae.com, Tel. 0 50/8 17 30 71, oder am Jumeirah Beach, www.searide-dubai.com, Tel. 0 55/1 57 83 93) sowie Kitesurfing (dukite, www.dukite.com, Tel. 0 50/7 58 69 92), Wasserski, Parasailing, Hochseefischen (Barrakudas, kleine Haie, King Fish, Hamour), Schnorcheln, Tauchen und diverse Spaß-Boote.

☐ Kitesurfer finden in Dubai gute Bedingungen vor

Kitesurf Beach (auch **Free Fun Beach** genannt) ist ein Strandstück in Jumeirah, an dem sich Surfer und Kitesurfer gerne treffen, aber auch Umm Suqeim Beach und JBR Beach sind beliebt (siehe „Strandparks und Strände“).

Im **Dubai International Marine Club,** am Hafen Mina Seyahi zwischen Palm Jumeirah und Dubai Marina gelegen, kann man zahlreichen Wassersportarten nachgehen, Ausrüstung ausleihen, Kurse belegen oder Sportveranstaltungen als Zuschauer beiwohnen (www.dimc.ae, Tel. 3 99 57 77).

Ein breit gefächertes Wassersportangebot bieten:

- **Sky & Sea Adventures Sports,** Tel. 3 99 90 05, www.adventuresports.ae
- **Summertime Marine Sports,** Tel. 2 57 30 84, www.summertimemarine.com

Strand- und Sportclubs

Beach- und Sportclubs mit Wassersportangebot finden sich in nahezu allen Dubaier **Strandhotels und Resortanlagen** (Adressen und Beschreibung siehe „Unterkunft“). Die meisten gewähren auch

Nicht-Hotelgästen Einlass, wenn sie die Gebühr einer Tagesmitgliedschaft entrichten. Die Preise unter der Woche sind meist deutlich günstiger als am Freitag und Samstag (in einem 4- bis 5-Sterne-Hotel ab 200 Dh).

Auf dem Stamm von Palm Jumeirah (Shorline Apartments Building 8) ist der **Riva Beach Club** ansässig: Sandstrand, Pool, Fitnessräume, Ristorante und eine lizensierte Bar. Tagesgäste zahlen wochentags 100 Dh, am Wochenende 175 Dh. Geöffnet 7 Uhr bis Sonnenuntergang (Bar bis 24 Uhr), Tel. 4 30 94 66, www.riva-beach.com.

Auf dem Wellenbrecherring von Palm Jumeirah, neben dem Rixos Hotel, bietet der **Eden Beach Club** Sandstrand, Wassersport (z.B. Kajak, Stand Up Paddleboarding) und Restaurant. Abends gibt es in der Lounge Open-Air-Drinks, DJ-Sound und Entertainment. Tagesgäste zahlen wochentags 100 Dh, am Wochenende 200 Dh. Geöffnet 10 Uhr bis Sonnenuntergang (Lounge bis 1 Uhr), Tel. 2 77 14 77, www.edenbeachclub.com.

In Dubai Marina, am JBR Walk zwischen den Hotels The Ritz Carlton und Hilton, liegt der komfortable **Strandclub Meydan Beach** samt Pool, Fitnessclub, Sauna, Spa, Restaurant und Open-Air-Nachtclub. Wochentags beträgt der Eintrittspreis für Tagesgäste 150 Dh oder 250 Dh inkl. 100 Dh Guthaben für Speisen und Getränke; Sundowner-Rabatt ab 16 Uhr. Geöffnet: 10–19 Uhr, www.meydanbeach.com, Tel. 4 33 37 77.

Ebenfalls in Dubai Marina, an der JBR Beach neben dem Fallschirmlandeplatz Sky Dive Dubai, liegt der angesagte Strandclub **Zero Gravity.** Wochentags beträgt der Eintrittspreis für Tagesgäste 150 Dh, wovon 50 Dh auf Speisen oder Getränke erlassen werden. Geboten wer-

dub12_013 dt

den Strand, Restaurant, Nachtclub, abends DJ-Musik, Konzerte und wechselnde Partys. Geöffnet: 10–23 Uhr, Tel. 3 99 00 09, www.0-gravity.ae.

In Dubai Marina, am JBR Walk, bietet die Einkaufspassage **The Beach** preisgünstigen Strandzugang: 90 Dh Paketpreis inkl. Verleih von Sonnenliege, Sonnenschirm, Handtuch und 3 Std. Parkplatz. Geöffnet: 8–18 Uhr, Tel. 4 31 01 90, www.thebeach.ae.

Ebenfalls zu dem am JBR Walk gelegenen Einkaufszentrum The Beach gehört die **La Playa Lounge.** Hier kann man entspannt am Strand sitzen, einen Snack zu sich nehmen, Wasserpfeife rauchen, bei einer der vielen Sportübertragungen zusehen oder einem Open-Air-Kinoabend beiwohnen. Geöffnet: Fr/Sa 14–2 Uhr, Tel. 0 55/2 60 96 50, www.laplayalounge.com.

Eine besondere Lage auf der Insel Lebanon auf The World bietet **The Royal Island Beach Club** (siehe „Sehenswertes auf Dubais Seeseite").

Nach der Eröffnung zahlreicher Hotelanlagen auf **Palm Jumeirah** (siehe „Sehenswertes auf Dubais Seeseite") sowie der Strandhotels auf Dubais künstlichen Inseln stehen weitere Sportclubs zur Verfügung.

Segelboote/ Jachtcharter/Hochseefischen

Segelboottörns vor Dubais Küste, um die Palmen- und Weltinseln oder auch nach Musandam, Schnellboot-, Katamaran-, Jachtcharter und Hochseefischen werden von Wassersportclubs, Strandhotels sowie lokal ansässigen Tourveranstaltern arrangiert, außerdem von:

- **Al Wasl Cruising & Fishing**
Tel. 2 95 94 77, www.cruiseindubai.com
- **Dubai International Marine Club**
Tel. 3 99 57 77, www.dimc.ae
- **Dubai Offshore Sailing Club**
Tel. 3 94 16 69, www.dosc.ae
- **Sea Hunters**
Tel. 2 95 10 11, 8 00/80 01, www.sea-hunters.com
- **Xclusive Yachts**
Tel. 3 42 73 33, www.xclusiveyachts.com
- **4Yacht Arabia**
Tel. 4 22 72 07, 8 00/9 22 48, www.4yachtarabia.ae
- **Dhautouren und -charter**
Siehe „Sehenswertes am Creek"
- **Marine Concept Yacht Charter and Sea School**
Tel. 3 95 80 22, www.marine-charter-concept.com; Charterangebote und zertifizierte Kurse

Baden

Dubais **flach abfallende Sandstrände** sind zum Schwimmen und Baden ideal, insbesondere für Kinder und Nichtschwimmer.

In den zahlreichen **Strandhotels oder Beach Resorts** kann man einen angenehmen **Badeurlaub** verbringen (inkl. zahlreicher Sport- und Freizeitaktivitäten). An Dubais Küstenstreifen stehen unzählige erstklassige Strandhotels, sowohl auf dem Festlandufer als auch auf den künstlichen Inseln.

Zahlreiche **Stadthotels** bieten einen regelmäßigen und kostenfreien Shuttle-Service zu einem öffentlichen Badestrand an.

Neben den Privatstränden gibt es **öffentliche Strände,** teilweise mit Umkleide- und Sanitäreinrichtungen (siehe „Strandparks und Strände").

Der **Al Mamzar Beach Park** bietet einen schönen Sandstrand und sanitäre Einrichtungen. An zwei Tagen haben nur Frauen Zutritt – so können arabische Frauen auch ohne männliche Begleitung baden gehen.

Manche Strände sind mit einer **blauen Flagge** gekennzeichnet. Dann erfüllen sie ein Mindestmaß an Sicherheitsvorschriften, die Wasserqualität wird überwacht und Sanitäreinrichtungen sind vorhanden. Vergeben wird die Flagge von der Emirates Wildlife Society (www.uae.panda.org).

Zum Sonnen und Schwimmen sind die **Privatstrände und Pools der Hotels** den öffentlichen Stränden vorzuziehen, nicht nur, weil es dort sanitäre Einrichtungen und Duschen gibt. Viele arabische Männer und Frauen fühlen sich angesichts (zu viel) nackter Haut in ihrem **Schamgefühl** verletzt. Und so mancher Mann interpretiert eine spärlich bekleidete Frau an einem öffentlichen Strand als offenes sexuelles Angebot und fasst dies als Aufruf auf, ungeniert gaffen oder entsprechende Offerten machen zu dürfen. Daher ist es unangebracht, sich an Dubais Stränden im knappen Badedress zu sonnen oder schwimmen zu gehen. **FKK, oben ohne und Tangas sind verboten,** auch in den Hotels! Ebenso gilt es, beim Umziehen nach dem Schwimmen auf Diskretion zu achten.

Tauchen

Die **ruhigen und nicht allzu tiefen Gewässer** (Tauchgründe bis 30 Meter) des Golfes um Dubai eignen sich gut, um das Tauchen zu lernen. Der geringe Gezeitenhub schafft **sichere Bedingungen,** das Wetter ist meist ideal. Interessant ist die Dubaier Küste wegen zahlreicher gesunkener Schiffe, aber auch in Riesenaquarien und Haifischbecken kann man abtauchen (Aquaventure Water Park, siehe „Wunder trifft Wasser – Erlebnisdestination Atlantis", und Dubai Aquarium in The Dubai Mall, siehe „Einkaufszentren und Malls"). Rund um die neu erschaffenen Inseln sollen künstliche Tauchreviere geschaffen werden. Fortgeschrittene können zu Tauchausflügen in die tieferen Gewässer des Indischen Ozeans an der Ostküste starten (vielfältige Unterwasserflora/-fauna, vorgelagerte Felseninseln, Korallenriffe; Tauchschulen dort ansässig) oder die Reviere um Musandam im Norden der V.A.E. erkunden (fjordähnlich zerklüftete Buchten sind interessante Tauchgründe insbesondere für erfahrene Taucher; per Boot ab Dubai).

Tauchschulen

Dubais Tauchschulen sind **gut ausgerüstet** – Taucher sollten international anerkannte Dokumente (Tauchschein, Logbuch) mitbringen.

Al Boom Diving
Jumeirah, Al Wasl Rd, nahe des Iranian Hospital,
Tel. 3 42 29 93, www.alboomdiving.com,
auch in den Hotels Palm Jumeirah, Atlantis The Palm und Jebel Ali Golf Resort

PADI-Kurse, Tauchausflüge (Ostküste und Musandam), Ausrüstungsladen und -verleih sowie Workshop, auch Tauchen mit Haien im Dubai Aquarium kann organisiert werden.

Atlantis Dive Centre
Palm Jumeriah, Atlantis The Palm Hotel,
Tel. 4 26 30 00, www.atlantisthepalm.com

PADI 5 Star Centre in exponierter Lage auf dem Wellenbrecherkranz der Jumeirah-Palmeninsel, bietet jedem Taucher etwas: Tauchkurse, Kinderprogramme, Spezialkurse, Tauchen in der Unterwasserwelt der Ambassador-Lagune (auch unter Haien), Bootsausflüge

- **The Pavilion Dive Centre**
Umm Sufouh, im Jumeirah Beach Hotel, Tel. 4 06 88 28, www.jumeirah.com

PADI 5 Star Centre auf der Jumeirah-Palmeninsel, Tauchkurse, Kinderprogramme, Spezialkurse, Tauchen unter Haien in der Unterwasserwelt der Ambassador-Lagune, Bootsausflüge; auch Perlentauchen per Dhau-Boot (auch für Nicht-Taucher)

Literaturtipps

- *Oliver Mielke,* **Tauchen: Handbuch Modernes Tauchen.** Franckh-Kosmos Verlag; Standardwerk zur Thematik.
- **UAE Diving,** Explorer Publishing; sehr detaillierter V.A.E.-Tauchführer.

Infos

- **Emirates Diving Association**
Bur Dubai, Shindagha im Diving Village, Tel. 3 93 93 90, www.emiratesdiving.com

Golf

Mit Recht und voller Stolz bezeichnet sich Dubai als **Golfmetropole der Region.** Golfclubs mit unterschiedlichen Spiellandschaften, sowohl Rasenanlagen als auch Sand- und kombinierte Plätze, genügen jeder Spielstärke und bieten Abwechslung. Das Mindest-Handicap beträgt meist 28 für Männer und 36 oder 45 für Frauen. Enthusiasten können sich für ihr Tee Off an jedem Tag der Woche einen anderen Parcours wählen, entsprechend gerne trainieren viele hier. Manche Plätze bieten Meisterklasse-Niveau – während der Wintermonate demonstrieren Spitzengolfer der Weltrangliste auf den hiesigen Turnieren ihr Können. Für passionierte Golfer interessant: Weltelitespieler haben Dubais Meisterschaftsplätze designt – für Touristen attraktiv: Golfresorts oder Golfstädte bieten eigene Unterkunftsmöglichkeiten – für Gelegenheitsspieler verlockend: Golfen am Strand mit speziellen Golfbällen aus Fischfutter (z.B. Sofitel Dubai The Palm Resort & Spa).

Die Dubaier Golfanlagen können von **Tagesgästen** genutzt werden. Der **„Dubai Golf Pass“** beinhaltet mindestens drei Green fees zu 18 Loch. Diese können dann als Gastgolfer auf unterschiedlichen Plätzen abgespielt werden. Auf den großen Plätzen sind Reservierungen empfehlenswert. In erstklassig ausgestatteten **Golf-Akademien** werden Lehrkurse oder Spielanalysen angeboten. Erfahrene Caddies sind buchbar, um bei der Schlägerwahl beratend zur Seite zu stehen oder beim Lesen der Greens nützlich zu sein. Auf manchen Plätzen geben Navigationsgeräte mit GPS die Entfernung zur Mitte des Greens an. Flutlichtanlagen gestatten es, auch in den kühlen Abendstunden zu spielen. Insbesondere die Meisterschaftsplätze heißen **Gastgolfer** mit Tee-Times-Vorbuchung auf einer Pay-and-Play-Basis willkommen. Die meisten Rasenplätze dürfen nicht mit Metallspikes bespielt werden. Die **Kleiderordnung** ist golftypisch, insbesondere auf den Meisterschaftsplätzen gilt: Die Oberbekleidung muss einen Kragen aufweisen, Golfshorts oder längere Beinkleider sind zugelassen, Jeans absolut nicht. Alle Golfanlagen besitzen zumindest ein **Restaurant** und eine **Bar.** Die großen Clubs haben zudem **Pool, Tennisplätze,** Fitnessraum, Sauna sowie einen Ausrüstungsladen.

Infos

- **Emirates Golf Federation,** www.egfgolf.com
- **www.uae-golf-online.com**
Golfplatz-Guide und Golf-Magazin
- **Golfturniere in Dubai,** www.golfindubai.org

Dubai Creek Golf and Yacht Club

Der Golfclub mit seinem 18-Loch-Rasenplatz (Par 72) liegt direkt am Dubai Creek unweit des Zentrums und des Dubai International Airport **im Stadtteil Garhoud.** Eine Parcourslänge von 6967 Yards und Par 72 erwarten den Golfer. Bei 13 Löchern kommt das Wasser der sechs künstlichen Seen mit ins Spiel, der Creek selbst sogar bei den letzten vier Löchern. Auch Dog-Legs und raffiniert angelegte Bunker sind zu meistern. Erforderlich ist ein Handicap von 28 für Herren und 45 für Frauen. Zudem gibt es einen 9-Loch-Par-3-Übungskurs. Wer nicht golfen möchte, kann „nur" das Ambiente und die kulinarischen Leckereien im malerisch über dem Creek gelegenen Café, in einem der Restaurants oder in der Bar genießen.

Das **markante Clubhaus** ist in Form von mächtigen, aufgeblähten Dhausegeln gestaltet. Sie erinnern daran, dass Dubai tief mit der Seefahrt verbunden ist. Passend dazu hat der Golfclub einen eigenen Jachthafen – Bootscharter und Hochseefischen sind möglich.

- **Infos:** Tel. 3 80 12 34, www.dubaigolf.com

Emirates Golf Club

Auf der 70.000 m² großen Rasenfläche mit sechs Seen befinden sich zwei 18-Loch-Championship-Parcours mit hohem Standard: **Majlis Course** (7301 Yards, Par 72) und **Faldo Course** (7348 Yards, Par 73). Der von *Nick Faldo* designte Faldo-Kurs ist mit seinen vielen Wasserhindernissen und Bunkern selbst für die besten Spieler eine Herausforderung. Dank Flutlicht kann man den kompletten Parcours auch abends bespielen. Männer brauchen einen Handicap von 28, für Damen gilt Handicap 36. Außerdem gibt es einen 9-Loch-Par-3-Übungsplatz.

Die **sieben Clubhäuser** (symbolisch für die sieben Emirate) sind in Gestalt gigantischer, mit hohen Glasfronten versehener Beduinenzelte erbaut. Eines dieser Zelte ist für die Shaikhs der Herrscherfamilie reserviert.

Alljährlich wird hier das **Dubai Desert Classic** ausgetragen, es gilt als „Kronjuwel" der European Tour.

Der Platz liegt nahe an Emirates Hills, The Greens und The Lakes, zu erreichen über die **Shaikh Zayed Rd E11** (Interchange 5/Exit 33).

- **Infos:** Tel. 3 80 12 34, www.dubaigolf.com, Gratis-Online-Magazin „Spotlight"

The Address Montgomerie

Designer und Namensgeber dieses Championship-Platzes ist der schottische Golf-Superstar *Colin Montgomerie.* Daher folgt der Platz dem Vorbild schottischer Golflandschaften und bietet viel Abwechslung. Die Fairways des Platzes haben Links-Charakter und bieten großflächige Landezonen, die Spieler aller Handicaps reizen; erforderliches Handicap: 28 bei Herren bzw. 36 für Damen.

Der 7396 Yard große 18-Loch-Par-72-Meisterschaftsparcours hat neben 81 Bunkern, 14 Wasserhindernissen, vier Abschlagplätzen weitere Attraktionen: Green No. 13, 5400 m² groß, 183 m im Durchmesser und in Form der V.A.E. gestaltet, ist rundum bespielbar und stellt eine immer neue Herausforderung dar, da man jedes Mal auf ein anderes Loch spielen kann.

Unschlagbar die **Übungseinrichtungen:** Auf der Driving Range können 200 Spieler gleichzeitig abschlagen. Es gibt Übungsgrüns für kurze Spiele und mehrere Putting Greens sowie einen 9-Loch-Par-3-Übungsplatz, der hohe Anforderungen stellt. Auch 21 Gästesuiten und eine Spa gehören zu The Montgomerie.

Der Golf Course liegt im renommierten **Wohnviertel Emirates Hills,** nahe dem Emirates Golf Club, vom E11 Highway nach Abu Dhabi am besten über den Interchange 5/Exit 36 zu erreichen.

Infos: Tel. 3 90 56 00, www.themontgomerie.com

Arabian Ranches Golf Club

Dieser Parcours ist für jeden Golfer eine ultimative **Herausforderung.** Der 18-Loch-Par-72-Course für Profis erstreckt sich über 7691 Yards, von den Championship Tees über Sanddünen, gepflegtes Grün und einen See – der jedoch

dub10_031 tmd

nicht als Hindernis ins Spiel integriert ist. Ebenfalls jenseits der Norm: Der Parcours ist ohne künstliche Bunker – es gibt nur einen riesigen Bunker: die natürliche Sandwüste. Amateure können kürzere – immer noch anspruchsvolle – Runden spielen.

Für Anfänger ist es auf dem **Übungsplatz** leichter, wer wenig Zeit hat, kann auf dem Kurzparcours spielen. Da es hier keine Mitgliedschaften gibt, ist jeder nach Voranmeldung willkommen.

Zur **Übernachtung** stehen im Clubhaus – im spanischen Kolonialstil designt – elf luxuriöse Gästezimmer bereit. Interessante Möglichkeiten bieten sich für alle Reitfreunde im hauseigenen **Equestrian Centre.**

Den Golfplatz umgibt das gleichnamige Villenviertel, er liegt an der Emirates Rd E311, am Arabian Ranches Interchange neben der Dubai Motor City.

■ **Infos:** Tel. 3 66 47 00, www.arabianranchesgolfdubai.com

◁ ▽ Links: The Address Montgomerie – ein Golfplatz der Extraklasse, ebenso der Arabian Ranches Golf Club (rechts)

dub10_021 dt

Al Badia Golf Club

Die **Festival City** umfasst ein Golfresort mit 18-Loch-Par-72-Meisterschafts-Parcours. Das Design steht unter dem Motto „Flüsse aus Sand" und integriert sich geschickt mit dem Uferbereich des Creek in die Dubai Festival City. Interessant wird das Spiel durch die Wasserhindernisse in Form von elf Seen; der Parcours ist mit vielen salzresistenten Pflanzen begrünt, die mit Meerwasser bewässert werden. Der Parcours kann von Profis auf einer Länge von 7303 Yards bespielt werden, aber auch eine Länge von 5398 Yards kann gewählt werden. Der Platz ist durchgängig mit Golfkarts befahrbar, was ältere oder komfortverwöhnte Golfer erfreut. Handicap-Vorgabe für Herren 28, für Damen 45.

Mehrere **Restaurants und Bars** sorgen für das leibliche Wohl. Der Club wird gamanagt vom InterContinental Dubai Festival City, wo man logieren kann. Beeindruckend sind die Ausblicke auf den Creek vor der Skyline.

Infos: Tel. 6 01 01 01, www.albadiagolfclub.ae

The Track Meydan Golf

Kein Meisterschafts-Platz, sondern ein **Treffpunkt für Golfliebhaber und Familien,** der ohne Mitgliedergebühr allen Gästen offen steht. Auf dem 7412 Yards langen 9-Loch-Platz finden Golfer Seen, tiefe Bunker und doppelte Greens vor, welche ein präzises Spiel erfordern und weniger genaue Longhitter benachteiligen. Dank seiner Flutlichtanlage ist der Platz bis Mitternacht bespielbar. Er kann auch mit 18 Loch bespielt werden.

Der Platz liegt längsseits der Pferderennbahn und gehört zu Meydan City, einem nagelneuen Stadtteil (siehe „Sehenswertes auf Dubais Inlandsseite").

Infos: Tel. 3 81 37 33, www.meydangolf.com

The Els Club

Designer und Namensgeber dieses **anspruchsvollen 18-Loch-Par-72-Meisterschaftsplatzes** ist der südafrikanische Profigolfer *Ernie Els.* Vier Tee-Sets gestatten vielfältige Spielvarianten. Auf einer Länge von 7538 Yards schlängelt sich dieser Wiesen- und Wüstenparcours um zwei künstlich angelegte Seen. Riesige waste areas und tückische Bunker erfordern mehr Geschick, als der erste Blick vermuten lässt. Die weißen Sandbunker und die grünen Fairways bilden einen interessanten Kontrast. Erforderlich ist ein Handicap von 28 für Männer bzw. 36 für Frauen. Hier bekommt jeder einen Golf-Butler zugewiesen.

Der Platz ist Teil der Dubai Sports City und liegt im **Villenviertel Victory Heights.** Der Standort erlaubt zahlreiche weitere Möglichkeiten, sich sportlich zu betätigen. Am einfachsten ist die Anfahrt über die Emirates Rd E311 oder die Al Khail Rd E44.

Infos: Tel. 4 25 10 10, www.elsclubdubai.com

Jumeirah Golf Estates

Jumeirah Golf Estates vereint zwei **vom Golfprofi Greg Norman entworfene Meisterschaftsplätze** mit exklusiven

Wohnvierteln und Hotels. Die Golfplätze bzw. ihre Gestaltung sind von den Grundelementen Erde, Wasser, Feuer und Wind inspiriert.

Der 18-Loch-Par-72-Meisterschaftsparcours **Earth** bietet auf 7706 Yards große Rasenflächen mit üppigem Baumbestand und Wasserhindernissen. Von den europäischen Parkland-Kursen inspiriert, ist dieser Platz eine Bereicherung der Dubaier Golflandschaft. Die Handicap-Vorgabe beträgt 45 für Damen bzw. 28 für Herren.

Der **Fire Course** ist ein 18-Loch-Championship-Course (7480 Yards) und bietet vier Tees mit unterschiedlicher Wüstencharakteristik. Beide Plätze sind Schauplatz der hoch dotierten Dubai World Championship, dem Finale der European Tour.

Noch in Bau befinden sich der Water Course und der Wind Course: Der **Water Course** soll sich durch hohe Gräser, Feuchtgebiete, Palmenhaine, über begrünte Dünen und deren Talkessel winden; er wird auf verschiedenen Längen von 5000 bis 7500 Yards bespielbar sein. Beim **Wind Course** sollen die Formenmuster des Windes wellenförmige Fairways mit dichten roughs und zahlreichen Bunkern vorgeben. Schmale Fairways sind von Dünen abgeschirmt und lassen wenig Raum für Spielfehler.

Infos: Tel. 3 75 99 99, www.jumeirahgolfestatesclub.com

Jebel Ali Golfcourse

Dieser 9-Loch-Par-36-Rasenparcours (3201 Yards) – er gehört zum **Jebel Ali Golf Resort** – erfordert trotz seiner geringen Größe Spielgeschick. Der Parcours liegt inmitten tropischer und exotischer Bäume, Palmen und Sträucher, zahlreiche Vögel halten sich hier auf. Ein zentraler Salzwassersee grenzt an fünf Löcher. Je vier Tee-Off-Zonen in unterschiedlicher Distanz zum Green werden pro Loch zum Abschlag angeboten, daher ist auch eine 18-Loch-Runde möglich. Der Parcours ist auch für Anfänger geeignet und selbst für diejenigen mit niedrigem Handicap interessant.

Infos: Tel. 8 14 50 23, www.jaresortshotels.com

In Bau

Im Mega-Stadtteil Dubai World Central (siehe „Sehenswertes auf Dubais Inlandsseite") soll eine **Golf City** Dubais Status als international bedeutsame Golf-Destination festigen. Es entstehen drei 18-Loch- und zwei 9-Loch-Plätze plus alle erdenklichen Golfeinrichtungen und golforientierte Eigenheime sowie zwei luxuriöse Boutique-Hotels und ein Spa-Resort.

Auch der neue Stadtteil Mohammed bin Rashid Gardens (siehe „Sehenswertes auf Dubais Inlandsseite") wird einen Golfplatz namens **Dubai Hills** erhalten.

Skihalle

Kälte, Eis und Schnee sind en vogue im Wüstenland, Skifahren – und Pinguine gucken – kann man in **Ski Dubai** an der Mall of the Emirates (siehe Exkurs zu Ski Dubai und „Einkaufszentren und Malls").

Der größte Kühlschrank der Welt – Ski Dubai

Die nachts wie ein Raumschiff illuminierte und trotz gleißender Wüstensonne frostgekühlte Schneehalle von Ski Dubai beherbergt **alles, was die Herzen der Ski- und Snowboardfreunde höher schlagen lässt:** eine komplette Winterlandschaft mit verschneiten Tannen und Felsen, fünf Skipisten mit unterschiedlicher Schwierigkeitsstufe und Länge (die längste Abfahrt misst 400 m und 62 m Höhenunterschied), Snowboarder haben eine Piste, es gibt eine Freestyle Zone und einen Stunt Park. Alle, die nicht die Hänge runtersausen möchten, treffen sich im Snow Park mit Eishöhle und Rodelhügel. Wer möchte, kann sich in 16 m Höhe an einer Kabelrutsche über all das hinwegschwingen (Snow Bullet). Mit den hier heimischen Pinguinen kann man auf Tuchfühlung gehen. Logischerweise gibt es auch Skilifte und Lokalitäten zum Après-Ski (alkoholfrei!).

Pro Nacht werden 30 Tonnen echter Schnee produziert, insgesamt 6000 Tonnen des weißen Pulvers liegen in der dick isolierten Kühlbox. In der knapp 23.000 m^2 großen Halle sehen viele Bewohner der Golfregion zum ersten Mal in ihrem Leben Schnee; 1500 Gäste können die weiße Winterwelt besuchen. Mäntel, Skianzüge, Stiefel, Socken, Helme, Skier, Snowboards und Schlitten werden ausgeliehen, Skilehrer bieten Unterricht an.

- **Tagespässe:** ab 200 Dh, Skipiste: 2 Std. 200 Dh; Snow Bullet: 150 Dh; Pinguinbegegnungen ab 150 Dh
- **Infos:** Tel. 8 00/3 86, www.theplaymania.com, geöffnet 10–23 Uhr
- **Lage:** Ski Dubai ist angegliedert an die Mall of the Emirates, Shaikh Zayed Rd, am Interchange 4/Exit 39

Sanddünenski

Sanddünenski – **eine Mischung aus Skifahren im Schnee** (aber ohne die Geschwindigkeit) **und Wasserski** (ohne die Gefahren) – ist einfach, schnell zu erlernen und macht Riesenspaß. Man kann die Dünen entweder auf zwei Skiern mit Stöcken oder ähnlich wie beim Snowboard auf einem Brett hinabfahren. Die meisten lokalen Tourveranstalter (siehe „Reisebüros und Tourveranstalter“) übernehmen die Organisation und verleihen Ausrüstung. Bei vielen Wüstenausflügen, Arabischen Abenden o.Ä. sind Abfahrten inklusive.

Reiten

Pferde

In der exklusiven Wohnanlage **Arabian Ranches** dreht sich vieles um den Reitsport, inkl. Reitzentrum, Reitplätzen und Reitwegen (www.arabianranches.com, Tel. 4 52 20 07). Im gegenüberliegenden **Dubai Polo & Equestrian Club** kann man geführte Stalltouren, Reitunterricht und Wüstenausritte buchen, Fr/Sa kann man beim Polo zusehen (www.poloclubdubai.com, Tel. 3 61 81 11).

Außer dem Dubai Polo & Equestrian Club bieten die Wüstenresorts **Al Maha** (www.al-maha.com, Tel. 8 32 99 00), **Al Sahra** (Tel. 4 27 40 55, www.jaresortshotels.com) und **Bab Al Shams** (www.

Down the dune beim Sanddünenski – ein besonderer Wüstenspaß

meydanhotels.com, Tel. 8 09 61 00) Wüstenausritte. Auch das **Jebel Ali Golf Resort** hat Ställe (www.jaresortshotels.com, Tel. 8 14 55 55); neben einem Ritt in die Wüste und Reitunterricht sind Strandritte interessant.

Reitunterricht, Wüstenausritte sowie Vollmondritte haben **Al Dhabi Horses** (www.dubaicitystable.com, Tel. 4 50 88 11) und der **Mushrif Equestrian and Polo Club** (www.mushrifec.com, Tel. 2 57 12 56) im Programm.

HoofbeatZ bietet Holiday Camps sowie verschiedene Kurse und Aktivitäten auf Grundlage des Natural Horsemanship an (www.hoofbeatz.com, Tel. 0 56/9 42 45 51).

Weitere **Reitzentren** sind das Emirates Equestrian Centre (Tel. 0 50/5 58 76 56, www.emiratesequestriancentre.com), der Dubai Equestrian Club (Tel. 3 27 00 77, www.dubaiequestrianclub.ae) und der Jebel Ali Equestrian Club (Tel. 8 84 51 01, www.facebook.com/JebelAliEquestrianClub).

Polofans finden Gefallen am **Hotel Desert Palm Retreat,** in den Wintermonaten wird hier täglich trainiert, zudem Reitunterricht angeboten. Allerdings liegt Desert Palm außerhalb (www.desertpalm.peraquum.com, Tel. 3 23 88 88). Polo lernen kann man in Kursen der **Dubai Polo Academy,** auch Polo-Urlaube sind möglich (www.dubaipoloacademy.com, Tel. 0 50/8 87 98 47).

Wer nicht aktiv reitet, kann im Winterhalbjahr bei zahlreichen **Tunieren, Wettkämpfen oder Shows** zusehen.

Infos zu **Meydan Stable Tours,** die Einblicke in Dubais Rennställe bieten, siehe Info-Kasten „Trinker der Lüfte".

Kamele

Auf einem Kamel reiten kann man während einer Wüstenfahrt bzw. eines Abends **in der Wüste,** was von vielen lokalen **Tourveranstaltern** organisiert wird (siehe „Reisebüros und Tourveran-

dub205 kk

stalter“). Manche haben auch Kamelsafaris im Programm, die mehrere Tage dauern.

Im **Wüstenresort Al Sahra** werden Wüstenritte organisiert: 1½ Std. 200 Dh, Tel. 4 27 40 55, www.jaresortshotels.com.

Ballonfahrten

Fahrten im **Heißluftballon** können gebucht werden bei einigen einheimischen Tourveranstaltern (siehe „Reisebüros und Tourveranstalter“) sowie bei:

- **Balloon Adventures Emirates**
Tel. 2 85 49 49, www.ballooning.ae

Fallschirmspringen

- **Skydive Dubai:** Anfänger-Tandem-Sprünge über Palm Jumeirah, Sprünge für lizensierte Fallschirmspringer auch über der Wüste, Fallschirmschule; Tel. 3 77 88 88, www.skydivedubai.ae
- **iFLY-Windkanal** mit Fallschirmsprung-Simulator im Einkaufszentrum City Centre Midrif, Tel. 2 31 62 92, www.theplaymania.com

Schlittschuhlaufen

- **Dubai Ice Rink:** Olympiagroße Eislaufbahn in The Dubai Mall, Tel. 4 37 31 11
- **Ice Rink:** Kleine Bahn im Galleria Centre am Hyatt Regency Hotel in Deira, Tel. 2 09 65 51

Schießen

- **Jebel Ali Shooting Club** (Tel. 8 83 65 55, www.jaresortshotels.com): in Jebel Ali angesiedelter, hotelgemanagter Club mit internationalem Championship-Standard, diversen Tontaubenschießdisziplinen, olympischem Skeet-Schießen, Simulationsraum zum Pistolen- und Laserschießen, Bogenschießen, computerisierten Schießständen, Außenbereich mit Flutlicht, Schießschule, Clubhaus im Stil eines alten Forts

Klettern

- **Kletterinfos,** Standorte und Blog unter www.uaeclimbing.com
- **Dorell Climbing:** mit 15 m die höchste Kletterwand der V.A.E., auch Organisation von Klettertouren in die Berge; Zabeel, The Club der Dubai World Trade Centre Apartments, Tel. 3 06 50 61, www.dorellsports.com
- **Pharao’s Club:** Kletterwand im Sport- und Freizeitclub Pharao’s an der Wafi Mall; www.wafi.com, Tel. 3 24 00 00
- **Rock Republic:** Boulder-Kletterhalle im Dubai Investment Park, Tel. 0 50/1 00 13 70, www.facebook.com/rock.republic.dubai
- Wer am Bergklettern oder Abseiling interessiert ist, kann sich an die einheimischen Tourveranstalter wenden (siehe „Reisebüros und Tourveranstalter“).

Trampolin

- **Bounce:** In dieser Trampolinhalle in Al Quoz kann man sich auf rund 100 meist miteinander verbundenen Trampolinen austoben, Tel. 3 21 14 00, www.bounce.ae.

☒ „Dune bashing“ – Fahrspaß in der Wüste

Skaten

The Sk8 Factory: Skate-, Scooter- und BMX-Halle in Al Quoz mit Rampen und Hindernissen verschiedener Schwierigkeitsstufen, Tel. 050/4 20 43 63, www.sk8factorydubai.com

Kart

Emirates Kartzone: Außenbahn in Oud Metha, Oud Metha Rd, im Al Wasl Sport Club, Tel. 0 50/4 26 34 24, www.emirateskartzone.net

Formula One: Kleine Kartbahn im Vergnügungspark WonderLand, Tel. 3 38 88 28, www.wonderlanduae.com

Kartdrome: 1,2 km lange Indoor- und Outdoor-Strecke des Dubai Autodrome, Tel. 3 67 87 44, www.dubaiautodrome.com

Wüstenfahrschulen

Offroad will gelernt sein! Unerfahrene, die meinen, mit einem Allradwagen könne jedermann durch Dünen und Wüste fahren, irren – nicht Technik, sondern Übung macht den Meister!

Wer unter fachlicher Anleitung in einem Kurzkurs „Desert Driving" erlernen möchte, wie man selbst im tiefsten Sand „auto-mobil" bleibt, kann sich an einen **lokalen Tourveranstalter** wenden (z.B. Arabian Adventures, Orient Tours, Desert Rangers, Explorer Tours; siehe „Reisebüros und Tourveranstalter"). Die Kosten belaufen sich auf 600–1100 Dh (je nach Personenzahl); hinzu kommt der Preis für den Leihwagen, der bei derselben Agentur zu mieten ist. Wer richti-

dub12_014 dt

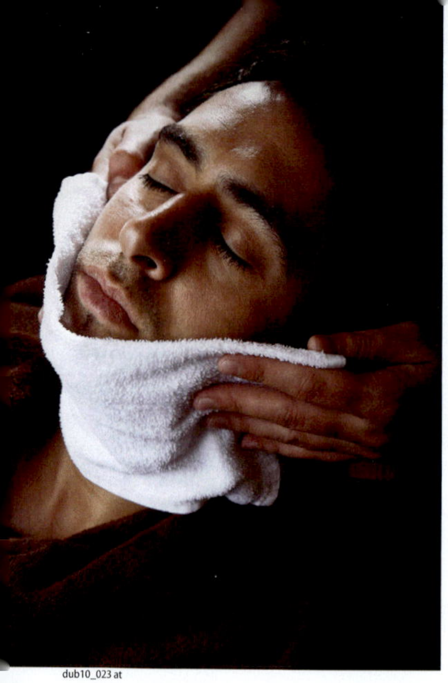

dub10_023 at

ge Offroad-Ambitionen hat, sollte sich an folgende Experten wenden: Nomad, Emirates Driving Institute, Al Futtaim Training Centre und Offroad-Zone bieten Kurse an (siehe Info-Kasten „Offroad ins Gelände wagen").

Sandbuggy/Quad

Durch die Dünen düsen und mal richtig Sand aufwirbeln … Zahlreiche einheimische Tourveranstalter verleihen Sandbuggys und Quads. Adressen finden sich im Kapitel „Reisebüros und Tourveranstalter".

Spa – Schönheitspflege und Erholung auch für den Mann

Motorsport

Der **Dubai Autodrome** ist Teil der **Dubai Motor City** und die größte Motorsportanlage der Region. Es gibt verschiedene Rennstrecken, u.a. einen 5,39 km langen Formel-1-Kurs. Hier finden diverse Rennsportveranstaltungen statt, so der A1 Grand Prix of Nations und die FIA GT Championship. Im Autodrome kann man bereits ab einem Alter von 12 Jahren Rennfahrerfahrungen sammeln, verschiedene Rennwagen stehen bereit. Die **Race and Driving School** bietet Kurse für Anfänger und Fortgeschrittene in Fahrzeugen mit unterschiedlicher Leistung an. Zudem gibt es eine 1,2 km lange **Kartbahn,** die von jedermann benutzt werden kann (s.o.). **Laserdome** ist eine Art Paintball, jedoch mit Laser statt Farbe; im Autodrome kann man es in der Kulisse eines mitterlalterlichen Schlosses spielen.

- **Lage:** Shaikh Mohammed Bin Zayed Rd E311
- **Infos:** www.dubaiautodrome.com, www.motorcity.ae, Tel. 3 67 87 00

Radfahren

Radfahren auf Dubais stark befahrenen Straßen heißt nicht nur der Hitze trotzen, sondern auch Mut zum Risiko bzw. Schicksalsergebenheit zeigen, bedeuten doch rücksichtslose Autofahrer allzu oft Lebensgefahr. Immerhin wurde mit dem **Bau von Radwegen** begonnen. Bis 2020 sollen auf 850 km Länge bis zu 4 m breite, durch Farbe und Reflektoren deutlich markierte Radwege entstehen. Bereits fertig sind: 23 km entlang der Jumeirah

Rd (Neustadt, Strandnähe) und 67 km an der Seih Assalam Rd und Al Qudra Rd (Außenbezirk, Wüstenlandschaft). Weitere 14 km Radweg verlaufen an der Jumeirah Corniche (siehe „Strandparks und Strände“). Auch in den Stadtteilen Dubai Marina und Al Sufouh gibt es einen Radweg entlang der Dubai Tram. Zudem kann man jeden Mittwochabend im Autodrome radfahren („Revolution Nights“, s.u.).

- **Dubai Roadsters** (Rennradsportclub): www.dubairoadsters.com
- **Fahrradverleih:** nach vorheriger Registrierung bei **Nextbike** (www.nextbike.de, Tel. in Deutschland 0 30/69 20 50 46, in Dubai 2 38 43 44, 8 00 33 30), Stationen z.B. Palm Jumeirah, Dubai Marina, Umm Suqeim, Downtown Dubai, Business Bay, Lagune Al Mamzar; Anmiete und Rückgabe ist möglich per Telefonanruf, via Internet bzw. Smartphone-App. Die Preise liegen zwischen 15 Dh für 30 Min und 80 Dh für 24 Std. **Wolfi's Bike Shop** ist ein Spezialfahrradgeschäft, das viele Infos bereitstellt und auch Fahrräder verleiht (Al Quoz, Shaikh Zayed Rd Exit 46, Tel. 3 3944 53, www.wbs.ae).
- **Radeln im Park:** 5 km Radweg um den Mushrif-Park, ein zweiter Radweg verläuft im Al Mamzar Beach Park.
- **Radeln am Meer:** An der Jumeirah Corniche verläuft ein 14 km langer Radweg, auch entlang der Strecke der Dubai Tram kann man radfahren.
- **Nad al Sheba Cycle Park:** Radfahrpark im Stadtteil Nad al Sheba, Rundradbahnen von 4–8 km Länge, Umkleidekabinen, Toiletten; auch Kinderparcours.
- **Revolution Nights:** Radfahren (auch Joggen und Walken) am Mittwochabend für Jedermann im Dubai Autodrome in der Dubai Motor City (www.dubaiautodrome.com).
- **Infos und Streckenkarten:** www.wbs.ae, www.dubairoadsters.com, www.cyclesafedubai.com

Spa

Balsam für Körper und Seele: Massagen und Bäder, Körper- und Gesichtsbehandlungen, Schönheitskuren, Aroma- und Hydrotherapien, Haut-, Haar-, Hand- und Fußpflege, Make-up. Zahlreiche Hotels bzw. Resorts verfügen über ein Spa; auch als Tagesgast kann man es sich dort gut gehen lassen (mit Voranmeldung). Auch außerhalb von Hotels bieten Spas oder Schönheitssalons ihre Dienste an.

In Hotels

- **Anantara:** thailändische und arabische Schönheits- und Wellnessbehandlungen im Anantara Dubai The Palm Resort & Spa; Tel. 5 67 88 88
- **Amara:** jeder Behandlungsraum mit privatem Innenhof, im Park Hyatt Hotel; Tel. 6 02 16 60
- **Armani Spa:** Spa und Thermarium im Armani-Design, im Armani Hotel Dubai; Tel. 8 88 38 88
- **Assawan:** üppig dekoriertes Spa im 18. Stock des spektakulären Hotels Burj Al Arab; Tel. 3 01 77 77
- **Atlantis Spa:** spektakuläres Spa im Atlantis The Palm; Tel. 2 26 10 20
- **Caracalla:** Spa im Le Royal Meridien Beach Resort and Spa; Tel. 3 99 55 55
- **Dubai Marine Spa:** Spa im Dubai Marine Beach Resort & Spa; Tel. 3 04 80 81
- **Elixir:** luxuriöses Spa im Habtoor Grand Beach Resort & Spa; Tel. 3 99 50 00
- **Givenchy:** Spa und orientalisches Hammam im One & Only Royal Mirage; Tel. 3 99 99 99
- **K Wellness:** Spa im Kempinski Hotel in der Mall of the Emirates; Tel. 3 41 00 00
- **The Ritz-Carlton Spa:** balinesisches Spa im gleichnamigen Hotel; Tel. 3 99 40 00
- **Satori Spa:** Wellnessbehandlungen der Luxusklasse im Bab Al Shams; Tel. 8 09 61 00

Serenity, Fit & Spa: Spa mit Stadtblick und fairen Preisen im Pullman Dubai Jumeirah Lakes Towers Hotel & Residence; Tel. 5 67 11 00

Six Senses Spa: großes, von Garten und Seen umgebenes Spa des Madinat-Jumeirah-Hotelresorts; Tel. 3 66 68 18

The Spa: Spa mit Royal Hammam, im Jebel Ali Golf Resort; Tel. 8 83 60 00

Talise: Massagen, orientalische Bäder, medizinische Heilbehandlungen, Massagen, Klang-, Farb- und Aromatherapien, im Madinat Jumeirah; Tel. 3 66 68 18

Talise Ottoman Spa: palastprächtiges türkisches Dampfbad, Massagen und Behandlungen im orientalischen Stil, auch russische und finnische Saunen; Palm Jumeirah, Jumeirah Zabeel Saray Resort, Tel. 4 53 04 55

Weitere Spas in etlichen Luxushotels bzw. -resorts; Beispiele siehe „Unterkunft"

Außerhalb der Hotels

Ansgana: Massagetechniken und Schönheitsbehandlungen für Sie und Ihn, Dubai Marina, Marina Walk, Tel. 3 68 43 56; auch Emirates Hills, The Montgomerie, Arabian Ranches; www.angsanaspa.com

Cleopatras: Spa und Wellness für Frauen und Männer in altägyptischem Dekor, Umm Hureir, Wafi Mall, Tel. 3 24 77 00, www.cleopatrasspaandwellness.com

Dreamworks: balinesische Massagen, Spa und Wellness, Bur Dubai, Al Mina Rd im The New Gold Souq Centre, Tel. 3 98 54 49, www.dreamworks.ae; auch Dubai Marina, Shaikh Zayed Rd, Umm Suqeim und auf Palm Jumeirah

Hello Kitty Beauty Spa: Schönheitsbehandlungen, Haarstyling, Make-up für Fans (Mädchen und Frauen) der japanischen Kultkatze, Jumeirah, Town Centre, Tel. 3 44 95 98, www.hellokittybeautyspa.com

Salt Cave Spa: Spa in Form einer nachgebauten Salzhöhle zur natürlichen Salztherapie; Umm Hurair, Wafi Mall, Tel. 3 70 88 77, www.saltcavespame.com

SensAsia Urban Spa: verschiedene Körper- und Gesichtsbehandlungen, Massagen, auf Palm Jumeirah, im Al Nafura Beach Club 1 zwischen Shoreline Apartments 1 und 2, Tel. 4 22 71 15, www.sensasiaspas.com; auch im Einkaufszentrum The Village, im Emirates Golf Club und in der Mall of the Emirates

Dubai Sports City

Die an der Shaikh Mohammed Bin Zayed Rd E311 gelegene, noch nicht vollendete Dubai Sports City ist **ein auf Sport spezialisiertes Wohngebiet,** das Bewohnern und Besuchern ein riesiges Sport- und Freizeitangebot bietet. Zu den verschiedenen Wohnvierteln gesellen sich Sport- und Freizeitstätten, Stadien, Sportschulen, Parks, Sportgeschäfte, die Arena Mall und Sportmedizinkliniken. Dubai Sports City rühmt sich, die weltweit erste „Sportstadt" zu sein. Herzstück ist ein etwa 1 km langer Kanal samt Promenade.

Infos: Tel. 4 25 11 11, www.dubaisportscity.ae

Sonstige Sportmöglichkeiten

Zum **Spazierengehen und Wandern** bieten sich besonders die **Berglandschaften** außerhalb der Stadt an. Leider gibt es dazu kein topografisch detailliertes Kartenmaterial, aber im Kapitel „Sonstige Adressen/Buchläden" finden sich diverse Anregungen. Eine gute und attraktive Möglichkeit ist es, **dem Ver-**

lauf eines Wadis (Trockenflussbett) zu **folgen** – vorausgesetzt natürlich, es gab vorher keine lang anhaltenden Regenfälle, und es sieht auch nicht so aus, als würde es in absehbarer Zeit anfangen, denn dann führt so manches Wadi plötzlich Wasser, und teilweise entstehen reißende Flüsse.

Will man **joggen,** sollte man dazu die kühlen Stunden am frühen Morgen oder späten Nachmittag wählen. Joggingwege finden sich in zahlreichen Parks und an der Jumeirah Corniche sowie z.B. in den Gärten der Hotels Grand Hyatt Dubai, Madinat Jumeirah, Jebel Ali Golf Resort (in Jebel Ali) und Hatta Fort (in Hatta). Auch der Wellenbrecherkranz von Palm Jumeirah ist bei Joggern beliebt.

Wer an Trekkingtouren in den Bergen, Mountainbiking, Sandbuggyfahren, Wüstensafaris oder Kanufahren interessiert ist, kann sich bei darauf spezialisierten emiratischen **Tourveranstaltern** über die Möglichkeiten beraten lassen.

Veranstaltungen und Festivals

Nirgendwo am Golf finden so viele **Feste und Veranstaltungen** kultureller und sportlicher Art sowie **Handels- und Wirtschaftsmessen** statt. Insbesondere in den Wintermonaten ist Dubai ein beliebter Austragungsort zahlreicher Veranstaltungen, teilweise mit internationaler Bedeutung.

Informationen über das Angebot und die aktuellen Termine entnimmt man den Tageszeitungen (siehe „Reisevorbereitung/Medien") oder folgenden Veranstaltungs-Websites:

- **www.dubaicalendar.ae**
- **www.timeoutdubai.com**

Alljährliche Sport-Publikumsmagnete

- **Dubai 24 Hours**
Publikumsmagnet, 24-Stunden-Autorennen im Dubai Autodrome; Januar, www.24hdubai.com
- **Dubai Desert Classic**
Hoch dotiertes Golfturnier und „Kronjuwel" der PGA-Tour mit zahlreichen internationalen Golfstars; Januar/Februar, www.dubaidesertclassic.com
- **Gulf Gaelic Games**
Irische Sportarten wie der dem Rugby ähnliche Gaelic Football oder Hurling – eine Art Hockey – sowie irische Partys und Musikkonzerte; Februar, www.dubaicelts.com
- **Dubai Duty Free Tennis Championship**
ATP World Tour, jeweils eine Woche Tennisturniere für Profi-Damen und -Herren; Februar/März, www.dubaidutyfreetennischampionships.com
- **UAE Desert Challenge**
Hochrangigste aller Wüstenrallyes der V.A.E.; eine Woche lang im März/April, www.atcuae.ae
- **Dubai Vertical Marathon**
Urbaner Wohltätigkeits-Hochhaus-Treppenlauf (Jumeirah Emirates Towers); April, www.jumeirah.com
- **Dubai Sports World**
Bei diesem Indoor-Sportevent können Sportarten wie Fußball, Tischtennis, Basketball, Tennis, Volleyball, Skateboarden oder Rugby betrieben werden; Juni bis August, www.dubaisportsworld.ae
- **Dubai Motor Show**
Alle zwei Jahre stattfindende Motormesse, Shows und Wettbewerbe ziehen fünf Tage lang Zehntausende Autofans an; November, www.dubaimotorshow.com

Dubai World Cup – Wüstenspektakel der Weltklasse

Der Dubai World Cup ist das **Pferderennen mit dem weltweit höchsten Preisgeld;** beim 20. Rennen 2015 waren es 10 Millionen Dollar. Der Dubai World Cup genießt „Group 1"-Status – Welt- oder Europameisterschaften gibt es im Galopprennsport nicht, es sind die Group-1-Rennen, bei denen die Besten der Besten an den Start gehen.

Im Rahmen des World Cup werden insgesamt sieben Rennen für Vollblüter oder reinrassige Araberpferde über verschiedene Längen sowohl auf Sand als auch auf Gras veranstaltet. Der World Cup findet als letztes Ereignis **unter Flutlicht** statt, geht über 1¼ Meilen (ca. 2000 Meter) und ist für alle Altersklassen offen.

Seit dem ersten World Cup sind meist **Pferde der Al Maktoums** Sieger des Rennens. Doch für die Herrscherfamilie, die nicht nur Gastgeber, sondern auch Hauptsponsor ist, ist der Sieg nicht unbedingt das Wichtigste. Ihnen ist vielmehr daran gelegen, Initiator dieses bedeutenden Sportevents zu sein und es in einen gebührenden Rahmen zu setzen. Seit Generationen sind sie in der Vollblutzucht und im Rennsport engagiert und verfügen ohnehin über das global größte Renn- und Zuchtimperium. Eine Reihe der weltbesten Vollblüter ist in ihrem Besitz, und vor allem der europäische Rennsport wird von ihren Pferden und ihrem Sponsortum dominiert. Die zahlenmäßig größte Pferdeschar gehört H.H. General Shaikh *Mohammed bin Rashid Al Maktoum.* Der Vollblut-Magnat gilt als reichster Pferdebesitzer der Welt, und auf seine Initiative gehen die meisten Aktivitäten des Maktoum-Hofes im internationalen Rennsport zurück. Er ist auch der Begründer von **„Godolphin",** unter dessen Banner die Stargalopper von ihm und seinem Bruder H.H. Shaikh Maktoum laufen. Ein Kerngedanke des Projektes ist es, die aus weltweit diversen Rennställen stammenden, im Training stehenden Renner über Winter in das milde Wüstenklima Dubais zu holen und dort für die Saison vorzubereiten. In den hoheitlichen Ställen des Wüstenemirates führen die Lieblinge ein Luxusleben mit Klimaanlage, Swimmingpool, Duschkabinen, Solarien, individuellem Pfleger, hauseigener Futtermittelfabrik sowie Veterinärklinik samt Operationssaal. Und das Konzept geht auf: Die Godolphin-Farben finden sich bei nahezu jedem bedeutenden Rennen auf dem Siegertreppchen. Die schnellen Rosse aus dem Turf-Imperium der Al Maktoums kassieren weltweit mehr Preisgelder ab als die irgendeines anderen Rennstalles.

Der Dubai World Cup ist auch ein erstrangiges **gesellschaftliches Ereignis.** Das gesamte Emirat blickt an diesem Tag auf die Pferderennbahn, sei es auf dem Fernsehbildschirm oder live vor Ort. Eintrittsgeld braucht niemand zu bezahlen, und so strömen alljährlich über 60.000 Menschen aller Nationen zu dem Rennen auf der **Meydan-Rennbahn** im gleichnamigen Neubauviertel. In den VIP-Bereichen geht es genauso glamourös zu wie in Ascot oder beim Melbourne Cup: Frauen stellen ihre elegantesten Kleider und extravagantesten Hüte zur Schau, Männer zeigen sich entweder im Anzug oder im schottischen Kilt, Einheimische natürlich in ihrer schicksten dishdasha. Auch wem Pferderennen bislang eher gleichgültig waren, sollte sich den **alljährlich im März** stattfindenden Dubai World Cup nicht entgehen lassen.

dub215b kk

Buchtipp und Websites

- **The Al Maktoums.** Legends of the Turf. Media Prima, Dubai
- **www.dubaiworldcup.com, www.godolphin.com**

„Trinker der Lüfte"

Arabische Pferde gelten wegen ihrer Schönheit, Ausdauer und Intelligenz als die vollkommenste aller Pferderassen. Immerhin war es Gott persönlich, der sie aus einer Handvoll Wind geschaffen haben soll. Das Glück ist in des Arabers Mähne verflochten, und ohne Flügel soll es fliegen können. Die Lobpreisungen in der Beduinenpoesie und im Volksgesang sind genauso unendlich wie die Mythen und Legenden, die sich um diese göttlichen Geschöpfe ranken. Alten Überlieferungen zufolge wurde der Prophet Mohammed nach seinem Tod von einer weißen Araberstute namens *Burak* in den Himmel getragen. Daher ist die Liebe zu diesen Pferden weitaus mehr als das Hobby schwerreicher Shaikhs.

Tipps für Pferdeliebhaber

- Im Stadtteil **Meydan City** (siehe „Sehenswertes auf Dubais Inlandsseite") dreht sich vieles um den Pferdesport, vornehmlich um den Rennsport. Auch die **Pferderennbahn** Dubais ist hier. Interessierte können an einer **Meydan Stable Tour** teilnehmen, um Einblicke in Stallungen des Dubai Racing Club zu bekommen: während der Rennsaison (Winterhalbjahr) bei Bedarf und nach Reservierung Di, Mi ab 7.30 Uhr, 250 Dh inkl. Frühstück im Meydan Hotel, Tel. 3 81 34 05, www.meydan.ae
- **www.eef.ae,** Emirates Equestrian Federation
- **Dubai International Arabian Horse Championship,** alljährlich im März, www.diahc.ae
- **Dubai International Horse Fair,** alljährlich im März, www.dihf.ae
- Zum Reiten siehe „Sport und Aktivitäten"

Weltmeister im Wassersparen

Die auf der Arabischen Halbinsel heimischen Kamele sind korrekt bezeichnet **einhöckrige Dromedare** (lat. *Camelus dromedarius*). Sie leben nicht nur auf der Arabischen Halbinsel, sondern auch in Nordafrika, Indien und Pakistan, wohingegen ihre zweihöckrigen Verwandten, die Trampeltiere (lat. *Camelus bactrianus*), in Nord- und Zentralasien beheimatet sind. Da sie jedoch der Familie der Kamele untergeordnet sind, hat es sich im umgangssprachlichen Gebrauch eingespielt, beide Begriffe sinngleich zu benutzen.

Das Kamel steckt in einem **„Wunderkörper"**, der den extremen klimatischen Verhältnissen der Wüste perfekt angepasst ist. Hartnäckig hält sich die Mär vom körpereigenen Wasserreservoir; doch nicht „speichern", sondern „sparen" lautet die biologische Zauberformel:

- Selbst wenn die Temperaturen über 50 Grad steigen, brauchen Kamele nur jeden vierten Tag Wasser, ansonsten je nach körperlicher Anstrengung und Nahrungsangebot nur etwa alle ein bis zwei Wochen.
- Im Extremfall können Kamele bis zu 25 Tage ohne Wasseraufnahme auskommen.
- Aufgrund von Wasserverlust können Kamele bis zu 40% ihres Körpergewichtes verlieren, Menschen sterben bereits bei einem Verlust von 14% aufgrund der Eindickung des Blutes an Herzversagen.
- Ein Kamel kann innerhalb von 15 Minuten bis zu 200 Liter Wasser saufen.
- Um viel Flüssigkeit aufzunehmen, können die roten Blutkörperchen das 2000-fache ihres normalen Volumens „aufquellen".
- Bei extremen Temperaturen kann das Kamel seine Körpertemperatur auf bis zu 42 Grad ansteigen lassen. Für alle anderen Säugetiere wäre eine solche Körpertemperatur tödlich, doch bei Kamelen verhindert dieses „kontrollierte Fieber" Schwitzen und somit Wasserverlust.
- Vor dem Ausatmen wird der Wasserdampf in der Kamelnase zurückgehalten und kühlt die Blutgefäße, die das Gehirn und die Netzhaut der Augen versorgen.
- In den Nieren wird dem Harn viel Wasser resorbiert und in den Organismus zurückgeführt. Durch diese Methode der „Urinverdickung" können Kamele auch Salzwasser saufen, ohne daran zu erkranken.
- Im Enddarm wird dem Kot Feuchtigkeit entzogen und dem Organismus zugeführt.
- Im Höcker des Kamels sind Fettreserven eingelagert, die in Notzeiten zur Energieversorgung verbrannt werden.
- Die schlitzförmigen Nüstern können bei einem Sandsturm durch zusätzliche Muskeln geschlossen werden.
- In den labyrinthischen Nasengängen wird der eingeatmeten Luft der Wasserdampf entzogen.

Erst die **Domestizierung** des Kamels vor 3500–3000 Jahren ermöglichte es auch den Menschen, in der Wüste zu überleben. Aus endlosen Weiten wurden „Meere", die man dank der „Wüstenschiffe" durchschreiten konnte. Als Reit- und Lastentier ermöglichte das Kamel Mobilität und die Durchführung von langen Wanderungen, Handelskarawanen und Raubzügen.

Dabei wurden – und werden – Kamele nicht nur als Nutztiere, sondern vielmehr als Kameraden angesehen und mit **Achtung und liebevoller Zuneigung** gewürdigt. In der arabischen Sprache gibt es 160 Bezeichnungen für das Kamel. Die gebräuchlichste „al jamal" wird auch als Begriff für „Zuneigung", „Verehrung" und „Bewunderung" gebraucht. Die sprachliche Wurzel der Wörter „Kamel" und „Schönheit" ist dieselbe.

DP World Tour Championship
PGA-Golfturnier der weltbesten Golfer, Saisonfinale des „Race to Dubai", Jumeirah Golf Estates; November/Dezember, www.europeantour.com

Emirates Airline Dubai Rugby Sevens
Dreitägiges Rugbyturnier als Publikumsmagnet, mit Cheerleader-Eröffnungen und Rugby-Rock-Abschlussabend; November/Dezember, www.dubairugby7s.com

UIM Class One Powerboat Championship
Dreitägiges spektakuläres Schnellbootrennen; Dezember, www.class-1.com

Kamel- und Pferderennen

Kamel- und Pferderennen sind nicht nur bei Einheimischen, sondern auch bei Touristen sehr beliebt. Sie werden **nur im Winter** abgehalten. Da die meisten Veranstaltungen an den Wochenenden, also freitags, oder an Feiertagen stattfinden, werden sie für einen weiteren „Volkssport", den familiären **Picknickausflug,** genutzt. Ein besonderes Erlebnis ist es, eine hochrangige Veranstaltung, wie z.B. die **großen Rennen** zum Abschluss einer Saison, am Nationalfeiertag im Dezember oder zum Eid-Fest am Ende des Fastenmonats Ramadan, zu besuchen (ausführliche Ankündigungen stehen zuvor auch in den emiratischen Tageszeitungen). Auf den Zuschauerrängen herrscht **Volksfeststimmung,** und auch einflussreiche Shaikhs sind vom Rennfieber gepackt und nehmen in ihren Ehrenlogen Platz. Auch wenn gerade kein Rennen stattfindet, sollte man trotzdem an einem Wochenende auf eine Rennbahn fahren, um beim **Training** zuzusehen (frühmorgens bis mittags) – insbesondere bei Kamelrennen kann man über neumodische Jockeys staunen (siehe Info-Kasten „Bohrer auf dem Buckel – Pimp the Jockey").

Dubais **Pferderennbahn** heißt **Meydan,** sie liegt inmitten des im Bau befindlichen gleichnamigen Viertels. Die **Kamelrennbahn Al Marmoum** liegt im Stadtteil **Al Marqadh** (E66 Richtung Al Ain, hinter der Kreuzung mit der E311 und der E77, Exit 37 Lisali, danach rechts halten zur Tribüne).

Pferderennen

Emirates Racing Authority
Tel. 3 27 00 77, www.emiratesracing.com

Dubai Racing Club
Tel. 3 27 00 77, www.dubairacingclub.com

Dubai World Cup
Höchstdotiertes Pferderennen der Welt im Meydan-Rennkomplex; März, www.dubairacingclub.com, siehe Info-Kasten „Dubai World Cup – Wüstenspektakel der Weltklasse"

Kamelrennen

UAE Camel Race Association
Tel. 02/5 83 92 00, www.cra.ae

Dubai Camel Racing Club
Tel. 8 32 65 26, www.dcrc.ae

Festivals und Feste

Dubai Shopping Festival (DSF)

Während diesem alljährlich **Anfang Januar bis Anfang Februar** abgehaltenen Festival kann man viel mehr als nur günstig einkaufen: Die ganze Stadt ist voller Attraktionen, und es gibt so viel zu sehen und zu erleben wie zu kaum einer

Bohrer auf dem Buckel – Pimp the Jockey

Jahrhundertelang lebten die **Beduinen** in trauter Eintracht mit ihrem besten Freund, dem Kamel. Die robusten und anspruchslosen Wüstenschiffe gestatteten es ihnen, sicher das weite Wüstenmeer zu durchqueren, sie trugen Handelswaren und bereicherten die Versorgung mit Milch und Fleisch. Obwohl Kamele heute kaum noch von praktischem Nutzen oder zum Überleben in der Wüste notwendig sind, haben Dubai-in die Loyalität zu ihrem treuen Begleiter mit in die Gegenwart genommen und an der **Tradition** der Kamelrennen festgehalten. Doch bei aller Traditionsliebe hat auch hier die **Moderne** Einzug gehalten, sowohl in der Zucht der Wüstenschiffe, als auch in der Organisation der Kamelrennen.

Alle Sparten des **Kamelrennsports** sind ein **einträgliches Geschäft.** Die Teilnahme an Rennen und Kamelzucht gilt als Zeichen nationaler arabischer Identität. Natürlich geht es um Ruhm und Ehre, doch den Kamelbesitzern und Trainern bringt der Sport auch Reichtum und eine gesicherte Zukunft. Geldpreise von umgerechnet bis zu 5000 Euro sind dabei nur ein kleiner Vorgeschmack auf weitaus wertvollere Preise, die bei den großen Rennen winken. Ironie der Geschichte ist, dass das alte Reittier seinem Halter bei einem Sieg oftmals zum Besitz einer teuren Luxuslimousine verhilft. Wie vor Jahrhunderten ernährt es also seinen Eigentümer und ermöglicht ihm die zeitgemäße Fortbewegung.

Die heutige **Zucht von Rennkamelen** ist am Sieg orientiert und macht sich modernste wissenschaftliche Erkenntnisse zunutze. Die Wüstenschiffe werden hoch- und kreuzgezüchtet, sie verwandeln sich in windhundschlanke Renntiere und sind nicht selten hypersensibel und neurotisch. Internationale Expertenteams entwickelten Programme zur Vervielfältigung der millionenschweren Pistenstars. Möglichst viele schnelle und gesunde Nachkommen, lautet die Devise, die in speziellen „Reproduction Centers" Anwendung findet. Selektive Auswahl und Embryonentransfer bilden die Basis dieser **„Zucht für den Sieg".** Die besten Eltern werden durch genetische Tests ermittelt. Der Samen von leistungsfähigen Rennhengsten liegt in tiefgefrorener Form vor (in -196 Grad kaltem flüssigem Stickstoff), die Eizellen berühmter Stuten werden nach ihrem Eisprung ausgespült. Da auch die schnellsten Kameldamen von Natur aus meist nur ein Fohlen gebären können, verabreicht man ihnen eine Hormonbehandlung, sodass mehrere Eier reifen können. Mittels künstlicher Befruchtung in Reagenzgläsern entstehen so bis zu zwölf Embryonen. Diese werden in die Gebärmutter von Leihmüttern transferiert oder bis zur weiteren Verwendung eingefroren. In beiden Fällen ist die „natürliche" Mutter von elf Monaten Austragen befreit und kann zurück auf die Rennbahn. Die Entwicklung der Embryonen wird mittels Ultraschall genauestens überwacht. 1995 wurde der Welt erstes Embryonentransfer-Kamelfohlen in Dubais Camel Reproduction Centre geboren, 2009 das erste genetisch mit der Mutter identische Klon-Kamel.

Das „Hochgeschwindigkeitskamel" wird mit **strengen Trainings- und Ernährungsplänen** fit gemacht. Das Leistungstraining ist hart und besteht aus Schritt-, Trab- und Galopp-Passagen, die eine Distanz von 25 km betragen können. Auch auf Laufbändern müssen die Tiere ihr Fitnessprogramm absolvieren. Muskeln entspannendes Aquajogging im 50 m langen Pool rundet das Training ab. Zur Überwachung des Prozesses spielt auch die medizinische Diagnostik eine wichtige Rolle. Um fit und vital zu sein, beinhaltet der Kamel-Ernährungsplan modernste Futtermittel sowie Honig, Butter, Kräuter, Gerste, Alfalfagras, Eier und Datteln. Und weil auch Kamele eine Extraportion Milch zu schätzen wissen, hält sich Dubais prominentester Rennkamelzüchter, H.H. Shaikh *Mohammed Al Maktoum* – der „echte Beduine" unter den Dubaier Hoheiten –, eigens zu diesem Zweck 200 Milchkühe.

Für das Kamelfohlen beginnt die **Ausbildung** in einem Alter von sechs Monaten. Ausgewachsen sind sie erst mit fünf bis sechs Jahren, an den Start gehen sie allerdings schon mit zwei. Gut trainiert können Kamele eine Spitzengeschwindigkeit von 50 km/h laufen. Diese Topform erreichen die meisten Tiere mit einem Alter von drei bis vier Jahren, also zu Beginn ihrer Laufbahn als Rennkamel, die Hengste oftmals schon mit zehn Jahren beenden, wohingegen Stuten noch mit einem Alter von zwanzig Jahren im Geschäft sind. Der **Preis** für erfolgreiche Rennkamele kann bis zu zwanzig Millionen Dirham betragen. Allerdings trennen sich nur wenige Besitzer von ihren so edlen „Schätzchen".

Seit neuestem werden diese Edelrenner nicht mehr von menschlichen **Jockeys** geritten, sondern von **maschinellem Ersatz:** In der gesamten Golfregion heißt es Hilti gegen Black & Decker. Jawohl, jetzt ist es raus, das Geheimnis, das sich von Stoffhemdchen staubgeschützt unter einem individuell zusammengeschweißten Stahlrahmen verbirgt. Ganz gewöhnliche Akkuschrauber sind das Herz der meisten neumodischen Jockeys. Und das kam so:

Nachdem das Öl aus dem Wüstenboden zu sprudeln begann, avancierte das gute alte Volksfest-Highlight Kamelrennen zu einem exorbitant teuren Prestigesport. **Kinder** im Grundschulalter – vornehmlich aus Indien, Pakistan oder Sudan – peitschten die holperigen Rennmaschinen zum Sieg; sie mussten die Gefahr akzeptieren, bei vollem Speed vom Kamelbuckel zu fallen, sie mussten sich mit einem Niedrigstlohn zufrieden geben und unter unwürdigen Bedingungen fernab der Heimat leben. Jahrzehntelang war dies so, aber in den ersten Jahren dieses Millenniums besann sich die Herrscherriege ihrer väterlichen Pflichten und erließ Dekrete, welche die Altersgrenze der Jockeys nach oben schraubten. Tausende Kinderjockeys wurden in ihre Heimatländer zurückgeführt, ein Rehabilitationszentrum in Abu Dhabi eingerichtet. Heute drohen mehrjährige **Haftstrafen beim Einsatz minderjähriger Jockeys.** Dies gilt für die Rennen und das tagtägliche Training.

Nun war eine zündende Idee gefragt, um die leichthufigen Tiere zum Sprinten zu bringen. Jugendliche als Jockeys kamen nicht in Frage, denn sie sind zu schwer, das hielten die Knochen der Tiere nicht lange aus – abgesehen davon

dub07_176 kk

würden die Rennkamele mit zu vielen Kilos auf dem Kreuz keine Spitzenzeiten erreichen. Also nahmen die Dinge ihren Lauf, und bei pfiffigen Erfindern am südlichen Golfufer jagte ein Geistesblitz den anderen. Was kann ein Akkuschrauber? Er kann schnell eine Peitsche schwingen, er wiegt nicht viel und seine Energieversorgung ist kabellos gesichert. Und was hat jeder Kamelbesitzer tagtäglich in der Hand? Sein Handy, ja natürlich, aber auch seinen Autoschlüssel. Und eine Fusion aus **Akkuschrauber** und dem Mechanismus, der moderne Autotürschlösser fernsteuert, ist es, die den Maschinenjockey à la Orient geschaffen hat. Der Apparatur wurden noch ein stabiler Stahlrahmen und eine staubdichte Stoffschicht sowie Halteseile verpasst, und fertig war der neue Herr der Kamele.

Ausgefeilte Modelle haben einen Kopf samt Käppi drauf – im Grunde unnützes Gewicht, aber vielleicht hilft das, den tierischen Unmut der eigenwilligen Dromedare ob ihrer maschinellen Zurichtung einzudämmen.

Diese Akkuschrauber-Jockeys wiegen knapp vier Kilo. Insbesondere für Jungkamele, die unter der Last eines erwachsenen Reiters ziemlich stöhnen würden, eignen sie sich.

„Raqbi-ali", so werden diese Maschinen auf Arabisch genannt. Und damit ist zumindest die eine Worthälfte gleich geblieben, denn mit „raqbi" bezeichnet man Jockeys; der Zusatz „ali" besagt jedoch nicht etwa, dass man diese Maschinen liebevoll Ali genannt hat, nein, mit „ali" bezeichnen Araber gerne alle möglichen Arten von Maschinen – so ist also der neue Reiter ganz trefflich ein „Jockey-Dings". Technisch deutlich übertrieben, werden sie oft als „Roboter-Jockeys" bezeichnet – aber wer weiß, was die Zukunft noch bringt?

Und noch etwas ist gleich geblieben: Wie in alten Zeiten fahren auch heute noch Trainer und Kamelbesitzer auf einer zweiten Rennspur im Geländewagen neben dem rasenden Dromedar her – nicht mehr, um dem kindlichen Jockey Kommandos zuzurufen, wohl aber um den Peitschrhythmus des Jockey-Dings zu steuern oder um die Wüstenflitzer via Walkie-Talkie anzufeuern.

Frühere Modelle – ohne Akkuschrauber – hatten Arme und Beine, aber dass die Kamele nach dem Aufschnallen dieses knapp 30 Kilo schweren Kolosses durchdrehten, war kein Wunder. Anfänglich waren riesige Fernsteuerungen von Modellflugzeugen im Einsatz, aber auch das ist schon ein Jahrzehnt her.

Ist das Ganze nun ein segensreicher **Fortschritt oder** schlimmer **Kulturbruch?** Die Kameleigner schwanken zwischen Begeisterung und Entsetzen. Manche loben, man müsse sich nun keine Sorgen mehr um die Kinder machen. Getreu dem Motto „Pimp my Camel – money doesn't matter" wünschen sie sich ausgefeiltere Peitschrhythmen, lautere Hupen und immer leichtere Modelle. Ideen, die neuen Reiter via Handysignalen fernzusteuern, sind bei vielen willkommen, denn dann könnte man sein Lieblingsrennkamel auch aus fernen Landen lenken … Andere verfluchen all diesen neumodischen Kram und sehen den Untergang des Morgenlandes in Reichweite. Aber wer im Rennzirkus konkurrenzfähig bleiben will, muss diese Entwicklungen mitmachen. Vielleicht ist es nur eine Frage der Zeit, bis die Kamele selbst durch Robotor ersetzt werden?

Ob die charakterstarken Wüstenschiffe die Jockeymaschinen akzeptieren oder sich von dem Umstand, dass sie keines menschlichen Reiters mehr würdig sind, eher gedemütigt fühlen werden, bleibt abzuwarten. Jedoch sagt der typisch stolz-snobistische Blick der Kamele mehr als 1001 Worte …

anderen Zeit. **Kultur- und Sportevents, Familienfeste und Gewinnspiele** ziehen über 3 Millionen Besucher an. Familien finden ein breites Angebot an Veranstaltungen vor, die auch – oder gerade – Kindern gefallen. Zahlreiche Darbietungen geben Gelegenheit, die emiratische Kultur, Geschichte und Tradition kennen zu lernen. Und schließlich ist das Klima zu dieser Zeit ideal.

Wie bereits angedeutet: **Einen Monat lang steht Dubai Kopf.** Gebäude und Grünanlagen sind mit etlichen hundert Kilometern Lichterketten und Fähnchen dekoriert, **unzählige Losbuden, Imbiss- und Verkaufsstände** säumen die Bürgersteige. Zahlreiche Geschäfte offerieren großzügige Vergünstigungen, ohne dabei auf „Ausverkaufware" zurückzugreifen. Hinzu kommen überaus attraktive Verlosungen (engl. *raffle*): täglich eine Luxuslimousine, ein Geländewagen und kiloweise Gold – von „kleineren" Dingen wie Elektroartikel, Urlaubsreisen oder Einkaufsgutscheinen ganz zu schweigen …

Während der vier festlichen Einkaufswochen kann man beispielsweise teilhaben an **Hubschrauberrundflügen, Kamelreiten, Bungee-Jumping, Go-Karting** etc. Zudem finden **Konzerte** und **Unterhaltungsshows, Modenschauen** sowie **Feuerwerke** statt.

Tipp: Im **Heritage and Diving Village** finden jeden Abend sehr sehenswerte **folkloristische Veranstaltungen** sowie traditionelle Musik-/Tanzvorführungen oder Kunstausstellungen statt. Und an der Uferpromenade der **Dubai Festival City** wird eine Vielzahl von Familienevents veranstaltet – insbesondere abends ist es hier sehr schön. Zahlreiche Kirmes-Attraktionen gibt es im **Global Village,** in dem Nationen aus aller Welt ihre Kultur präsentieren. Auch in den **Straßen Al Rigga, Al Muraqabat, Al Seef, 2nd of December** werden viele **Veranstaltungen und Spiele** abgehalten.

Der Monat des Shopping Festivals ist auch der Monat des Sports. Nahezu täglich werden die unterschiedlichsten Wettkämpfe ausgetragen, beispielsweise **Kamelrennen, Schnellbootrennen, Segelregatten, Wüstenrallyes, Eishockeyturniere, Jetski- und Sanddünenskirennen.** Eintrittsgelder werden bei den wenigsten Events verlangt.

Tipp: Wer bei diesem Megafest dabei sein möchte, sollte **rechtzeitig Hotel und Mietwagen reservieren! Preisvergleiche** lohnen sich, denn zahlreiche Hotels und Apartments bieten **Rabatte** an, und diverse Fluglinien erhöhen für heimfliegende Shopper das zulässige Freigepäck.

- **Infos:** www.mydsf.ae, www.dubaicalendar.ae
- Während des Festivals kann man sich in den Tageszeitungen und beim Ahlan-Dubai-Infotelefon (Tel. gebührenfrei 6 00/54 55) über die genauen Programmabläufe informieren.

Dubai Summer Surprises (DSS)

Dieses Festival soll Dubais Position als Ganzjahresdestination stärken. Es findet im Sommer zwischen Juli und September statt und richtet sich vornehmlich an Familien aus den Golf-Nachbarländern (deren Kinder dann Ferien haben), doch auch Europäer finden interessante Angebote. **Unterhaltung und Erholung für Groß und Klein** bilden die Schwerpunktthemen, und so kann man sich auf zahlreichen Veranstaltungen amüsieren

– anders als beim DSF finden diese jedoch vornehmlich in klimatisierten Innenräumen statt.

Das Maskottchen des DSS ist ein Riesenwurm namens „Modheesh", was übersetzt werden kann mit „faszinierend". In der **Modheesh World** steht alles unter dem Motto „Big fun for the little ones" – klimatisiert in den Messehallen des Trade Centre.

Dubais Einkaufstempel locken mit Sonderpreisen oder Verlosungen, Hotels und Apartments bieten nicht nur reduzierte Zimmerpreise, sondern spendieren mitunter auch freie Hotelnächte, Flughafentransfer, Frühstück o.Ä.

- **Infos:** www.dubaicalendar.ae
- Während des Festivals kann man sich in den Tageszeitungen und beim Ahlan-Dubai-Infotelefon (Tel. gebührenfrei 6 00/54 55) über die genauen Programmabläufe informieren.

Kunst und Kultur

Verschiedene „informelle" Kunstviertel können in Dubai erkundet werden: Das **Volkskundeviertel Al Fahidi Historical Neighbourhood** im Zentrum lädt zum ruhigen Spaziergang durch diverse Windturmhaus-Galerien ein, das entlang der Shaikh Zayed Rd gelegene Industriegebiet **Al Quoz** ist weniger romantisch und keine Flaniermeile, aber etliche ausgediente Lagerhallen bergen interessante Sammlungen – Al Quoz hat eine eigenständige Dynamik entwickelt und eine vibrierende alternative Kunstszene hervorgebracht. Im Dubai International Financial Centre (DIFC) finden sich in den verschiedenen Gebäuden des **Gate Village** rund ein Dutzend Galerien – hier kann man autofrei flanieren. Weitere Kunstareale sind in Bau, beispielsweise in der Mohammed bin Rashid City und in Downtown Dubai (zu beiden siehe „Sehenswertes auf Dubais Inlandsseite"); auch ein Museum für moderne Kunst soll entstehen.

[>] In manchen Windturmhäusern im Viertel Al Fahidi Historical Neighbourhood haben sich Galerien angesiedelt

- **Infos** über Museen, Galerien, Veranstaltungen sowie Blog und eine Artmap bietet **Art in the City:** www.artinthecity.com.
- **Infos** über Kino und Theater, Konzerte und Ausstellungen sind **Tageszeitungen, Veranstaltungsmagazinen** sowie Websites (siehe „Reisevorbereitung/Informationen") zu entnehmen, darunter der Website der Dubai Culture and Arts Authority: **www.dubaiculture.ae.**
- **Tipp:** Die alljährlich im März stattfindende Kunstmesse **Art Dubai** ist die größte der Region (www.artdubai.ae).

Kunstgalerien

Alserkal Avenue Arts District

Rund 25 voneinander unabhängige Galerien bzw. Studios zeigen zumeist **zeitgenössisch-moderne Kunst** (Malerei, Design, Fotografie etc.). Der Ort: ein Lagerhallen-Komplex in Al Quoz (etwa in Höhe des Einkaufszentrums Times Square und von Courtyard). Neben den Ausstellungsräumen gehören auch Veranstaltungsräume, ein Café sowie Gemeinschaftsräume für Kulturschaffende und Kulturinteressierte dazu, wo sie sich austauschen und treffen können. Auch Workshops und Auktionen, Vorträge und Lesungen werden organisiert. Eine große Freiluftveranstaltungsfläche ist ebenfalls Teil des Kunstdistrikts.

Infos: die meisten Galerien haben Sa bis Do 11–19 Uhr geöffnet, manche mit Mittagspause ca. 13–16 Uhr, www.alserkalavenue.ae, Tel. 4 16 19 00

The Courtyard

Dieser „Innenhof" umfasst Einzelgalerien, Kunsthandwerksgeschäfte, Design- und Fotostudios verschiedener Kunststile. Sowohl einheimische als auch internationale Künstler haben sich hinter den hübschen Fassaden eingerichtet.

The Courtyard liegt im Industriegebiet von **Al Quoz,** Street 4b, zu erreichen über die nach Abu Dhabi führende Shaikh Zayed Rd, Exit 42.

Infos: die meisten Galerien haben Sa bis Do 10–20 Uhr geöffnet, evtl. Mittagspause ca. 13–16 Uhr, www.courtyard-uae.com, Tel. 3 47 50 50

Art Sawa

Wechselnde Ausstellungen international aufstrebender **Künstler verschiedener Sparten:** Malerei, Skulpturen, Fotografie, Video, Installationen etc. Untergebracht im Dubai International Financial Centre, Gate Village, Building 08, außerdem Galerie in Al Quoz, Al Marabea Rd, nicht weit vom Einkaufszentrum Times Square.

dub12_015 dt

Infos: geöffnet Sa bis Do 10–19 Uhr, www.artsawa.com, Tel. 3 86 23 66

Majlis Gallery

Die in einem hübschen **Windturmhaus im Viertel Al Fahidi Historical Neighbourhood** (am Kreisverkehr Al Fahidi St. Ecke Al Mussalla Rd) eingerichtete Sammlung zeigt in wechselnden Ausstellungen **Kunstwerke arabischer Künstler,** außerdem kann man Antiquitäten und Kunsthandwerk erstehen und einen Einblick in ein altes Windturmhaus bekommen.

Infos: geöffnet Sa bis Do 10–18 Uhr, www.themajlisgallery.com, Tel. 3 53 62 33

XVA Gallery

Die Kunstgalerie mit wechselnden **Ausstellungen zeitgenössischer Kunst** über Dubai oder die V.A.E. ist in einem restaurierten **historischen Windturmhaus im Viertel Al Fahidi Historical Neighbourhood** untergebracht (Hausnummer XVA); Kunsthandwerksladen, Kunst-Hotel und Café gehören dazu.

Infos: geöffnet Sa bis Do 10–18 Uhr, www.xvagallery.com, Tel. 3 58 51 17

Mawaheb

Kunstschule und -galerie sowie Veranstaltungs- und Ausstellungszentrum im Viertel Al Fahidi Historical Neighbourhood. „Mawaheb" bedeutet übersetzt „besondere Menschen" – hier dreht sich alles um **Kunst von und für Menschen mit Körperbehinderung.**

Infos: geöffnet So bis Do 8.30–15 Uhr (Juli, August geschlossen), www.mawaheb-dubai.com, Tel. 3 53 21 00

The Pavilion Downtown Dubai

Architektonisch interessanter Treffpunkt und Aktionsraum von Kunstschaffenden, wechselnde Ausstellungen und Performances, mit Galerien, Kino, Restaurant, Espresso-Bar und Wasserpfeifen-Café mit Außenterrasse. Gelegen in Downtown Dubai, am Shaikh Mohammed bin Rashid Boulevard.

Infos: geöffnet 10–24 Uhr, www.pavilion.ae, Tel. 4 47 70 25

Tashkeel

Von der Al Maktoum-Familie gestiftete **Studios und Ausstellungsräume** für ortsansässige Künstler unterschiedlicher Kunststile. Zudem wechselnde Gastausstellungen und Workshops. Tashkeel findet sich im Stadtteil Nad al Sheba in der Nad al Sheba Rd neben The Track Meydan Golfcourse.

Infos: geöffnet Sa bis Do 8–22 Uhr, www.tashkeel.org, Tel. 3 36 33 13

Dubai International Art Centre

In Jumeirah, in einer Seitenstraße der Jumeirah Rd (Street 75b, zwischen Town Centre und Mercato Mall, Villa Nr. 27), steht das 1976 gegründete Art Centre mit Galerie 76, Kunst-Shop und Café. Es gibt eine Vielzahl von **Kursen** und wechselnden **Ausstellungen.**

Infos: geöffnet Sa bis Mi 9–21 Uhr, Do 9–16 Uhr, www.artdubai.com, Tel. 3 44 43 98

Dubai Community Theatre and Arts Centre

Dieses in der obersten Etage der **Mall of the Emirates** eingerichtete **Kunstzentrum** steht unter der Schirmherrschaft der Herrschergattin Her Royal Highness *Princess Haya Bint Al Hussein.* Hier vereinen sich Kunst, Musik, Tanz und Theater in Form von Ausstellungen, Vorstellungen und Kursen.

Infos: geöffnet Sa bis Do 9–22 Uhr, Fr 14–22 Uhr, www.ductac.org, Tel. 3 41 47 77

The Empty Quarter

Wechselnde Ausstellungen internationaler **Kunstfotografie** im Dubai International Financial Centre (Gate Village, Building 2).

Infos: geöffnet Sa bis Do 10–20 Uhr, www.theemptyquarter.com, Tel. 3 23 12 10

The Third Line

„Zwischen den Zeilen" zu interpretierende innovative **zeitgenössische Werke junger arabischer Künstler,** die durchaus traditionelle Normen sprengen. Wechselnde Ausstellungen von digitaler Kunst bis Fotografie und Film, auch Künstlergespräche und Seminare. Gelegen **in Al Quoz,** Street 6a, neben Courtyard (s.o.).

Infos: geöffnet Sa bis Do 10–19 Uhr, www.thethirdline.com, Tel. 3 41 13 67

Miraj Islamic Art Centre

In Jumeirah, an der Jumeirah Rd, steht kreative Kunst aus allen Ecken der islamischen Welt im Fokus. Die **Geschichte der islamischen Kunst** und etliche Meisterwerke werden in modernem Ambiente präsentiert.

Infos: geöffnet Sa bis Do 10–20 Uhr, www.mirajislamicartcentre.com, Tel. 3 94 10 84

Art Couture

Im Al Badia Golf Club in der Dubai Festival City werden **Ausstellungen** regionaler und internationaler Künstler sowie regelmäßige **Diskussionen und Events** zwischen Kunstschaffenden und Kunstinteressenten als „Art & Coffee Mornings" veranstaltet.

Infos: geöffnet Sa bis Di und Do 10–22 Uhr, www.artcoutureuae.com, Tel. 6 01 01 01

Noon Art Gallery

Im Stadtteil Al Barsha, hinter der Mall of the Emirates im gleichnamigen Apartmenthotel eingerichtete Kunstgalerie, die vorwiegend **Gemälde einheimischer Künstler** ausstellt.

Infos: geöffnet 8–21 Uhr, www.noonhotel.com, Tel. 3 25 54 59

Kinos

Die **großen Kinos** präsentieren stets aktuelle englischsprachige Filme. **Kleinere Lichtspielhäuser** zeigen meist indische Filme à la Bollywood – schnulzige Historienschinken, schmalzige Liebesromanzen, verwickelte Seifenopern und wilde Gewaltstreifen, die den mitteleuropäischen Kinogänger entweder befremden oder amüsieren.

Preise für englischsprachige Filme: reguläres Ticket ab 30 Dh

Dubai International Jazz Festival

dub14-056 dt

Tipp: Da die Klimaanlagen auf Dauer (zu) gut kühlen, kann ein Pullover nicht schaden.

Aktuelle Programminfos: www.timeoutdubai.com, Mittwochsausgaben der Tageszeitungen

Gulf Film Festival: Filmfestival mit wechselnden Schwerpunktthemen, Kurzfilmen und Dokumentationen; April, www.gulffilmfest.com

Dubai International Film Festival: Internationales Filmfestival, Premieren und Einzelvorstellungen fernab der üblichen Blockbuster; Dezember, www.dubaifilmfest.com

Kinos mit englischsprachigen Filmen

Kinos, in denen englischsprachige Filme gezeigt werden, finden sich in allen großen Einkaufszentren und Malls (siehe „Einkaufszentren und Malls").

VOX Cinemas gibt es z.B. in der Mall of the Emirates, im Deira City Centre, in der Mercato Mall, im City Centre Midrif: www.voxcinemas.com, Tel. 6 00/59 99 05.

Reel Cinemas bieten The Dubai Mall, Dubai Marina Mall und The Beach: www.reelcinemas.ae, Tel. 4 49 19 03.

Novo Cinemas sind im Al Ghurair Centre, in der Dubai Festival City, Ibn Battuta Mall und im Arabian Centre: www.novocinemas.com, Tel. 2 32 85 23.

Theater

Madinat Theater
Familienfreundliche Unterhaltung in der schönen Umgebung des Madinat-Jumeirah-Resorts; www.madinatjumeirah.com, Tel. 3 66 65 46

Dubai Community Theatre and Arts Centre
Multikulturelles Programm in der Mall of the Emirates; www.ductac.org, Tel. 3 41 47 77

■ **Media City Amphitheatre**
Hier finden Großveranstaltungen statt; www.dubaimediacity.com, Tel. 3 91 45 55

■ **The Act**
Ungewöhnlicher Varieté-Theater-Club im Shangri-La Hotel; siehe „Nachtleben"

■ **Cirque du Soir**
Nobler Kellerclub mit Theateraufführungen; siehe „Nachtleben"

■ **Palladium Theatre**
Konzerte, auch Comedy; Media City, Tel. 3 63 68 97, www.palladium-dmc.com

■ **Backstage Dubai**
Theatergruppe zeigt wechselnde Aufführungen; www.backstagedubai.com

Konzerte

Das ganze Jahr über finden zu unregelmäßigen Terminen Festivals und Konzerte internationaler Sänger und Bands – **von Pop bis Klassik** – statt, im Winter weitaus mehr, besondere Highlights fallen oft in die Zeit des Shopping-Festivals (siehe „Veranstaltungen und Festivals"). Große **Events** gibt es in der Dubai Festival City, in Madinat Jumeirah oder im Dubai International Marine Club. Im Irish Village kann man oft Folk-Konzerte besuchen.

■ Die Szene für klassische Musik steckt in den Kinderschuhen, das **UAE National Symphony Orchestra** spielt unregelmäßig an wechselnden Orten; www.nsouae.org. In Downtown Dubai soll 2016 ein multifunktionales Opernhaus fertiggestellt sein.

■ **Freshly Ground Sounds,** nicht-kommerzielle Zusammenkunft von Musikern und Musikliebhabern unter dem Motto „lo-fi, plug in, play, enjoy", Sessions und Konzerte an wechselnden Orten; www.freshlygroundsounds.com

■ Im 15.000 Zuschauer fassenden **Amphitheatre** der Media City werden Konzerte veranstaltet; Tel. 3 91 45 55, www.dubaimediacity.com

■ **The Fridge** veranstaltet innovative Konzerte verschiedener Art in einer alten Lagerhalle in Al Qouz; Tel. 3 47 77 93, www.thefridgedubai.com

■ **Music Hall:** Club-Theater mit Musikbühne im Hotel Jumeirah Zaabel Saray; siehe „Nachtleben"

■ **Dubai Rock Fest:** Rockmusik, auch von emiratischen Bands; Mai, www.dubaicalendar.ae

■ **Dubai International Jazz Festival:** internationales Jazzfestival (9 Tage) mit Konzerten von Topmusikern; Februar, www.dubaijazzfest.com

■ **Dubai Music Week:** fünftägige Musikmesse mit Seminaren und Konzerten internationaler Stars aus Europa, Amerika, Indien und dem Mittleren Osten; September, www.dubaimusicweek.com

Sonstige alljährliche Veranstaltungen

■ **Dubai Bike Week:** Motorradwoche und -messe mit vielfältigen Events, Shows und Konzerten; Februar/März, www.dubaibikeweek.com

■ **Dubai International Horse Fair:** größte Pferdemesse der Region inkl. Shows, Schwerpunkt Araberpferde; Februar/März, www.dihf.ae

■ **Dubai Food Festival:** drei Wochen langes Fest der kulinarischen Vielfalt; Februar/März, www.dubaifoodfestival.com

■ **Emirates Airline Festival of Literature:** internationales Literaturfestival, drei Tage Programm mit Buchvorstellungen, Lesungen, Poesievorträgen und Workshops; März, www.eaifl.com

■ **Emirates Classic Car Festival:** Oldtimer-Ausstellung und -Parade in Downtown Dubai; März, www.emiratesclassiccarfestival.com

■ **Dubai International Boat Show:** Bootsausstellung nationaler und internationaler Boots- und Jachtbauer, auch Tauchen, Wassersport, Segeln; im

Dubai International Marine Club, März, www.boatshowdubai.com

- **Middle East Film & Comic Con:** drei Tage voller Comics, Film, Computerspiele und Popkultur; April, www.mefcc.com
- **Chilli Crab Festival:** vier Tage dauerndes Festival der fernöstlichen Küche; Madinat Jumeirah, April, www.jumeirah.com
- **Fashion Forward:** zweimal im Jahr erobern nationale und internationale Modekreationen den Laufsteg; April, Oktober, www.fashionforward.ae
- **Dragon Boating Festival:** spaßiges Drachenbootrennen von Schulen und Vereinen, Dubai Festival City Marina; April, www.dubaidragonboat.com
- **Games13:** größte Video-Computerspielmesse des Mittleren Ostens; Sept., www.gamesme.org
- **Dubai International Dance Festival:** vier Tage lang Tanzveranstaltungen, -wettbewerbe, -auftritte, -performances, Workshops; September, www.dubaidancefestival.com
- **Gulf Bike Week:** zweitägiges Motorradevent mit Ausstellungen, Verkauf, Shows, Konzerten, Stunts; Oktober, www.gulfbikeweek.com
- **Downtown Design:** internationale Plattform für modernes Design; Oktober, www.downtowndesign.com
- **Dubai Air Show:** vier Tage lang Flugshows, ausgestellte Flugzeuge und Messe rund um Luftfahrt; November, www.dubaiairshow.aero
- **National Day Festival:** kulturelle Veranstaltungen und Paraden zum Nationalfeiertag der V.A.E. am 2. Dezember
- Diverse Feste und Veranstaltungen im Fastenmonat **Ramadan,** viele davon mit karitativem Hintergrund.

Unterkunft

Insgesamt gibt es in Dubai **über 670 Hotels und Hotelapartments aller Luxus- und Preisklassen.** Dubai will ab 2020 jährlich 20 Millionen Touristen anlocken. Um dieses Ziel zu erreichen, werden ständig neue Hotels und Apartments gebaut und die alten erweitert – 160.000 Zimmer sollen bis 2020 entstehen, auch ein Unterwasserhotel (Dubai Water Discus) und ein Kreuzfahrtschiffhotel (Q2) sind geplant. So können Urlauber aus einer großen Angebotspalette die Unterkunft auswählen, die ihrem persönlichen Geschmack und Geldbeutel entspricht.

Hotelzimmer kann man direkt, über Reisebüros oder über Internetportale **buchen.** Empfehlenswert sind Preisvergleiche, z.B. online über www.trivago.de oder www.holidaycheck.de (weitere Internetanbieter siehe unter „Reisevorbereitung/Reiseorganisation“).

In der **Wintersaison** sind Mittel- und Luxusklasse-Hotels **gut besucht.** Über Weihnachten zum Dubai Shopping Festival (siehe „Veranstaltungen und Festivals“), vor Ostern, vor hochrangigen Events oder vor Feiertagen – auch muslimischen – sollte man rechtzeitig vor Ankunft reserviert haben.

Die **Hotelpreise variieren** zum einen **zwischen Direktbuchung und Buchung über einen Reiseveranstalter** (oft preiswerter) und zum anderen **zwischen Hauptsaison (01.10.–30.04.) und Nebensaison (01.05.–31.09.,** bis zu 40% preiswerter). Bei Direktanfragen im Hotel gibt es bei Zimmerpreisen immer einen Spielraum zum Handeln. Wer länger bleiben will, sollte nach Wochenpreisen fragen. Bei einer Preisanfrage sollte man sich erkundigen, ob **„tax"** und **„service charge"** (Steuer und Servicepauschale) schon inklusive sind, denn je nach Hotel und Zimmer betragen beide zusammen 20% des Übernachtungspreises. Zudem zahlt jeder Gast pro Nacht 7–20 **Tourism Dirham** (je nach Hotelklasse): Diese Gebühr wird für den Ausbau der Tourismusindustrie und -werbung eingesetzt.

Wer **Trinkgeld** geben möchte, kann sich beim Gepäckträger mit 5 Dh pro Koffer und beim Zimmermädchen mit 5 Dh pro Nacht bedanken.

Die Hotels sind in diesem Buch in **drei Preisklassen** eingeteilt: Luxusklasse, mittlere Preisklasse und preiswerte Hotels. Diese Preisklassen stellen eine unverbindliche Orientierungshilfe für Direktbuchungen eines Standard-Doppelzimmers zur Hauptsaison dar.

Die Einteilung in fünf **Sternkategorien** (***** bis *) basiert auf den Angaben des Dubai Department of Tourism and Commerce Marketing.

Bei der Auswahl der Unterkunft sollte man neben Preisklasse und Hotelkategorie auch den **Standort beachten,** denn Dubai ist groß. Wer sich vornehmlich das historische Stadtzentrum, den Creek und die Souqgebiete ansehen möchte, sollte ein Hotel in Deira oder Bur Dubai wählen; wer eher Interesse an Dubais modernen Stadtteilen hat, ist in Downtown Dubai oder Dubai Marina gut aufgehoben; wer Lust auf Strandurlaub hat, sollte Palm Jumeirah, Jumeirah oder Dubai Marina bevorzugen. Shopping-Fans finden Malls mit Hotelanschluss – und wer die Wüste liebt, der kann dort auch wohnen …

Tipp: Einen guten **Online-Überblick** über die Dubaier Hotels und Apartments samt Buchungsfunktion plus Standortanzeige im Dubai-Stadtplan bietet das Department of Tourism and Commerce Marketing unter der Adresse **www.definitelydubai.com.**

Hotels: Ausstattung, Klassifizierung, Kartenplatzierung

Auf S. 16/17 finden sich Listen aller im Buch empfohlenen Hotels, die in den Umschlagkarten und in den Karten „Südliches Dubai" und „Südliches Dubai bis Jebel Ali" eingezeichnet sind; auf diese Karten bezieht sich die **Nummerierung der Hotels.**

In der Auflistung empfehlenswerter Hotels bezeichnen folgende Buchstaben (siehe auch hintere Umschlagklappe) bestimmte Ausstattungsmerkmale der Hotels:

MEIN TIPP: besondere Empfehlung
G – **G**arten
B – am Haus gelegener privater **B**adestrand
W – **W**assersport
F – **F**itness (z.B. Fitnessgeräte, Sauna, Jacuzzi, Massage)
R – **R**estaurant(s), Coffee Shop, Lounge
N – **N**ightlife (Bar, Nachtclub)
P – **P**ool
T – **T**ennis

Die **Klassifizierung der Hotels** in diesem Reiseführer von ***** bis * entspricht den Angaben des Dubai Department of Tourism and Commerce Marketing.

dub10_026 at

Hotels der gehobenen Preisklasse

Ihr **Standard ist hoch,** insbesondere Service und Ausstattung der **Luxushotels** zählen zu den besten der Welt. Viele Luxushotels sind als **Hotelresort** mit Strand und vielen Sport- und Freizeitangeboten konzipiert. Dies fehlt den reinen **Business-Hotels,** die dafür sehr zentral liegen. Zahlreiche Hotels stellen eine **Kombination** dar, denn viele Geschäftsleute hängen an ihren Arbeitsaufenthalt ein paar Urlaubstage dran.

Die **Preise in einem 5-Sterne-Hotel** beginnen in der Hauptsaison bei ca. 670 Dh für ein Standard-Doppelzimmer. Eine Nacht **in einem 4-Sterne-Hotel** kostet 550–680 Dh in einem Standard-Doppelzimmer. Suiten sind teurer – nach oben kennen die Preise keine Grenzen. Alle Zimmer dieser Preisklassen haben Klimaanlage, Badezimmer, Minibar, internationales Direktwahltelefon, Safe, TV, WLAN, Radio und 24-Stunden-Zimmerservice. Behindertengerechte Zimmer gibt es auf Anfrage.

Zur **Ausstattung** gehören Restaurants, Cafés, Coffee Shops, Cocktail-Lounges, Bars oder Nachtclubs, Swimmingpool (auf der Dachterrasse oder im Garten), Souvenir- und Zeitschriftengeschäfte, Friseure, Konditoreien, Ladengalerien, Ballsäle, Konferenz- und Seminarräume, Business Centre. Weitere Leistungen sind Hochgeschwindigkeits-

⌃ Keine Fata Morgana, sondern das Luxushotel Atlantis The Palm

Internetzugang, iPod-Dockstationen, Flughafentransfer, Kinderbetreuung, Express-Reinigung, Tourorganisation, Autoverleih, Limousinenservice, Parkplätze und Sekretärinnenservice. Bewohnern der Executive bzw. Royal Clubs stehen (noch) luxuriösere Ausstattungen und umfangreichere Serviceleistungen zur Verfügung (z.B. Lounge, Unterhaltungs- und Kommunikationselektronik, Privatbutler etc.).

Die meisten **Resortanlagen** bieten Privatstrand, Tennisplatz mit Flutlicht, klimatisierte Squashplätze und Fitnessräume, Sauna, Massageräume und Jacuzzi. Steht das Hotel nicht direkt am Meer, gibt es oftmals eine regelmäßige Shuttlebusverbindung zu einem privaten Strand mit Sportclub und Wassersportangebot. Viele haben einen großen und aufwendig gestalteten Garten (z.B. mit Wasserfall, Kinderspielbereichen) und

Hoteltipps

Deira
- ***** Taj Palace
- **** Carlton Tower
- *** Versailles
- ** Mark Inn
- * Juba

Bur Dubai
- ***** Grand Hyatt Dubai
- **** Arabian Courtyard Hotel and Spa
- *** Citymax Bur Dubai
- ** Hyde Park
- * Vasantam

Jumeirah, Umm Suqeim
- ***** Madinat Jumeirah
- **** Media One
- *** Regent Beach Resort
- ** Holiday Inn Express Dubai Jumeirah

Satwa, Al Barsha, Tecom (Shaikh Zayed Rd)
- ***** Kempinski Hotel Mall of the Emirates
- **** Byblos
- *** Chelsea Plaza
- *** Centro Barsha
- ** Holiday Inn Express Dubai Safa Park

Palm Jumeirah, Dubai Marina, Media City, Internet City
- ***** Atlantis The Palm
- **** Ocean View
- ** Holiday Inn Express Dubai Internet City

Familienfreundliche Hotels
- ***** Atlantis The Palm
- ***** Kempinski Hotel & Residences Palm Jumeirah
- ***** Sofitel Dubai The Palm Resort & Spa
- ***** Fairmont The Palm
- ***** Anantara Dubai The Palm Resort & Spa
- ***** Jumeirah Beach Hotel
- ***** Madinat Jumeirah
- ***** Sheraton Jumeirah Beach Resort and Towers
- ** Al Jawhara Metro

Außergewöhnliche Hotels
- **Al Maha,** Luxus-Öko-Wüstenresort
- **XVA Art Hotel,** in restauriertem Windturmhaus
- **Desert Palm Retreat,** Wüstenhotel mit Pferden
- **Burj Al Arab,** Hotelikone
- **Armani Hotel Dubai,** Designerhotel im Burj Khalifa
- **Madinat Jumeirah,** Hotelstadt

Burj Al Arab (59)

Am Strand von Jumeirah, genauer gesagt im Stadtteil Umm Suqeim, ragt der Burj Al Arab, der **„Turm Arabiens"**, der „Arabian Tower", als eines der vielen Wahrzeichen Dubais aus dem Meer. Der futuristische Wolkenkratzer steht auf seiner eigenen kleinen Insel und reckt sich 321 m hoch in den Himmel. Die offene Lobby reicht bis unters Dach und ist die höchste der Welt – die Freiheitsstatue würde darin Platz finden! Abends wird das riesige weiße Teflonsegel, das den Hotelturm umspannt, in einem wechselnden Farbenspiel illuminiert.

Die Seefahrer-Tradition der Emirate lässt grüßen, denn der Burj Al Arab ist in **Form eines aufgeblähten Segels** erbaut. 280 m weit im Meer ruht das Hotelschiff auf einer künstlichen Insel. Mit dem Festland ist das De-Luxe-Hotel durch eine Brücke verbunden. Wer möchte, kann auch mit dem Hubschrauber oder der Jacht anreisen oder sich mit einem Rolls-Royce abholen lassen.

Das **All-Suite Luxury Hotel** hat nur Suiten, die den höchsten Ansprüchen genügen und als Krönung der Hotelszene gelten. Seine fünf Sterne hat sich das Hotel redlich verdient: 202 doppelstöckige Suiten bieten eine luxuriöse und ultramoderne Ausstattung mit eigenem Privatbutler. In der Königssuite besteht bei 780 m^2 Größe fast schon die Gefahr, sich zu verlaufen. Der Videoraum hat das Ausmaß eines Privatkinos, das Bad ist größer als so manches Zimmer in anderen Hotels.

Pomp und Plüsch verwöhnen die anspruchsvollsten aller Hotelgäste. 10.000 m^2 Blattgold wurden zur Dekoration aufgetragen, sonstige edle Baumaterialien sind Carrara-Marmor und Assuan-Granit. Brokat, irisches Leinen und Seide leuchten in allen erdenklichen Farbnuancen.

Im Burj Al Arab residieren **Staatschefs und Könige,** hier konferieren Multimagnaten mit Ölshaikhs, hier entspannen Prinzessinnen und Fürstensöhne. Aber auch gänzlich unadelige Menschen mit nicht allzu üppigem Finanzhaushalt gönnen

dub14-047 dt

sich einmal im Leben diesen Luxus und sind willkommene Gäste.

Tipps für Zaungäste: In den Restaurants und Bars des Burj dürfen auch Nicht-Hotelgäste einkehren, aber z.T. gilt es einen Mindestverzehr und einen Dress Code zu beachten, zudem ist eine Reservierung erforderlich – gut geeignet sind Tea Times.

■ **Infos:** Tel. 3 01 77 77, www.jumeirah.com
■ **Ausstattung:** G, B, W, F, R, N, P

Jumeirah Beach Hotel (58)

Ein Pendant für den gut betuchten Otto-Normalreisenden – das Hotel versteht sich als Lifestyle- und Familien-Destination – bildet das *****Jumeirah Beach Hotel, ein **luxuriöses Beach Resort samt Jachthafen.** Das wellenförmige, 26 Stockwerke hohe Gebäude beherbergt 598 Zimmer und Suiten – alle mit Meerblick und einer Mindestgröße von 50 m^2, manche mit privatem Balkon und behindertengerechter Ausstattung. Man kann auch in einer der 19 Villen (Beit Al Bahar) wohnen, sie sind sehr luxuriös im arabischen Stil eingerichtet. Alle Villen haben einen eigenen Pool und eine herrliche Gartenterrasse. 2018 soll eine Erweiterung in Form eines neuen 318-Zimmer-Resorts vollendet sein.

Im Hotelhauptgebäude besticht das 90 m hohe **Atrium** mit seinen umlaufenden Gästebalkonen und einer gigantischen Skulptur, welche die Erde samt Mond, Weltall und Sonne darstellt – mit Dubai im Zentrum! Die gesamte Inneneinrichtung nimmt dieses Thema auf: Erde, Wasser, Feuer und Luft werden in verschiedenen Ebenen und Farbschemen dargestellt.

Zahlreiche **architektonische Details** und andere Feinheiten verleihen dem Jumeirah Beach Hotel einen besonderen Charakter. So ist es mit nicht weniger als 6000 handgemalten Bildern und 65.000 m^2 feinsten Dekostoffen geschmückt, und die handbemalte Himmelsdekoration über der „Palm Court Lounge" zeigt exakt den Sternenstand zur Mitternacht des 02.12.1971, dem Datum, an dem die Vereinigten Arabischen Emirate gegründet wurden. Immer wieder werden nautische Themen dargestellt, so etwa am „Sindbads"-Kinderclub, der in Form eines kunterbunten Schiffes Unterhaltung und Betreuung für die Kleinen bietet. Auch das hoteleigene, stadtgrößte Konferenzzentrum ist in Schiffsform erbaut.

Über 20 Bewirtungsörtlichkeiten (siehe „Orte mit vielfältigem Gastronomieangebot"), eine Shopping-Kolonnade, über 900 m Sandstrand, fünf Pools und zahlreiche Sportangebote (Tennis, Squash, Fitnessraum, Minigolf, Segeln, Fallschirmsegeln, Windsurfen, Wasserski, Tiefseefischen) lassen keine Langeweile aufkommen.

Etwas Besonderes ist **The Hub,** ein cooles Sportzentrum für Jugendliche. Verwöhnprogramme bietet die hauseigene Spa.

■ **Infos:** Tel. 3 48 00 00, www.jumeirah.com
■ **Ausstattung:** G, B, W, F, T, R, N, P

Doch nicht nur diese beiden Hotels gehören zum Jumeirah-Beach-Komplex: Im supermodernen und einfallsreichen **Wild-Wadi-Wasserpark** (siehe „Wasserparks") kommen Wasserratten voll auf ihre Kosten (Eintritt für Hotelgäste frei).

Madinat Jumeirah (60)

Südlich des Jumeirah Beach Hotel und des Burj Al Arab bietet dieses **5-Sterne-Strandresort** einen spektakulären Anblick – sowie imposante Ausblicke, denn immer wieder im Blick ist eben das berühmte Burj Al Arab. Nomen est omen! „Jumeirah-Stadt" heißt der Hotelname in deutscher Übersetzung, und damit ist trefflich beschrieben, was Gäste hier erwartet: eine Touristen-Stadt am Rande von

◁ Strandleben vor der imposanten Kulisse des Luxushotels Burj Al Arab

Dubai-Stadt. Hotelgäste finden hier alles, was sie brauchen (und noch viel mehr) und könnten den Rest von Dubai theoretisch links liegen lassen.

Die Anlage ist **mit arabisch-emiratischen Stilelementen** durchsetzt und besticht durch ihre unzähligen sandfarbenen Windtürme, arabesken Silhouetten und verspielten Stukkaturen. Traditionell-arabische Kultur, Kunst und Lebensweise werden allenthalben reflektiert. Authentisches Design und althergebrachte Historie verbinden sich harmonisch mit modernster Ausstattung und erstklassigem Service. Das Resort dehnt sich auf rund **40 Hektar Fläche** aus und verfügt über einen Sandstrand von 1 km Länge – genauer gesagt kann man ca. 2 km am Ufer spazieren gehen, denn auch die Strände des benachbarten Jumeirah Beach Hotel und des Wild-Wadi-Wasserparks können genutzt werden. Alle Teile von Madinat Jumeirah sind über 3,7 km lange künstliche Wasserwege verbunden, die von traditionellen Wassertaxen (arab. *abra*) befahren werden – für Hotelgäste kostenfrei. Das Areal ist von verwinkelten Fußwegen durchzogen, Rasenflächen und Blumenarrangements sorgen für Farbtupfer.

In Madinat Jumeirah gibt es zwei Boutique-Hotels sowie 29 in der üppigen Gartenlandschaft frei stehende Patio-Villen. **Mina A'Salam** und **Al Qasr** haben beide je 292 Gästezimmer und Suiten. Im Mina A'Salam („Hafen des Friedens") spiegelt sich die Seefahrertradition Dubais wieder. Alle Zimmer sind opulent eingerichtet und haben einen Balkon mit Meerblick. Das Al Qasr („Der Palast") ist im prunkvollen Stil einer Shaikh-Sommerresidenz erbaut und bietet seinen Gästen fürstliche Betreuung. Ein weiteres Hotel mit 435 Zimmern soll 2016 eröffnen.

Die **Villen Dar Al Masyaf** des Resorts garantieren Platz und Privatsphäre. Die im Stil von Sommerhäuschen gestalteten und windturmgekrönten Villen verteilen sich über das gesamte Gelände. Jedes der um einen Innenhof gebauten Häuser ist mit zehn bis zwölf Zimmern ausgestattet, Gäste können sich im privaten Poolbereich erfrischen und den privaten Butlerservice in Anspruch nehmen. In 29 Sommerhäusern (Dar Al Masyaf) gibt es 283 Gästezimmer und Suiten (Mindestgröße: 60 Quadratmeter). Die sieben **Malakiya-Villen** sind Garant für höchsten Luxus und edelstes Interieur und zeichnen sich durch eigenen Pool, eigenen Innenhof und eigene Terrasse aus.

Mittelpunkt von Madinat Jumeirah ist der basarähnliche Einkaufskomplex namens **Souq Madinat Jumeirah.** Fast wie in einem realen Souq gibt es Einkaufsgassen mit rund 95 Geschäften, in denen Stoffe, Gewürze, Bekleidung, Souvenirs, Kunsthandwerk und Schmuck erworben werden können. Im Sommer Gold wert: die Air Condition!

Maßgeschneiderte Behandlungen zur Regenerierung oder Revitalisierung, zum Verschönern oder Verwöhnen bietet die **Talise Spa.** Wie kleine Inseln der Zuflucht wirken die 26 allein stehenden Behandlungsräume, die von bunt blühenden Gärten und idyllisch verwinkelten Fuß- und Wasserwegen umgeben sind.

44 Restaurants und Bars bietet Madinat Jumeirah – von edelsten Restaurants der Boutiquehotels bis zum Snack im Souq (siehe „Urlaub in Dubai/Orte mit vielfältigem Gastronomieangebot"). Die Bars und Lounges sind bekannt für ihren hohen In-Faktor. Zum Ausgleich gibt es ein breites Angebot an Fitness-Sport, etwas Besonderes ist die Kletterwand.

Gästen des Resorts wird ein breites Angebot an **Sport- und Freizeitmöglichkeiten** geboten. Zudem gibt es ein Freilicht-Amphitheather, ein Theater, ein Auditorium, Bankettsäle und ein hochmodernes Konferenzzentrum.

Madinat Jumeirah ist mit den benachbarten Hotels Burj Al Arab und Jumeirah Beach sowie dem Wild-Wadi-Wasserpark verbunden. Den Park können Hotelgäste ohne Aufpreis nutzen.

Zu Madinat Jumeirah siehe auch „Sehenswertes auf Dubais Seeseite".

- **Lage:** am Strand von Al Sufouh
- **Infos:** Tel. 3 66 88 88, www.jumeirah.com
- **Ausstattung:** R, N, P, T

bilden somit ein ideales Domizil zum Ausspannen und für Familien.

Insbesondere in **Deira** werden die vier Sterne etlicher Hotels von Luxusliebhabern als fragwürdig und überbewertet angesehen. In diesem Fall sollte man sich lieber ein luxuriöses Hotelapartment mieten oder sich für wenig Geld mehr fünf Sterne leisten oder ein 4-Sterne-Domizil in einem anderen Stadtteil (Downtown Dubai, Al Barsha, Satwa, Jumeirah, Palm Jumeirah) wählen.

Strandhotels *****

Auf der künstlichen **Insel Palm Jumeirah** werden weitere Strandhotels eröffnen (siehe „Sehenswertes auf Dubais Seeseite").

Anantara Dubai The Palm Resort & Spa (80)
Auf Palm Jumeirah, siehe „Sehenswertes auf Dubais Seeseite"

MEIN TIPP: **Atlantis The Palm (64)**
Siehe Info-Kasten „Wunder trifft Wasser – Erlebnisdestination Atlantis"

MEIN TIPP: **Burj Al Arab (59)**
Siehe Info-Kasten „Burj Al Arab"

Dubai Marine Beach Resort and Spa (50)
G, B, W, F, R, N, P, T
Resort mit Spa am nördlichen Strand von Jumeirah; zum Gastronomieangebot dieses Hotels siehe „Orte mit vielfältigem Gastronomieangebot"; Tel. 3 46 11 11, www.dxbmarine.com

Fairmont The Palm (81)
Auf Palm Jumeirah, siehe „Sehenswertes auf Dubais Seeseite"

Habtoor Grand Beach Resort and Spa (73)
G, B, W, F, R, N, P, T
Resortanlage mit Spa in Dubai Marina, Tel. 3 99 50 00, www.habtoorhotels.com

MEIN TIPP: **Jumeirah Beach Hotel (58)**
Siehe Info-Kasten „Jumeirah Beach Hotel" und „Orte mit vielfältigem Gastronomieangebot"

MEIN TIPP: **Jumeirah Zabeel Saray (66)**
Auf Palm Jumeirah, siehe „Sehenswertes auf Dubais Seeseite"

Kempinski Hotel & Residences Palm Jumeirah (65)
Auf Palm Jumeirah, siehe „Sehenswertes auf Dubais Seeseite"

Le Meridien Mina Siyahi Beach Resort and Marina (71)
G, B, W, F, R, N, P, T
Resortanlage mit breitem Sportangebot und großem Garten, 220 Zimmer und Suiten, Mina Siyahi zwischen Palm Jumeirah und Dubai Marina, Tel. 3 99 33 33, www.lemeridien-minaseyahi.com

Le Royal Meridien Beach Resort and Spa (74)
G, B, W, F, R, N, P, T
504 Zimmer und Suiten, Dubai Marina, Tel. 3 99 55 55, www.leroyalmeridien-dubai.com

MEIN TIPP: **Madinat Jumeirah (60)**
Siehe Info-Kasten „Madinat Jumeirah"; zum Gastronomieangebot siehe „Orte mit vielfältigem Gastronomieangebot"

MEIN TIPP: **One & Only Royal Mirage (69)**
G, B, W, T, F, R, N, P
Geräumige Resortanlage im Stil eines orientalischen Palastes, unterteilt in The Palace, Arabian Court sowie Residence & Spa, in Al Sufouh zwischen Palm Jumeirah und Dubai Marina, Tel. 3 99 99 99, www.oneandonlyresorts.com

MEIN TIPP: **One & Only The Palm (67)**
Auf Palm Jumeirah, siehe „Sehenswertes auf Dubais Seeseite"

The Ritz-Carlton (76), F, R, N, P
Hotelresort mit Spa in klassisch-exklusiver Ausstattung, auch Apartments, Dubai Marina, Tel. 3 99 40 00, www.ritzcarlton.com

Rixos The Palm Dubai (63)
Auf Palm Jumeirah, siehe „Sehenswertes auf Dubais Seeseite"

Ökotourismus-Wüstenresort Al Maha

Al Maha, a luxury Collection Desert Resort & Spa ist die **einzige ökologische Hotelanlage der Vereinigten Arabischen Emirate** – natürlich mit 5-Sterne-Luxus. Das Resort liegt in einem einzigartigen Wüsten- und Naturreservat (Dubai Desert Conservation Reserve, www.ddcr.org) inmitten einer großartigen Dünenlandschaft.

Al Maha ist ein wichtiger Schritt in der Entwicklung von Hotelprojekten: luxuriöse Resortanlagen in beeindruckender Landschaft, die gleichzeitig dem Schutz dieser Natur einen hohen Stellenwert zuschreiben. Solarzellen erzeugen Energie, Brauchwasser wird zur Bewässerung genutzt, Abfall vermieden, und Wäsche wird nur mit 100% abbaubaren Waschsubstanzen gereinigt.

Das Areal von **Al Maha bedeckt** mit **225 km²** 4,7% der Dubaier Landfläche, davon entfallen nur 2% auf bebautes Terrain, der Rest ist dem Naturschutz gewidmet.

Zahlreiche einheimische Tierarten haben hier einen Lebensraum, darunter Strauße, Falken, Eulen, Wüstenfüchse, Luchse und diverse Gazellenarten. Alle Tiere stammen ursprünglich aus dem Besitz der Herrscherfamilie und wurden von ihrer Privatinsel Sir Bani Yas nach Al Maha gebracht. Die Tiere sind nicht gezähmt, sie laufen innerhalb des eingezäunten Geländes frei herum und suchen sich ihr Futter selber. Auch arabische **Oryx-Antilopen** leben in Al Maha. Die edlen weißen Tiere mit ihrem markanten schwarzen Kopfmuster und den mächtigen Hörnern sind vom Aussterben bedroht, in Al Maha leben rund 300 Antilopen, eine der größten Herden Arabiens.

Al Maha gleicht einem Beduinencamp, allerdings modern und luxuriös. Jede der 42 Beduinensuiten ist harmonisch in die Landschaft integriert und großflächig verglast. So eröffnet sich ein herrlicher Panoramablick auf die umliegende Dünenlandschaft, der nicht durch andere Bauten gestört wird. Zur jeweils individuellen Einrichtung der mindestens 75 m² großen Suiten gehören erlesene Kunsthandwerksstücke – draußen kann man im suiteeigenen Pool baden.

Keine 80 Gäste können in Al Maha logieren – die Wahrung einer **privaten Atmosphäre** ist ein wichtiger Grundsatz. Ebenso großgeschrieben wird **persönlicher Service** – statistisch gibt es zwei Hotelangestellte pro Gast. Private Mahlzeiten inmitten der Dünen ist nur eines der vielen besonderen Serviceangebote. Gäste von Al Maha sollen Ruhe finden und eine innige Verbundenheit mit der Natur erfahren.

Aktivitäten umfassen z.B. Wüstentouren aller Art in Begleitung eines kundigen Guides: Kamelsafaris, Pferdeausritte, Spaziergänge, Allradwagenfahrten, Tierbeobachtungen. Zudem kann man Jagdfalken beobachten, ein Dünendinner organisieren lassen oder Bogenschießen. Ausflüge in Bergdörfer oder Wüstenlandschaften außerhalb des Geländes sowie Sand-Skiing, Sandbuggyfahren und Kurse im Offroad-Sandfahren können jederzeit arrangiert werden.

Ins ca. 55 km entfernt liegende Zentrum von Dubai braucht man – ohne Stau! – eine knappe Stunde über die Wüstenautobahn E66 von Al Ain (Ausfahrt zwischen Exit 50 und 51).

- **Infos:** Tel. 8 32 99 00, www.al maha.com
- **Ausstattung:** G, R, N, P
- **Hinweis:** Kinder unter 10 Jahren dürfen nicht nach Al Maha

Sheraton Jumeirah Beach Resort and Towers (77)
G, B, W, F, R, N, P, T
Familienfreundliches Resort mit 255 Zimmern und Suiten, Dubai Marina, Tel. 3 99 55 33, www.starwoodhotels.com/sheraton

Sofitel Dubai The Palm Resort & Spa (84)
Auf Palm Jumeirah, siehe „Sehenswertes auf Dubais Seeseite"

Waldorf Astoria Dubai Palm Jumeirah (85)
Auf Palm Jumeirah, siehe „Sehenswertes auf Dubais Seeseite"

Wüstenresorts *****

Al Maha, a Luxury Collection Desert Resort & Spa
Siehe Info-Kasten „Ökotourismus-Wüstenresort Al Maha"

Bab Al Shams Desert Resort & Spa
G, F, R, N, P
Luxus-Wüstenresort mit Spa in traditionellem Baustil und mit Naturmaterialien errichtet, inmitten von Sanddünen, 113 Zimmer und Suiten. Unbedingt einen Besuch wert ist das Freiluft-Wüstenrestaurant Al Hadheerah. Wüstenausflüge, Kamel- und Pferdereiten, Bogenschießen, Falkenshow; zu erreichen über die Autobahn E66 nach Al Ain (Interchange 6/Exit 37) oder ab Madinat Jumeirah über die D63/Al Qudra Rd, Tel. 8 09 61 00, www.meydanhotels.com

Stadthotels *****

MEIN TIPP: **The Address Downtown Dubai (53)**
F, R, N, P
196 geräumige Zimmer mit Ausblick auf den Burj Khalifa, Downtown Dubai und die Wasserspiele der Dubai Fountain, in Nachbarschaft der The Dubai Mall gelegen, Terrassenlandschaft mit 5 Pools, Spa-Bereich, Tel. 4 23 88 88, www.theaddress.com

MEIN TIPP: **Armani Hotel Dubai (55),** P, F, N, R
Hotel des Modeschöpfers *Giorgio Armani* im Burj Khalifa, 160 klar akzentuierte, elegant-funktional und nach Feng-Shui-Prinzipien eingerichtete Designzimmer und Suiten, auch Apartments, persönlicher Service durch Privatbutler, Tel. 8 88 38 88, http://dubai.armanihotels.com

MEIN TIPP: **Grand Hyatt Dubai (33)**
G, F, R, N, P, T
City-Conference-Resort mit 674 Zimmern und Suiten, große Gartenanlage, Bur Dubai, Shaikh Rashid Rd nahe der Garhoud Bridge, Tel. 3 17 12 34, www.dubai.grand.hyatt.com

Grosvenor House, a Luxury Collection Hotel (75), F, R, N, P
Zeitlos, klassisch, schick & cool, 744 Zimmer, Suiten und Apartments, Dubai Marina, Tel. 3 99 88 88, www.grosvenorhouse-dubai.com

Hyatt Regency (26), F, R, N, P, T
414 Zimmer an der Corniche in Deira, Tel. 2 09 12 34, www.dubai.regency.hyatt.com

InterContintental Dubai Festival City (34)
F, R, N, P
Festival City, direkt am Dubai Creek und in Golfplatznähe, Tel. 7 01 11 11, www.intercontinental.com/dubai

Jumeirah Emirates Towers (47)
F, R, N, P
305 Meter und 51 Etagen hohes Business-Hotel mit 400 Zimmern und 13 Restaurants, im Inneren gibt es zwei hohe Atrien: das über der Lobby misst 30 Meter, ein weiteres um die Zimmer gelegenes Atrium ist 111 Meter hoch, das Hotel liegt nicht in Jumeirah, sondern am Beginn der Shaikh Zayed Rd in Satwa; Tel. 3 30 00 00, www.jumeirahemiratestowers.com

MEIN TIPP: **Kempinski Hotel Mall of the Emirates (61)**
P, T, F, R, N
In Al Barsha, an die Mall of the Emirates angegliedert, 394 Gästezimmer und 15 Ski-Chalets mit Ausblick in die Ski-Dubai-Skihalle, auch Ayurveda-Spa, Tel. 3 41 00 00, www.kempinski-dubai.com

■ **Le Meridien Dubai (35)**
G, F, R, N, P, T
383 Zimmer und Suiten in Garhoud beim Dubai International Airport; zur Gastronomie siehe „Orte mit vielfältigem Gastronomieangebot"; Tel. 2 17 00 00, www.lemeridien-dubai.com

■ **The Oberoi (57),** R, N, P, F
Business-Hotel mit Spa in bester Geschäftslage der Business Bay nahe Downtown Dubai, Tel. 4 44 14 44, www.oberoihotels.com

MEIN TIPP: **The Palace Downtown Dubai (52)**
F, R, N, P, T
Traditionell-arabisches Palastambiente mit modernster Ausstattung, alle 242 Zimmer und Suiten mit Balkon, The Old Town Island, Downtown Dubai, mit Spa, Tel. 4 28 78 88, www.theaddress.com

■ **Radisson Blu (14)**
F, R, N, P, T
276 Zimmer, alle mit Balkon, Deira, Baniyas Rd, am Creek, Tel. 2 22 71 71, www.radissonblu.com/hotel-dubaideiracreek

■ **Sheraton Dubai Creek Hotel and Towers (43),** F, R, N, P, T
262 Zimmer und Suiten, Deira, am Creek, Baniyas Rd, Tel. 2 28 11 11, www.starwoodhotels.com/sheraton

MEIN TIPP: **Taj Palace (39),** F, R, P
Elegantes Business- und Familienhotel (kein Alkoholausschank, keine Bar) mit Zimmern, Suiten und Apartments, auch Spa, im Stadtteil Al Rigga, zwischen Al Maktoum Rd und Rigga Rd, Tel. 2 23 22 22, www.tajhotels.com

Windturmhäuser

Die folgenden kleinen Hotels sind in restaurierten bzw. rekonstruierten Windturmhäusern eingerichtet und bieten stilvoll-emiratisches Dekor und persönliche Atmosphäre. Auch wenn Service und Ausstattung nicht denen eines Luxushotels entsprechen, so kommt der Übernachtungspreis dem Niveau nahe.

MEIN TIPP: **Ahmedia Heritage Guest House (23),** R, F
Deira, Al Ras, nahe an der Al Ahmadiyah School und dem Deira Souq gelegenes kleines Hotel in traditionellem Stil, Tel. 2 25 00 85, www.ahmediaguesthouse.com

MEIN TIPP: **Barjeel Heritage Guest House (1),** R
Direkt am Creek gelegenes, traditionell gestaltetes und gemütliches Hotel in rekonstruiertem Innenhof-Windturmhaus, Bur Dubai, zwischen Shindagha Volkskunde-Viertel und Bur Dubai Souq, Tel. 3 54 44 24, www.barjeelguesthouse.com

MEIN TIPP: **Orient Guest House (8),** R
Kleines, stilvoll arabisch-antik gestaltetes Gästehaus in einem restaurierten Windturmhaus im Viertel Al Fahidi Historical Neighbourhood, Gäste können die Einrichtungen des nahe gelegenen Arabian Courtyard Hotel and Spa nutzen, Tel. 3 51 91 11, www.orientguesthouse.com

MEIN TIPP: **XVA Art Hotel (7),** R
Kleines, gemütliches, traditionell eingerichtetes Gästehaus mit sechs Zimmern (rechtzeitig reservieren!) in einem restaurierten historischen Windturmhaus im Viertel Al Fahidi Historical Neighbourhood (Hausnummer XVA), auch Geschenke-Shop, Kunstgalerie und Café, Tel. 3 53 53 83, www.xvagallery.com

Stadthotels ****

MEIN TIPP: **Arabian Courtyard Hotel and Spa (9)**
R, P, F, R, N
173 hübsch in traditionell emiratischem Stil eingerichtete Gästezimmer und Suiten in zentraler Lage in Bur Dubai gegenüber vom Al Fahidi Fort/Dubai Museum, mit Spa, Tel. 3 51 91 11, www.arabiancourtyard.com

⊡ Umgeben von Fischen – in der Poseidon Suite im Luxushotel Atlantis The Palm

Ascot (5), R, N
Bur Dubai, Khalid ibn al Waleed Rd, Tel. 3 52 09 00, www.ascothoteldubai.com

MEIN TIPP: **Byblos (70),** F, R, N, P
Modernes und farbenfrohes Hotel, Tecom bei der Dubai Internet City, Tel. 4 48 80 00, www.byblos-hoteldubai.com

Capitol (28), F, R, N, P
Al Mina Rd beim Rashid-Hafen, Tel. 3 46 01 11, www.capitol-hotel.com

MEIN TIPP: **Carlton Tower (18),** R, N, P
Zentrale Lage in Deira, Baniyas Rd, zwischen Creek und Souq, Tel. 2 22 71 11, www.carltontower.net

Jumeira Rotana (48), F, R, N, P
Satwa, 2nd of December Rd, 114 Zimmer und Suiten, Tel. 3 45 88 88, www.rotana.com

JW Marriott (44), F, R, N, P
299 Zimmer und 52 Suiten, Al Muraqqabat, Abu Bakr al Siddique Rd, am Hamarain-Einkaufszentrum, Tel. 2 62 44 44, www.marriott.com

MEIN TIPP: **Manzil Downtown Dubai (54)** F, R, N, P
Boutique-Hotel in arabischem Design in Downtown Dubai, Shaikh Mohammed bin Rashid Boulevard, Tel. 4 28 58 88, www.vida-hotels.com

Marco Polo (16), F, R, N, P
Deira, Al Mateena St., Tel. 2 72 00 00, www.marcopolodubai.com

MEIN TIPP: **Media One (72),** R, N, P, F
Hip, cool, trendy: nahe an Palm Jumeirah und Dubai Marina gelegenes unkonventionelles Hotel mit 260 Zimmern und Suiten, Dubai Media City, Media 1 Tower, Tel. 4 27 10 00, www.mediaonehotel.com

MEIN TIPP: **Ocean View (78),** F, R, N, P
334 Zimmer und Suiten mit Meerblick und Balkon am JBR Walk, Dubai Marina, Tel. 8 14 55 99, www.jaresortshotels.com

Ramada (12), F, R, N, P
171 Zimmer, Al Mankhool, Al Mankhool Rd, Tel. 3 51 99 99, www.ramadadubai.com

dub14-008 kk

Regent Palace (32), F, R, N, P
144 Zimmer, Bur Dubai, gegenüber des Einkaufszentrums BurJuman, Tel. 3 96 38 88, www.rameehotels.com

Mein Tipp: Seaview (30), F, R, N, P
In Bur Dubai in Hafennähe, Al Mina Rd, Tel. 3 55 80 80, www.seaviewhoteldubai.com

Mein Tipp: Suba (40), R, P, F
Zentral in Deira gelegenes Hotel mit 92 modern ausgestatteten Gästezimmern, kein Alkohol, zwischen Rigga Rd und Al Maktoum Rd, Tel. 6 03 07 77, www.subahoteldubai.com

Towers Rotana (51), F, R, N, P
360 Zimmer und Suiten, Satwa, Shaikh Zayed Rd, Tel. 3 43 80 00, www.rotana.com

Mittelklassehotels ***

Mittelklassezimmer sind klimatisiert und haben Minibar, WLAN, internationales Direktwahltelefon, Fernseher und Bad. Gehobene Mittelklassehotels offerieren auch besser ausgestattete Suiten, einen Pool und Konferenzräume. Weitere **Leistungen** wie Flughafentransfer, Kinderbetreuung, Wäschereinigung, Limousinenservice, Parkplätze und Sekretärinnenservice sind zwar nicht überall Standard, werden aber ggf. auf Anfrage erfüllt.

In preiswerteren Häusern stammt der Großteil der Gäste mitunter aus Russland oder den GUS-Staaten; Service und Ausstattung können dann entsprechend bescheidener sein.

Der **Preis für ein Standard-Doppelzimmer** liegt in der Hauptsaison zwischen 370 und 560 Dh.

Ambassador (2), R, N, P
Bur Dubai Souq, Al Fahidi St., Tel. 3 93 94 44, www.astamb.com

Mein Tipp: Centro Barsha (83), R, N, P, F
Al Barsha, nahe der Mall of the Emirates, modern-stilvolles Lifestyle- und Business-Hotel mit fairen Preisen, Tel. 7 04 00 00, www.rotana.com

Mein Tipp: Chelsea Plaza (29), F, R, N, P
Stadthotel mit Pool auf der Dachterrasse, zwischen Jumeirah und Bur Dubai, Satwa, 2nd of December Rd Ecke al Mankhool Rd, Tel. 3 98 22 22, www.crimsonhotels.com

Mein Tipp: Citymax Bur Dubai (31), R, N, P, F
Budgethotel in zentraler Lage in Bur Dubai, Kuwait Rd Ecke Al Mankhool Rd, Tel. 4 07 80 00, www.citymaxhotels.com

Mein Tipp: Citymax Al Barsha (82), R, N, P, F
Budgethotel in Al Barsha neben der Mall of the Emirates, Tel. 4 07 80 00, www.citymaxhotels.com

Comfort Inn (15), R, N, P
Al Rigga, zwischen Rigga Rd und Al Maktoum Rd, Tel. 2 22 73 93, www.hotelcomfortinn.com

Mein Tipp: Desert Palm Retreat, P, G, T, F, R, N
Kleines, schickes Hotel in Wüstenlandschaft, Desert Palm Polo Estates, außerhalb des Stadtzentrums, nahe der International City an der Fernstraße nach Hatta (E44), 38 liebevoll gestaltete Suiten und Pool-Villas, Spa, Polo, Reitstunden, Joggingwege, Tel. 3 23 88 88, www.desertpalm.peraquum.com

Grandeur (62), F, R, N, P
Al Barsha, nahe der Mall of the Emirates, Tel. 3 41 87 77, www.grandeurhotel.com

Imperial Suites (11), R, N, P
153 Suiten in Bur Dubai, Al Rola Rd, nahe des Al Khaleej Centre, Tel. 3 51 51 00, www.imperialsuiteshotel.com

Landmark Baniyas (19), F, R, P
Hotel ohne Bar in Deira, Al Maktoum Hospital Rd nahe Baniyas-Platz, Tel. 2 28 66 66, www.landmarkhotels.net

Das Barjeel Heritage Guest House im Shindagha-Kulturviertel am Creek

■ **Mayfair (38),** F, R, N, P
Al Rigga, St. No. 42a, eine Seitenstraße östlich der Al Maktoum Rd, Tel. 2 28 44 44, www.mayfair-dubai.ae

■ **Regal Plaza (13),** F, R, N, P
87 Zimmer, Bur Dubai, Al Mankhool Rd Ecke Khaleed ibn al Waleed Rd, Tel. 3 55 66 33, www.rameehotels.com

MEIN TIPP: **Regent Beach Resort (49),** F, R, P
80 Zimmer am öffentlichen Strand von Jumeirah, Tel. 3 44 57 77, www.rameehotels.com

MEIN TIPP: **Versailles (41),** F, R, N, P
Al Rigga, 15. St. zwischen Rigga Rd und Al Maktoum Rd, Tel. 2 27 78 80, www.versaillesdubai.com

Einfache Hotels **/*

In Dubai gibt es **über 170 einfache Hotels** mit folgenden **Preisen:** **DZ 260–380 Dh, *DZ 160–280 Dh (kaum Preisunterschiede für Haupt- und Nebensaison). Klimaanlage ist Standard, eigenes Bad, Kühlschrank, TV und Telefon in allen **Hotels, aber auch in den meisten *Häusern. Viele **Hotels sind gut und ordentlich, bieten WLAN und/oder Shuttlebusverbindung zum Strand, zu Malls oder ins Stadtzentrum an. Manch andere existieren vorrangig wegen ihrer Bars, entsprechend laut kann es sein; wer seine Ruhe mag, ist in Hotels ohne Bar/Nachtclub besser aufgehoben. Meist liegen einfache Hotels zentral, hauseigene Parkplätze sind oft Mangelware.

Preiswerte Hotels gibt es vornehmlich im Zentrum, in Bur Dubai und Deira. Ein Eldorado für Billighotels ist das **Souqgebiet von Deira,** besonders um den Baniyas-Platz, entlang der Al Sabkha Rd, im Bereich um den Goldmarkt sowie in der Naif Rd und ihren Seitenstraßen. Manche Unterkünfte sind mit Vorsicht zu genießen, denn sie werden als **Stundenhotels** genutzt. Die goldene Grundfrage bei der Suche nach einem Nicht-Stundenhotel lautet: **„Is this a family hotel?"** Kommt ohne Zögern ein „Ja" als Antwort, dann ist es kein Stundenhotel – das gilt für die meisten **Häuser. „Saubere" Hotels gestatten keinen Besuch auf den Zimmern, oftmals kann man dies an einem Hinweisschild im Eingangsbereich erkennen. Viele Billigstherbergen sind zudem nicht wirklich sauber, es geht laut und hektisch zu, und der Service ist eher spröde bis nicht vorhanden. Oft ist das der Fall, wenn viele Osteuropäer das Hotel frequentieren. Solche Herbergen sind gut am Willkommensschild in kyrillischen Lettern zu erkennen. In diesem Buch bleiben solche bei Mitteleuropäern eher unbeliebten Etablissements außen vor, allerdings kann es durchaus sein, dass einstmals gute Hotels mit der Zeit oder nach dem Wechsel des Managements im Standard abfallen.

Tipp: Diejenigen, denen **Hotels zu teuer und *Etablissements zu „unsauber" sind, können auch in einem **Hostel** nächtigen (s.u.).

MEIN TIPP: **Al Jawhara Metro (45),** R
Familienfreundliches **Hotel mit 32 Zimmern, um die Wahrung muslimischer Werte bemüht, daher ohne Bar und Alkoholika, in Al Rigga, Tel. 2 22 31 41, www.jawhara.ae; managt auch ****Hotels und Apartments

■ **easyHotel (79)**
Am Stadtrand in der Jebel Ali Free Zone, Shaikh Zayed Rd., funktionales *Budgethotel mit günstigem Basispreis und auf Wunsch kostenpflichtigen Zusatzleistungen, nur Onlinebuchungen unter www.easyhotel.com

Eureka (37)
F, R, N, P
**Hotel mit Dachpool in Al Rigga, Tel. 2 95 44 66, www.eurekahotel.ae

MEIN TIPP: **Flora Hospitality,**
www.florahospitality. com
Flora Al Souq (20), **Hotel, Tel. 2 34 66 66; **Florida (22),** *Hotel, Tel. 2 26 68 88; **Florida International (21),** **Hotel, Tel. 2 24 77 77; drei empfehlenswerte, preisgünstige Hotels von Flora Hospitality in zentraler Lage in Deira in der Al Sabkha Rd, mit Restaurant bzw. Coffee Shop, aber ohne Bar oder Nachtclub; auch Deluxe-Hotels an anderen Standorten

MEIN TIPP: **Holiday Inn Express Dubai Jumeirah (27)**
Im Norden von Jumeirah, Jumeirah Rd Ecke Al Mina Rd, Tel. 4 07 17 77

MEIN TIPP: **Holiday Inn Express Dubai Internet City (68)**
Dubai Internet City, Tecom Zone, Knowledge City, Tel. 4 27 55 55

MEIN TIPP: **Holiday Inn Express Dubai Safa Park (56)**
Shaikh Zayed Rd, Al Wasl, am Safa Park, Tel. 5 11 93 33; alle drei **Hotels von Holiday Inn Express sind für Budget-Traveller sehr empfehlenswert und ausgestattet mit R, N, F; www.ihg. com; auch am Dubai International Airport

MEIN TIPP: **Hyde Park (3),** R, N
**Hotel in zentraler Lage in Bur Dubai zwischen Al Ghubaiba Station (Bus, Metro, Wassertransport) und Souq, Tel. 3 93 93 73, www.fortune-hotels.net

Ibis, www.ibishotel.com
Ibis Deira City Centre (36), günstiges Hotel im Zentrum gegenüber vom Deira City Centre, Tel. 7 02 80 00; **Ibis World Trade Centre (46),** Satwa, Shaikh Zayed Rd, Hotel am Dubai Convention and Exhibition Centre, kostenfreie Shuttles zu Einkaufszentren und Jumeirah Beach, Tel. 3 32 44 44; beide **Ibis-Hotels sind zu empfehlen, sie haben Restaurant und Bar; weitere Ibis-Hotels (zum Teil ***): Al Rigga, Mall of the Emirates, Al Barsha

MEIN TIPP: **Juba (24),** R
*Hotel ohne Bar in Deira, Al Khor St., nahe der Gold Souq Bus Station und dem Gold Souq, Tel. 2 25 88 80, www.jubahoteldubai.com

MEIN TIPP: **Mark Inn (25),** R
Sehr empfehlenswertes **Hotel in Deira, Al Musalla Rd, am Rand des Souqs, Tel. 2 21 16 22, www.markinnhotel.ae

Rush Inn (10), R, N
*Hotel mit mehreren Bars und Nachtclubs, Bur Dubai, Khalid Ibn al Waleed Rd, Tel. 3 52 22 35, www. imperialsuiteshotel.com

Sun City International (6), R, N
**Hotel in Bur Dubai, Al Fahidi St. direkt am Al Fahidi Fort Dubai Museum, Tel. 3 53 68 88, www.suncityhoteldubai.com

MEIN TIPP: **Vasantam (4),** R
*Hotel im Bur Dubai Souq, Al Nadha St., Tel. 3 93 80 06, www.thevasantabhavan.com

MEIN TIPP: **Zagy (17),** R
*Hotel ohne Bar und ohne Alkoholika in Deira, Al Nakhal St., Tel. 2 24 29 99, www.zagyhotel.com

Apartments

Insbesondere **für längere Aufenthalte und für Familien** eignen sich Hotelapartments bzw. voll ausgestattete Apartments oder Studios als gute Alternative zu Hotels: Zum einen weil sie mehrere Zimmer besitzen, zum anderen weil sie vergleichsweise preiswert sind. Möglich ist ihre **Anmietung auf täglicher, wöchentlicher, monatlicher oder jährlicher Basis.** Apartments besitzen keine Alkohollizenz, Hotelapartments dagegen schon.

Hochpreisige Apartments sind in vielen Neubauvierteln zu finden, darunter Palm Jumeirah, Dubai Marina, Jumeirah Beach Residence, Jumeirah

Lakes Towers, Burj Khalifa, Downtown Dubai, Festival City, Islands, Emirates Hills etc. Auch Villen sind zu mieten.

Apartments der mittleren Preisklasse gibt es dank Dubais Immobilienbauboom massenweise und zwar in der ganzen Stadt. Altbewährte Ballungszentren sind der Stadtteil Al Mankhool auf der Bur-Dubai-Seite, südlich der Khalid ibn al Waleed Rd, beim BurJuman-Einkaufszentrum und auf der Deira-Seite in Al Rigga rund um die Rigga Rd. Al Barsha an der Shaikh Zayed Rd bietet ebenfalls viele Mittelklasseapartments.

Deluxe-Studios oder -Apartments haben ein, zwei oder drei Schlafräume bzw. Suiten und verfügen über Badezimmer, Küche und diverse Einrichtungs- und Serviceleistungen wie Waschmaschine, Sat-TV, Klimaanlage, WLAN, 24-Std.-Zimmerservice, tägliche Zimmerreinigung, Babysitting, Sicherheitsdienst, Wäscherei, Pool, Sauna, Fitnessraum, Tennisplätze, Restaurant(s), Business Centre und Parkplätze. Der **Preis** pro Nacht für ein Deluxe-Studio/-Apartment beginnt bei 650 Dh. Gute Standard-Studios bzw. Apartments mit einem oder mehreren Schlafräumen samt Küche oder Kochzeile kosten ab 350 Dh, häufig bieten sie Pool, Fitnessraum und Business Centre. Die Einteilung in Deluxe und Standard basiert auf den Angaben des Dubai Department of Tourism and Commerce Marketing. Günstigere Apartments (v.a. in Deira) werden häufig als Stundenhotel genutzt. Für diejenigen, die damit nichts zu tun haben wollen, sind Apartments zu empfehlen, die nur an Familien vergeben werden.

■ Apartments aller Preisklassen finden sich z.B. über **www.dubaifurnishedapartments.com.**

Deluxe-Apartments

■ **Coral Boutique Villas**
Villen mit 120 Apartmentzimmern und Garten, Al Barsha hinter Mall of the Emirates, Tel. 4 02 88 88, www.coralboutiquevillas.com

■ **Dusit Residence Dubai Marina**
146 luxuriöse 1- bis 3-Schlafraumapartments mit fernöstlicher Atmosphäre, Dubai Marina, Tel. 4 25 99 99, www.dusit.com

■ **Flora Deluxe Hotel Apartments**
Zwei Apartmenthäuser in Deira, Tel. 2 30 90 00, www.florahospitality.com; Flora Creek Deluxe Hotel Apartments, Baniyas Rd, am Deira City Centre; Flora Park Deluxe Hotel Apartments, zentrale Lage am Baniyas-Platz

■ **Grand Hyatt Residence**
Im Grand Hyatt Dubai Hotel (33), Bur Dubai; siehe „Hotels der gehobenen Preisklasse"

■ **Kempinski Hotel & Residences**
Palm Jumeirah (65), auf Palm Jumeirah; siehe „Sehenswertes auf Dubais Seeseite"

■ **Noon Hotel Apartments & Art Gallery**
45 stilvolle Apartment-Suiten mit einem bis drei Schlafräumen in Al Barsha hinter Mall of the Emirates, mit Kunstgalerie, Tel. 3 25 54 59, www.noonhotel.com

■ **Oasis Beach Tower**
Luxuriöse Hotelapartments mit zwei bis vier Schlafräumen, Dubai Marina am JBR Walk gegenüber vom JBR Beach, Strandclub-Nutzung im Jebel Ali Golf Resort, Tel. 3 15 46 01, www.jaresortshotels.com

■ **The Ritz-Carlton**
Im The Ritz-Carlton Hotel (76); siehe „Hotels der gehobenen Preisklasse"

■ **Taj Palace**
Im Taj Palace Hotel (39) in Deira; siehe „Hotels der gehobenen Preisklasse"

■ **The Place**
Stilvolle Luxusapartments in zwei Häusern, www.theplace.ae; The Place Palm Jumeirah, Apartments und Penthouses mit einem bis vier Schlafräumen auf dem Stamm von Palm Jumeirah, mit Strandzu-

gang, Tel. 3 10 85 55; The Place Dubai, Apartments mit einem bis drei Schlafzimmern in Satwa, Shaikh Zayed Rd, Tel. 3 10 85 55

Standard-Apartments

Al Deyafa Hotel Apartments
54 2-Schlafraum-Apartments beim Deira City Centre, Shaik Rashid Rd, Tel. 2 95 58 55, www.aldeyafa.com

Al Mas Hotel Apartments
Studios, 2-Schlafraum-Apartments und Suiten, Al Mankhool, Rückseite der Mankhool Rd, hinter dem Ramada Hotel, Tel. 3 55 78 99, www.almashotelapts.com

Flora Hotel Apartments
1-Bett-Suiten, Deluxe- und Studioapartments für ein bis drei Personen, zentrale Lage in Deira am Baniyas-Platz, Tel. 2 22 20 03, www.florahospitality.com

Fortune Hotel Apartments
Studios und 1-Schlafraum-Apartments in Bur Dubai, Dachpool, Tel. 3 55 31 11, www.fortune-hotels.net

Golden Sands Hotel Apartments
Verschiedene Apartments in mehreren Häusern in Bur Dubai, um die Al Mankhool Rd, hinter dem BurJuman Centre, Tel. 3 55 55 53, www.goldensandsdubai.com

Liwa Plaza Hotel Apartments
56 1- und 2-Schlafraum-Apartments, Al Rigga zwischen Rigga Rd und Al Maktoum Rd, Tel. 2 27 91 11, www.liwaplaza.com

Ramee Hotel Apartments
Diverse Apartmenthäuser, www.rameehotels.com: **Ramee Guestline Hotel Apartments 2,** Apartments mit Schlafraum, Bur Dubai, Al Mankhool Rd beim BurJuman Centre, Tel. 3 55 33 44; **Ramee Guestline Hotel Apartments 3,** Tecom, Shaikh Zayed Rd, Tel. 3 69 5353; **Ramee Hotel Apartments,** Al Mankhool, Al Rola Rd, Tel. 3 52 22 77

Rose Garden Hotel Apartments
Zwei Apartmenthäuser, www. rosegardenuae.com: **Rose Garden Bur Dubai,** Al Mankhool, hinter dem BurJuman Centre, Tel. 3 55 83 55; **Rose Garden Barsha,** Al Barsha, Shaikh Zayed Rd nahe der Mall of the Emirates, Tel. 3 23 49 99

Savoy Hotel Apartments
Zwei Apartmenthäuser in Bur Dubai, www.savoydubai.com: **Savoy Park,** zwischen Einkaufszentrum BurJuman und Al Mankhool Rd, Tel. 3 55 03 03; **Savoy Central,** Rola Rd, südlich der Khalid ibn al Waleed Rd, Tel. 3 93 80 00; managt auch Deluxe-Häuser

Hostels

Youth Hostel

Dubais **Jugendherberge** gehört zum Internationalen Jugendherbergsverband (www.hihostels.com bzw. www.djh.de). Einzelreisende werden nach Geschlechtern getrennt in Mehrbettzimmern untergebracht, es sei denn, man bezahlt ein komplettes Mehrbettzimmer mit Einzelbelegung.

Das Herbergshaus besteht aus **alten und neuen Gebäudetrakten,** administrativ sind es drei Herbergen. Die Zimmer im neuen Gebäude (Hostel A) haben ein eigenes Bad, TV, Kühlschrank und Telefon und kosten für Nicht-Mitglieder (Rabatte für Mitglieder): EZ 230 Dh, DZ 270 Dh inkl. Frühstück. Die Zimmer in den alten Teilen (Hostel B und C) sind einfacher und preiswerter. Am günstigsten ist Bed & Breakfast für 120 Dh im Mehrbettzimmer. Die Badezimmer liegen dafür auf dem Flur, die Schlafräume sind einfach ausgestattet. Überall ist eine Belegung von ein bis drei Nächten normal, Verlängerungen klappen nur bei freien Kapazitäten. Es gibt ein **Restaurant** (kein Alkohol!), ein Swimmingpool, ein Internetcafé und Gemeinschaftsräume.

- **Lage:** am nördlichen Stadtrand von Dubai in Al Qusais, Al Qusais Rd (heißt auch Al Nahda Rd), zwischen Lulu Supermarket und Rashidia-Fußballstadion, Metro Green Line: Stationen Stadium oder Al Nahda
- **Infos:** Tel. 2 98 81 61 (Rezeption) und Tel. 2 98 81 51 (Büro), www.uaeyha.com

EasyFlat Hostel

Zentral gelegenes **Privathostel** mit nach Geschlechtern getrennten Mehrbettzimmern (4 bis 12 Betten), Gemeinschaftsbad, Aufenthaltsraum und Kochzeile.

- **Lage:** Bur Dubai, zwischen Al Fahidi Traditional Souq und Al Fahidi Fort
- **Infos:** Tel. 0 56/6 49 78 33, 0 56/2 79 88 53, www.easyflathostel.com

Camping

In Dubai gibt es – wie in den gesamten V.A.E. – **keine offiziellen Campingplätze!** In der freien Natur, insbesondere in der Wüste, hat aber niemand etwas gegen ein Nachtlager einzuwenden, vorausgesetzt, dass es nicht zu nah an Dörfern liegt und dass sich die Camper ordentlich benehmen, niemanden stören und keinen Müll hinterlassen.

Niemals sollte man unmittelbar im Strömungslauf eines **Trockenflusstales** (arab. *wadi*) campen, besonders nicht, wenn es regnet oder regnerisch aussieht. Das Wasser versickert nämlich nur sehr langsam in den ausgetrockneten und harten Boden, und von den kahlen Felswänden rinnt es ungehindert herab. Bei ergiebigen Regenfällen – die vielleicht auch unbemerkt in einiger Entfernung fallen – sammelt sich das Wasser im Wadi sehr schnell und kann mitunter zu einem reißenden Strom werden. Immer wieder kommt es zu tragischen Todesfällen unachtsamer Ausflügler.

Im Stadtbereich wird Campen nicht geduldet.

Nahezu jeder lokale Tourveranstalter hat einen Ausflug in die Berge oder die Wüste im Programm, letztere oft mit **Übernachtung im Beduinenzelt** oder unter freiem Sternenhimmel, manche in Verbindung mit einer Kamelsafari.

Zum Kauf von **Campingzubehör** siehe „Sonstiges".

Gastronomie

Dubai gleicht einem **Schlaraffenland!** Es gibt unglaublich viele Restaurants, (Speise-)Kneipen, Imbisse, Cafés, Eisdielen, Bars und Cocktail-Lounges mit einer entsprechend **großen kulinarischen Vielfalt,** die **keine Ländergrenzen** kennt. Je nach Geschmack und Geldbeutel kann man zwischen einem 5-Sterne-Festmahl oder einem einfachen Imbiss wählen.

Ein Erlebnis der besonderen Art ist es, der Abendsonne **auf einer traditionellen Holzdhau** entgegenzusegeln und dabei zu schlemmen. Oder wie wäre es, den Sonnengang mit einem herzhaften **Grillfest in den Sanddünen** zu genießen? Oder gemütlich eine Wasserpfeife mit aromatischem Tabak zu schmauchen? Oder nach einem abendlichen Stadtbummel durch das städtische Lichtermeer in einem eleganten Restaurant zu speisen? Oder der Faszination eines gekonnt dargebotenen **Bauchtanzes** zu erliegen? In Dubai ist all dies und noch viel mehr möglich.

Sehr beliebt und gar nicht so teuer sind die üppigen **Büfetts,** insbesondere morgens und mittags. Abends wird meist à la carte gespeist.

Die meisten **Restaurants,** vor allem die der Hotels, servieren über Mittag und am Abend zwischen 12 und 15 sowie 19 und 23 Uhr. Freitagmittag (wichtige muslimische Gebetszeit) schließen viele Straßenrestaurants, Hotelrestaurants haben offen. Etliche Hotelrestaurants bieten freitags einen **„Friday Brunch"** an: Das Büfett ist sehr beliebt, denn meist wird eine gute Auswahl zu erschwinglichem Preis geboten.

Die **Coffee Shops und Lounges** der großen Hotels haben oft 24 Stunden oder zumindest von frühmorgens bis spätabends offen.

Restaurants und Cafés in den Einkaufszentren haben meist durchgehend von 10–22 Uhr geöffnet, auch wenn manche benachbarten Geschäfte und Boutiqen über Mittag geschlossen sind. Auch die Food Courts sind durchgängig geöffnet (außer freitags).

Während der heißen Sommermonate haben einige ihre Außenterrassen geschlossen, und gastronomische Außenveranstaltungen pausieren.

Vieles in Dubai ist **multifunktional:** Restaurants haben eine Bar, Bars eine Tanzfläche, Clubs und Cafés bieten ausgefeilte Speisen, Lounge und Restaurant sind unter einem Dach, und coole Kneipen finden sich in 5-Sterne-Hotels.

Zur Situation im Fastenmonat **Ramadan** siehe „Reisevorbereitung/Feste und Feiertage".

Tipps

In diesem Buch wird eine Auswahl an Restaurants aufgelistet: solche verschiedener Preisklassen sowie **Restaurants, die arabische Speisen und Seafood servieren,** denn dies gehört zu jedem typischen Dubai-Urlaub dazu.

Zudem empfehlenswert ist eine **Dinner Cruise** auf einer **Dhau** (siehe „Sehenswertes am Creek").

Speise-Spaziergang

Frying Pan Adventures bietet Touren zur Erkundung der kulinarischen Vielfalt Dubais an. Dabei geht es nicht um glamouröses fine dining, sondern um einfache Restaurants mit gutem, landestypischem Essen, aber auch andere Speisestätten wie Märkte, Bäckereien oder Süßwarenläden werden aufgesucht. 3–7 Std. dauert ein Ausflug, im Winter geht man dabei etwa 1 Std. zu Fuß, in den heißen Sommermonaten ist man im klimatisierten Minibus unterwegs. Zwischendurch wird hier und da eingekehrt zum Genießen und Naschen, zum Schmecken und Schnuppern. Man hat die Wahl zwischen Touren zu arabischen, asiatischen oder multigastronomischen Speisestätten.

■ **Infos:** Tel. 8 00/36 63 43, www.fryingpan-adventures.com, ab 280 Dh p.P. inkl. Speisen und Getränke

Gaumenfreuden

Am verbreitetsten sind **Speisen aus der gesamten Region des Nahen und Mittleren Ostens.** Typisch sind:

Vorspeisen (arab. mezze)

(werden stets mit arabischem Brot gelöffelt)

- **achar** – eingelegtes Gemüse
- **hummus** – Paste aus Kichererbsen mit Sesam
- **tahina** – Sesamsoße
- **felafel** – frittierter Kichererbsenbrei
- **tabouleh** – Petersilien-Tomatensalat mit zermahlenem Weizen und mit Minze gewürzt
- **foul** – gekochter Bohnenbrei
- **mutabbal, babaghanouj** – gebratene und pürrierte Auberginen mit Zitrone und Knoblauch
- **warra einab** – mit Reis gefüllte Weinblätter
- **kousah mashi** – gefüllte Zucchini
- **sambousa** – mit Fleisch gefüllte Teigtaschen
- **samousa** – mit Gemüse gefüllte Teigtaschen
- **kubbeh** – gefüllte Fleischklöße
- **fatush** – Salat mit gerösteten Brotstücken
- **fatayer** – gefüllte Teigtaschen
- **labnah** – gewürzter Frischkäse als Dip

Hauptgerichte

Typisch sind Fleisch- und Fischgerichte mit Beilagen wie Reis, Gemüse und Salat.

- **koufa kebab** – gegrilltes Hackfleisch, oft mit Pinienkernen
- **shish kebab** – mariniertes, gegrilltes Lammfleisch am Spieß
- **shish tahouk** – mariniertes, gegrilltes Hühnerfleisch am Spieß mit Joghurt-, Knoblauch- oder Tomatensoße
- **kibda** – gebratene Leber
- **shawarma** – in kleine Stücke geschnittenes Grillfleisch vom Drehspieß, abends gerne in eingerolltem Fladenbrot als Sandwich gegessen
- **samak** – Fisch, im Ganzen serviert oder in Stücken auf Spießen mit Gemüse; kleine Fischarten werden meist mariniert, gegrillt und mit Dip serviert
- **sayadiaya** – Fisch auf Reis mit Tomaten- oder Zwiebelsoße
- **gambari** – Krabben
- **malukhiya** – spinatartige Beilage
- **kabouli** – Reisgericht mit Rosinen, Pinienkernen und Lamm, Huhn oder Fisch
- **mandi** – traditionelles Gericht, bei dem Fleisch, meist Lamm, im Tonofen langsam gegart und auf einer Reisplatte serviert wird
- **ouzi** – ein besonderer Festschmaus: am Spieß gegrilltes ganzes Lamm mit Reis, getrockneten Früchten und Nüssen gefüllt, sehr häufig am Ramadan-Abend serviert

Desserts

- **umm ali** – gebackener Milchauflauf mit Brot, Nüssen und Rosinen
- **mehabaiya** – Pudding mit Pistazien und Rosenwasser
- **aish asaya** – süße Käsekuchenart
- **baklawa** – mit Honig übergossenes Gebäck, teilweise mit Pistazien gefüllt
- **halwa** – weiche Süßspeise auf der Basis von Butter, Stärke, karamelisiertem Zucker und Eiern

Speisen aus den Emiraten

Sie überraschen durch ihre ausgefallenen Gewürze. Beliebt sind Safran, Zimt und Limonenaroma. Datteln, Rosinen, Mandeln und Pistazien runden viele Gerichte ab. Typisch sind:

- **mohalla** – Frühstücksspeise aus Weißbrotscheiben mit Dattelsirup oder Honig
- **balaleet** – Nudelspeise mit Eiern, Zwiebeln, Zimt und Zucker, zum Frühstück gegessen

- **makbous, hareis** oder **kabsa** – delikat gewürztes Lammfleisch auf einem Reisbett
- **fareed** – Eintopf aus Lamm- oder Hühnerfleisch und Gemüse
auf dünnen Fladenbrotscheiben
- **khabeesa** – Nachspeise aus geröstetem Mehl, Wasser, Zucker mit Safran
- **lukaimat** – mit Sirup übergossene, frittierte Hefeklößchen
- **batheth** – Datteln in süßer Soße

- Das **Shaikh Mohammed Centre for Cultural Understanding** (siehe „Sonstiges") bietet die seltene Möglichkeit, sich bei einer traditionell gestalteten emiratischen Mahlzeit in einem Windturmhaus über Speisen und Gebäuche zu informieren (ab 70 Dh).
- Im **Al Barza Restaurant & Café** in der Jumeirah Rd wird eine große Auswahl emiratischer Speisen – auch Frühstück – serviert.
- Das **Al Fanar Restaurant and Café** in der Dubai Festival City hat sich auf emiratische Speisen spezialisiert und bietet dazu die liebevoll gestaltete Kulisse der „guten alten Zeit". Eine kleinere Filiale befindet sich im Einkaufszentrum Jumeirah Town Centre.
- Ebenfalls auf emiratische Speisen spezialisiert hat sich das **Restaurant Milas** in The Dubai Mall, allerdings in modernem Ambiente.
- Emiratische Speisen modern zubereitet, eine riesige Bilderwand mit historischen Aufnahmen und eine Meerblick-Terrasse mit Shishas bietet das **Restaurant Seven Sands** in der Einkaufsplaza The Beach, Dubai Marina am JBR Walk.
- **Mandilicious** hat diverse emiratische Speisen im Angebot, beliebt ist Mandi, mariniertes Grillfleisch auf einem Reisbett – langsam zubereitet, aber schnell serviert in den Food Courts der Einkaufszentren Times Square Mall, Midrif City Centre, Lamcy Plaza und Arabian Centre.
- **Omnia Gourmet** verleiht emiratischen Speisen einen hauseigenen innovativen Touch – schön gelegen im Jumeirah Fishing Harbour.
- Im **Al Khettar Restaurant & Café** kann man Speisen von der gesamten Arabischen Halbinsel probieren.
- Die folgenden arabischen **Restaurants** bieten neben arabischen Speisen auch einige Gerichte aus den Emiraten an: **Al Hadheerah/Wüstenresort Bab Al Shams, Local House, Kan Zaman, Al Makan, Bastakiah Nights, Khan Murjan;** zu allen siehe „Gastronomie".

- **Cooking Sense:** Kurse zum arabischen Kochen bzw. zur Küche der Golfregion; Tel. 8 82 12 95, www.cooking-sense.com
- Unter **www.barzh.ae** kann man sich über emiratische Speisen informieren.

Indische Gerichte

Auch indische Gerichte sollte man probieren. Sie sind weit mehr als nur Reis mit Curry und nur halb so scharf, wie viele glauben. Man unterscheidet zwischen der **mughlai-Küche** aus Südindien und **tandoor-Gerichten** aus Nordindien, die in einem Tonofen zubereitet werden. Zu allen Gerichten werden das knusprige naan-Brot und Soßen zum Dippen gereicht. Typisch sind:

- **tandoori** – gegrilltes Hähnchen
- **korma** – Huhn oder Lammfleisch mit Mandeln
- **birani** – indischer Bergreis mit Fleischstücken und Gemüse
- **thali** – preiswerter Mix aus verschiedenen Currys und Reis
- **sev puri** – süß-sauer/scharfes Chutney über Kartoffeln
- **bhel puri** – Puffreis mit Kartoffeln und Tamarindensoße
- **dahi batata puri** – frittierte Kartoffelpüree-Teigbällchen mit Chutney oder knusprigen Kichererbsenmehl-Nudeln und Joghurt
- **pani puri** – frittierte Teigbällchen gefüllt und gedippt mit Tamarinden-Chili oder Masala-Gewürz-Soße mit Kartoffeln, Kichererbsen und Zwiebeln

Infos

- **www.dubai-eating.com**
- **www.tawilati.com**
- **www.restaurants-uae.com**
- **www.zomato.com**
- **„What's On"**, Veranstaltungsmagazin, www.whatson.ae/dubai
- **„TimeOut"**, Veranstaltungsmagazin, www.timeoutdubai.com

Restaurants der gehobenen Preisklasse

Das Angebot an **Luxusrestaurants** ist auffallend groß. Meist gehören sie zu den großen Hotels und bieten **erstklassige Speisen aus aller Welt** in exklusivem Ambiente. Die internationale Schar der Köche garantiert vielfältige Gaumenfreuden. Dank seiner Weltoffenheit und der guten beruflichen Aussichten übt Dubai eine große Anziehungskraft auf (berühmte) Köche aus.

dub14-048 ah

Der Aufwand, der in manchen Restaurants betrieben wird, um den Gast zu verwöhnen, ist enorm. **Service** wird dabei genauso groß geschrieben wie **erlesene Zutaten,** einfallsreiche Rezepte, professionelle und gesundheitsbewusste Zubereitung und last but not least eine **aufwendige Innenausstattung** des Speiseraumes.

Damit **keine Langeweile** aufkommt, gibt's in vielen Gaststätten ein wechselndes Menü, eine wechselnde Tagesspezialität (engl. *today's speciality* oder *speciality of the day*) oder ein preiswertes Komplett-Menü (engl. *set-menu*). Viele Hotels bieten wechselnde **Themen- oder Spezialitätenabende** (engl. *promotion*, auch als Büfett), die ähnlich wie die Vielfalt der Speisen den ganzen Globus umspannen.

Der **Preis** für ein Hauptgericht in dieser Preisklasse liegt bei durchschnittlich mindestens 130 Dh – Abendessen sind meist kostspieliger als Mittagessen.

Büfetts sind eine gute und preiswerte Wahl: ein erstklassiges Büfett in einem Luxushotel bekommt man **ab 180 Dh;** Frühstücks- und Mittagsbüfetts sind preiswerter als Dinnerbüfetts. Meist sind sie zu folgenden Zeiten aufgebaut: 7–11, 12–15 und 19–23 Uhr.

In vielen Hotelrestaurants spielt an so manchen Abenden eine **Live-Band** – in der Regel beschauliche Klänge in gedämpfter Lautstärke. In Bars und Speisekneipen ist der Lärmpegel höher.

◁ Guten Appetit!

Für zahlreiche Restaurants empfiehlt es sich, einen Tisch zu **reservieren.** Zu später Abendstunde, an Feiertagen und vor allem am Donnerstagabend ist mitunter alles ausgebucht.

Auf der Karte mancher Hotelrestaurants findet man die **Zeichen ++**. Sie bedeuten, dass dem Preis für das Essen noch **10–15% municipality tax** (Gemeindesteuer) und **service charge** (Service-Gebühr, geht an den Restaurantbesitzer) addiert werden. Wer möchte, darf dem Servicepersonal noch **Trinkgeld** geben: Etwa 10% des Rechnungsbetrages sind angemessen.

Etliche **Restaurants der 3- und 2-Sterne-Hotels** sind wenig empfehlenswert: kleine Auswahl, zu teuer, selten ansprechendes Ambiente. Für das gleiche Geld könnte man in einem Restaurant außerhalb wesentlich besser, stimmungsvoller und gemütlicher essen.

Nahezu in allen Hotelrestaurants – von fünf Sternen bis zu einem – kommen **alkoholische Getränke** zum Ausschank.

Adressen, Telefonnummern und Websites der meisten Hotels siehe „Unterkunft".

Drehrestaurant Al Dawaar

Sky-Dining: Internationales Büfett in Dubais einzigem Drehrestaurant im 25. Stock des Hyatt Regency Hotel an der Corniche in Deira, auch à la carte, Tische am Fenster vorbestellen, 12.30–15.30 und 18.30–23.30 Uhr

Al Muntaha

Als Gipfel der Genüsse gibt es feinste modern-mediterrane Kost 200 m über dem Meer mit Ausblick auf Palm Jumeirah und The World, abends Live-Jazz, auch Skyview-Bar, Reservierung erforderlich, elegante Kleidung erwünscht, im Burj Al Arab Hotel in Umm Suqeim, 12.30–15 und 19–24 Uhr

Bushman's Restaurant & Bar

Herzhafte australische Gourmet-Kost, mit Außenterrasse, 18.30–23.30 Uhr, im Anantara Dubai The Palm Resort & Spa

Casa de Tapas

Klassische spanische Speisen und Flamenco mit herrlichem Sonnenuntergangs-Blick auf den Creek, zum Drink danach bietet sich die Cielo Sky Lounge (siehe „Bars, Clubs, Lounges") an, im Jachthafen des Dubai Creek Golf and Yacht Club, So bis Do 18–2 Uhr, Fr und Sa 12–2 Uhr, Tel. 4 16 18 00, www.dubaigolf.com

Eauzone

Fernöstlich beeinflusste Menüs in romantischer Bilderbuch-Kulisse zwischen Pool, Strand und Tropengarten, im Arabian Court des One & Only Royal Mirage, Dubai Marina, 12–15.30 und 19–23.30 Uhr

Fazaris

Das Beste aus Japan und Italien aus der Showküche, auch internationale Frühstücksbüfetts, mit Außenterrasse, The Adress Downtown Dubai Hotel, 7–11, 12–15 und 19–24 Uhr

Focaccia

Italienische Küche serviert in einer großen mediterranen „Villa" mit unterschiedlich eingerichteten Räumen, wöchentlich wechselnde Menüs, abends Live-Musik, Reservierung empfehlenswert, im Hyatt Regency Hotel, Deira, So bis Fr 19.30–24 Uhr, Fr auch 13.30–16 Uhr

Manhattan Grill

Klassisches Steakhouse – Rind, Lamm, Meeresfüchte – mit passenden Weinen im Grand Hyatt Hotel, 12–15 und 19–23.30 Uhr, Fr und Sa nur abends

Maya Modern Mexican Kitchen

Moderne mexikanische Sterne-Kochkunst im Azteken-Dekor, auch Zigarren-Bar sowie Dachterrassen-Lounge mit über 60 Tequila-Sorten und DJ-Musik, Le Royal Meridien Beach Resort & Spa, Restaurant 19–24 Uhr, Lounge 19–2 Uhr, www.maya-dubai.com

Nobu

Japanische Klassiker, modern interpretiert und arabisch angehaucht von Starkoch *Nobu Matsuhisa*, At-

Alkohol

Da der Koran Alkohol für Muslime verbietet, wird dieser in Dubai **nur in** dazu **lizensierten Restaurants, Bars und Nachtclubs** ausgeschenkt – doch davon gibt es genug. Nahezu **alle Hotelrestaurants** besitzen eine Alkohollizenz. Minibars und der Room-Service stellen weitere mögliche „Quellen" dar. Zudem können Touristen Alkoholika in den **Duty-Free-Läden** des Dubai International Airport kaufen, und dies wegen der Steuerfreiheit sehr günstig.

Alkoholfrei sind Straßenrestaurants, Imbissstuben, Fast-Food Lokale sowie Food Courts und Gastronomiebetriebe in Malls und Einkaufszentren, hier mit wenigen Ausnahmen wie z.B. im Restaurantturm Pier 7 der Marina Mall, im Souq Al Bahar in Downtown Dubai, im Souq Madinat Jumeirah oder im Pyramids-Komplex der Wafi Mall – solche Ausnahmen sind in diesem Buch vermerkt.

Die **Preise** für alkoholische Getränke sind relativ hoch; so kostet ein Flaschenbier ab 30 Dh, das Glas Wein ab 35 Dh, Whisky ab 30 Dh, Cocktails ab 45 Dh, Aperitivs, Wodka, Rum, Gin, Likör, Schnaps gibt es ab 35 Dh. Billiger wird's zur Happy Hour.

dub12_029 kk

Alkoholische Getränke dürfen nur in den lizenzierten Schankstätten getrunken werden, wo sie verkauft werden – sowie natürlich in Privatwohnungen. **Öffentlicher Alkoholgenuss ist in allen sieben Emiraten verboten.** Wer Bier trinkend durch die Straßen spaziert, kann dafür bestraft werden. Fällt man auf, oder wird man von einer Polizeistreife kontrolliert, drohen Freiheitsstrafen und/oder Geldstrafen (ab 2000 Dh). Speist man zusammen mit Arabern, so sollte man stets bedenken, dass gläubige Muslime keinen Alkohol trinken.

Unbedingt vermeiden sollte man es, auch nur mit dem geringsten Promillewert **Auto** zu **fahren** und angebrochene oder leere Flaschen im Auto zu transportieren. Im Falle einer Polizeikontrolle oder gar eines Unfalles können die Missverständnisse groß und die Folgen schlimm sein. „Zero tolerance" heißt Dubais strikte Null-Promille-Politik, mindestens eine Nacht auf der Polizeistation und eine hohe Geldstrafe sind nur die glimpflichsten Formen, um sie durchzusetzen. Im Falle eines Unfalles – auch unverschuldet! – hat man auch mit niedrigsten Promille immer das Nachsehen. Kommt es zu einer Gerichtsverhandlung, bleibt man je nach Schwere des Unfalls bzw. Schadens in Untersuchungshaft oder nach Abgabe des Reisepasses bzw. des Einstempelns eines Ausreiseverbotes gegen Kaution bis dahin im Land.

Das **Emirat Sharjah** hat den Alkohol ganz verboten.

Im muslimischen Fastenmonat **Ramadan** gelten Einschränkungen (siehe „Reisevorbereitung/Feste und Feiertage").

lantis The Palm, auch Sake-Lounge, Sushi-Bar und japanischer Garten, 12–15 und 19–23 Uhr

Olives

Mediterrane Speisen vom Büfett und à la carte, Gartenterrasse, im One & Only Royal Mirage Hotel, zwischen Palm Jumeirah und Dubai Marina, 7–24 Uhr

Peppercrab

Interessante und „gepfefferte" Speisen aus Singapur, auch viele Fischgerichte, im Grand Hyatt Hotel, Bur Dubai, 19–24 Uhr

Rhodes W1

Allerfeinste britische Speisen von Sternekoch *Gary Rhodes,* mit Außenterrasse und Bar, im Grosvenor House, a Luxury Collection Hotel, Dubai Marina, Mo bis Sa 19–23 Uhr, www.rw1-dubai.com

Shabestan

Erstklassige persische Spezialitäten, stets frisches Brot aus dem Tonofen, abends Live-Musik, im Radisson Blu Hotel, Deira am Creek, 12.30–15 und 19.30–23 Uhr

Supperclub

Europäische Fusion-Cuisine mit überraschenden Akrobatik- oder Tanzeinlagen, Palm Jumeirah, im Jumeirah Zabeel Saray, 19–1 Uhr, Tel. 4 51 11 00, www.supperclubdubai.com

Thiptara

Thailändische Kost und Seafood, Wassermagie und Ausblicke auf den Burj Khalifa im The Palace Downtown Dubai, klasse Außenterrasse, 19–24 Uhr

The Farm

Gemütliches, ruhiges und kinderfreundliches Gartenrestaurant mit frischen und gesund zubereiteten Speisen, Villenviertel Al Barari, Shaikh Mohammed bin Zayed Rd (Exit 14), 7.30–23 Uhr, Tel. 3 92 56 60, www.thefarmdubai.com

The Kitchen

Rund um die Uhr international speisen – und beim Kochen zusehen – im Hyatt Regency Hotel in Deira

Zuma

Erstklassige japanische Kost in modernem Ambiente, auch Bar und Lounge, Dubai International Financial City, Gate Village 6, 12.30–15 und 19–24 Uhr, Tel. 4 25 56 60, www.zumarestaurant.com

Weitere Nobel-Restaurants siehe „Typisch Dubai" (Arabisch und Seafood) sowie „Orte mit vielfältigem Gastronomieangebot".

Restaurants der mittleren Preisklasse

Es lohnt sich, auch einmal in einem der zahlreichen guten und vergleichsweise günstigen Restaurants außerhalb der Hotels zu speisen. Büfetts sind keine Seltenheit. Der Preis für ein Hauptgericht liegt bei 60–130 Dh, Büfetts gibt es ab ca. 30 Dh, nicht selten so gut und reichhaltig wie im Hotel.

Wer **preiswert und gut** arabisch essen möchte, für den sind die **libanesischen Straßenrestaurants** genau das Richtige. Sie sind weit verbreitet und leicht durch ein auf ihrem Namensschild abgebildetes Schaf oder einen Zedernbaum zu erkennen (Restaurantvorschläge siehe „Typisch Dubai"). Ebenfalls preiswert und zudem schnell sind die zahlreichen **chinesischen Lokale** und die Restaurants bzw. die **Food Courts** der Einkaufszentren, in denen man sich an **Imbiss-Ständen** sein Essen kaufen und an den bereitstehenden Tischen verspeisen kann.

In vielen Restaurants gibt es einen **separaten Raum/Bereich für Familien** (engl. *family section, family room*). Für Familien oder Paare besteht keine Verpflichtung, dort zu speisen, aber für Frauen, die alleine essen gehen, ist es „anständiger", sich dorthin zu setzen.

Alkohol wird in den Restaurants außerhalb der Hotels meist nicht ausgeschenkt. Eine Ausnahme bilden beispielsweise Restaurants im Souq Madinat Jumeirah, im Souq Al Bahar oder im

Emirates Towers Boulevard sowie in den Golf- und Jachtclubs.

Die Adressen, Telefonnummern und Websites vieler Hotels sind oben im Kapitel „Unterkunft" verzeichnet.

Abshar

Authentische, delikate persische Kost in dekorativem Villenhaus, auch Büfetts, Jumeirah, Jumeirah Rd, 13–24 Uhr, Tel. 3 94 09 50, www.abshar.ae; auch in Deira, im Knowledge Village und im Academic Village

Al Mansour Dhau

Die traditionelle Holzdhau schippert ab dem Deira-Ufer beim Radisson Blu Hotel jeden Abend ab 20 Uhr durch den Creek und lädt zum Dinner ein, Tel. 2 22 71 71 (siehe auch „Sehenswertes am Creek")

Apres

Après Ski: europäische Gerichte – z.B. Schweizer Käse-Fondue – und Bar mit Blick in die Ski-Dubai-Skihalle, Mall of the Emirates, 11–1 Uhr, Tel. 3 41 25 75

Arabian Tea House

Patio-Café mitten im historischen Viertel Al Fahidi Historical Neighbourhood (Bur Dubai, am Kreisverkehr Al Fahidi St. Ecke Al Mussalla Rd) im schattigbegrünten Innenhof eines renovierten Windturmhauses, viele Teesorten, arabischer Kaffee, frische Kost, üppige Salate, klasse Fruchtcocktails, 9–22 Uhr, Tel. 3 53 50 71, www.arabianteahouse.com

Bait Al Bahar

Zum gemütlichen Café/Restaurant umgebaute Strandvilla, tolle Terasse am Strand, es werden drei Speiseerlebnisse geboten: „Bait 1971" (emiratisch-nostalgisch), „Beach House" (internationale Kaffeehauskultur) sowie „Mazology Lounge" (modern-multikulti, Sushi, nichtalkoholische Cocktails), Jumeirah, zwischen Jumeirah Rd und Strand, 8D Street beim Dubai Offshore Sailing Club, 8–2 Uhr, Tel. 3 94 44 41, www.baitalbahar.com

Boardwalk

Internationale Gerichte, alkoholische Cocktails, Kaffee und Kuchen auf einer Terrasse über dem Creek, auch Grillen auf einem Bötchen ist möglich (BBQ Donut), im Clubhaus des Dubai Creek Golf and Yacht Club, So bis Do 8–24 Uhr, Tel. 3 80 12 34

Caesar's

Indisch, chinesisch, persisch, kontinental, Grill- und Fischgerichte, Sizzlers und Süßspeisen; in Bur Dubai am Falcon R/A, Tel. 3 93 13 00, 12–24 Uhr; auch Al Karama, Zabeel Rd, schräg gegenüber der Hauptpost; Garhoud, neben dem Le Meridien Hotel; Al Qusais, Al Qusais Rd beim Al Twar Centre; Al Mankhool, Kuwait Rd; www.caesars-uae.com

Café2go

Hier gibt es alles aus Kamelmilch und -fleisch: Eiscreme, Milchshakes, Joghurt, Sandwiches etc. – sehr gesund und obendrein selten, Al Qouz, Shaikh Zayed Rd an der Noor Islamic Bank bei der gleichnamigen Metrostation, Tel. 4 31 73 62, 7–24 Uhr, www.cafe2go.ae; auch DIFC Al Murooj Rotana

Café Céramique

Kinderfreundliches Café & Kunststudio: Kaffee trinken, Snacks speisen und nach eigenem kreativem Gespür Geschirr dekorieren, auch Workshops, Dubai Festival City, 8–21 Uhr, Tel. 2 32 86 16; auch in Jumeirah, Town Centre; www.cafe-ceramique.com

Chill Out Ice Lounge

Wahrlich „cool": auf -6 Grad gekühlte Eis-Lounge (ohne Alkoholika) mit Eiswänden, Eistischen, Eisstühlen und Eisgläsern, serviert werden z.B. kühle Mocktails, heiße Suppen, Schokoladenfondue und Grillfleischspieße, 75 Dh Eintritt inkl. Freigetränk und wärmender Anziehsachen, im Einkaufszentrum Time Square, 10–22 Uhr, Tel. 3 41 81 21, www.chilloutatdubai.com

Claw BBQ Crabshack and Grill

Amerikanisches Lokal mit Grillspeisen, Austern, Buffalo Wings, Killer Burgern, Krabben aus dem Eimer und mechanischem Bullen, Downtown Dubai im Souq Al Bahar, So bis Do 17–2 Uhr, Fr und Sa 12–2 Uhr, Tel. 4 32 23 00, www.clawbbq.com

Comptoir 102

Modernes Speisecafé mit stilvoll-gemütlicher Einrichtung und gesunder Kost in Jumeirah, Jumeirah Rd gegenüber vom Beach Centre, Tel. 3 85 45 55, 8–22 Uhr, www.comptoir102.com

Gazebo
Marinierte indische Fleischspezialitäten, fein gewürzte Reisgerichte u.v.m., Bur Dubai Kuwait Rd schräg gegenüber des Al Raffa Hospital, Tel. 3 59 97 12, 12–24 Uhr; auch in der Dubai Internet City und der Dubai International Financial City; www.gazebodubai.com

Hard Rock Café, siehe „Nachtleben"

Lime Tree
Kinderfreundliches Café mit frischer und gesunder Kost in einer Villa sowie deren Innenhof an der Jumeirah Rd, nahe der Jumeirah-Moschee, 7.30–18 Uhr, Tel. 3 49 84 98; auch in der Ibn Battuta Mall, in der Shaikh Zayed Rd neben Gold and Diamond Park und in Al Quoz neben The Courtyard; www.thelimetreecafe.com

Lemongrass
Innovative und wohlschmeckende Thai-Menüs in Oud Metha neben der Lamcy Plaza, 12–23 Uhr, Tel. 3 34 23 25, www.lemongrassrestaurants.com

Mannaland
Kimchi und andere koreanische Speisen, Bur Dubai, Al Mina Rd nahe des Capitol Hotel, 11–23 Uhr, Tel. 3 45 13 00

Nando's
Afro-portugiesisches Peri-Peri-Huhn in unterschiedlichen Schärfegraden, Burger, Pitas, Wraps etc., Shaikh Zayed Rd, im Saeed Tower beim Crown Plaza Hotel, 11–23 Uhr, Tel. 3 21 20 00; auch in The Dubai Mall, im Al Ghurair Centre, im Arabian Centre, in The Greens im Tiara Building und in Dubai Marina am Marina Walk; www.nandos.ae

Organic Foods and Café
Kinderfreundliches Restaurant-Café mit gesunden Öko-Produkten und angeschlossenem Laden, Fr und Sa Familienbrunch, Shaikh Zayed Rd neben dem Oasis Centre, 8–22 Uhr, Tel. 3 38 28 22, www.organicfoodsandcafe.com; auch in The Village Mall

Sadaf
Iranische Grillgerichte und Seafood, auch internationale Kost, Deira, Al Maktoum Rd gegenüber vom Emirates Concorde Hotel, 12–24 Uhr, Tel. 2 22 16 22, www.sadafrestaurantsuae.com

Saladicious
Salat-Variationen und andere hausgemachte Speisen, Jumeirah, Al Hudaiba St., hinter dem Möbelhaus The One, 8–23 Uhr, Tel. 8 00/7 25 23; auch als Deli Dubai Marina am JBR Walk; www.saladicious.com

Switch
Plastic-fantastic: innovativ-bunt eingerichtetes Designerrestaurant mit einfallsreicher Speisekarte (Kamelfleisch-Steak & -Burger, Do it yourself Pasta, Nutella-Variationen), The Dubai Mall, 11–23 Uhr, Tel. 3 39 91 31, www.meswitch.com

The Majlis
Edel-gemütliche Café-Lounge mit Kamelmilch-Spezialitäten wie Kaffee, Eiscreme, Schokolade, Gebäck und lokalen Leckereien, in Jumeirah in einem Nebengebäude der Jumeirah-Moschee, So bis Do 8–18 Uhr, Sa 8–16 Uhr, Tel. 3 33 81 83, www.themajlisdubai.com; auch In The Dubai Mall

Tidjoori
Hier gibt es nur vegan zubereitete Biospeisen, Dubai Marina, JBR Walk, Trident Grand Residence, 9–24 Uhr, Tel. 5 53 13 70, www.tidjoorirestaurant.com

Tom & Serg
Modernes Restaurant/Café mit originellen Speisen in einem großen alten Lagerhaus, Al Quoz, Shaikh Zayed Rd neben ACE Hardware, 8–16 Uhr, Tel. 0 56/4 74 68 12, www.tomandserg.com

XVA Café
Café, Kunstgalerie und Hotel in einem renovierten historischen Windturmhaus, Kaffeegenuss sowie vegetarische Speisen im gemütlich-schattigen Innenhof, im Viertel Al Fahidi Historical Neighbourhood, 7–21 Uhr, Tel. 3 53 53 83, www.xvahotel.com

Weitere Restaurants mit moderaten Preisen siehe unter „Typisch Dubai" (arabisch und Seafood) sowie unter „Orte mit vielfältigem Gastronomieangebot".

Auch Cafés bieten internationale Speisen oder Snacks. **Cafés, Coffee-Shops oder Lounges** gibt es jedem großen, besseren Hotel. In den Einkaufszentren und Shopping Malls finden sich meist mehrere Cafés. Wahre Café-Meilen sind der Canal Walk in der Dubai Festival City und die beiden Flaniermeilen Marina Walk und JBR Walk in der Dubai Marina (siehe „Orte mit vielfältigem Gastronomieangebot"). In naher Zukunft folgen die Uferpromenaden von The Pointe und Boardwalk auf Palm Jumeirah (siehe „Sehenswertes auf Dubais Seeseite").

Preisgünstige Restaurants, Imbisse und Fast Food

Da Straßenrestaurants und Gastarbeiterlokale einen relativ hohen hygienischen Standard aufweisen, kann man dort unbesorgt einen Snack oder eine Mahlzeit zu sich nehmen. In dieser Preisklasse kostet eine Hauptspeise 20–60 Dh.

In den unzähligen Straßenimbissen bekommt man zumeist **Sandwiches** (Standard-Beläge sind: *chicken* = Huhn, *mutton* = Hammelfleisch, *shrimps* = Krabben), **Burger** sowie **indische und pakistanische Reisgerichte.**

Am verbreitetsten ist das **arabische shawarma:** auf einem großen Drehspieß gegrilltes Lamm- oder Hühnchenfleisch, das mit Salat in eine Brottasche gerollt und als Sandwich gereicht wird. Vegetarier können sie sich auch mit gebratenen Auberginen, *felafel* = Kichererbsen-Bratlinge oder *foul* = Bohnenbrei füllen lassen. Sandwiches kosten 5–10 Dh, Burger 10–15 Dh, *shawarma* 5–8 Dh. Shawarma-Sandwichrollen gibt es in vielen Varianten, je nach Fleischsorte, Marinade und Soße, dabei finden sich mitunter auch nicht-arabische Einflüsse wie Curry- oder Salsasoße. Das Grillfleisch ist auch als Tellergericht inklusive Brot und Salat ab ca. 15 Dh erhältlich.

Eine weit verbreitete **indische Schnellmahlzeit** ist **thali.** Neben Reis und Brot bekommt man Schälchen mit Currysoßen, die so lange aufgefüllt werden bis man satt ist. Thali kostet meist 7–15 Dh. Noch preiswerter (3–5 Dh) sind die **marsala dhosa,** eine Art hauchdünne, knusprige Linsenmehl-Crêpes mit pikanter Füllung. **Tikka,** gegrillte Fleischstücke, sind ebenfalls preiswert und an nahezu allen Imbissen zu haben. Als Hauptmahlzeit bieten sich **Curry-Reisgerichte** in riesiger Vielfalt an, hier kann sich jeder nach Belieben für 15–25 Dh durchprobieren. Auch Vegetariern bietet die indische Küche allerlei Auswahl.

Im **Stadtteil Al Karama,** beispielsweise rund um den Souq, finden sich einfache, interessante Restaurants mit einer Vielfalt an Speisen aus diversen Gastarbeiter-Herkunftsländern (Indien, Pakistan, Sri Lanka, Philippinen etc.).

Allgegenwärtig sind **Fast-Food-Restaurants** US-amerikanischer Ketten, je nach Lage mit „Drive In", hinzu kommen ähnlich viele lokale Schnellrestaurants mit vergleichbarem Angebot oder auch in höherer Qualität. Zudem gibt es Fast Food bzw. Einfachgerichte aus allen Teilen der Welt: Pizza, Sushi, Nudeln, Wokgerichte, Fish and Chips usw.

An belebten Standorten bieten **Food-Trucks,** Imbisswagen, beliebte und originelle Speisen an.

In den **Einkaufszentren** gibt es meist mehrere Fast-Food- und Schnellrestaurants; die größte Auswahl bieten The Dubai Mall und Mall of the Emirates. Ebenfalls schnelle und preiswerte Mahlzeiten liefern die in einem **Food Court** zusammengefassten Imbissbuden.

In einfachen Restaurants, Imbissen und Fast-Food-Lokalen wird **kein Trinkgeld** gegeben, und es werden keine Alkoholika verkauft.

Aappa Kadai
Südindische Speisen, aber auch chinesisch, Al Karama 20b Street gegenüber vom Lulu-Supermarkt, 11–23 Uhr, Tel. 3 34 80 30, www.aappakadai.com; auch Dubai Marina Diamond 06 Building zwischen Marina Mall und Metrostation

Aryaas
Südindische Kost, vegetarisch, preiswert und gut, zentral in Bur Dubai, Khaleed bin al Waleed Rd gegenüber dem BurJuman-Einkaufszentrum, 8–24 Uhr, Tel. 3 57 78 00

Bait al Wakeel
Siehe „Sehenswertes in Bur Dubai"

Best Burgers Forever!
Burger in verschiedenen Variationen und zum selber Zusammenstellen, u.a. auch mit Kamelfleisch, Dubai Marina, Marina First Tower an der Blue Bridge, Sa bis Mi 11–24, Do und Fr 11–5 Uhr, Tel. 4 35 66 14, www.bbfonline.net

Bundoo Khan Express
Modernes pakistanisches Restaurant, Satwa, Shaikh Zayed Rd am 3. Interchange, 11–23 Uhr, Tel. 3 88 48 66, www.facebook.com/Bundoo.Khan.Dubai

Chicken Tikka Inn
Typische indische (Grill-)Speisen, nicht nur Hühnergerichte, Jumeirah, Jumeirah Rd auf Höhe des Jumeirah Beach Centre, 12–24 Uhr, Tel. 3 44 55 24; auch Deira Baniyas Rd, Bur Dubai Souq und International City

China Sea
Chinesisches Restaurant mit frischer Kost zu fairen Preisen, Deira, Al Maktoum Rd nahe am Uhrturm, 11–1 Uhr, Tel. 2 95 98 16

Chef Lanka
Würzige Kost aus Sri Lanka, täglich Büfett, im Al Karama Souq, gegenüber vom Lulu-Supermarkt, 7.30–23 Uhr, Tel. 3 35 30 50

Ebony Interactive Restaurant
„Interaktives" Lokal; siehe „Telefon und Internet"

Fryer Tuck
Fish and Chips, Sausages, Steaks, Pies and more, Jumeirah, Jumeirah Rd, gegenüber dem Jumeira-Beach-Einkaufszentrum, 12–15 und 18–22.30 Uhr, Tel. 3 44 42 28

Golden Fork
Preiswert, gut und für jeden etwas: international, kontinental, indisch, chinesisch, arabisch und Fischgerichte, 10–2 Uhr, Bur Dubai, gegenüber vom Astoria Hotel, Tel. 3 93 47 45; auch in Deira am Baniyas-Platz, in der Al Maktoum Rd und beim Einkaufszentrum Al Ghurair; Al Rigga, Rigga Rd; Satwa, am Satwa R/A; Al Karama; Dubai Marina; www.goldenforkgroup.com

Govinda's
Rein vegetarische, gesunde indische Kost und originelle Eiscremesorten, Sa bis Do 12–24 Uhr, Fr 14–24 Uhr, Bur Dubai, 4a Street, hinter dem Regent Palace Hotel, Tel. 3 96 00 88, www.govindasdubai.com

dub2_7 kk

Beliebt und preisgünstig: shawarma – Grillfleisch vom Drehspieß

Kamat
Über 300 indische oder chinesische vegetarische Menüs und interessante Süßspeisen, Bur Dubai Kuwait Rd, Sa bis Do 10.30–15 und 19–23.30 Uhr, Fr 13–15 und 19–23.30 Uhr, Tel. 3 59 84 44; auch in der Internet City und der Al Qusais Damascus St.; www.kamatdubai.com

Karachi Darbar
Populäre pakistanische Restaurantkette, Deira, Al Musalla Rd, Tel. 2 72 37 55, 5–1 Uhr; auch in Deira, Al Nakhl Rd beim Fish R/A; Bur Dubai, Al Fahidi Rd; Al Karama beim Lulu Centre; Satwa, Al Satwa Rd; www.facebook.com/Karachi.Darbar.Restaurant

Kwality
Authentische nordindische Speisen, Bur Dubai, Khalid Ibn al Waleed Rd, 12–15 und 19.30–23.30 Uhr, Tel. 3 93 65 63, www.kwalitydubai.com; auch in Oud Metha in der Lamcy Plaza

Maria Bonita's Taco Shop
Tacoria mit Tacos, Nachos und anderen authentisch zubereiteten mexikanischen Speisen in entspannter Atmosphäre, Jumeirah, Umm al Sheif Rd beim Spinny's Centre, 12–14 und 20–23.30 Uhr, Tel. 3 95 44 54, www.mariabonitadubai.com; auch Green Community

Paratha King
Indisches Paratha – gefülltes backfrisches Fladenbrot – in rund 100 vegetarischen Variationen, im Al Karama Souq neben Baskin Robbins, Sa bis Do 8–15 und 19–23 Uhr, Fr 19–23 Uhr, Tel. 3 97 91 10

Pars Iranian Kitchen and Sweets
Delikate persische Speisen und Grillgerichte, auch auf der Bürgersteigterrasse, Satwa, 2nd of December Rd, neben dem Chelsea Plaza Hotel, 7–1 Uhr, Tel. 3 89 40 00; auch Mall of the Emirates

Ravi
Beliebter Pakistaner mit Punjab-Küche am Ende der Satwa Rd, am Satwa R/A, 5–3 Uhr, Tel. 3 31 53 53; auch Bur Dubai Trade Centre Rd

Scoozi
Italienisch, aber auch Sushi, am Canal Walk der Dubai Festival City, 12–23 Uhr, Tel. 2 32 95 95; auch The Dubai Mall

Xiao Wei Yang
Delikat zubereitete chinesische Vielfalt in zentraler Lage in Deira, Baniyas Rd, nahe beim Radisson Blu Hotel, 12–23 Uhr, Tel. 2 21 51 11; auch Dubai Marina und International City

Eine große Auswahl an preiswerten Speisen aus aller Welt bieten die Essstände und Imbisse im **Global Village** (siehe „Vergnügungsparks").

Weitere preisgünstige Restaurants, vornehmlich Fast Food, siehe unter „Typisch Dubai" (arabisch und Seafood) sowie unter „Orte mit vielfältigem Gastronomieangebot".

Typisch Dubai

Es folgen alle Preisklassen umspannende **Tipps zu arabischen Restaurants sowie zu solchen mit Fisch- und Meeresfrüchten** (engl. *seafood*).

Arabisch

Trotz all der fremden Einflüsse, die Dubai nicht nur gastronomisch kennzeichnen, empfiehlt es sich, arabisch essen zu gehen. Meist werden Gerichte aus dem **syrisch-libanesischen** Raum serviert. In einigen Lokalen der gehobenen Preisklasse startet abends eine Show mit **Bauchtanz** (engl. *belly-dance*) und **Live-Musik.** Reservierungen sind vor allem am Wochenende oder für Tische an der Bühne zu empfehlen. Am frühen Abend ist es meist eher ruhig. Eintrittsgeld inkl. mehrgängigem Dinner oder Büfett ab 200 Dh, ohne Büfett ab 150 Dh.

A La Turca
Mittlere Preisklasse; türkische Speisen à la carte und internationale Büfetts, Palm Jumeirah, Rixos The Palm Dubai Hotel, 7–23 Uhr

Al Areesh
Im Al Boom Tourist Village; siehe „Sehenswertes in Bur Dubai"

Al Barza Restaurant & Café
Mittlere Preisklasse; eine der seltenen Gelegenheiten, emiratische Speisen – auch Frühstück – in großer Auswahl zu probieren, auch Außentische, Jumeirah, Jumeirah Rd zwischen den Einkaufszentren Jumeirah Beach Centre und Mercato Mall, 8–24 Uhr, Tel. 3 43 59 10, www.albarza.ae

Al Boom Tourist Village
Siehe „Sehenswertes in Bur Dubai"

Al Fanar Restaurant and Café
Emiratische (!) Speisen in der Dubai Festival City; siehe „Sehenswertes am Creek"; auch im Einkaufszentrum Jumeirah Town Centre

Al Hadheerah
Gehobene Preisklasse; die ca. 50 km weite Anreise zu dieser „Arabischen Nacht" lohnt sich: Das arabische Restaurant gehört zum Wüstenresort Bab Al Shams; umgeben von Sanddünen, erbaut im Stil eines arabischen Landhauses samt Innenhof und reichhaltigem Dekor mit Gewürzsäcken und Messingkannen; Bauchtanz, Musik, Hennamalerei, Lagerfeuer, Kamelritt und Jagdfalkenschau, zu essen gibt es typisch Arabisches als Büfett; Reservierung empfehlenswert, 19–23.30 Uhr, Tel. 8 09 61 94

Al Ijaza
Preisgünstig; beliebte Cafeteria mit arabischen Sandwiches, Shawarma und Fruchtsäften, Jumeirah, Jumeirah Rd zwischen Mercato Mall und Al Urouba St., Tel. 3 44 48 74, www.alljaza.com

Al Iwan
Gehobene Preisklasse; königlich arabisch speisen in der vergoldeten Einrichtung des Burj Al Arab in Umm Suqeim, auch opulente Büfetts, Reservierung erforderlich, elegante Kleidung erwünscht, 12–15.30 und 18–23 Uhr

Al Khettar Restaurant & Café
Mittlere Preisklasse; von früh bis spät werden Speisen aus verschiedenen Ländern der arabischen Halbinsel serviert, Hor al Anz, Ittihad Rd, 8–24 Uhr, Tel. 2 96 44 22, www.alkhettar.com

Al Reef Lebanese Bakery
Preisgünstig; arabisch-libanesische Speisen rund um die Uhr, Jumeirah, Al Wasl Rd beim Safa Park, Tel. 3 94 52 00; rund um die Uhr offen auch in Al Karama Zabeel Rd

Al Safadi
Preisgünstig; libanesisches Schnellrestaurant in der Rigga Rd, Al Rigga, bei der Metrostation Al Rigga, 8–1 Uhr, Tel. 2 27 99 22; auch Shaikh Zayed Rd Al Kawakab Building

Al Tawasol
Preisgünstig; jemenitische Kost, Al Muraqqabat, Abu Bakr al Siddique Rd, Ecke Rigga Rd, 11–1 Uhr, Tel. 2 95 97 97

Amaseena
Gehobene Preisklasse; herrliches Beduinenlager mit erstklassigem arabischen Büfett sowie Shishas unter Beduinenzelten im Strandgarten des The Ritz-Carlton Hotel, Dubai Marina, Live-Lautenmusik, 19–24 Uhr

Arz Lebanon
Preisgünstig; libanesische Speisen und täglich wechselnde Spezialitäten, Jumeirah, beim Jumeirah Beach Park, 9–1 Uhr, Tel. 3 94 77 36; auch Al Barsha an der American Academy School; Deira, Shaikh Khalifa bin Zayed St. neben dem BurJuman Centre

Automatic Restaurant and Grill
Preisgünstig; gute Auswahl an typisch arabischen Speisen, 11.30–23 Uhr, Jumeirah, im Beach Centre, Tel. 3 49 48 88; Al Rigga, Rigga Rd; Deira Al Maktoum Rd und Al Ghurair Centre; Bur Dubai, Al Khaleej Centre und Khaleed bin al Waleed Rd; Dubai Marina, The Walk; Shaikh Zayed Rd; Ibn Battuta Mall

Awtar
Gehobene Preisklasse; feinste libanesische Speisen im Beduinen-Zelt-Dekor, Live-Musik und Bauchtanz, im Grand Hyatt Dubai Hotel, Bur Dubai, 19.30–3 Uhr

Bait Al Bahar
Arabisch-emiratische Kost zu mittleren Preisen in einer Jumeirah-Strandvilla; siehe „Restaurants der mittleren Preisklasse"

Restaurants – Kurz-Tipps

Alle folgenden Verweise beziehen sich auf die entsprechenden Unterabschnitte im Gastronomie-Kapitel, zu Hotels und Malls siehe im Abschnitt „Orte mit vielfältigem Gastronomieangebot".

Für Verliebte

- **Ossiano** (siehe „Seafood"): Nur die Fische schauen zu
- **Villa Beach** (siehe „Jumeirah Beach Hotel"): Tische am Sandstrand
- **Nasimi Beach** (siehe „Nachtleben"): schicke Strandbar mit Cabañas und gemütlichen Tagesbetten
- **Focaccia** (siehe „Gehobene Preisklasse"): Romantische Landhaus-Villa
- **Bahri Bar** (siehe „Madinat Jumeirah"): Meeresrauschen zu Jazz und Soul
- **Pai Thai** (siehe „Madinat Jumeirah"): Romantische Bootsanfahrt
- **Tagine** (siehe „Arabisch"): Candlelightdinner
- **Eauzone** (siehe „Gehobene Preisklasse"): Eigener Holzpavillon mit Meeresblick
- **Pierchic** (siehe „Madinat Jumeirah"): Ins Meer hinein gebaut
- **Reflets** (siehe „Dubai Festival City"): Sternekost und Romantikdekor
- **Thiptara** (siehe „Gehobene Preisklasse"): Dubai Fountain und Downtown-Kulisse

Best Location

- **Al Fanar** (siehe „Arabisch"): Nostalgische Emirate
- **Villa Beach** (siehe „Jumeirah Beach Hotel"): Unter Palmen am Sandstrand
- **Al Boom Tourist Village** (siehe „Seafood"): Auf einer schwimmenden Dhau
- **Ossiano** (siehe „Seafood"): Vis-à-vis mit dem versunkenen Atlantis
- **Amaseena** (siehe „Arabisch"): Beduinenlager am Meeresufer
- **Bait al Wakeel** (siehe „Preisgünstige Restaurants"): Terrasse über dem Creek
- **Marina Seafood** (siehe „Jumeirah Beach Hotel"): Weit draußen auf dem Meer
- **Local House** (siehe „Arabisch"): Innenhof im Windturmhaus
- **Khan Murjan** (siehe „Arabisch"): Alt-Arabien hautnah
- **Chill Out Lounge** (siehe „Mittlere Preisklasse"): Eisgekühlt
- **Al Hadheerah** (siehe „Arabisch"): Wüste hautnah
- **Al Mahara** (siehe „Seafood"): Von Fischen beobachtet
- **Tagine** (siehe „Arabisch"): Märchenhaftes Marokko
- **Boardwalk Café** (siehe „Mittlere Preisklasse"): Barbecue-Boote
- **101 Dining Lounge and Bar** (siehe „Nachtleben"): Dubai Marina von Palm Jumeirah bestaunen
- **Bateaux Dubai** (siehe „Sehenswertes am Creek"): Schiffsfahrt im Creek
- **Bait Al Bahar** (siehe „Mittlere Preisklasse"): Strandvilla
- **Aprons & Hammers** (siehe „Seafood"): Alte Dhau vor Hochhausskyline

Himmelhohe Ausblicke

- **At.mosphere** (siehe „Nachtleben"): Die ganze Stadt zu Füßen
- **Uptown** (siehe „Jumeirah Beach Hotel"): Blick auf Palm Jumeirah, The World
- **Al Dawaar** (siehe „Gehobene Preisklasse"): Blick auf Deira, Deira Corniche
- **Neos** (siehe „Nachtleben"): Blick auf Downtown Dubai

■ **Thiptara** (siehe „Gehobene Preisklasse"): Blick auf Burj Khalifa und Brunnen-Wasserspiele
■ **Up on the Tenth** (siehe „Nachtleben"): Blick auf den Creek
■ **Vault** (siehe „Nachtleben"): Blick auf Business Bay, Downtown Dubai und den Burj Khalifa
■ **40 Kong** (siehe „Nachtleben"): Hoch über der Shaikh Zayed Rd

Große Auswahl

■ **Al Dawaar** (siehe „Gehobene Preisklasse"): Drehrestaurant
■ **Beachcombers** (siehe „Jumeirah Beach Hotel"): Üppige Büfetts
■ **Golden Fork** (siehe „Preisgünstige Restaurants"): Überall zu finden

Emiratisch speisen

■ **Al Fanar** (siehe „Arabisch"): Dubai Festival City
■ **Local House** (siehe „Arabisch"): Al Fahidi Historical Neighbourhood
■ **Bait Al Bahar** (siehe „Mittlere Preisklasse"): Jumeirah
■ **Shaikh Mohammed Centre for Cultural Understanding** (siehe „Sonstiges"): Al Fahidi Historical Neighbourhood
■ **Global Village** (siehe „Vergnügungsparks"): Global Village
■ **Omnia Gourmet** (siehe „Jumeirah Fishing Harbour"): Fischereihafen Jumeirah
■ **Milas** (siehe „Typisch Dubai"): The Dubai Mall

Rekordverdächtig

■ **Al Iwan** (siehe „Arabisch"): Das meiste Blattgold
■ **Al Muntaha** (siehe „Gehobene Preisklasse"): Das am höchsten gelegene Restaurant
■ **Chill Out Lounge** (siehe „Mittlere Preisklasse"): Die kälteste Lounge
■ **At.mosphere** (siehe „Nachtleben"): Die allerhöchste Lounge

Business-Meeting

■ **Casa Mia** (siehe „Le Meridien Dubai Hotel"): Italienisch ungezwungen beim Dubai International Airport
■ **The Fishmarket** (siehe „Seafood"): Meeresfrüchte-Markt in Deira
■ **Manhattan Grill** (siehe „Gehobene Preisklasse"): Klassisch-stilvolles Steakhouse
■ **Al Merkaaz** (siehe „Arabisch"): Arabisch leger in der Dubai Media City
■ **Fazaris** (siehe „Gehobene Preisklasse"): Italienisch-japanische Kost in Downtown Dubai
■ **Rivington Grill** (siehe „Downtown Dubai"): Britische (Grill-)Speisen in legerem Ambiente

dub14-049 kk

☐ Preiswerte Straßenrestaurants mit schneller Kost gibt es viele

■ **Vu's** (siehe „Jumeirah Emirates Towers"): Beeindruckende Ausblicke
■ **Zuma** (siehe „Gehobene Preisklasse"): Japanisch und preisgekrönt

Al fresco

■ **Al Fanar** (siehe „Arabisch"): Alles emiratisch-nostalgisch
■ **Arabian Tea House** (siehe „Mittlere Preisklasse"): Mitten im Viertel Al Fahidi Historical Neighbourhood
■ **The Century Village** (siehe „The Century Village und The Irish Village"): Für jeden etwas
■ **Eauzone** (siehe „Gehobene Preisklasse"): Wie in einem Palastgarten
■ **Irish Village** (siehe „The Century Village und The Irish Village"): Folk and Guinness
■ **Madinat Jumeirah** (siehe „Madinat Jumeirah"): Wasserkanäle, Windtürme und Terrassenvielfalt
■ **Souq Al Bahar** (siehe „Downtown Dubai"): Zu Füßen des Burj Khalifa
■ **Dubai Festival City Canal Walk** (siehe „Dubai Festival City"): Speisen am Wasser
■ **Dubai Marina Beach Resort and Spa** (siehe „Dubai Marina Beach Resort and Spa"): Beliebte Vielfalt
■ **Le Méridien Dubai Hotel** (siehe „Le Meridien Dubai Hotel"): Auswahl im Meridien Village
■ **Bait Al Bahar** (siehe „Mittlere Preisklasse"): Terrasse am Jumeirah-Strand
■ **Aprons & Hammers** (siehe „Seafood"): Hafenluft und Fischduft
■ **Marina Walk/JBR Walk** (siehe „Dubai Marina/ Marsa Dubai"): Dubai Marinas Flanier- und Speisemeilen

Extralange Öffnungszeiten

■ **Ravi** (siehe „Preisgünstige Restaurants"): In Satwa
■ **Taverna** (siehe „Dubai Marine Beach Resort and Spa"): In Jumeirah
■ **The Kitchen** (siehe „Gehobene Preisklasse"): In Deira
■ **Karachi Darbar** (siehe „Preisgünstige Restaurants"): In Deira, Bur Dubai, Satwa, Al Karama
■ **Al Reef Lebanese Bakery** (siehe „Arabisch"): In Jumeirah, Al Karama
■ **Bob's Fish & Chips** (siehe „Seafood"): Dubai Marina
■ **Burger Fuel** (siehe „Dubai Marina"): Dubai Marina JBR Walk
■ **Zaatar W Zeit** (siehe „Preisgünstige Restaurants"): Tecom, Dubai Marina JBR Walk

Freitags-Brunch

■ **Pai Thai** (siehe „Madinat Jumeriah"): Thailändisch
■ **Beachcombers** (siehe „Jumeirah Beach Hotel"): International, mit Kinderunterhaltung
■ **Rock Bottom** (siehe „Nachtleben"): Amerikanisch
■ **Waxy O'Conners** (siehe „Nachtleben"): International preisgünstig
■ **Marina Seafood** (siehe „Jumeirah Beach Hotel"): Fisch- und Meeresfrüchte
■ **Medzo** (siehe „Wafi Mall"): Italienisch-mediterran
■ **Peppercrab** (siehe „Gehobene Preisklasse"): Chinesisch-asiatisch
■ **Yalumba** (siehe „Le Meridien Dubai Hotel"): International
■ **Ewaan** (siehe „Gehobene Preisklasse"): Arabisch
■ **Irish Village** (siehe „The Century Village und The Irish Village"): International
■ **Fazaris** (siehe „Gehobene Preisklasse"): Japanisch-italienisch
■ **Focaccia** (siehe „Gehobene Preisklasse"): Italienisch
■ **Nobu** (siehe „Gehobene Preisklasse"): Japanisch
■ **Al Muntaha** (siehe „Gehobene Preisklasse"): Modern-europäisch
■ **Aquarium** (siehe „Gehobene Preisklasse"): Fisch und Meeresfrüchte
■ **Belgian Beer Café** (siehe „Madinat Jumeirah"): Frühstücks-Favoriten

■ **XL Beach** (siehe „Nachtleben"): Brunch im Bikini
■ **Carter's** (siehe „Wafi Mall"): Klassisches Büfett
■ **Qbara** (siehe „Wafi Mall"): Arabische Gourmetkost
■ **Zero Gravity** (siehe „Wassersport"): Strandclub-Lounge
■ **Pierchic** (siehe „Madinat Jumeirah"): Bootssteg-Romantik

Vegetarisch

■ **Kamat** (siehe „Preisgünstige Restaurants"): Indisch, modern und interessant
■ **Saladicious** (siehe „Mittlere Preisklasse"): Viele Salate
■ **Paratha King** (siehe „Preisgünstige Restaurants"): Indische Speisen
■ **XVA Café** (siehe „Mittlere Preisklasse"): In herrlichem Windturmhaus
■ **Sukh Sagar at the Beach** (siehe „Dubai Marina"): Indische Speisen

Familienfreundlich

■ **Jamie's Italien** (siehe „Jumeirah Beach Hotel" und „Dubai Festival City"): Italienisch
■ **The Century Village** (siehe „The Century Village und The Irish Village"): Verschiedene Restaurants
■ **La Serre** (siehe „Downtown Dubai"): Bistro
■ **Café Ceramique** (siehe „Mittlere Preisklasse"): Kreatives Café
■ **Organic Foods and Café** (siehe „Mittlere Preisklasse"): Öko-Kost
■ **SPiN Dubai** (siehe „Wafi Mall"): Tischtennis-Restaurant
■ **Beachcombers** (siehe „Jumeirah Beach Hotel"): Asiatisch und wechselnde Büffets

Showtime

■ **Levantine** (siehe „Arabisch"): Orientalischer Tanz
■ **Awtar** (siehe „Arabisch"): Bauchtanz-Show
■ **La Parrilla** (siehe „Jumeirah Beach Hotel"): Ergreifende Tangodarbietung
■ **Siddharta Lounge** (siehe „Nachtleben"): Sehen und gesehen werden
■ **Supperclub** (siehe „Nachtleben"): Selbst ernannter experimenteller Freistaat
■ **The Act** (siehe „Nachtleben"): Bühnenzauber
■ **Cirque Le Soir** (siehe „Nachtleben"): Abendzirkus
■ **Irish Village** (siehe „The Century Village und The Irish Village"): Comedy, Live-Bands
■ **Pacha Ibiza Dubai** (siehe „Madinat Jumeirah"): Sehen und gesehen werden

WLAN-Hotspots

■ **Zahr El-Laymoun** (siehe „Madinat Jumeirah" und „Downtown Dubai"): Libanesisches Café/Restaurant
■ **Saladicious** (siehe „Mittlere Preisklasse"): Café mit gesunder Kost
■ **XVA Café** (siehe „Mittlere Preisklasse"): Café in Windturmhaus
■ **Lime Tree** (siehe „Mittlere Preisklasse"): Beliebtes Café
■ **McGettigan's** (siehe „Nachtleben"): Irish Pub
■ **Tom & Serg** (siehe „Mittlere Preisklasse"): Industriehallen-Stil
■ **MAKE Business Hub** (siehe: „Internetzugang"): Urbaner Arbeitsplatz

Gastronomie-Tipps für Deira

■ Gehobene Preisklasse: **The Fishmarket** (siehe „Seafood")
■ Mittlere Preisklasse: **Sadaf** (siehe „Mittlere Preisklasse")
■ Preiswert: **Caravan** (siehe „Preisgünstige Restaurants")
■ Außergewöhnlich: **Drehrestaurant Al Dawaar** (siehe „Gehobene Preisklasse")
■ Nachtleben: **Dublin Arms** (siehe „Nachtleben")

Gastronomie-Tipps für Bur Dubai

■ Gehobene Preisklasse: **Awtar** (siehe „Arabisch")

■ Mittlere Preisklasse: **Caesar's** (siehe „Mittlere Preisklasse")
■ Preiswert: **Kamat** (siehe „Preisgünstige Restaurants")
■ Außergewöhnlich: **Arabian Tea House** (siehe „Mittlere Preisklasse")
■ Nachtleben: **Rock Bottom** (siehe „Nachtleben")

Gastronomie-Tipps für Jumeirah, Umm Suqeim

■ Gehobene Preisklasse: **Eauzone** (siehe „Gehobene Preisklasse")
■ Mittlere Preisklasse: **Reem al Bawadi** (siehe „Arabisch")
■ Preiswert: **Al Reef Lebanese Bakery** (siehe „Arabisch")
■ Außergewöhnlich: **The Majlis** (siehe „Mittlere Preisklasse")
■ Nachtleben: **Kasbar** (siehe „Nachtleben")

Gastronomie-Tipps für Satwa, Al Barsha, Tecom (Shaikh Zayed Rd)

■ Gehobene Preisklasse: **Thiptara** (siehe „Gehobene Preisklasse")
■ Mittlere Preisklasse: **Café2go** (siehe „Mittlere Preisklasse")
■ Preiswert: **Ravi** (siehe „Preisgünstige Restaurants")
■ Außergewöhnlich: **Chill Out Ice Lounge** (siehe „Mittlere Preisklasse")
■ Nachtleben: **Cirque Le Soir** (siehe „Nachtleben")

Gastronomie-Tipps für Dubai Marina, Palm Jumeirah

■ Gehobene Preisklasse: **Ossiano** (siehe „Seafood")
■ Mittlere Preisklasse: **Chandelier** (siehe „Dubai Marina/Marsa Dubai")
■ Preiswert: **Fish & Chips Room** (siehe „Seafood")
■ Außergewöhnlich: **Aprons & Hammers** (siehe „Seafood")
■ Nachtleben: **Supperclub** (siehe „Nachtleben")

dub309 kk

⌵ Lammbraten auf Reis, ein emiratischer Festtagsschmaus

Bastakiah Nights
Gehobene Preisklasse; hinter den Holztüren verbirgt sich ein traditionell eingerichtetes Restaurant mit authentischem arab. Menü, Sitzplätze im Innenhof, auch private Speiseräume, Schmuck- und Handarbeitenshop, Bur Dubai, im Viertel Al Fahidi Historical Neighbourhood am Creek, Rückseite des Diwan-Regierungssitzes, 10–24 Uhr, Tel. 3 53 77 72, www.facebook.com/pages/Bastakiah-Nights-Restaurant

Ewaan
Gehobene Preisklasse; arabisch-orientalische Büfett-Menüs und live cooking, Wasserpfeifenterrasse, im The Palace Downtown Dubai, Downtown Dubai, 6–24 Uhr

Kan Zaman
Im Kultur- und Volkskunde-Viertel Al Shindaga; siehe „Sehenswertes in Bur Dubai"

Khan Murjan
Im Souq Khan Murjan der Wafi Mall; siehe „Einkaufszentren und Malls"

Levantine
Gehobene Preisklasse; geräumiges Restaurant im Atlantis The Palm mit großer Auswahl an libanesischen Leckereien, Showküche, arabische Musik und Bauchtanzshows, auch Bar, Terrasse und Shishas, So bis Do 16–2 Uhr, Fr und Sa 14–2 Uhr

Local House
Mittlere Preisklasse; arabisch-emiratische Speisen, Kamel-Burger, Kamel-Kebab und Kamelmilch-Eis in einem trad. Windturmhaus im Viertel Al Fahidi Historical Neighbourhood, Innenhof und Majlis-Räume, auch Café, am Kreisverkehr Al Fahidi St. Ecke Al Mussalla Rd, Sa bis Do 10–22 Uhr, Fr 14–22 Uhr, Tel. 3 53 60 04, www.localhousedubai.com

Milas
Mittlere Preisklasse; traditionell emiratische Speisen in modernem Ambiente, The Dubai Mall, Erdgeschoss im The Village, 9.30–23.30 Uhr, Tel. 3 88 23 13, www.milas.cc

Nargile
Mittlere Preisklasse; gemütliche Wasserpfeifen-Lounge mit großer Auswahl an Tabaksorten, Palm Jumeirah, im Rixos The Palm Dubai Hotel, 12–2 Uhr

Ottomans
Gehobene Preisklasse; erlesene türkische Speisen in modern-elegantem Interieur, kredenzt zu Oud- und Tabla-Klängen, große Außenterrasse und Shisha-Lounge, im Grosvenor House, a Luxury Collection Hotel, Tower One, Dubai Marina, 19.30–1 Uhr

Reem al Bawadi
Mittlere Preisklasse; beliebtes, orientalisch eingerichtetes Restaurant mit libanesischen Speisen, auch Außenterrasse und Shishas, beliebtes Büfett am Freitagsmittag, Jumeirah Rd, nahe der HSBC Bank, 9–2 Uhr, Tel. 3 94 74 44, www.reemalbawadi.com; auch in der Shaikh Zayed Rd gegenüber vom Times Square Centre, in Downtown Dubai am Mohammed bin Rashid Boulevard und in Dubai Marina am Marina Walk

Tagine
Gehobene Preisklasse; märchenhaftes Restaurant mit marokkanischen Spezialitäten zu Live-Musik in aufwendigem Interieur, im One & Only Royal Mirage Hotel, The Palace, Di bis So 19–23.30 Uhr

Topkapi
Mittlere Preisklasse; türkische und arabische Speisen in ruhigem Ambiente, Showküche, im Taj Palace Hotel, Al Rigga, 12–15.30 und 19–23.30 Uhr

Turath al Mandi
Mittlere Preisklasse; delikat zubereitete Reisplatten mit Ofen-Grillfleisch (Mandi) und andere traditionelle Gerichte, die ihren Ursprung im Jemen haben, wer möchte, kann auf arabische Art auf dem Boden sitzend speisen – oder an Tischen, Jumeirah, Jumeirah Rd zwischen Sunset Mall und Dubai Offshore Sailing Club, 12–24 Uhr, Tel. 3 95 35 55, www.turath-almandi.ae

Turkish Village
Mittlere Preisklasse; großes Restaurant mit authentischer türkischer Kost, Dachterrasse, Souvenirshop, Jumeirah, 10B St., auf Höhe des Einkaufszentrums Palm Strip neben Spinneys, 7–24 Uhr, Tel. 3 44 99 55, www.turkishvillagedubai.com

Zaina
Preisgünstig; jemenitische und sonstige arabische Speisen, auch Kamelfleisch, z.B. Shawarma, wer

möchte, kann auf arabische Art auf dem Boden sitzend speisen – oder an Tischen, Al Wasl, am Safa Park, Al Athar Rd, 11–24 Uhr, Tel. 3 94 49 90

Zaatar W Zeit

Preisgünstig; arabische Wraps und sonstige Schnellgerichte, 24 Std. geöffnet, Tecom, Al Thuraya Tower, Tel. 4 27 08 61, www.zaatarwzeit.net; weitere Filialen: Shaikh Zayed Rd, Ibn Battuta Mall, Dubai Festival City, Mall of the Emirates, The Dubai Mall, Dubai Motor City, Meadows, JBR Walk

Weitere arabische Restaurants siehe „Orte mit vielfältigem Gastronomieangebot“

Seafood

Ein **besonderer Augen- und Gaumenschmaus** sind Büfetts mit Fisch und Meeresfrüchten (engl. *seafood*): Hummer, Langusten, Garnelen, Krabben, Tintenfisch, Thunfisch, Königsfisch, Meeräsche, Hamour, Austern und Muscheln liegen fangfrisch auf Eis. Meist kann man sich die Stücke aussuchen und nach Gusto zubereiten lassen, bezahlt wird entweder nach Gewicht oder pauschal ab etwa 150 Dh. Es gibt spezielle Fischrestaurants, in denen dieses Büfettprinzip jeden Tag gilt und die wegen ihrer vielen marktähnlichen Stände **„Fish Market Restaurant“** genannt werden.

Al Mahara

Gehobene Preisklasse; exquisite Fischgerichte vor der Kulisse eines riesigen Aquariums, umgeben von Korallen und beäugt von bunten Fischen; Anreise in dieses Reich *Neptuns* per „U-Boot“; unter dem Burj Al Arab Hotel, in Umm Suqeim, Reservierung erforderlich, elegante Kleidung erwünscht, 12.30–15 und 19–24 Uhr

Al Bandar (im Shindagha-Volkskundeviertel)

Siehe „Sehenswertes in Bur Dubai“

Al Boom (im Al Boom Tourist Village)

Siehe „Sehenswertes in Bur Dubai“

Aprons & Hammers

Mittlere Preisklasse; im Dubai International Marine Club am Hafen von Mina Seyahi kann man diese vor Anker liegende historische Dhau entern und erstklassige Fischmenüs speisen oder eine Riesenschüssel voller Krebse, Shrimps, Muscheln und Hummer bestellen, 12–24 Uhr, Tel. 4 54 70 97, www.apronsandhammers.com; auch in Downtown Dubai am Mohammed bin Rashid Boulevard und in Dubai Marina in der Einkaufsplaza The Beach

Aquarium

Gehobene Preisklasse; erstklassige Meeresfrüchte und Fisch, ein riesiges Aquarium drinnen und der Creek draußen als Kulisse, angegliederte Wein-Bar, im Clubhaus des Dubai Creek Golf and Yacht Club, in Garhoud, 12.30–15 Uhr, 19–23 Uhr, Tel. 2 95 60 00

Barracuda Restaurant

Mittlere Preisklasse; ägyptisch-arabisches Fischrestaurant, klassische und innovative Rezepte frisch zubereitet, Jumeirah, Jumeirah Rd gegenüber der Sunset Mall, 11–1 Uhr, Tel. 3 94 04 08, www.barracudarestaurant.net

Bob's Fish & Chips

Mittlere Preisklasse; Fisch und schnelle Kost auch zu später Nachtstunde, Dubai Marina, Dream Tower 2 gegenüber vom Byblos Hotel, 11–4 Uhr, Tel. 4 50 42 60, www.bobsfishandchips.co

Blues

Mittlere Preisklasse, Fischgerichte vielfältig zubereitet, Dubai Marina, Marina Walk, 12–23 Uhr, Tel. 3 67 47 47

BICE Mare

Mittlere Preisklasse; preisgekröntes Restaurant mit innovativen italienischen Fischgerichten zur Aussicht auf den Burj Khalifa und die Dubai Fountain, Terrassentische besser reservieren, Downtown Dubai, Souq Al Bahar, 12–24 Uhr, Tel. 4 23 09 82, www.bicemare.com

Chez Sushi

Mittlere Preisklasse; Sushi (auch zum Selberrollen), Sashimi, Bento, Salate, Al Wasl, Al Wasl Rd beim Safa Park, Tel. 3 80 57 80, 12–24 Uhr, www.chezsushi.com; auch Dubai Marina an der Marina Mall und Business Bay, Bay Avenue

Fish Basket
Mittlere Preisklasse; Fisch und Meeresfrüchte schmackhaft libanesisch zubereitet, Oud Metha, 10th St., gegenüber American Hospital und Mövenpick Bur Dubai Hotel, 12–0.30 Uhr, Tel. 3 36 71 77

Fish Market
Gehobene Preisklasse; beliebtes Fish Market Restaurant mit Top-Aussicht über den Creek, Deira, Radisson Blu Hotel, 12.30–15 und 19.30–23 Uhr

Ossiano
Gehobene Preisklasse; innovative Fischgerichte vom Sternekoch, serviert unter Kronleuchtern vor der einmaligen Kulisse wandhoher Aquarien mit Blick auf die exotische Unterwasserwelt der Ambassador-Lagune von Atlantis The Palm, Reservierung und elegante Kleidung erwünscht, 19–23.30 Uhr

Peppercrab
Siehe „Restaurants der gehobenen Preisklasse"

Pierchic
Gehobene Preisklasse; meerumspült auf einem hölzernen Steg vor dem Madinat Jumeirah Resort gelegen, ideal für romantische Dinnerabende, 13–15 und 19–23.30 Uhr, Al Qasr Hotel

Sallet al Sayad
Preisgünstig; arabisches Seafood-Restaurant, hier kann man sich seinen Speisefisch aussuchen, und auch, wie man ihn gerne zubereitet hätte (gebraten, gegrillt, würzig, mexikanisch etc.), 11–23 Uhr, Al Karama, Shaikh Rashid Rd an der Kreuzung mit der Za'abeel Rd, Tel. 3 35 57 22

Sumo Sushi & Bento
Mittlere Preisklasse; Sushi und sonstige frisch zubereitete japanische Fisch- und Seafoodgerichte, Garhoud, Shaikh Rashid Rd am Aviation Club, 11–23 Uhr, Tel. 2 83 06 22, www.sumosushi.net; auch Healthcare City, Jumeirah Lakes Towers und Jumeirah Town Centre

The Fishmarket
Gehobene Preisklasse; sehr beliebter Fischmarkt mit großer Auswahl und Aussicht auf den Creek, im Radisson Blu Hotel in Deira, Reservierung empfehlenswert, 12–15 und 20–23 Uhr

Yo! Sushi
Mittlere Preisklasse; Sushi vom Laufband im Dubai International Financial Centre, 12–22 Uhr, Tel. 3 63 74 04, www.yosushi.com; auch in der Dubai Festival City, Marina Mall, City Centre Midrif und The Dubai Mall

Weitere Seafood-Restaurants siehe unter „Orte mit vielfältigem Gastronomieangebot".

Nachtleben

Auf Dubais **Straßen ist es bis 22/23 Uhr belebt,** denn bis zu dieser Zeit haben die meisten Geschäfte, Souqs, Einkaufszentren und Parks geöffnet. Kaum ein Restaurant oder Imbiss schließt vor Mitternacht. Der größte Betrieb herrscht in den frühen Abendstunden, wenn die Hitze nachlässt und sowohl Emirater als auch Gastarbeiter ihren liebsten Freizeitbeschäftigungen nachgehen: Shoppen, Bummeln und Schaufenstergucken.

Wer glaubt, in arabischen Ländern gäbe es kein Nachtleben, der irrt sich gewaltig – besonders was Dubai angeht. Auch **Alkohol** gehört dazu: Da aber **vornehmlich Hotels** eine Alkohollizenz erhalten, „beschränken" sich feucht-fröhliche Freuden auf die unzähligen hoteleigenen Bars, Pubs, Nachtclubs und Cocktail-Lounges.

In Dubai hat sich in den letzten Jahren eine stets wachsende **Clubszene** ausgebildet. Dubais Clubgänger scheinen ihre Vorlieben schnell zu wechseln, denn ein gestern noch angesagter Club kann morgen schon out sein – Dubais Szene ist teuer und launisch. Der Eintritt beträgt

Nachtleben – Kurz-Tipps

Alle folgenden Verweise zu Hotels und Malls beziehen sich auf das Kapitel „Orte mit vielfältigem Gastronomieangebot".

Elegant

- **Up on the Tenth** (siehe „Nachtleben"): Jazz über dem Creek
- **Koubba** (siehe „Madinat Jumeirah"): Stilvoll und gemütlich
- **Siddharta Lounge** (siehe „Nachtleben"): Buddha im Zentrum
- **Bar 44** (siehe „Nachtleben"): Champagner und Cocktails mit Aussicht
- **Neos** (siehe „Nachtleben"): Panorama-High-Sky-Bar

Trendy

- **Boudoir** (siehe „Dubai Marine Beach Resort and Spa"): Pomp und dekadent
- **Sho-Cho** (siehe „Dubai Marine Beach Resort and Spa"): Japanisch mal ganz cool
- **Trader's Vic** (siehe „Madinat Jumeirah" und „Dubai Festival City"): Polynesien pur
- **Karma Kafé** (siehe „Downtown Dubai"): Trendy & modern
- **Left Bank** (siehe „Madinat Jumeirah" und „Downtown Dubai"): Minimalistisch
- **Pacha Ibiza Dubai** (siehe „Madinat Jumeirah"): Höchster In-Faktor

Party, Party

- **Malecón** (siehe „Dubai Marine Beach Resort and Spa")
- **George and Dragon** (siehe „Nachtleben")
- **Rock Bottom** (siehe „Nachtleben")
- **The Dubliner's** (siehe „Le Meridien Dubai Hotel")
- **Nasimi Beach** (siehe „Nachtleben")
- **Sandance** (siehe „Wunder trifft Wasser – Erlebnisdestination Atlantis")

Riesig zum Tanzen

- **Kasbar** (siehe „Nachtleben")
- **N'Dulge** (siehe „Nachtleben")
- **Mix** (siehe „Nachtleben")
- **Warehouse** (siehe „Le Meridien Dubai Hotel")
- **Pacha Ibiza Dubai** (siehe „Madinat Jumeirah")

Tanzen und gut speisen

- **Boudoir** (siehe „Dubai Marine Beach Resort and Spa"): France-Renaissance
- **Malecón** (siehe „Dubai Marine Beach Resort and Spa"): Kult-kubanisch
- **Rock Bottom** (siehe „Nachtleben"): Rock 'n' Roll
- **Carter's** (siehe „Wafi Mall"): Global interessant
- **Supperclub** (siehe „Nachtleben"): Cool-kreativ

Bars mit guten Speisen

- **Warehouse** (siehe „Le Meridien Dubai Hotel"): Sushi Fusion Food
- **Left Bank** (siehe „Madinat Jumeirah" und „Downtown Dubai"): Europäisch-kreativ
- **Trader's Vic** (siehe „Madinat Jumeriah"): Südsee-Freuden
- **Sho-Cho** (siehe „Dubai Marine Beach Resort and Spa"): Japanisch-modern
- **Neos** (siehe „Nachtleben"): Himmelhohe Ausblicke zu kreativer Kost
- **Karma Kafé** (siehe „Downtown Dubai"): Asiatisch-kalifornisch
- **101 Dining Lounge and Bar** (siehe „Nachtleben): Mediterran-ultraschick

Deutsches Bier

- **Der Keller** (siehe „Jumeirah Beach Hotel")
- **Hofbräuhaus** (siehe „Nachtleben")
- **Brauhaus** (siehe „Nachtleben")

Live-Musik

- **Hard Rock Café** (siehe „Nachtleben"): Rock
- **Irish Village** (siehe „The Century Village und The Irish Village"): Folk
- **Malecón** (siehe „Dubai Marine Beach Resort and Spa"): Kubanisch
- **Rock Bottom** (siehe „Nachtleben"): Retro
- **Music Hall** (siehe „Nachtleben"): Live-Musik, Club, Theater
- **O'Cacti** (siehe „Dubai Marina"): Latin

Ladys Nights

- **Carter's** (siehe „Wafi Mall"): Di
- **Malecón** (siehe „Dubai Marine Beach Resort and Spa"): Di und Mi
- **Loca** (siehe „Dubai Marine Beach Resort and Spa"): Mi
- **At.mosphere** (siehe „Nachtleben"): Mi
- **Boudoir** (siehe „Dubai Marine Beach Resort and Spa"): Di
- **Left Bank** (siehe „Madinat Jumeirah" und „Downtown Dubai"): Mi
- **Margaux** (siehe „Madinat Jumeirah" und „Downtown Dubai"): Di und Fr
- **360°** (siehe „Jumeirah Beach Hotel"): Di
- **Warehouse** (siehe „Le Meridien Dubai Hotel"): Mo und Di
- **Mahiki** (siehe „Jumeirah Beach Hotel"): Di
- **Voda** (siehe „Nachtleben"): Di
- **Cameleon** (siehe „Nachtleben"): Di
- **Karma Kafé** (siehe „Downtown Dubai"): Di
- **N'Dulge** (siehe „Nachtleben"): Mi
- **Supperclub** (siehe „Nachtleben"): Mi
- **Oeno** und **Qd's** (siehe „Nachtleben"): Di
- **Sake No Hana Dubai by Crystal** (siehe „Downtown Dubai"): Di
- **Bahri Bar** (siehe „Madinat Jumeirah"): Di
- **Soho Bar & Grill** (siehe „The Century Village und The Irish Village"): Di
- **Cargo** (siehe „Dubai Marina"): Di
- **Asia Asia** (siehe „Dubai Marina"): Di
- **The Dek on 8** (siehe „Nachtleben"): Mi
- **Maya Modern Mexican Kitchen** (siehe „Gehobene Preisklasse"): So
- **Zero Gravity** (siehe „Wassersport"): Di
- **Riva Beach Club** (siehe „Wassersport"): Di

Draußen-Bars

- **The Dek on 8** (siehe „Nachtleben"): Dubai Media City
- **101 Dining Lounge and Bar** (siehe „Nachtleben"): Palm Jumeirah
- **The Jetty Lounge** (siehe „Nachtleben): Mina Seyahi
- **40 Kong** (siehe „Nachtleben"): Shaikh Zayed Rd
- **Qd's** (siehe „Nachtleben"): Dubai Creek Golf and Yacht Club
- **360°** (siehe „Jumeirah Beach Hotel"): Jumeirah
- **Siddartha Lounge** (siehe „Nachtleben"): Dubai Marina
- **Barefoot Lounge** (siehe „Dubai Marina Beach Resort and Spa"): Jumeirah
- **Koubba Bar** (siehe „Madinat Jumeirah"): Madinat Jumeirah
- **Sunset Lounge Bar** (siehe „Madinat Jumeirah"): Madinat Jumeirah

Strandpartys

- **Sandance** (siehe „Wunder trifft Wasser – Erlebnisdestination Atlantis")
- **Barasti Beach** (siehe „Nachtleben")
- **Nasimi Beach** (siehe „Nachtleben")
- **101 Dining Lounge and Bar** (siehe „Nachtleben")
- **XL Beach Club** (siehe „Nachtleben")
- **Zero Gravity** (siehe „Wassersport")

dub14-050 ah

meist **ab 100 Dh.** Offiziell gilt ein **Mindestalter von 21 Jahren.**

Manche Clubs sind nur für Mitglieder bzw. Hotelgäste und deren Begleitung zugänglich. Dieser Grundsatz („members only") wird mitunter nachlässig gehandhabt, sodass Nichtmitglieder aus (westlichen) Ländern gute Einlasschancen haben. Ein leeres Haus (früher Abend), adrette Kleidung (keine Strandsandalen, keine Shorts, keine Strandshirts), eine charmante Damenbegleitung, Reservierungen und/oder die Zusage, zu dinieren, können diese Chance erhöhen. Große Gruppen von Männern aus bestimmten Ländern oder schlampig angezogene Single-Herren stehen dagegen auf der „Abschussliste" der Türsteher. Frauen kommen zumeist überall hinein – und dies mitunter ohne Eintrittsgeld und bei freien Getränken.

In letzter Zeit gibt es mehr und mehr Clubs exklusiv für Mitglieder und diejenigen, die als High Society oder Celebrities bekannt oder auf Gästelisten vermerkt sind – diese **sehr selektiv-exklusiven Clubs** werden für Otto-Normal Touristen Terra incognita bleiben. Beliebt sind Dinner-Clubs mit Entertainment, mit innovativen und auch frechen Aufführungen aus den Bereichen Theater, Kleinkunst, Kabarett und Musik. Neuester Trend: Immer mehr Ableger international erfolgreicher bzw. namhafter Clubs siedeln sich in Dubai an.

Tanzflächen, gute Musik und ausgelassene Stimmung bieten auch viele **Bars und Kneipen** – und dies ganz ohne Mitgliederpolitik und ohne Eintritt. In den meisten Lokalitäten spielt nahezu jeden Abend Musik, entweder vom Tonband,

⌃ Neos bietet coole Drinks und großartige Stadtansichten

vom DJ oder von einer Live-Band. An so manchem Abend wird ein **Partyprogramm** angeboten, das von Quiz-, Piraten-, Salsa-, Techno-, Karaoke-, 80er-Jahre- und Bingo-Partys bis zu Taco-Times, Limbo-Wettbewerben oder Verlosungen (engl. *raffle*) reicht. Relativ ruhig ist es meist bis 21 Uhr. In vielen Bars und Clubs kann man auch gut speisen – viele fungieren auch als Restaurant; oft sorgen **Themenabende** für Abwechslung auf der Speisekarte. Wer es ruhiger mag, wird **Lounges** oder **Cocktailbars** bevorzugen.

Vielerorts gibt es zur **„Happy hour"** verbilligte alkoholische Getränke (in der Regel zwischen 16 und 20 Uhr). Viele Etablissements bieten dem weiblichen Publikum an speziellen Abenden (oftmals dienstags) auch **„Ladys nights"** mit Freigetränken oder Rabatten.

Apropos Frau: Wie in den meisten Ländern auf dem Globus kann eine allein reisende Frau auch in Dubai ihren Abend nur selten ohne männliche Annäherungsversuche verleben. Als eine Art **„Anmachbarometer"** gilt: Je mehr Araber oder Asiaten im Publikum, desto geringer die Chance auf einen „ruhigen" Abend, je mehr westliche Residenten, desto weniger Anmache und desto unverfänglicher manche der Kontaktaufnahmen. Frauen ohne Begleitung, die solo bleiben möchten, seien die irischen Pubs empfohlen.

Nachtclubs richten sich auch nach den Wünschen ihrer **arabischen, indischen, philippinischen oder russischen Gäste.** Insbesondere die Bars und Clubs in Hotels mit drei Sternen oder weniger orientieren sich an dieser Zielkundschaft, und entsprechend ist die Stimmung: Tanzende, knapp bekleidete Damen und Alkohol in Strömen stehen meist im Mittelpunkt.

Viele Bars, Kneipen und Cocktail-Lounges haben schon **mittags oder vom späten Nachmittag an geöffnet** und schenken Getränke aus. Essen wird allerdings meist nur zu den üblichen Zeiten (12–15 und 19–23 Uhr) serviert. Nachtclubs öffnen meist erst gegen 21 Uhr. Die Zeiten, zu denen sie schließen, sind unterschiedlich, manche drehen den Bierhahn schon ab 23 Uhr, andere erst um 1 oder 2 Uhr zu. Tanzmusik wird aber meist erst ab 22 oder 23 Uhr gespielt, dafür dann aber zum Teil bis zum Sonnenaufgang. Die interessantesten und größten Events werden am Wochenende (Do/Fr) veranstaltet). Manche Außenterrassen und auch Strandclubs haben während der heißen Sommermonate geschlossen.

Zu Lage und Telefonnummern der Hotel-Nightspots siehe z.T. „Unterkunft". Zu Kinos und kulturellen Veranstaltungen siehe „Kunst und Kultur".

Infos

- Pflichtlektüre für Nachtschwärmer sind die **Magazine „What's on" und „TimeOut"** mit vielen Tipps und aktuellen Veranstaltungshinweisen, auch online unter www.whatson.ae/dubai bzw. www.timeoutdubai.com.
- **„Hype"** ist ein von „What's on" herausgegebenes, wöchentlich erscheinendes Gratismagazin speziell zum Nachtleben und zur Musik- und Clubszene; auch als digitale Version via Gratis-App erhältlich; www.facebook.com/WeAreHypeMag.
- Aktuell und speziell der Clubszene gewidmet sind die Websites **www.dubainight.com, www.dubailook.com, www.platinumlist.ae, www.infusion.ae.**

Bars, Clubs, Lounges

Above
Große Dachterrassen-Lounge mit imposantem Blick auf den benachbarten Burj Khalifa. DJ-Musik lädt zum Tanzen ein, Cabañas bieten Privatsphäre, in Downtown Dubai, Shaikh Zayed Rd im Sofitel Dubai Downtown Hotel, 18–3 Uhr, Tel. 5 03 66 66, www.sofitel.com

At.mosphere Lounge
Erlesene Drinks, leichte Mittagsspeisen oder Nachmittagstee in schwindelerregender Höhe von 442 m, einmaliger Rundumblick über die Stadt, elegant-formale Kleidung erwünscht, 300 Dh Mindestverzehr, Downtown Dubai, in der 122. Etage des Burj Khalifa, 12–24 Uhr, Tel. 8 88 34 44, www.atmosphereburjkhalifa.com; nebenan Grillrestaurant At.mosphere

Bar 44
Schicke Champagner- und Cocktailbar mit Jazz- und Bluesklängen sowie Ausblick aus dem 44. Stockwerk auf Dubai Marina und Palm Jumeirah, riesige Außenterrasse, Grosvenor House, a Luxury Collection Hotel, Tower One, Dubai Marina, 18–2 Uhr

Barasti Beach
Bei Europäern beliebte gemütliche Strandbar, auch Restaurant, Sportübertragungen, Shishas, Billard, abends DJ- oder Live-Musik, Grillabende oder Partys, 11–2 Uhr, Dubai Marina, Le Meridien Mina Siyahi Beach Resort and Marina

Bollywood Café
Kein Café, sondern eine dem indischen Kino verschriebene Speisekneipe mit Live-Musik, im Regent Palace Hotel, Bur Dubai, 19–3 Uhr

Brauhaus
Speisekneipe mit deutschen Schmankerln, deutschem Bier und zünftiger Stimmung im Jumeira Rotana Hotel, Satwa, 18–2 Uhr

Cameleon
Wechselnde Partyabende in grell-bunt und aufwendig illuminiertem In-Club im Byblos Hotel, Tecom, Mo bis Sa 20–3 Uhr, www.chameleonclubdubai.com

Cielo Sky Lounge
Schicke Tapas-Bar mit tollem Sonnenuntergangs-Blick von der Dachterrasse auf den Creek, DJ- oder Live-Musik, auch Flamenco, zum Speisen bietet sich das Casa de Tapas (siehe „Restaurants der gehobenen Preisklasse") an, im Jachthafen des Dubai Creek Golf and Yacht Club, So bis Do 16–2 Uhr, Fr und Sa 13–2 Uhr, Tel. 4 16 18 00, www.dubaigolf.com

Cirque Le Soir
Außergewöhnliche und hochkarätige Zirkus-oder Theater-ähnliche Vorstellungen aus Akrobatik, Mummenschanz, Seiltanz, Burleske und Feuerschlucken im kleinen Kellerclub des Fairmont Dubai Hotel, Shaikh Zayed Rd, Mo, Di, Do, Fr 22.30–3 Uhr, www.cirquelesoir.com

Cooz
Kleine Cocktailbar mit Jazzpianist und Gesang, 21–3 Uhr, Umm Hurair im Grand Hyatt Dubai Hotel

Dublin Arms
Irischer Folk, irisches Kehlgold und Billard mitten in Deira, im Metropolitan Deira Hotel am Uhrturm, 12–3 Uhr

40 Kong
Dachterrassen-Lounge-Bar und Restaurant 40 Stockwerke hoch über der Shaikh Zayed Rd, im H Dubai Hotel, 18–3 Uhr, www.40kong.com

George and Dragon
Britischer Pub mit Musik vom DJ, Partyprogramm und Übertragung wichtiger Sportereignisse auf Großleinwand, auch Billardtische, im Ambassador Hotel, Bur Dubai, 12–16 und 18–1 Uhr

Hard Rock Café
Rockmusik, stimmungsvolle Live-Bands, Musikvideos und eine Sammlung wertvoller Gegenstände berühmter Stars, Dubai Festival City, 12–2 Uhr, Tel. 2 32 89 00, www.hardrockcafe.com

Hibiki Karaoke Lounge
Karaoke-Lounge im Hyatt Regency Hotel, Bur Dubai, Mo bis Sa 19.30–3 Uhr

Hofbräuhaus
Bayrisches Brauhaus mit bayrischer Kost und Bier, dass aus dem echten Münchner Hofbräuhaus importiert wird, im JW Marriott Hotel, Deira, 18–2 Uhr

Irish Village

Siehe „Orte mit vielfältigem Gastronomieangebot"

Izel

Lateinamerikanischer Supper-Club mit Speisen und Cocktails aus Südamerika, Live-Unterhaltungsprogramm, Tanzfläche, Zigarren-Lounge, im Conrad Dubai Hotel, Mo bis Fr 19.30–2 Uhr, www.izel.com

Kasbar

Lebhafter, bunter, schicker, großer Nachtclub: drei raffiniert dekorierte Ebenen mit diversen Einrichtungen und Bars, wechselndes Entertainment, Live-Musik oder neuester DJ-Sound, im Palace Hotel des One & Only Royal Mirage, zwischen Palm Jumeirah und Dubai Marina, 22–3 Uhr, So geschlossen

Kitakits Kafe & Klubb

Stimmungsvoller philippinischer Nachtclub mit wechselnden Partyabenden, philippinischen Rockkonzerten oder Bandauftritten und Karaoke, im Marco Polo Hotel, Deira, 18.30–2 Uhr

Makati Comedy Bar

Comedy und Karaoke im Asiana Hotel, Deira, 19–3 Uhr

McGettigan's

Moderner Irish Pub mit WiFi, Konzertabenden und Sportübertragungen, im Bonnington Tower, Jumeirah Lakes Towers, 12.30–3 Uhr, Tel. 3 56 05 60, www.mcgettigansdubai.com; auch im Dubai World Trade Center

Mo*Vida

In-Club mit hohem VIP-Aufkommen, zwei Bars, fünf Tanzflächen, Shaikh Zayed Rd im Radisson Royal Hotel, Mi bis Fr 23–3 Uhr

Music Hall

Musikbühnen-Club, Konzerte vieler Stilrichtungen, im Jumeirah Zabeel Saray auf Palm Jumeirah, Do bis Sa 21–3 Uhr, www.themusichall.com

Nasimi Beach

Auf der Terrasse mediterranes Strandrestaurant, am Strand angesagte, wenn auch kostspielige Bar bzw. Club in Blütenweiß, abends DJ- oder Live-Musik, Atlantis The Palm Hotel, So bis Do 11–1 Uhr, Fr und Sa 9–2 Uhr; Donnerstagabend und zu wechselnden Terminen Strandpartys

N'Dulge

Nacht- und Tanzclub mit Lounge, glamourös und modern, Motto-Partyabende, Arena mit Shows, Alfresco-Clubbing mit Shishas und Sushi auf der Außenterrasse, im Atlantis The Palm, Mi/Do/Sa 21–3 Uhr, Fr 16–3 Uhr

Neos

Lounge mit glamourösem Interieur, erlesenen Drinks, kreativer Kost und imposanten Rundblicken – auch von der Außenterrasse – auf New Dubai aus der 63. Etage des The Address Downtown Dubai, 19–2 Uhr

101 Dining Lounge and Bar

Ultraschicke Speise-Lounge im Jachthafen des One & Only The Palm, mediterrane Küche, Bootssteg-Terrasse mit einmaliger Aussicht auf Dubai Marina, 11–1 Uhr; für Gäste freier Boot-Transfer zu The Jetty Lounge des One & Only Royal Mirage

Oeno Wine Bar

Schicke Weinbar mit exquisiter Auswahl an Rebsäften, Likören und Käse, Al Sufouh im The Westin Dubai Mina Seyahi Beach Resort & Marina, 12–2.30 Uhr

People by Crystal

Zweigeschossiger In-Club mit Panoramablick im pyramidenförmigen Raffles Hotel, Oud Metha an der Wafi Mall, Do bis Sa 21–3 Uhr

Provocateur

Im Ableger des berühmten New Yorker Nachtclubs geben sich DJ-Berühmtheiten, erstklassige Entertainer und Musiker die Ehre, im Four Seasons Resort, Jumeirah, Do, Fr und Sa 22–3 Uhr, www.provocateurdubai.com

Qd's

Lässige Bar mit großer Außenterrasse am Creek, Shishas und Snacks, am Wochenende DJ, Dubai Creek Golf and Yacht Club, 17–2 Uhr, Tel. 3 80 12 34

Rock Bottom

Amerikanische Kneipe und Grill mit Harley-Davidson-Einrichtung, Rock-Musik (live und vom DJ), wechselnde Partys, im Regent Palace Hotel, Bur Dubai, 12–3 Uhr, www.rockbottomcafe.com; auch im Ramee Rose Hotel, Tecom

Sherlock Holmes
Englischer Pub mit Zigarrenraum, auch Shishas, abends Live-Band, im Arabian Courtyard Hotel, Bur Dubai, 12–3 Uhr, www.sherlockholmespub.net

Siddartha Lounge
Asiatisch-elegante Lounge-Bar, gold-weißes Farbenspiel und futuristische Musikuntermalung, Treffpunkt der Dubaier High Society, abends DJ, auch Außenterrasse mit Shishas am Pool, im Grosvenor House, a Luxury Collection Hotel, Tower Two, Dubai Marina, 10–1 Uhr

Societe Dubai Marina
Beliebter Nachtclub im Vintage-Stil, Retro- und Tanzmusik, Dubai Marina, im Marina Byblos Hotel, So, Di, Do und Fr 10–3 Uhr, www.societe.ae

SPiN
Tischtennis-Bar/Restaurant samt Wasserpfeifen-Lounge im Pyramids-Komplex der Wafi Mall, 18–1 Uhr, Tel. 3 70 77 07, www.spindubai.com

Supperclub
Exklusiv, kreativ und VVVIP! Club & Lounge & Restaurant im Jumeirah Zabeel Saray, häufig Live-Musik, Akrobatikauftritte, Tanzvorführungen, Kunstperformances oder experimentelle Events, riesige Außenterrasse, Palm Jumeirah, So bis Do 21–3 Uhr, Tel. 4 51 11 00, www.supperclubdubai.com

The Act
Club mit Dinner-Shows und für Dubai ungewöhnlichen Theateraufführungen, ein Mix aus braver Burleske, Cabaret und Akrobatik, So bis Do 21–3 Uhr, im 42. und 43 Stock des Shangri La Hotel, www.theactdubai.com

The Cigar Bar
Gediegene, mahagoni-dunkle Zigarrenbar mit begehbarem Humidor, das Alkoholsortiment ist superb, Shaikh Zayed Rd, im Fairmont Hotel, 19–2 Uhr

The Dek on 8
Pool-Bar/Lounge samt Shishas, am Wochenende Party mit DJ, im Media One Hotel, Dubai Media City, 12–1 Uhr

The Hub
Irische Kneipe mit Malzbiersortiment und Brauereispezialitäten aus aller Welt, im Sofitel Dubai Jumeirah Beach Hotel, 16–2 Uhr

The Jetty Lounge
Gemütliche und schicke Strandbar zum Chillen oder für einen abendlichen Aperitif, am Strand des One & Only Royal Mirage Hotel, zwischen Palm Jumeirah und Dubai Marina, 14–24 Uhr; für Gäste freier Boot-Transfer zur 101 Dining Lounge and Bar im One & Only The Palm

> Wasserspiele in Dubai Festival City, wo sich auch über 90 Gastro-Betriebe finden

The Rooftop and Sports Lounge

Lounge auf schöner, gemütlich gestalteter Dachterrasse, Cocktails und libanesische Vorspeisen unter 1001 Sternen, Do und Fr Sportübertragungen, im Arabian Court des One & Only Royal Mirage, zwischen Palm Jumeirah und Dubai Marina, 17–1 Uhr

Up on the Tenth

Klassisches Ambiente, Live-Jazz und beeindruckende Aussicht auf den Creek aus dem 10. Stock des Radisson Blu Hotel, Deira, 18.30–3 Uhr

Vault

Exzellente Drinks, erlesene Zigarren, Happy Hour und himmelnahe Aussicht aus dem 71. und 72. Stock auf Downtown Dubai und den Burj Khalifa, im JW Marriott Marquis Dubai Hotel, 17–3 Uhr

Voda Bar

Schicke Bar mit futuristisch funkelndem Interieur und Mobiliar der 1960er Jahre, im Jumeirah Zabeel Saray Hotel, Palm Jumeirah, 18–3 Uhr

XL Beach Club

Großer Pool- und Strandclub mit vielen Partyabenden, Habtoor Grand Beach Resort and Spa, Sa bis Do 18–3 Uhr, Fr 16–3 Uhr

Weitere – durchaus lohnenswerte und beliebte – **Nightspots** folgen unter „Orte mit vielfältigem Gastronomieangebot".

dub12_030 dt

Orte mit vielfältigem Gastronomie-angebot

Hier werden einige gastronomische „Hotspots“ vorgestellt, in denen man ein vielfältiges Angebot an Restaurants, Fast Food, Clubs und Bars vorfindet. Unschlüssige können sich vor Ort umsehen und spontan entscheiden.

The Century Village und The Irish Village

Im **Stadtteil Garhoud,** auf der Deira-Seite nahe der Garhoud-Brücke, wurde außen an das Tennisstadion eine „Restaurant-Siedlung“ angebaut. Das Schöne hier: Man kann **entweder drinnen** in den Restaurants sitzen **oder** auch **„al fresco“** unter Schatten spendenden Sonnenschirmen zwischen plätschernden Brunnen. Die Restaurants entsprechen der mittleren Preisklasse.

Im **Century Village** findet jeder das Richtige, außerdem ist die Stimmung klasse, und alle Restaurants besitzen eine Schanklizenz. Die meisten Restaurants haben 11–1 Uhr geöffnet, aber auch wem nicht nach einer großen Mahlzeit zumute ist, findet hier Snacks, Fruchtsäfte oder ein kühles Bier – kein Wunder, dass das Century Village so beliebt ist. Insbesondere Familien mit Kindern kommen gerne hierher.

Willkommen in folgenden **Restaurants:** La Vigna (italienisch), Soho Bar & Grill (New York Style), Da Gama (portugiesisch), Asmak (Seafood), Mazaj und Forno Saj (arabisch), Masala Craft (indisch, pakistanisch), St. Tropez (französisches Bistro) und Sarband (persisch). Schnell und preiswert ist Sushi Sushi (Sushi & Co.).

Am anderen Ende des Tennisstadions liegt das **Irish Village,** ein beliebter Teffpunkt vieler in Dubai lebender westlicher Residenten. Es handelt sich um ein detailgetreu nachgebautes irisches Dorf mit irischen Speisen, Guinness und abendlichem Irish Folk, manchmal auch Sportübertragungen oder Comedy. Auch einen (irischen) Souvenirshop und einen Tabakladen gibt es hier. Immer wieder attraktive Promotions. Geöffnet 11–1 Uhr.

■ **Infos:** Century Village, www.centuryvillage.ae; Irish Village, Tel. 2 82 47 50, www.theirishvillage.com

■ **Anfahrt mit öffentlichen Verkehrsmitteln:** Metro Red Line Station GGICO

Dubai Festival City

In dieser Festivalstadt am Ende des Creek (Deira-Seite) können Gäste in eine Vielzahl von Restaurants einkehren. Die **über 90 Lokale** setzen sich überwiegend zusammen aus Restaurants, Bistros, Fast-Food-Lokalen und Cafés mit günstigen bis mittleren Preisen. Die meisten bieten Mittag- und Abendessen, viele haben durchgehend auf. **Alkohol** wird nur in wenigen Lokalen ausgeschenkt, denn viele verstehen sich als Familienrestaurant.

„Al fresco“ kann man am Ufer des 400 m langen Canal Walk Platz nehmen. Eine Vielzahl von Restaurants und Cafés hat sich in reizvoller Lage niedergelassen. Als besonderes Bonbon kann man sich spätnachmittags und abends mit einem der durch den Kanal schippernden **Abra-Boote** umsonst zu seinem Wunschziel fahren lassen.

Man kann sich sein Speiselokal oder Café auch im **Festival Centre** aussuchen, die Vielfalt ist groß, wer nicht lange suchen möchte, findet einige im Bereich des Taste Pavilion. Arabische Restaurants gibt es im Trade Routes, einem neumodischen arabischen Marktbereich. Selbstverständlich gibt es auch einen Food Court. Trader Vic's und Hard Rock Café bieten Alkoholausschank. Die seltene Gelegenheit, emiratisch zu speisen – und dies vor der überaus gelungenen Kulisse der „guten alten Zeit" – bietet das Al Fanar.

Zwischen Einkaufsgebäude und Jachthafen bietet der **Marina Restaurant Pavilion** 17 Restaurants mit mittlerem bis höherem Preisniveau, beispielsweise India Palace (indisch), Esfahan (persisch), Wafi Gourmet (libanesisch) und Royal Orchid (thailändisch). Lizensiert sind: Chi'Zen (chinesisch), Le Relais de L'Entrecôte (Steakspezialitäten), Karam Beirut (libanesisch), Jamie's Italian (italienisch von *Jamie Oliver*).

Wer einen Drink oder erlesene Kost genießen möchte, kann dies in den am Jachthafen liegenden **Hotels InterContinental und Crown Plaza** – die Bars des InterContinental bieten beeindruckende Ausblicke auf den Creek und New Dubai im Hintergrund, toll für einen Sundowner. Gourmet-Tipp: Das Reflets par Pierre Gagnaire bietet französische Kochkunst der Spitzenklasse (im InterContinental). Zu Einkaufsmöglichkeiten und auch zum Al Fanar Restaurant siehe „Einkaufszentren und Malls".

■ **Infos:** Tel. 8 00/3 32, www.festivalcentre.com
■ **Anfahrt mit öffentlichen Verkehrsmitteln:** Watertaxi Station Dubai Festival City

Le Meridien Dubai Hotel

18 Restaurants und Bars gruppieren sich um eine große Meridien-Village-Terrasse, eine Promenade und die Lobby und garantieren Vielfalt nahe des Dubai International Airport in Garhoud. Das Preisniveau ist mittel bis gehoben.

Zur Auswahl stehen u.a. die **Restaurants** Yalumba (international), M's Beef Bistro (Steakhouse), Long Yin (chinesisch), Kiku (japanisch), Sukhothai (thailändisch), Casa Mia (italienisch) und Mahec (indisch); Fisch und Meeresfrüchte bieten Seafood Market und M's Seafood Bistro. Alle haben mittags und abends geöffnet.

Abends kann man sich in der irischen Kneipe The Dubliner's oder in der Bar Jules amüsieren oder im riesigen Warehouse Bar/Restaurant/Lounge-Komplex abtanzen.

Zum Hotel siehe „Unterkunft".

■ **Infos:** Tel. 2 17 00 00, www.diningdubai.com
■ **Anfahrt mit öffentlichen Verkehrsmitteln:** Metro Red Line Station Airport Terminal 1

Downtown Dubai

In diesem auch Burj Khalifa genannten Stadtteil zu Füßen des weltweit höchsten Wolkenkratzeres finden sich unzählige Gastronomiebetriebe – von himmelhoch bis brunnennah. Allein die **Dubai Mall** bietet in rund 150 Lokalitäten etwas für alle Vorlieben. Dieser riesige Einkaufstempel wartet auf mit Restaurants, Cafés, Eisdielen und einem riesigen Food Court. Pizza oder Dim Sum, Fast oder Slow Food, Süßwaren oder Salat, Goldrandteller oder Pappschale, brunnenbeplätschert oder popbeschallt, Buttermilchreis oder Bioburger, sachlich oder salopp, Frühstücksbüfett oder Abendmahl – alles ist möglich, sieben Tage die Woche, meist von morgens bis abends. Das Preisniveau ist niedrig bis mittelpreisig.

Außerhalb des Mall-Gebäudes bietet der neoarabische **Souq Al Bahar** über 20 Cafés, Restaurants und Bars, viele schick gestylt, mit innovativen Speisen und Schanklizenz. Außenterrassen sorgen für Seeuferstimmung und eröffnen Blicke zum aufstrebenden Burj Khalifa und die aufschäumende Dubai Fountain. Jeweils mittags und abends serviert Zahr El Laymoun orientalisch-mediterrane Grillspeisen, Urbano italienische Pizza und Pasta, The Meat Co. hat Fleisch vom Feinsten, Rivington Grill britische (Grill-)Speisen, BICE Mare italienisches Seafood, Kanpai moderne japanische Spezialitäten, Mango Tree thailändische Leckereien, Tolosa Bodega französisch-spanische Speisen, Burger Rebel hat Burger und eine Bar, im Fuego gibt es mexikanische Kost modern interpretiert und im Claw BBQ Crabshack and Grill Grillspeisen oder Krabben aus dem Eimer. Zudem bieten Cafés Kaffee, Kuchen, Eiscreme, Snacks und Salate – Kultstatus, Kitsch und Plüsch hat Shakespeare and Co. Für die (weitere) Abendgestaltung – inkl. gutem Essen – sind die trendy Lounge-Bars Left Bank und Karma Kafé zu empfehlen, interessant ist auch das japanische Lounge-Restaurant Sake No Hana Dubai by Crystal.

Entlang des **Shaikh Mohammed bin Rashid Boulevard** – der Downtown Dubai umschließt – haben sich zahlreiche Restaurants und Cafés mittleren Preisniveaus angesiedelt. Iran Zamin bietet persische Kost und Abendunterhaltung, Ketchup ist ein amerikanisches Diner, Kris Kros zeichnet sich durch innovative internationale Vielfalt aus, Maison Bagatelle serviert französische Bistro-Kost, Steaky bietet Steaks & Co., Mizu japanische Speisen, Pizza Pino Pizza und Pasta, Patiala Nordindisches, Reem al Bawadi arabisch-libanesische Leckereien, Royal Orchid thailändische Landeskost, House of Curry kocht klassisch indisch und Mayrig Köstlichkeiten aus Armenien. Cafés bzw. Coffee Shops sind z.B. Fournil de Pierre (französisches Café und Patisserie), House of Pao (brasilianisches Café), Gahwet Mezze (arabisches Kaffeehaus), I love F Café (Lifestyle-Café), Koffeecake Corner (originelles Café), Le Maison du Café Najjar (libanesisches Speisecafé), Tiramisu Café (italienisches Café), Chocolate Bar (Schokoladen-Café-Bar), La Serre (Bistro & Boulangerie), Clinton Street Baking Company (Bäckerei und Café à la New York mit Ganztagsfrühstück).

Die **Hotelgastronomie** in Downtown Dubai ist höherpreisig und bietet Alkoholausschank, z.B. in den Hotels Armani, The Address Downtown Dubai, The Palace Downtown Dubai, Manzil Downtown Dubai, Vida Downtown Dubai. Rekordverdächtig – sowohl was die Höhe als auch die Preise betrifft – speisen kann man im At.mosphere Burj Khalifa: Auf Etage 122 kann man im welthöchsten Restaurant oder der Lounge erstklassige Speisen und Getränke zu einem atemberaubenden Ausblick genießen; zu beachten sind Mindestverzehrsummen und Kleiderordnungen.

Zu Einkaufsmöglichkeiten siehe „Einkaufszentren und Malls“, zu Downtown Dubai bzw. Burj Khalifa siehe „Sehenswertes auf Dubais Inlandsseite“.

■ **Infos:** www.mydowntowndubai.com
■ **Anfahrt mit öffentlichen Verkehrsmitteln:** Metro Red Line Station Burj Khalifa/Dubai Mall

Mall of the Emirates

Die **rund 85 Restaurants, Fast-Food-Lokale, Cafés usw.** dieser an der Shaikh Zayed Rd im Stadtteil Al Barsha gelegenen Riesen-Mall stellen vermutlich jeden Geschmack und jeden Geldbeutel zufrieden.

Allein in den **zwei Food Courts** gibt es je knapp 20 Lokalitäten. Man kann u.a. wählen zwischen Wok-Gerichten, Sandwiches, Burgern, Pizza, Hühnchen, Fruchtsäften, Eiscreme – es gilt das Motto „preiswert und schnell“.

Die Palette der **Restaurants** erstreckt sich von amerikanischen Diners über französische Bistros, umfasst Pizzerias genauso wie arabische, iranische, japanische und chinesische Restaurants der mittleren Preisklasse. Das Apres kann mit dem Ausblick auf die angegliederte Skihalle punkten. Cafés finden sich mehr als ein Dutzend. Die Restaurants der angegliederten **Hotels** (Kempinski, Sheraton, Suite Novotel) haben ein gehobenes Preisniveau und besitzen eine Alkohollizenz.

Zu Einkaufsmöglichkeiten siehe „Einkaufszentren und Malls“.

■ **Infos:** Tel. 4 09 90 00, www.malloftheemirates.com
■ **Anfahrt mit öffentlichen Verkehrsmitteln:** Metro Red Line Station Mall of the Emirates

Wafi Mall

Das im Stadtteil Umm Hureir gelegene Einkaufszentrum Wafi bietet rund **30 Möglichkeiten zu speisen:** schnell und preiswert im Food Court, zu moderaten Preisen in den vielen Bistros, Restaurants und Cafés.

1001 Extra-Sterne verdient das **Khan Murjan Restaurant** im gleichnamigen Einkaufsareal für sein herrliches Dekor und die erstklassigen orientalischen Leckereien (mittleres Preisniveau).

Jedoch nicht nur im Mall-Gebäude finden sich Speisestätten: Raffiniert, innovativ, mit Dachgartenterrasse und lizensiert sind die Restaurants im angegliederten **Freizeitkomplex Pyramids,** alle in der mittleren bis gehobenen Preisklasse sowie mittags und abends geöffnet Medzo (italienisch-mediterran), Thai Chi (thailändisch, chinesisch, Büfetts), Asha's (indisch-modern), Carter's (Restaurant und Bar), Cactus Cantina (mexikanisch), Maset al Yakout (libanesisch und irakisch), Seville's (spanische Tapas-Bar). Abends angesagt ist die Weinbar Vintage. Etwas ganz anderes bietet SPiN Dubai, ein Tischtennis-Restaurant mit Bar, elf Tischtennisplatten und Shisha-Lounge.

Im **Fort Complex** kombiniert das Restaurant Qbara Bar und Lounge und bietet orientalische Kost sowie Grillgerichte in beeindruckend modernem Interieur; beliebt ist der Freitagsbrunch.

Wer gediegen und edel speisen möchte, findet entsprechende Restaurants im angegliederten **Luxushotel Raffles.**

Zu Einkaufsmöglichkeiten und zu Khan Murjan siehe „Einkaufszentren und Malls".

■ **Infos:** Tel. 3 24 45 55, www.wafi.com, www.pyramidsrestaurantsatwafi.com

■ **Anfahrt mit öffentlichen Verkehrsmitteln:** Metro Green Line Station Dubai Healthcare City

Jumeirah Fishing Harbour

In den sieben Gastronomiebetrieben des in Jumeirah (zwischen Mercato Mall und Jumeirah Beach Park am südwestlichen Ende der Jumeriah Public Beach) gelegenen Fischereihafens geht es **eher beschaulich und familiär** zu. Die originell eingerichteten Restaurants und Cafés zeigen eine überraschende Speisevielfalt und haben mittleres Preisniveau. Bait al Sammach bietet Seafood arabisch zubereitet, Bait Misk offeriert libanesische Kost, Mint Leaf serviert indische Speisen, Charm kocht thailändisch, Omnia Gourmet ist ein arabisch-emiratisch-mediterranes Café-Deli mit frischem, gesundem Speiseangebot, Boteko Brasil bringt brasilianischen Geschmack nach Dubai, und Sea More ist ein Café.

■ **Anfahrt mit öffentlichen Verkehrsmitteln:** Watertaxi Stationen Jumeirah Open Beach und Jumeirah Beach Park

Jumeirah Beach Hotel

19 Restaurants, Cafés, Clubs und Bars beherbergt dieses in Umm Suqeim gelegene Luxushotel, imposante Aussichten auf den benachbarten Burj Al Arab inklusive. Von früh bis spät Meerblick, panasiatische Speisen à la carte und internationale Büfetts bietet das Restaurant Beachcombers. Ebenso von morgens bis abends kann man im Waterfront gesundheitsbewusst speisen und die Aussicht auf den Jachthafen genießen. Mit ähnlichem Ausblick bietet La Veranda mittags und abends Pizza und andere italienische Speisen. Ebenfalls italienisch aufgetischt wird im Jamie's Italien. Im Villa Beach kann man direkt an Tischen am Strand Platz nehmen, um mittags und abends mediterrane Kost bei einer Meeresbrise und Blick auf den Burj Al Arab genießen. Cove Beach kombiniert ein Strandrestaurant (südfranzösische und italienische Speisen) mit Bar und Lounge.

Abends elegant dinieren kann man im Carnevale (italienische Spezialitäten), im Naya (moderne nordindische Kost) und im La Parrilla, wo argentinisches Essen zu Tango serviert wird.

Abendfüllende Unterhaltung zu coolen Drinks bieten Der Keller (deutsche Speisekneipe), Uptown (Jazzclub, Piano-Lounge), 360° (Terrassen-Aussichts-Club) und Mahiki (polynesische Cocktailbar und Grill).

Zu einem **gemütlichen Abend** barfuß am Strand lädt die Beach Lounge mit Sundownern und andalusischen Tapas ein.

Hotelinfos siehe Info-Kasten „Jumeirah Beach Hotel".

■ **Infos:** Tel. 3 48 00 00, www.jumeirah.com
■ **Anfahrt mit öffentlichen Verkehrsmitteln:** Watertaxi Station Jumeirah Beach Hotel

Dubai Marine Beach Resort and Spa

14 gute Restaurants und beliebte Bars bietet das Dubai Marine Beach Resort and Spa im Norden von Jumeirah. Die Restaurants verteilen sich um den großen, mit Pool und Garten gestalteten Innenhof einer am Strand gelegenen Landhaus-Villa. Die Preise reichen von mittlerem bis gehobenem Niveau.

Klasse **Restaurants:** Taverna (international, rund um die Uhr geöffnet), Capanna Nuova (italienisch), Thai Bistro (thailändisch), Flooka (Meeresfrüchte), Loca (Tex-Mex-Restaurant und -Musikkneipe). Arabische Kost am Abend, dazu arabische Live-Musik und Bauchtanzshows bietet Al Qasr; etwas ruhiger ist es im Al Khayma Café bei ebensolcher Live-Musik und Wasserpfeifenblubbern.

Hier tobt das **Nachtleben:** Sho-Cho (moderne japanische Restaurant-Lounge), Serai (Arabic Fusion Nightclub), Malecón (coole Latino-Kneipe) und Boudoir (glamouröse Lounge-Bar und Nachtclub).

dub14-051 dt

Das Jumeirah Beach Hotel bietet (nicht nur) kulinarische Vielfalt

Die Barefoot Lounge ist eine **Strandbar** mit gemütlichen Sitzsäcken.

Zum Hotel siehe „Unterkunft".

■ **Infos:** Tel. 3 46 11 11, www.dxbmarine.com

■ **Anfahrt mit öffentlichen Verkehrsmitteln:** Watertaxi Station Jumeirah Open Beach

Madinat Jumeirah Hotelresort und Souq

In über **40 Restaurants, Cafés und Bars** dieses „arabischen Resorts" am Strand von Umm Suqeim findet jeder etwas für seinen Geschmack oder seinen Geldbeutel – ob rustikal oder postmodern, ob Familienrestaurant, Fast Food, Haute Cuisine oder Büfetts. Die kulinarische Bandbreite reicht von Texas über Thailand bis in die Toskana, das Preisniveau von preiswerter Mittelklasse bis hoch hinaus. Viele Restaurants sowie die Bars, Clubs und Lounges servieren Alkoholika. Immer wieder schön sind die Gartenterrassen, die verschiedene Ansichten der resorttypischen Windturmfassaden oder des Burj Al Arab bieten. Die Grünanlagen durchziehen verschlungene Pfade und Wasserkanäle. Zugänglich sind die Restaurants auch für Nicht-Hotelgäste. Gut zu kombinieren ist ein gemütliches Mahl mit einem Verdauungsspaziergang durch den sehenswerten hoteleigenen orientalischen Souq.

Restaurants im Souq Madinat Jumeirah sind beispielsweise: Frioul Bistro De Luxe (Frühstück, Mittag- und Abendessen und abendliche Jazz-Sessions), The Noodle House (Nudelvariationen), Al Makan (arabisch), Toscana (Pizzeria), Honyaki (japanisch), Ushna (indisch), The Meat Co. (Steakhouse), Perry & Blackwelder's Original Smokehouse (amerikanische Grill- und Räucherspeisen). Das Weinlokal The Agency und die italienische Restaurant-Bar Segreto haben nur abends geöffnet. Im Belgian Beer Café gibt's bereits ab dem Mittag kühles Bier – und mehr. Schön ist der A'Rukn-Innenhof, samt seinem gleichnamigen arabischen Café, das ab dem Nachmittag geöffnet ist.

Drinks am Abend serviert die Trendsetterbar Left Bank, Südseecocktails zu Karibikmusik bietet Trader Vic's, Fabrikhaus-Feeling vermittelt BarZar. Der riesige, futuristisch designte Pacha Ibiza Dubai Nightclub eignet sich wochentags sowohl für einen Drink als auch zum Speisen, am Wochenende heißt es Tanzen und Abfeiern – berühmt sind die Shows.

Die **Luxushotels Mina A'Salam und Al Qasr** beherbergen erstklassige Restaurants und Bars. Beliebt im Mina A'Salam: Zheng He's (chinesisch-Fusion), Tortuga (modern-mexikanisch). Für einen Drink ideal ist die Bahri Bar (arabische Tapas und Cocktails). Interessant im Al Qasr sind Pierchic (Fischmenüs im Luxusbootshaus), Al Hambra (andalusisch-marokkanisch), MJ's (Steakhouse) und Arboetum (international-luxuriös). Die Koubba Bar ist berühmt wegen ihrer coolen Drinks bei toller Aussicht – ähnlich die Sunset Lounge Bar.

Zu Madinat Jumeirah siehe auch Info-Kasten „Madinat Jumeirah" sowie „Sehenswertes auf Dubais Seeseite" und „Einkaufszentren und Malls".

■ **Infos:** Tel. 3 66 88 88, www.jumeirah.com
■ **Anfahrt mit öffentlichen Verkehrsmitteln:** Watertaxi Station Jumeirah Beach Hotel

Dubai Marina

Der junge Hochhaus-Stadtteil zwischen den beiden Palmeninseln wartet mit einer riesigen Vielfalt an Speisestätten auf.

Zahlreiche **Strandresorts und Businesshotels** (z.B. Habtoor Grand Beach Resort and Spa, Le Royal Meridien Beach Resort and Spa, The Ritz-Carlton, Hilton Dubai, Sheraton Jumeirah, The Address Dubai Marina, Mövenpick Jumeirah Beach, Amwaj Rotana, Grosvenor House) befriedigen Wünsche nach kostspieliger Kost in entsprechendem Ambiente mit Alkoholausschank.

In der **Marina Mall** bietet ein Food Court preiswerte und schnelle Speisen; er ist zwar vergleichsweise klein, hat aber auch eine Außenterrasse, zudem im Einkaufsbereich verteilt weitere Restaurants und Cafés. Durch das Mallgebäude erreicht man über eine Brücke den siebenstöckigen **Restaurantturm Pier 7,** in dem es eine breite kulinarische Vielfalt der mittleren und höheren Preisklasse gibt – auch Alkoholika werden ausgeschenkt. Im Pier 7 finden sich u.a.: Abd El Wahab (libanesisches

Restaurant), O'Cacti (mexikanisches Restaurant und Cocktail-Bar), Atelier M (französisch-mediterran-asiatisches Fusion-Restaurant mit Dachterrassen-Lounge), Cargo (asiatisch inspirierte Lounge), Fümé (Räucherspezialitäten-Restaurant), Asia Asia (asiatisches Restaurant und Lounge), The Scene (britischer Retro-Pub).

Am **Marina Walk,** dem Flanierweg entlang des Kanals im Osten der Marina Mall, kann man aus diversen Restaurants und Imbissen auswählen. Hier gibt es keinen Alkoholausschank, das Preisniveau ist meist mittel, und viele Lokale haben eine Außenterrasse. Eine Auswahl aus dem Angebot: Blues (Fisch und Meeresfrüchte), Royal Orchid (thailändisch und chinesisch), The Rupee Room (indisch), Arabiska, Reem al Bawadi und Chandelier (libanesisch), Itsu (japanisch), Umi Sushi (Sushi), Stefano's (italienisch), Inferno Grill (international und Grillgerichte), Burger 360, Johnny Rockets (Burger & Co.). Auch etliche Cafés sind am Marina Walk angesiedelt.

Ähnlich geht es zu am **JBR Walk,** dem Meeresuferpromenadenweg an der Jumeirah Beach Residence. U.a. sind vertreten: Butcher Shop & Grill (südafrikanische Steaks und Grillgerichte), Fish & Chips Room (Fisch- und Fritten-Imbiss), Fish & Co. (Fisch und Meeresfrüchte), Eggspectation (Eier-Vielfalt), Da Shi Dai und Peacock (chinesisch), Kosebasi (türkisch), Eat Greek (griechisch), Rosso (italienisch), Tijioori (vegetarisch), Suvoroff (russisch), Margherita (Pizza-Spezialist), Noodle Room (Nudelgerichte), Burger Fuel (Burger), On the Border und El Chico (mexikanisch), Fuddrucker, Bob's Easy Diner und Burger Fuel (amerikanisches Fast Food), Zaatar W Zeit, Automatic, Bazerkan, Sarai und Sim Sim (libanesisch), Umi Sushi und Benihana (japanisch), Sukh Sagar At The Beach, The Curry House und Bombay By The Bay (indisch). Cafés gibt es selbstverständlich auch.

Zudem finden sich etliche Gastronomiebetriebe in der am Strand gelegenen Einkaufsplaza **The Beach,** viele haben eine Außenterrasse mit Meerblick.

Zu Einkaufsmöglichkeiten siehe „Einkaufszentren und Malls".

- **Infos:** www.dubaimarinamall.com, www.pier7.ae
- **Anfahrt mit öffentlichen Verkehrsmitteln:** Metro Red Line Stationen DAMAC Properties und Jumeirah Lakes Towers; Dubai Tram Stationen Marina Towers, Dubai Marina, Dubai Marina Mall, Jumeirah Lakes Towers, Jumeirah Beach Resicence 1, Jumeirah Beach Resicence 1; Watertaxi Stationen Dubai Marina und Marina Mall

Palm Jumeirah

Mit der fortschreitenden Bebauung dieser künstlichen Palmeninsel verwöhnen immer mehr Restaurants ihre Gäste mit Speisen aus aller Herren Länder. Gastronomiebetriebe der gehobenen Preisklasse mit Lizenz zum Alkoholausschank finden sich in den **Luxushotelresorts,** die meisten reihen sich auf dem Wellenbrecherring aneinander. In naher Zukunft sollen Restaurants, Bistros, Fast-Food-Lokale und Cafés an den Uferpromenaden **The Pointe** (Palmenstamm gegenüber vom Hotel Atlantis) und **Boardwalk** (auf dem Wellenbrecherkranz) günstige bis mittlere Preise bieten. Nach Fertigstellung der **Nakheel Mall** wird man auf dem Palmenstamm günstig essen können.

Näheres zur Jumeirah-Palmeninsel siehe „Sehenswertes auf Dubais Seeseite", zu The Pointe „Einkaufszentren und Malls".

Mietwagen

In Dubai kann man bei einer Vielzahl von großen und **internationalen Mietwagenfirmen** oder bei **lokalen Agenturen** ein Auto mieten. Wer sichergehen möchte, einen (bestimmten) Wagentyp zu bekommen, sollte diesen rechtzeitig reservieren. Die meisten Verleihfirmen verlangen bei Anmietung eine Sicherheitskaution, die zumeist per Kreditkarte verbucht und bei schadensfreier Wagenrückgabe verrechnet wird.

Um in den Vereinigten Arabischen Emiraten ein Leihauto fahren zu dürfen, benötigt man offiziell einen **internationalen Führerschein** (gegen Gebühr erhältlich bei der Führerscheinstelle seines Heimatortes) – wenn auch nicht alle Vermieter ihn sehen wollen. Je nach Wagenklasse muss man **mindestens 21 Jahre alt** sein, wer einen Allradwagen (engl. *four wheel drive,* Abk. 4WD) steuern möchte, muss mindestens 25 sein. Auch bei Mietwagen lässt sich in den Emiraten über die Preise reden, vor allem bei längerer Mietdauer (ab einer Woche).

Preisbeispiele (Tagesmiete)

Da die Preisspannen groß sein können und sich oft auf einen bestimmten Zeitraum beziehen und zudem die Wagenklassifizierungen vielfältig sind, fällt es schwer, **Preise** zu **vergleichen.** Faustregeln: Kurzzeittarife können im Vergleich kostspieliger sein als Wochen- oder Monatstarife; emiratische Firmen bieten günstigere Preise als internationale; Mietwagenpreise können durchaus verhandelbar sein, bei längerer Mietdauer (ab einer Woche) kann man besser handeln als bei kürzerer.

- **Kleine/Große Standardklasse:** ab 120/380 Dh
- **Kleine/Große Luxusklasse:** ab 630/1900 Dh
- **Kleine/Große Allradklasse:** ab 400/500 Dh

Ausstattung

Bei den genannten Mietpreisen ist eine **Vollkaskoversicherung meist inklusive.** Allerdings ist oftmals eine **Selbstbeteiligung** von 500–2000 Dh vorgesehen. Diese kann durch eine **Zusatzversicherung** (engl. *conclusion damage waiver,* Abk. CDW), je nach Wagentyp mit einer Gebühr von 20–100 Dh pro Tag, ausgeschlossen werden.

Eine zusätzliche persönliche **Unfallversicherung** (engl. *personal accident insurance,* Abk. PAI, ab 10 Dh pro Tag) ist überflüssig, wenn man zu Hause eine Unfallversicherung besitzt.

Preiswerter als Tagesmieten sind **Wochen- und Monatstarife oder Sonderangebote** (z.B. übers Wochenende). Die Tarife bei den lokalen Autovermietern sind günstiger als die der internationalen Firmen. Wer dort einen Mietvertrag unterschreibt, sollte kritisch prüfen, ob die Höhe der Versicherungssummen ausreichend ist.

Vor Fahrtantritt muss man zumeist eine **Kaution von mindestens 500 Dh** (je nach Wagentyp) hinterlegen. Meist wird das per (vorläufiger) Kreditkartenabbuchung erledigt.

Gesetzlich vorgeschrieben ist die Ausstattung mit einem **elektronischen Geschwindigkeitsbegrenzer,** der **ab Tempo 120** anfängt, durch Piepen auf sich und die überhöhte Geschwindigkeit aufmerksam zu machen.

Ansonsten sind alle Wagen mit **Klima**- und **Musikanlage** sowie einem **Ersatzreifen** ausgestattet. Navigationsgeräte, Kindersitze und Dachgepäckträger kann man auf Anfrage zusätzlich erhalten. Innerhalb der Stadtgrenze wird meist ein freier Anlieferungs- und Abholservice des Autos angeboten.

Man kann sich auch einen **Chauffeur mieten,** für einen Acht-Stunden-Tag kostet er **ca. 500 Dh,** Kost und Logis sind extra zu berechnen.

Wer **exklusive Luxuswagen** mieten möchte, kann auch einen Limousinenservice in Anspruch nehmen.

Autoverleihfirmen

- Büros bzw. Serviceschalter an den **Flughäfen** (Dubai International Airport und Al Maktoum International Airport) haben meist sieben Tage die Woche 24 Std. am Tag geöffnet.
- Auf dem jüngst eröffneten **Al Maktoum International Airport** bieten noch vergleichsweise wenige Verleiher ihren Service an – das wird sich in Zukunft ändern.
- Mietwagen können **direkt, über Internetportale** oder **lokale Tourveranstalter** (siehe „Reisebüros und Tourveranstalter") gebucht werden.

Buchung in Deutschland

Bucht man einen Mietwagen bereits in Deutschland, sollte man darauf achten, dass die Versicherungssumme der **Haftpflichtversicherung** möglichst hoch ist. Sie sollte pauschal mindestens 1 Mio. Euro für Personen-, Sach- und Vermögensschäden betragen. Da aber die Haftpflicht nicht die Schäden am gemieteten Auto ersetzt, empfiehlt es sich, das Kasko-Risiko ebenfalls mitzuversichern.

Websites und deutsche Service-Nummern internationaler Autoverleihfirmen

- **AVIS,** www.avis.de, Tel. 0 18 06/21 77 02
- **Budget,** www.budget.de, Tel. 0 18 06/21 77 11
- **Europcar,** www.europcar.de, Tel. 0 40/5 20 18 76 54
- **Hertz,** www.hertz.de, Tel. 0 18 06/33 35 35
- **Sixt,** www.sixt.de, Tel. 0 18 06/25 25 25
- Zudem tätigen diverse **deutsche Reiseveranstalter und -büros** Buchungen.

dub14-021 kl

▷ Parkscheinautomat

Autofahren in Dubai

Dubai ist bestens auf den Autoverkehr eingestellt. Breite Straßen durchschneiden die Wüstenmetropole und autobahnähnliche Schnellstraßen (engl. *highway* – nummeriert mit einer E-Ziffer, z.B. E11) verbinden sie mit anderen Städten der Emirate.

In allen Emiraten gilt **Rechtsverkehr,** die offizielle **Höchstgeschwindigkeit** in Städten beträgt je nach Ausschilderung 60 oder 80 km/h, allerdings wird meist schneller gefahren. Außerorts sollte man höchstens 120 km/h fahren und sich an Geschwindigkeitsbegrenzungen halten – Radarkontrollen sind sehr häufig, und die Strafen für zu schnelles Fahren saftig. Es besteht **Anschnallpflicht.** Mobiltelefone dürfen nur mit Freisprecheinrichtung genutzt werden.

Die **Beschilderung ist sehr gut und meist zweisprachig** in Arabisch und Englisch. Hat man sich verfahren, so ist es auf den Schnellstraßen meist schwierig, zu wenden, um auf die Ausgangsstraße zu kommen.

Der **Stadtverkehr in Dubai** erscheint Neulingen meist chaotisch. Zum einen wegen der vielen sich immer wieder verzweigenden Straßen und den nicht ausbleibenden Orientierungsschwierigkeiten, zum anderen aber auch wegen der brisanten Kombination aus dem teilweise sehr offensiven Fahrstil vieler Emiratis und der oftmals eher verschlafen wirkenden Fahrweise so mancher Pick-Up- oder Lastwagenfahrer. Oft genug hat es den Anschein, als ob manche Fahrer ihr „Können" an der Play Station erworben hätten. Die oberste Grundregel lautet: **Umsichtig und defensiv fahren** und Ruhe bewahren, auch wenn sich mancher noch so frech oder rücksichtslos einordnet, die Fahrspuren wie wild und ohne zu blinken gewechselt werden, beim Umspringen der Ampel sofort gehupt wird, wenn man nicht binnen einer Zehntelsekunde anfährt, Taxifahrer auch auf Schnellstraßen plötzlich anhalten, um einen Fahrgast einsteigen zu lassen, oder junge Männer in Rammschutz-bewehrten Geländewagen extrem dicht auffahren und mit der Lichthupe spielen, weil man ihnen zu langsam (an)fährt.

Besondere Vorsicht gilt in Kreisverkehren, denn hier hält kaum einer die Spur, und Blinken vor dem Rausfahren hält auch keiner für nötig. Rechts überholen und stetiges Spurwechseln auf der Suche nach einer Lücke zum Überholen sind beliebte Manöver, sowohl auf Schnellstraßen als auch im Stadtstau. In diese muntere Szenerie mischen sich immer wieder und stets unerwartet Fußgänger, Mofakuriere oder Radfahrer (!) mit mutmaßlichem Todeswunsch bzw. einer Riesenportion Gottvertrauen.

Die V.A.E. sind weltweit **eines der Länder mit der höchsten Todesrate bei Verkehrsunfällen.** Die Shaikh Zayed Rd liegt in dieser traurigen Statistik weit vorne – besonders schlimm ist es im Fastenmonat Ramadan. Umsichtig zu fahren und immer wieder Fehler anderer einzukalkulieren, ist mehr als nur ein kluger Ratschlag.

Innerorts prägen **breite Straßen, begrünte Stadtautobahnen, moderne Brücken und Unterführungen** das Bild. Da der Wohlstand sehr hoch ist und die meisten Emiratis nicht nur ein, sondern mindestens zwei Autos besitzen, ist das Verkehrsaufkommen in den letzten Jahren stark gestiegen. Staus sind Alltag, in manchen Stadtteilen ist die Parkplatzsuche eine „mission impossible", entsprechend entnervt sind viele Fahrer. Einen Beitrag dazu liefern auch die vielen Baustellen einschließlich der dazugehörigen Umleitungen oder Straßensperrungen.

Für Selbstfahrer etwas gewöhnungsbedürftig mögen die vielen **Kreisverkehre (engl. roundabout, Abk.: R/A)** sein. Im Gegensatz zu deutschen Kreiseln sind sie riesig und entsprechend schnell zu durchfahren. Autos, die sich im Kreisverkehr befinden, haben immer Vorfahrt, auch wenn sie auf der innersten Spur sind. Man kann also nur in einen Kreisverkehr einfahren, wenn alle Fahrspuren frei sind. Eigentlich sollte es so sein, dass die rechte Kreiselspur von Rechtsabbiegern, die linke von Linksabbiegern und die mittlere von Geradeausfahrern benutzt wird. Doch in der Realität muss man vor jeder Ausfahrt damit rechnen, dass Autos von der inneren Spur ausscheren und den Kreisel verlassen. Ebenso sollte man einkalkulieren, dass Wagen der äußersten Spur den Kreisverkehr nicht verlassen, sondern geradeaus weiterfahren – all dies oftmals ohne den Blinker zu setzen.

Über, unter bzw. um viele Kreisverkehre oder Kreuzungen herum führen **Überführungen** (engl. *flyover*) oder **Unterführungen** (engl. *bypass*). Möchte man nicht abbiegen und der Straße weiter geradeaus folgen, so kann man mit ihnen dem Gewühl der Kreisverkehre und Kreuzungen entgehen. Möchte man nach rechts abbiegen, so führen oftmals schon vor dem Kreisel separate Spuren nach rechts.

Vor vielen Einmündungen, Baustellen und den Einfahrten in die Kreisverkehre sorgen zahlreiche **Bodenwellen** (engl. *humps*), dafür, dass man nicht zu schnell fährt. Sie sind teilweise sehr hoch, doch zahlreiche Schilder („humps ahead") und viel Farbe auf dem Straßenpflaster machen (meist) frühzeitig auf sie aufmerksam.

Auf manchen Strecken in Dubai muss man eine **Straßenbenutzungsgebühr** (engl. *toll*) zahlen. **Salik** heißt das elektronische System, das bei jeder Durchfahrt eines Mauttores (engl. *toll gate*) 4 Dh vom vorbezahlten Salik-Guthaben abbucht. Alle Fahrzeuge, auch Mietwagen und im Ausland zugelassene Wagen, müssen eine Salik-Plakette auf der Windschutzscheibe haben, die beim Passieren eines Mauttores per Funk erkannt wird. Fahrgäste können sich aussuchen, ob sie Straßen mit Benutzungsgebühr oder gebührenfreie Straßen fahren. Salik wird abgebucht an Mautpunkten z.B. auf der Garhoud Bridge, der Al Maktoum Bridge (gebührenfrei zwischen 22 und 6 Uhr), der Shaikh Zayed Rd (beim Safa Park sowie bei der Mall of the Emirates), am Airport-Tunnel und auf der Al Ittihad Rd E11. Weitere Mautpassagen werden nach und nach eingerichtet, damit der öffentliche Nahverkehr stärker genutzt wird. Wer Salik umgehen möchte, sollte auf die Hinweise der Straßenbeschilderung achten: Salik-Passagen und letzte Ausfahrten sind deutlich ausgeschrieben. Infos: Tel. 8 00/7 25 45, www.salik.ae.

Insbesondere auf **Fernstraßen** kann es theoretisch sein, dass plötzlich ein Kamel auf der Straße steht. Auf stark befahrenen Strecken schützen Zäune die Autofahrer vor Kamelen bzw. werden die Kamele vor den Autos beschützt. Ein **Zusammenstoß mit einem Kamel** geht selten glimpflich aus, meist sind die Insassen schwer verletzt und das Auto stark beschädigt. Hinzu kommt, dass Kamele – insbesondere Rennkamele und trächtige Muttertiere – sehr wertvoll sind, nicht nur in materieller Hinsicht. So gesellt sich zu möglichen Verletzungen, einem kaputten Auto und den Geldforderungen des Kamelbesitzers (der Wert von so manchem Kamel kann das Durchschnittsjahreseinkommen eines deutschen Staatsbürgers leicht übersteigen) der Zorn und Ärger der Emiratis darüber, eines dieser hochangesehenen Tiere verletzt oder gar getötet zu haben. Besonders im Dunkeln sollte man sich dieser Gefahr immer bewusst sein und entsprechend langsam fahren und bremsbereit sein.

In den gesamten Emiraten gilt gegenüber **Alkohol** am Steuer null Toleranz! Wer auch nur einen Schluck Alkohol getrunken hat, sollte sich auf keinen Fall hinter das Steuer setzen! Wer auch nur eine Spur von Alkohol im Blut hat (Vorsicht bei Restalkohol vom Tag zuvor!) und in einen Unfall verwickelt wird – und sei es nur ein harmloser Blechschaden, egal ob schuldig oder nicht –, für den sieht es schlecht aus, und ein paar Nächte auf einer Polizeistation könnten durchaus die Folge sein. Versicherungen verweigern jegliche Zahlung, im Falle eines Gerichtsverfahrens könnten weitere Strafen hinzukommen. Wer (offene) Flaschen mit alkoholischen Getränken im Auto transportiert, kann im Falle einer Polizeikontrolle damit rechnen, zumindest einen Bluttest machen zu müssen. Wer keine Alkohollizenz besitzt, darf streng genommen auch gar keinen Alkohol transportieren …

Die Frage, ob man nach einem **Verkehrsunfall** besser an der Unfallstelle stehen bleibt oder die Unfallwagen beispielsweise an den Seitenstreifen oder auf einen Parkplatz fährt, wird unterschiedlich beurteilt. Sollte es gefahrlos möglich sein, genau an der Unfallstelle stehen zu bleiben, so ist dies die bessere Option. Ist der Unfall aber nicht so schlimm, oder ist es offensichtlich, wer Schuld hat, und blockiert man zudem eine viel befahrene Strecke oder steht an einer gefährlichen Stelle, kann man auch den

dub14-022 kk

Weg frei machen. Allerdings sollte man sich zuvor mit allen in den Unfall verwickelten Personen verständigt haben, und es sollte klar sein, wer Schuld hat. Wird man in einen Verkehrsunfall verwickelt, bei dem jemand schwer verletzt wird oder gar stirbt, bleibt man so lange in Untersuchungshaft, bis feststeht, dass das Unfallopfer überlebt bzw. die Umstände und die Schuldfrage in einer Gerichtsverhandlung geklärt sind. Ebenso lange bleibt man dort, bis das **„Blutgeld"** bezahlt ist. Die Zahlung von Blutgeld gründet auf einer alten arabischen Sitte, nach der der Familie des Opfers ein Schuldausgleich zusteht. Die Summe dieses Blutgeldes darf per Gesetz höchstens 200.000 Dh betragen. Eine Übernahme durch die Autoversicherung geschieht nur in seltenen Fällen. In Ausnahmefällen kommt es vor, dass die Opferfamilie kein Blutgeld fordert, beispielsweise weil das Opfer (mit)schuldig war.

Bei jedem Unfall ist grundsätzlich die **Polizel** zu holen, denn ohne ein von ihr erstelltes Protokoll darf keine Werkstatt ein Unfallauto reparieren und auch die Versicherungen zahlen nichts. Auch wer dem Auto einen nennenswerten Blechschaden zufügt, ohne dass ein anderes Fahrzeug darin verwickelt ist, muss diesen Weg gehen. Wer mit einem beschädigtem Wagen durch die Straßen fährt, kann jederzeit von der Polizei gestoppt und nach diesem **Unfallbericht** gefragt werden. Durch diese Regelungen will man Fälle von Fahrerflucht verhindern.

Folgende Daten sind wichtig: Name und Anschrift des Unfallgegners, seine Versicherungsdaten, Namen und Anschriften von Zeugen, Angaben zum Unfallhergang. Man sollte versuchen, eine Kopie des Polizeiprotokolls ausgehändigt zu bekommen und den Unfallbericht, der an den Autoverleiher geht, fotokopieren. Gegebenenfalls sind die Anschrift des zuständigen Gerichtes und das Aktenzeichen des Falles wichtig.

Möchte man später eventuell **Schadensersatzansprüche** geltend machen, so sollte man bedenken, dass sie im Ausland nicht immer durchzusetzen sind. Die Gründe können der nicht ausreichende Versicherungsschutz des ausländischen Verkehrsteilnehmers oder eine lange Verfahrensdauer sein. Umso wichtiger ist der eigene ausreichende Kasko- und Unfallversicherungsschutz während der Reisezeit.

Sollte man einen **Rechtsanwalt** benötigen, so nennen die diplomatischen Vertretungen des Heimatlandes Anwälte, die englisch oder deutsch sprechen.

Zu guter Letzt ein paar **Preise** rund ums Autofahren: 1 Liter Diesel kostet 3,40 Dh; Parkgebühren staffeln sich wie folgt: 1 Stunde kostet 1–2 Dh, längere Zeiträume sind teurer: 2 Stunden kosten 5 Dh, 4 Stunden 11 Dh, Parkgebühren können mit Münzen oder RTA-NOL-Karten bezahlt werden (siehe „Öffentliche Verkehrsmittel"), für Vielparker gibt es Parkkarten (RTA Service Center, Tankstellen); Falschparken kostet ab 200 Dh Strafe.

- **Automobile and Touring Club UAE**
www.atcuae.ae, Tel. 04/2 96 11 22
- **Arabian Automobile Association**
www.aaauae.com, Tel. 04/2 66 99 89

[<] Zufahrt nach Palm Jumeirah,
im Morgengrauen noch ohne Stau

dub363 kk

Mietwagenbroker

- **holidayautos,** www.holidayautos.de, Tel. 08 00/1 80 25 71

Mietwagen-Preisvergleich

- **www.billiger-mietwagen.de**
- **www.opodo.de**
- **www.expedia.de**

Internationale Firmen in Dubai

AVIS

- **www.avisuae.ae,** Tel. 8 00 28 47
- **Hauptbüro** in Al Rigga, Al Maktoum Rd, beim Uhrturm, Tel. 2 95 71 21; weitere Filialen z.B.: Dubai International Airport, Al Maktoum International Airport, Dubai Marina JBR Walk

Auch Luxuslimousinen können in Dubai ausgeliehen werden

Budget

- **www.budget-uae.com,** Tel. 8 00 27 22
- **Hauptbüro** im Dubai Investment Park, Tel. 8 84 00 22; weitere Filialen z.B.: Dubai International Airport, Deira im Zeenah-Gebäude gegenüber dem Deira City Centre, Dubai Marina The Cascades Building

Europcar

- **www.europcar-dubai.com,** Tel. 8 00/38 76 72 27
- **Hauptbüro** in Al Quoz, Tel. 3 39 44 33; weitere Filialen z.B.: Dubai International Airport, Bur Dubai, Satwa Shaikh Zayed Rd, Dubai Internet City

Hertz

- **www.hertzuae.com,** Tel. 8 00/4 37 89
- **Hauptbüro** in Um Ramool, Tel. 2 06 02 06; weitere Filialen z.B.: Dubai International Airport, Dubai Marina, Dubai Media City, Dubai Motor City, Shaikh Zayed Rd Etihad Travel Mall

Sixt

■ **www.sixt.com**
■ **Hauptbüro** in der Shaikh Zayed Rd, Mercedes Benz Building, Tel. 3 47 97 77; weitere Filialen z.B.: Al Maktoum International Airport, Dubai International Airport, Deira Al Ittihad Rd

Thrifty

■ **www.thriftyuae.com,** Tel. 8 00/47 70
■ **Hauptbüro** in Karama, Zabeel Rd, Tel. 3 31 87 72; weitere Filialen z.B.: Dubai International Airport, Dubai Festival City, Deira City Centre, Mall of the Emirates, Business Bay Avenue, Dubai Media City, The Dubai Mall, Ibn Battuta Mall, Dubai Marina JBR Walk, Mercato Mall.

Lokale Firmen

Diamondlease

■ **www.diamondlease.com,** Tel. 8 00/3 74 83
■ **Hauptbüro** im Dubai Investment Park, Tel. 8 85 26 67; weitere Filialen z.B.: Dubai International Airport, Shaikh Zayed Rd, Knowledge Village, Dubai International Financial City

Dollar Rent a Car

■ **www.dollaruae.com**
■ **Hauptbüro** in Karama, Tel. 3 36 50 65; weitere Filialen z.B.: Dubai International Airport, Media City Aramco Tower, Satwa World Trade Centre

Fast

■ **www.fastuae.com**
■ **Hauptbüro** in Satwa, Shaikh Zayed Rd, Tel. 3 38 71 71; weitere Filialen z.B.: Dubai International Airport, Dubai Internet City

Öffentliche Verkehrsmittel

In Dubai kann man auf vielerlei Art durch die Stadt kommen: per Taxi, Metro, Tram, Einschienenbahn, Abra-Boot, Wasserbus, Wassertaxi und Wasserfähren. Verantwortlich für das Nahverkehrssystem ist die **Roads and Transport Authority (RTA).**

Der **Ausbau eines gut funktionierenden Verkehrsverbundes** hat hohe Priorität, die Metro samt Zubringerservice wird ausgebaut, Taktungen und Kapazitäten optimiert, Buslinien erweitert. Der öffentliche Nahverkehr soll einen Großteil der Wohn- und Arbeitsgebiete Dubais erfassen, was in Anbetracht der stetig expandierenden Stadt ein ehrgeiziges Ziel ist. Durch hochmoderne und komfortable Züge, durch die Einrichtung von Taxiständen und Park & Ride-Parkplätzen an Metrostationen sowie durch die Möglichkeit, an vielen Haltestellen direkt in Busse oder Boote umzusteigen, soll der Anreiz gesteigert werden, das Auto stehen zu lassen.

■ **Hinweis:** Alle Angaben in diesem Buch zur Anfahrt mit öffentlichen Verkehrsmitteln beschreiben die direkteste, unkomplizierteste Möglichkeit bzw. die nächstliegende Haltestelle von Schienen- und Wassertransportmitteln. Alle, die Dubai ausgiebig mit öffentlichen Verkehrsmitteln – insbesondere per Bus – erkunden möchten, sollten sich zu Beginn ihres Aufenthalts bei der Roads and Transport Authority (RTA) einen **Übersichtsplan** aller öffentlichen Verkehrsmittel (engl. *integrated transport network*) besorgen, der auch per Download oder als App erhältlich ist (siehe „RTA-Informationen").

Taxis

Praktisch und wichtig für Urlauber sind individuell gemietete Taxis. Es gibt mehrere Möglichkeiten, ein Taxi zu heuern: An der Straße heranwinken (durch Hupen stets zu hören, Vollbremsungen folgen als prompter Servicebeweis), Taxi per Telefonanruf, Webbuchung oder SMS zum eigenen Standort bestellen (Nummer/Website s.u., jede Buchung kostet je nach Tageszeit und Buchungsart 5–12 Dh). Auch spezielle Wagen für Rollstuhlfahrer, Großraumwagen sowie Taxis, die, von Frauen chauffiert, ausschließlich Frauen befördern, kann man bestellen; Buchungsgebühren und Fahrpreis sind höher als für normale Taxis.

Die meisten Wagen unterstehen der Roads and Transport Authority (RTA) und haben ein **Taxameter.** Wochentags beträgt die **Grundgebühr** für ein an der Straße tagsüber herangewunkenes Taxi je nach Unternehmen 3 oder 5 Dh, telefonische Buchungen kosten mehr. Jeder gefahrene Kilometer kostet 1,71 Dh. Taxis von den Flughäfen kosten 20 Dh Grundgebühr, und jeder angefangene Kilometer ist doppelt so teuer. An Feiertagen und nachts sind **Zuschläge** zu zahlen. Für alle Fahrten ist ein **Minimum** von 10 Dh fällig. Außer mit Bargeld kann mit Kredit- oder NOL-Karten bezahlt werden (siehe „RTA-Tarifsystem").

Preisbeispiele

- **Kurze Stadtfahrt (ca. 3–8 km): 10–25 Dh**
- **Über den Creek: 35–45 Dh**
- Vom Zentrum zum Dubai International Airport, zur Kamel- oder Pferderennbahn oder nach Jumeirah: 60–80 Dh
- Vom Zentrum zu den Malls in New Dubai nahe dem Shaikh Zayed Highway: 50–80 Dh
- Vom Zentrum nach Palm Jumeirah: 100–120 Dh
- Nach Sharjah muss man zusätzlich zum Fahrpreis einen Aufschlag von 20 Dh zahlen.
- Bei **Fahrtunterbrechung** kostet jede Warteminute 0,50 Dh.
- Auf manchen Straßen muss man **Salik-Mautgebühr** zahlen; man kann den Fahrer aber auch bitten, alternative Routen zu fahren. Die **Miete eines Taxis samt Chauffeur** beträgt 500 Dh für sechs Stunden.

Alle Taxifahrer sind **Gastarbeiter.** Sie sprechen meist passabel englisch und kennen sich zumindest einigermaßen aus. Häufig ist es hilfreich, einen **Orientierungspunkt** in der Nähe des Fahrtziels **nennen** zu können (Stadtteil, Hotel, Brücke, Einkaufszentrum, markantes Bauwerk etc.) – jedoch bestehen oft Schwierigkeiten beim Verständnis von arabischen oder englischen Worten, da Tourist und Gastarbeiter – egal welcher Herkunft – meist eine andere Aussprache haben. Am besten man kennt die Telefonnummer seiner Zieladresse und kann dort im Falle von Unklarheiten anrufen und nach bekannten Orientierungspunkten fragen (lassen). In Zukunft soll Dubais neues **Geo-Adress- und Navigationssystem Makani** Erleichterung bringen (siehe Info-Kasten „Smart und interaktiv – Dubais neues Geo-Adress-System").

Sollte ein Fahrgast Grund zur **Beschwerde** haben, so kann er sich an die Taxi-Agentur oder an RTA wenden (die Telefonnummern sind auf den Autos außen und innen aufgeklebt). Ist man hingegen zufrieden, kann man als **Trinkgeld** den Fahrpreis aufrunden oder ca. 10% des Fahrpreises extra geben.

Funktaxis

Die genannten Gesellschaften haben **Taxameter und 24-Std.-Service.** Die meisten Dubaier Taxis – auch die unten genannten – haben dieselben Tarife (s.o.) und unterstehen der Roads and Transport Authority (RTA).

Dubai Taxi Corporation
Tel. 2 08 08 08, www.dubaitaxi.ae
Cars Taxi
Tel. 6 00/52 22 64, www.carstaxi.ae
National Taxi
Tel. 6 00/54 33 22, www.nationaltaxi.ae

Limousinenservice

Einen besseren Service als Taxis bietet der Limousinenservice.

Dubai Exotic Limo
Tel. 2 86 86 35, gebührenfrei 8 00/54 66, www.dubaiexoticlimo.com
Dubai Excellence Limo
Tel. 2 65 22 28, gebührenfrei 8 00/5 46 67, www.excellencelimo.com

Metro

Die Metro nimmt eine wichtige Rolle im öffentlichen Nahverkehr der Stadt ein. Wie nahezu alle öffentlichen innerstädtischen Verkehrsmittel ist auch für die Metro Dubais Roads and Transport Authority (RTA) verantwortlich.

Zwei Metrolinien sind in Betrieb: Die **Red Line** verläuft fast quer durch die Stadt **vom Stadtteil Rashidiya** (östlich der Dubai Festival City, Airport Rd/Ecke Shaikh Mohammad Bin Zayed Rd) **nach Jebel Ali** (an der Grenze zum Emirat Abu Dhabi), 70 Minuten dauert die 52 km lange Fahrt über 29 Stationen. Die **Green Line** verläuft im Nordosten Dubais von dem nahe an Sharjah gelegenen Stadtteil Al Qusais auf die andere Creekseite nach Al Jadaf. Sie ist 23 km lang und hat 15 Stationen, 36 Minuten dauert diese Fahrstrecke. Expresszüge verkürzen die Fahrzeit, sie halten aber nicht an allen Stationen.

Die Metro fährt **größtenteils oberirdisch,** nur im Innenstadtbereich unterirdisch. Die hochmodernen Züge sind fahrerlos und erreichen maximal 110 km/h, meistens sind sie jedoch 42 km/h schnell. Die **Betriebszeiten** sind zwischen 5 Uhr morgens und 1 Uhr nachts, freitags erst ab 13 Uhr. Es gibt Wagen der 1. Klasse (Gold Class) und der Standardklasse (Silver Class) sowie Frauenabteile (dabei kann frau frei entscheiden, ob sie in ein Damen- oder ein Gemischt-Abteil möchte).

Die **Metrostationen** sind nach den Themen Erde, Luft, Feuer und Wasser gestaltet, behindertengerecht ausgebaut und bieten vielfältige Serviceeinrichtungen. Ihr Name richtet sich nicht immer nach nahe liegenden Stadtteilen oder Orientierungspunkten, sondern auch nach Sponsoren der Bahn.

Bis 2020 soll die Metro Red Line vom Nakheel Harbour and Tower zum Ausstellungsgelände der EXPO um 15 km bzw. sieben Stationen verlängert werden. Insgesamt soll das Metronetz bis 2020 um 110 km erweitert werden.

Bis 2030 sollen noch eine blaue, eine violette und eine goldene Metrolinie hinzukommen, der Ausbau des bestehenden Netzes auf insgesamt 421 km soll in drei Bauphasen erfolgen.

Metro

©Reise Know-How 2016

Auch eine Verbindung zu dem in Bau befindlichen Bahnnetz **Etihad Rail** soll es geben; die Eisenbahn soll ab 2018 auf 1200 km durch die V.A.E. führen und Dubai mit Saudi-Arabien via Ghweifat im Westen und mit Oman über Al Ain im Osten verbinden (www.etihadrail.ae).

Sowohl in den Metrozügen als auch an den Stationen kann man **WLAN** nutzen (10 Dh pro Std., preisgünstiger mit Rubbelkarten, die an den Metro-Serviceschaltern erhältlich sind).

Zwei Hinweise für alle, die mit der Metro von oder zu einem der Dubaier Flughäfen fahren möchten: Man darf nur zwei Gepäckstücke mit den Höchstmaßen 81 x 58 x 30 cm und 55 x 38 x 20 cm mitnehmen. Alkohol – z.B. im Duty Free gekauft – darf nicht befördert werden!

Metro-Umsteigepunkte (Red und Green Line)

- **Bur Dubai:** Burjuman Station, an der Kreuzung Khalid Ibn al Waleed Rd, und Trade Centre Rd beim BurJuman-Einkaufszentrum
- **Deira:** Union Square Station, Umar Ibn al Khattab Rd Ecke Al Maktoum Rd, am Beginn der Rigga Rd nahe des Einkaufszentrums Al Ghurair

Stationen der Red Line

Im Folgenden (gilt für Red und Green Line) werden alle Stationen mit einer Auswahl wichtiger Bus-, Metro- und Wassertransport-Anschlussmöglichkeiten genannt. Die Zubringerparkplätze sind für Metronutzer kostenfrei.

- **Rashidiya**
Bus Station Rashidiya, Zubringerparkplätze
- **Emirates**
- **Dubai Airport Terminal 3**
- **Dubai Airport Terminal 1**
- **GGICO**
- **Deira City Centre**
- **Al Rigga**
- **Union**
Anschluss an Metro Green Line; Fernbusse nach Sharjah und in die nördlichen Emirate; Waterbus und Watertaxi Station Baniyas in Gehnähe
- **Burjuman,** Anschluss an Metro Green Line
- **Al Karama**
- **Al Jafiliya**
- **World Trade Centre**
- **Emirates Towers**
- **Financial Centre**
- **Burj Khalifa/Dubai Mall**
- **Business Bay**
- **Noor Islamic Bank**
- **First Gulf Bank**
- **Mall of the Emirates**
- **Sharaf DG**
- **Dubai Internet City**
- **Nakheel**
- **DAMAC Properties,** Anschluss an Dubai Tram
- **Jumeirah Lakes Towers**
Anschluss an Dubai Tram
- **Nakheel Harbour and Tower**
Zubringerparkplätze
- **Ibn Battuta**
- **Energy**
- **Danub**
- **UAE Exchange**

Stationen der Green Line

- **Etisalat,** Zubringerparkplätze
- **Al Qusais**
- **Dubai Airport Free Zone**
- **Al Nahda**

- **Stadium**
- **Al Qiyadah**
- **Abu Hail**
- **Abu Baker Al Siddique**
- **Salah Al Din**
- **Union**
Anschluss an Metro Red Line; Fernbusse nach Sharjah und in die nördlichen Emirate; Waterbus und Watertaxi Station Baniyas in Gehnähe
- **Baniyas Square**
Bus Station Deira Al Sabkha in Gehnähe; Abra und Watertaxi Station Deira Al Sabkha in Gehnähe
- **Palm Deira**
- **Al Ras**
Bus Station Gold Souq in Gehnähe
- **Al Ghubaiba,** Bus Station Al Ghubaiba; Watertaxi und Dubai Ferry Station Al Ghubaiba in Gehnähe; Waterbus und Abra Station Bur Dubai Old Souq in Gehnähe
- **Al Fahidi,** Abra Station Al Fahidi in Gehnähe
- **Burjuman,** Anschluss an Metro Red Line
- **Oud Metha**
- **Dubai Healthcare City**
- **Al Jadaf**
- **Creek,** Abra Station Al Jadaf in Gehnähe

Weitere Schienenbahnen

Die Metro wird durch zwei weitere Schienenbahnen ergänzt: von der Palm Monorail und der Dubai Tram. Nur die Tram wird von RTA betrieben. Alle drei Bahnen – Monorail, Tram und Metro – sind **miteinander verbunden.**

Über den Stamm der Palmeninsel fährt die Einschienenbahn **Palm Monorail.** Eine einfache Fahrt von der Palm Gateway Station am Festland-Inselaufgang bis zur Endstation Atlantis Aquaventure auf dem Wellenbrecherkranz kostet 15 Dh, hin und zurück 25 Dh, täglich 10–22 Uhr (Abfahrt Palm Gateway Station 10–20 Uhr alle 15 Min.). Weitere Stationen dazwischen (Trump Tower und Palm Mall) sind noch nicht eröffnet. Palm-Monorail-Tickets gelten nicht im RTA-Verbund, sie müssen extra gelöst werden! An der Gateway Station hat man Anschluss an die Dubai Tram. Für die Zukunft bestehen Pläne, Palm Monorail direkt an die Metro anzubinden. Infos unter www.palmmonorail.com.

Die **Dubai Tram** fährt ab dem Knowledge Village entlang der Al Sufouh Rd durch den küstennahen Stadtteil Al Sufouh, dann weiter ins Landesinnere zur Shaikh Zayed Rd und wieder an die Küste nach Dubai Marina (sowie retour). Elf Haltestellen liegen dazwischen, an den beiden Stationen Dubai Marina und Jumeirah Lakes Towers besteht Zugang zur Metro Red Line, an der Haltestelle Palm Jumeirah Anschluss an die Palm Monorail, und an der Station Dubai Marina Mall kann man die Dubai Ferry erreichen. Die Tram fährt Sa bis Do 6.30–1.30 Uhr, Fr 9–1.30 Uhr im 10- bis 12-Minuten-Takt, zahlbar per NOL-Red-Ticket (4 Dh) bzw. NOL-Karte (Silver 3 Dh, Gold 6 Dh). Wie in der Metro gibt es gesonderte Abteile für die Gold- und Silberklasse wie auch für Frauen. In Zukunft soll die Tram bis zum Burj Al Arab Hotel und zur Mall of the Emirates erweitert werden.

▷ Die Metro an der Sheikh Zayed Rd

5015
dub12_019 dt

dub14-023 kk

Stadtbusse

Der innerstädtische öffentliche Bustransport obliegt Dubais Roads and Transport Authority (RTA). Das Busnetz ist mit einer stets wachsenden Zahl an Routen **gut organisiert** und fest in den Händen der **Gastarbeiter.** Busse können auch als Zubringer zur Metro interessant sein. Der **Fahrpreis** ist zonenabhängig, das Ticket gilt im RTA-Verbund auch für Metro und Wasserbusse (s.u.). **Frauen** dürfen im vorderen Busteil unter sich sein, können sich aber auch nach hinten setzen. Die meisten Linien fahren wochentags von frühmorgens (ab 6–7 Uhr) bis am späten Abend (22–23 Uhr).

Die Schienenbahn Palm Monorail verkehrt auf Palm Jumeirah

An den meisten Bushaltestellen stehen klimatisierte Wartehäuschen, an denen ein **Streckennetzplan** aushängt. Diesen gibt es auch online, per RTA-App sowie an RTA-Busbahnhof-Serviceschaltern und in RTA-Kundenzentren als Faltplan.

Wichtige Busbahnhöfe

Im Folgenden werden nur wichtige Bus-, Metro- und Wassertransport-Anschlussmöglichkeiten genannt – es besteht kein Anspruch auf Vollständigkeit.

- **Bus Station Al Ghubaiba,** im Souq von Bur Dubai, südlich der Al Ghubaiba St. beim Shindaga-Markt: Stadtbusse C5, 7, 8, C9, X13, 12, C19, 21, 29, 31, 33, 42, 44, 61, 61D, 66, 67, 83, 91, X92, 93, 104; Fernbusse E306 nach Sharjah und E100 nach Abu Dhabi; Metroanschluss Green Line; Abra, Watertaxi und Ferry Station Al Ghubaiba sowie Abra Station Bur Dubai in Gehnähe
- **Bus Station Gold Souq,** in Deira, Al Ras, Al Khor St., beim Goldsouq: Stadtbusse 4, C4, C5, C7, 8, C9, 10, X10, 11A, 13, 13A, 13B, 13D, 17, X23, 27, C28, 31, 43, 55, 64, 64A, 91A, X94; Metro Green Line Station Al Ras in Gehnähe
- **Bus Station Satwa,** in Satwa, östliche Al Satwa Rd: Stadtbusse C1, C9, X13, 32C, 55, 98E; Fernbus E304 nach Sharjah
- **Bus Station Rashidiya,** in Rashidiya, Airport Rd: Stadtbusse F3, 4, F5, F10, 44, 365, 366; Metroanschluss Red Line
- **Bus Station Al Sabkha,** in Deira, Al Sabkha Rd: Stadtbus 17; Fernbus E16 nach Hatta; Metro Green Line Station Baniyas Square in Gehnähe; Abra und Watertaxi Station Deira Al Sabkha in Gehnähe
- **Bus Station Union Square,** in Deira, Umer Ibn al Khattab Rd Ecke Rigga Rd: nur Fernbusse nach Sharjah und in die nördlichen Emirate, Tel. 2 27 38 40; Metroanschluss Red Line und Green Line; Waterbus und Watertaxi Station Baniyas in Gehnähe

- Auch die Bur Dubaier Metrokreuzungsstation **Burjuman** (beim gleichnamigen Einkaufszentrum) wird von zahlreichen Stadtbuslinien angefahren.
- In **Deira** fahren zahlreiche Stadtbuslinien über das Einkaufszentrum Deira City Centre.

Wassertransport

Konnte man einst nur den Creek in traditionellen Abra-Holzbooten überqueren (siehe „Sehenswertes am Creek"), sind die öffentlichen Wassertransportmöglichkeiten inzwischen vielfältiger geworden. **Schnell** weil staufrei kommt man mit Wasserbussen, Wasserfähren und Wassertaxis sowohl im Creek wie auch in den Küstengewässern voran.

Alle maritimen Transportmöglichkeiten unterstehen **Dubais Roads and Transport Authority (RTA),** Fahrten mit den Wasserbussen sind in das Tarifsystem der RTA eingebunden (s.u.), alle anderen Wassertransportmittel haben eigene Tarife.

Zur Lage der Stationen siehe „Sehenswertes am Creek".

Abras

Abras sind **traditionelle Holzboote.** Dubais Roads and Transport Authority (RTA) bietet Passagieren diverse Abra-Services an. Sie sind alle bei Fahrtantritt bar zu bezahlen, denn sie gehören nicht dem NOL-Tarifsystem an.

In Deira und Bur Dubai kann man mit RTA-Abra-Booten und Wasserbussen den **Creek überqueren.**

Motorisierte Abras fahren im Creek-Altstadtbereich auf drei Routen in beide Richtungen, eine Creekquerung kostet 1 Dh p.P. (siehe auch „Sehenswertes am Creek"):

☐ Wassertaxi

dub14-024 kk

■ **Route 1:** Deira Old Souq Station – Bur Dubai Station (6–24 Uhr)
■ **Route 2:** Deira Al Sabkha Station – Bur Dubai Old Souq Station (24 Std.)
■ **Route 3:** Al Shindagha Station – Al Ghubaiba Station – Al Fahidi Station (15–23 Uhr)

■ Abras kann man auch **für individuelle Stadtbesichtigungen mieten** (ca. 120 Dh pro Stunde und Boot).

■ **Heritage Tour** (Al Shindagha Station – Deira Old Souq Station – Al Fahidi Station): 10 Dh p.P. und Teilstück, Sa bis Mi 10–22 Uhr, Do bis Fr 10–24 Uhr, alle 15 Min.
■ **Creekeinwärts** fahren RTA-Abra-Boote zwischen Dubai Festival City (Deira-Ufer) und Al Jadaf (Bur-Dubai-Ufer), wo Anschluss an die Metro Green Line besteht; 9–23 Uhr zu jeder vollen und halben Stunde, 2 Dh p.P.

Im Creek kann man zudem **Ruder-Abras** chartern (ca. 60 Dh pro Stunde und Boot); es gibt zwei Stationen: Public Library Station (Deira, Al Ras) und Creek Park (Bur Dubai, Floating Bridge).

RTA bietet an touristisch interessanten Orten (Global Village, Atlantis Hotel, Dubai Fountain, Al Mamzar) **Rundfahrten mit strombetriebenen Abra-Booten** an.

Weitere Abra-Bootstouren werden nicht von RTA betrieben, z.B. in Madinat Jumeirah und in der Festival City.

Wasserbusse

Klimatisiert und behindertengerecht kann man auch mit Wasserbussen von einem zum anderen Creekufer fahren, dies kostet 2 Dh je Teilstück (NOL-Ticket oder -Karte, s.u.):

■ **Dubai Creek:** Bur Dubai Old Souq Station – Deira Baniyas Station – Al Seef, Sa bis Do 7–22 Uhr, Fr 10–24 Uhr, ca. alle 10–15 Min.
■ **Dubai Marina:** Wasserbusse schippern auch zwischen vier Stationen im Marinakanal von Marsa Dubai (siehe „Dubai Marina/Marsa Dubai“). Sie verbinden die Stationen Marina Mall und Marina Walk bzw. Marina Mall und Promenade bzw. Marina Walk und Marina Terrace sowie Marina Mall und Marina Terrace miteinander, Sa bis Mi 10–22 Uhr, Do 10–24 Uhr, Fr 12–24 Uhr alle 10–15 Min., pro Teilstück 2 Dh oder als Tageskarte 25 Dh.

Dubai Ferry

Mit klimatisierten, behindertengerechten **Wasserfähren** der Roads and Transport Authority (RTA) kann man sich zwischen den Stationen Al Ghubaiba (Bur Dubai) und Marina Mall (Dubai Marina) fortbewegen. Die Fahrten starten in beide Richtungen an beiden Stationen tägl. um 11, 13 und 18.30 Uhr (1 Stunde Fahrzeit, ab 50 Dh). Man kann mit der Dubai Ferry auch einstündige **Rundfahrten** im Creek bzw. im Marinakanal unternehmen (siehe „Sehenswertes am Creek“ bzw. „Sehenswertes auf Dubais Seeseite“). Tickets sind an Bord erhältlich.

Wassertaxis

RTA-Wassertaxis bieten individuellen Wassertransport **ohne feste Abfahrtszeiten für maximal zehn Personen.** Jedoch muss man diese im Voraus buchen, dann wird man an einer von derzeit 26 Stationen abgeholt. Zwischen 10 und 22 Uhr werden feste Stationen entlang des Creek, an Dubais Küste und der Dubai

Marina angefahren – man kann nur an diesen Stationen ein- und aussteigen, nicht etwa wie bei einem „richtigen" Taxi überall. Die Preise sind streckenabhängig, beispielsweise Bur Dubai – Deira Old Souq 65 Dh, Al Fahidi – Dubai Marina 315 Dh, Dubai Festival City – One & Only The Palm 440 Dh.

Wassertaxis kann man auch individuell zur Stadtbesichtigung mieten, was pro Boot und Stunde 400 Dh kostet.

Wassertaxi-Stationen

Im Folgenden werden alle Stationen mit einer Auswahl wichtiger Bus-, Metro- und Wassertransport-Anschlussmöglichkeiten genannt.

- **Al Mamzar**
- **Deira Old Souk** (auch Abra Station)
- **Al Sabkha**
(auch Abra Station; Bus Station Al Sabkha in Gehnähe)
- **Baniyas**
(auch Waterbus Station; Red Line und Green Line Metro Station Union in Gehnähe; Bus Station Union Square in Gehnähe)
- **Dubai Festival City** (auch Abra Station)
- **Dubai Creek Golf & Yacht Club**
- **Al Shindagha** (auch Abra Station)
- **Al Ghubaiba**
(auch Abra und Ferry Station, Bus Station und Metro Green Line Station)
- **Bur Dubai**
(auch Abra Station; Bus Station Al Ghubaiba und Metro Green Line Station Al Ghubaiba in Gehnähe)
- **Al Fahidi**
(auch Abra Station; Metro Green Line Station Al Fahidi in Gehnähe)
- **Al Seef** (auch Waterbus Station)
- **Creek Park A**
- **Creek Park B**
- **Al Boom Tourist Village**
- **Jumeirah Open Beach**
- **Jumeirah Beach Park**
- **Jumeirah Beach Hotel**
- **Jebel Ali Golf Resort**
- **Atlantis**
(Monorail Station Atlantis Aquaventure in Gehnähe)
- **Mina Siyahi** (auch Tram Station)
- **One & Only Royal Mirage**
- **One & Only The Palm**
- **Rixos Hotel**
- **Dubai Marina**
(auch Tram Station; Metro Red Line Station DAMAC Properties in Gehnähe; Ferry Station Marina Mall in Gehnähe)
- **Dubai Marina Mall**
(auch Tram Station; Metro Red Line Station Jumeirah Lakes Towers und Ferry Station Marina Mall in Gehnähe)

RTA-Tarifsystem

Busse, Metro, Dubai Tram und Wasserbusse unterliegen dem RTA-Tarifsystem. Es setzt sich zusammen aus farblich gekennzeichneten Fahrklassen, NOL genannt, und Tarifzonen (s.u.):

- **Fahrten mit RTA-Bus, Metro, Dubai Tram und/oder Wasserbus** erfordern den Kauf eines roten NOL-Einzeltickets oder einer vorbezahlten, wiederaufladbaren NOL-Karte (verschiedene Farben) vor Fahrtantritt. Erhältlich in RTA-Servicebüros, an Ticketschaltern, an Ticketmaschinen oder bei autorisierten Verkaufsagenten.
- **Keine Barbezahlung bei Einstieg möglich!**
- Das **NOL Red Ticket** ist ein Einzel- oder Mehrfachticket für Gelegenheitsfahrten mit Preisstaffelung je nach Tarifzone und Fahrklasse (s.u.). Zusätzlich kostet es 2 Dh Ausstellungsgebühr. Man kann es für ein bis zehn Einzelfahrten kaufen bzw. an bis zu fünf Tagen als Tagesticket nutzen (s.u.). Es gilt jeweils nur für ein Verkehrsmittel (Metro, Tram, Bus oder Wasserbus), nicht für Kombinationen.

dub14-055 kk

Wassertaxi-Station in Shindagha

- Im Gegensatz dazu kann man mit den vorbezahlten und wiederaufladbaren **NOL-Karten (Silver, Gold, Blue Card)** Bus, Metro, Tram und Wasserbusse verknüpft nutzen (außerdem zum Bezahlen evtl. anfallender Parkplatzgebühren).
- Die NOL Silver Card sowie die NOL Blue Card entsprechen der **regulären Klasse,** die NOL Gold Card der **1. Klasse** und kostet mehr, die Blue Card bietet Residenten Ermäßigungen. Silber- und goldfarbene NOL-Karten kosten anfangs 25 Dh und beinhalten einen Fahrwert in Höhe von 19 Dh. Der Tageshöchstbetrag der silberfarbenen Karten liegt bei 14 Dh, diese eignen sich als Tageskarten für beliebig viele Fahrten durch alle Tarifzonen. Auch das NOL Red Ticket kann für 14 Dh Gebühr als Tagesticket gelten. Dazu addieren sich Gebühren für die erstmalige Ausstellung.
- Das **Minimum-Guthaben** zum Nutzen einer NOL- Karte bei Fahrtantritt beträgt 7,50 Dh.
- Auch das **Smartphone** kann als NOL-Karte genutzt werden (Smart NOL).
- Auch **Taxis** können mit einer NOL-Karte bezahlt werden.
- Wichtig: NOL-Karten bzw. -Tickets sind **immer vor und nach Fahrtantritt im Kartenlesegerät zu entwerten** – so wird der korrekte Preis abgerechnet!

Das RTA-Tarifsystem staffelt sich zusätzlich zu den oben beschriebenen NOL-Fahrklassen auch nach den **Tarifzonen T1 bis T3:**

- **T1-Tarif:** Fahrten unter 3 km oder innerhalb einer der Tarifzonen kosten 4 Dh mit dem Red Ticket bzw. 3 Dh mit der Silver Card bzw. 6 Dh mit der Gold Card.
- **T2-Tarif:** Fahrten von einer Zone in eine benachbarte kosten 6 Dh mit dem Red Ticket bzw. 5 Dh mit der Silver Card bzw. 10 Dh mit der Gold Card.
- **T3-Tarif:** Fahrten über zwei Zonen hinaus kosten 8,50 Dh als Red Ticket bzw. 7,50 Dh mit der Silver Card bzw. 15 Dh mit der Gold Card.
- **Wichtig:** Eine Fahrt innerhalb einer Tarifzone darf maximal 90 Min. dauern, spätestens 30 Min. nach Fahrtende mit dem ersten Verkehrsmittel muss das zweite bestiegen werden, nur ein Wechsel ist erlaubt. Bei Fahrten durch mehrere Tarifzonen beträgt die erlaubte Gesamtfahrtdauer 180 Min. und drei Wechsel sind erlaubt. Richtungsänderungen gelten immer als neue Fahrt, nicht als Wechsel!
- **Kinder unter fünf Jahren und 90 cm Körpergröße fahren gratis.**

RTA-Informationen

- **Informationen,** Fahrpläne, Apps: **Roads and Transport Authority (RTA),** Tel. gebührenfrei 8 00/90 90 (täglich 24 Std.), www.rta.ae

- Eine spezielle Website mit **Tarifinfos sowie Abfrage und Aufladung der NOL-Karten** ist **www.nol.ae.**
- Spezielle Wojhati-Website mit interaktivem **Routenplaner** zu allen innerstädtischen Verkehrsmitteln der RTA: www.rta.ae/wojhati.
- **RTA Main Office:** im Stadtteil Umm Ramool, Marrakesh Rd, in der Nähe vom Dubai International Airport, Metro Red Line Station Emirates, geöffnet 8–16 Uhr.
- **RTA Customer Centers** finden sich beispielsweise an folgenden Busbahnhöfen (Bus Station, Lage s.o.): Al Sabkha, Gold Souq, Al Ghubaiba, Satwa, Rashidiya – geöffnet von frühmorgens bis spätabends, manche 24 Std.; auch an folgenden Abra- bzw. Wasserbusstationen am Creek (Lage siehe „Sehenswertes am Creek"): Baniyas, Al Sabkha, Deira, Deira Old Souq, Al Seef, Bur Dubai Old Souq – geöffnet von frühmorgens bis früh am Abend, manche 24 Std.
- **Weitere Infos** zum öffentlichen Nahtransport unter www.dubai.ae.

Innerstädtische Nahverkehrsknotenpunkte von Metro, Bus- und Wassertransport

- **Bur Dubai, Al Ghubaiba:** Abra und Ferry Station; Bus Station und Metro Green Line Station
- **Bur Dubai Souq:** Metro Green Line Station Al Ghubaiba; Bus und Dubai Ferry Station Al Ghubaiba; Waterbus und Abra Station Bur Dubai Old Souq; Abra und Watertaxi Station Bur Dubai
- **Deira, Halbinsel Al Ras:** Metro Green Line Station Al Ras; Bus Station Gold Souq; Abra & Watertaxi Station Deira Old Souq
- **Deira, Baniyas-Platz, Union Square:** Metro Red und Green Line Station Union; Waterbus und Watertaxi Station Baniyas

Überlandbusse

Informationen zu Bussen, die ab Dubai in andere Städte der V.A.E. (und retour) fahren bietet die **Roads and Transport Authority RTA** (s.o.).

Wichtige Buslinien in andere Emirate

- **Linie E16:** Bus Station Al Sabkha – Hatta (Fahrzeit 2 Std., 7 Dh, tagsüber alle 60 Min.)
- **Linie E100:** Bus Station Al Ghubaiba – Abu Dhabi (Fahrzeit 2 Std., 20 Dh, tagsüber alle 40 Min.)
- **Linie E101:** Bus Station Ibn Battuta Mall – Abu Dhabi (Fahrzeit 2 Std., 25 Dh, 8 Busse täglich)
- **Linie E303:** Bus Station Union Square – Sharjah (Fahrzeit 35 Min., 5 Dh, tagsüber alle 10 Min.)
- **Linie E303A:** Bus Station Al Sabkha – Sharjah (Fahrzeit 40 Min., 5 Dh, tagsüber alle 30 Min.)
- **Linie E304:** Bus Station Satwa – Sharjah (Fahrzeit 50 Min., 5 Dh, tagsüber alle 30 Min.)
- **Linie E306:** Bus Station Al Ghubaiba – Sharjah (Fahrzeit 40 Min., 5 Dh, tagsüber alle 10 Min.)
- **Linie E307:** Bus Station Deira City Centre – Sharjah (Fahrzeit 60 Min., 7 Dh, tagsüber alle 20 Min.)
- **Linie E400:** Bus Station Union Square – Ajman (Fahrzeit 50 Min., 7 Dh, tagsüber alle 20 Min.)
- **Linie E700:** Bus Station Union Square via Bus Station Rashidiya – Fujairah (Fahrzeit 2 Std., 25 Dh, tagsüber stündlich)

Gut zu wissen

- **Essen, Trinken und Rauchen** ist in allen Verkehrsmitteln sowie an den Haltestellen bzw. -stationen untersagt.
- Fahrgästen in allzu **freizügiger Kleidung** kann der Transport verwehrt werden.
- Ein **Verweilen** in den innerstädtischen Verkehrsmitteln **von über 3 Std. ist untersagt.**

Busse ins Ausland

■ **Expressreisebusse nach Muscat/Oman** (ca. 460 km) starten vom DNATA-Parkplatz (Deira, auf der Rückseite des Flame R/A, an der Kreuzung der Al Ittihad Rd mit der Al Maktoum Rd), täglich frühmorgens und spätnachmittags, einfache Fahrt 55 Dh, hin und zurück 100 Dh. Es verkehren **Oman National Transport Co.** (Tel. 2 52 59 09, www.ontcoman.com) sowie **Comfort Line** (Tel. 2 95 67 33); beide haben ihr Verkaufsbüro hinter dem DNATA-Hauptgebäude, die Tickets sollten besser einen Tag vorher organisiert werden.

■ **Private Transportunternehmen** bedienen Länder der **Golfregion** und des **Mittleren Ostens,** z.B. Bahrain, Qatar, Kuwait, Ägypten, Jordanien oder Saudi-Arabien; zahlreiche Agenturen finden sich in Bur Dubai rund um die Bus Station Al Ghubaiba sowie in der Al Khor St. in Deira zwischen Bus Station Gold Souq und Goldsouq.

Flugzeug

Dubai International Airport (DXB)

Der ältere internationale Flughafen von Dubai liegt **auf der östlichen Seite des Creek,** keine 5 km vom alten Stadtzentrum (Deira, Bur Dubai) entfernt im Stadtteil Garhoud. Zu seinen **Einrichtungen** zählen Hotels, Banken, Post, Restaurants und Snack-Bars, medizinische Notfallstation, Autovermietungen, Hotelreservierung, Taxi- und Limousinenservice, Dubai Department of Tourism and Commerce Marketing (Touristeninformation), Telefongesellschaften, Parkhaus und der große Dubai-Duty-Free-Komplex – viele mit 24-Std.-Service. **Drei Terminals** hat dieser Flughafen, alle verbunden mit Airport-Shuttle-Bussen, Terminal 1 und 3 auch mit der Metro. Terminal 3 ist exklusiv für Emirates-Fluggäste, eine elf Etagen bzw. 528.000 m² große Erweiterung ist der Concourse A speziell für den Abflug der

› Dubai International Airport Terminal 3

A380-Maschinen von Emirates. Weitere Erweiterungen (Concourse D) eröffnen in Zukunft.

■ Wer bei der Ankunft **schnell und bequem** durch Zoll, Immigration und Gepäckabfertigung kommen möchte oder VIP- oder Familienservice oder Behindertenbetreuung oder vor Abflug den Aufenthalt in einer bequemen Lounge wünscht, kann sich an den **Merhaba-Service** wenden: Tel. 3 89 89 89, www.marhabaservices.com, auch Business Centre und Limousinenservice.

■ Wer mit **Metro oder Bus** fahren möchte, muss dafür ein NOL-Ticket bzw. eine NOL-Karte kaufen!

■ Die **Metro** bietet die schnellste Verbindung, sie verkehrt ab Terminal 1 und Terminal 3: Mit der Green Line kommt man ins Stadtzentrum und nach Umstieg in die Red Line weiter bis Jebel Ali. Die Me-

dub14-025 dt

tro fahrt jedoch nicht nachts und nicht am Freitagmorgen!

■ **Ab Terminal 1** bestehen die meisten Busverbindungen; tagsüber fahren z.B. die Linien 4, 11A, 43 und 64A von/zur Bus Station Gold Souq, Linie 33 von/zur Bus Station Al Ghubaiba, Linien 32C und C1 von/zur Bus Station Satwa, Linie C1 von/zum Terminal 3. Nachts fahren die Linien C1, 4 und 11A.

■ **Terminal 2** wird tagsüber u.a. verbunden von den Buslinien 13B von/zur Bus Station Gold Souq, 43 von/zur Dubai Festival City und C26 von/zum Wasl Park.

■ **Terminal 3** (Emirates Airlines) wird Tag und Nacht verbunden mit der Buslinie C1 von/zum Terminal 1 und weiter durch Deira und Bur Dubai zur Bus Station Satwa.

■ **Taxis** kosten eine erhöhte Grundgebühr von 20 Dh (engl. *pick-up charge*), und jeder angefangene Kilometer ist doppelt so teuer wie sonst.

■ Passagiere können 30 Min. gratis **WLAN** nutzen („DXB Free WiFi").

Al Maktoum International Airport (DWC)

Nach vollständiger Fertigstellung 2020 soll **Dubais neuer Flughafen** fünf Start- und Landebahnen und vier Terminals haben, um jährlich 160 Millionen Passagiere zu empfangen und 12 Millionen Tonnen Fracht umzusetzen – damit wäre er der größte Flughafen der Welt. 2013 wurde der kommerzielle Passagierverkehr aufgenommen. Nach und nach eröffnen immer mehr flughafentypische Einrichtungen wie Banken, Autoverleiher, Restaurants, Cafés, Läden etc., auch der Anschluss an die Metro soll folgen.

Al Maktoum International liegt weitab des alten Stadtzentrums näher am neuen Dubai, in Jebel Ali. Im Umfeld des Airports entsteht **Dubai World Central** (Abk. DWC, www.dwc.ae). Mit DWC möchte Dubai nicht nur die Luftfahrt- und Logistikdrehscheibe der Golfregion werden, sondern global einen vorderen Rang einnehmen.

■ Passagiere können 30 Min. gratis **WLAN** nutzen („DXB Free WiFi").

■ Wer mit **Metro oder Bus** fahren möchte, muss vor Einstieg ein NOL-Ticket bzw. eine NOL-Karte kaufen, da man nicht beim Fahrer zahlen kann!

■ Die nächstgelegene Metrostation heißt **UAE Exchange,** zu erreichen per Taxi; tagsüber verbindet Buslinie F55 bzw. nachts F55A den Flughafen mit der Red Line Metro Station Ibn Battuta an der gleichnamigen Mall: F55 6–22 Uhr, F55A 23–5 Uhr, Abfahrt jeweils zu jeder vollen Stunde, 5 Dh, 1 Stunde Fahrt.

Inlandsflüge

Mit **Rotana Jet** kann man nach Abu Dhabi und Sir Bani Yas fliegen.

Wer es sich leisten kann, hat die Möglichkeit, einen **Hubschrauber zu chartern** (siehe „Dubai-Sightseeing").

Internationale Flüge

Die **Dubai International Air Travel Agency, DNATA,** ist eines der größten Reisebüros der Region. Es bietet die Serviceleistungen eines Reisebüros und ist der Generalagent von zahlreichen internationalen Fluggesellschaften. Auch Ticket-Reservierungen, Buchungen und Rückbestätigungen zahlreicher Fluggesellschaften organisiert DNATA.

■ **Infos: Contact Centre** (24 Std.), Tel. 3 16 66 66, www.dnatatravel.com

■ Das riesige **Gebäude von DNATA** steht unübersehbar am Flame Roundabout, einem Kreisverkehr östlich des Uhrturmes im Stadtteil Al Rigga. DNATA hat auch zahlreiche Filialen, z.B. im BurJuman Centre und im Trade Centre.

Wichtige Fluggesellschaften

Neben Emirates, Etihad und Rotana Jet sind auch die Low Cost Carrier Air Arabia und flydubai in den V.A.E. ansässig.

■ **Air Arabia,** www.airarabia.com
Tel. 06/5 58 00 00
■ **Airberlin,** www.airberlin.com
Tel. 8 00/04 10 50 05
■ **Austrian Airlines,** www.austrian.com
Tel. 2 11 25 38
■ **Emirates,** www.emirates.com
Tel. 6 00/55 55 55
■ **Etihad,** www.etihadairways.com
Tel. 02/5 99 00 00
■ **flydubai,** www.flydubai.com
Tel. 6 00/54 44 45
■ **Gulf Air,** www.gulfair.com
Tel. 2 71 62 07
■ **Lufthansa,** www.lufthansa.de
Tel. 3 73 91 00
■ **Oman Air,** www.omanair.com
Tel. 2 24 56 39
■ **Rotana Jet,** www.rotanajet.com
Tel. 02/4 44 33 66
■ **Swiss International,** www.swiss.com
Tel. 3 81 61 00

Seeverbindungen

Informationen über Schiffe für Passagiere oder Fracht über Zoll oder Autotransport erhält man beim Hafenbetreiber **DP World,** www.dpworld.ae, www.dpworld.com, Tel. 8 81 60 48, 8 81 11 10, bei der **Dubai Shipping Agents Association,** www.dubaisaa.ae, Tel. 8 00/98 76 54, bei der **National Association of Freight and Logistics,** www.nafl.ae, Tel. 3 43 11 12, sowie bei **Dubai Customs,** www.dxbcustoms.gov.ae, Tel. 8 00/8 00 80 80.

In den emiratischen Tageszeitungen finden sich täglich Listen von Schiffsverbindungen samt der Namen der Reedereien sowie zahlreiche Werbe-Anzeigen.

Etihad Rail

2018 soll ein 1200 km langes **Fracht- und Passagiernetz** innerhalb der Emirate vollendet sein (Infos: www.etihadrail.ae). Sechs GCC-Staaten, die alle eigene Bahnnetze ausbauen, sollen auf insgesamt 2177 km Länge miteinander verbunden werden.

Post

Postämter

■ **Bur Dubais Hauptpostamt** liegt in der Zabeel Rd, im Stadtteil Oud Metha; geöffnet Sa bis Do 9–17 Uhr, Tel. 3 37 15 00.
■ Das **Deira Main Post Office** liegt im Stadtteil Abu Hail, in der Straße Nummer 16, die zwischen den Straßen Al Mateena Rd und Al Rasheed Rd verläuft; geöffnet Sa bis Do 9–17 Uhr.
■ **Kleine Postämter** haben Sa bis Do vormittags und nachmittags (oft mit Mittagspause) geöffnet und finden sich beispielsweise in Deira am Union Square und in Al Ras; in Satwa beim World Trade Centre; in Bur Dubai am Al Fahidi R/A.

- **Infos: Emirates Post Group,** Call Center Tel 6 00/59 99 99, www.epg.gov.ae.
- Außerdem gibt es zahlreiche kleine, privat betriebene **Postal Agencies,** z.B. im Souq von Deira und Bur Dubai sowie in großen Einkaufszentren.

Porto

Briefmarken gibt es auch in den großen Hotels und oft an den Kassen der Lebensmittelgeschäfte. Die Marken sind oft als Serie einem bestimmten Thema gewidmet. Sammler können sich an das Philatelic Bureau der Hauptpostämter (s.o.) wenden.

Postkarten sind erhältlich in Hotelshops, Buchläden, Schreibwarenläden, in Supermärkten und Einkaufszentren, im Dubai Museum, im Viertel Al Fahidi Historical Neighbourhood sowie im Heritage Village.

Luftpostporto nach Deutschland

- Briefe bis 20 g: 5 Dh
- Briefe von 20 bis 50 g: 10 Dh
- Postkarte: 3 Dh
- Luftpost nach Europa braucht vier bis sechs Tage, im Ramadan länger.

Porto innerhalb der V.A.E.

- Briefe bis 20 g: 1 Dh
- Briefe von 20 bis 100 g: 1,50 Dh
- Postkarte: 1,50 Dh

Internationale Kurierdienste

In jedem Postamt bietet der **„Mumtaz"-Service** einen schnellen Versand an. Zudem gibt es international arbeitende Kurierdienste. Hier fünf Anbieter:

- **Aramex,** www.aramex.com Tel. 6 00/54 40 00
- **DHL Worldwide Express,** www.dhl.ae Tel. 8 00/40 04
- **Empost,** www.empostuae.com Tel. 6 00/56 55 55
- **Federal Express,** www.fedex.com Tel. 8 00/3 33 39
- **United Parcel Service,** www.ups.com Tel. 8 00/47 74

Telefon und Internet

Das Telefonnetz der **staatlichen Telekommunikationsgesellschaft** Emirates Telecommunications Corporation **(Etisalat)** ist hervorragend ausgebaut. Etisalat ist auch der bedeutendste Internetprovider. Die Etisalat-Zentralen sind stets gläserne Hochhäuser, von einem riesigen „Golfball" gekrönt und somit unverkennbar.

- **Etisalat-Hauptgebäude:** Deira, Baniyas St. am Creek, geöffnet So bis Do 8–20 Uhr, Sa 8–13 Uhr, www.etisalat.ae, Kundenservice Tel. 80 01 01, aus dem Ausland 0 09 71 4 00 44 41 01

Telefonzellen gibt es an fast jeder Straßenecke sowie in Kaufhäusern, Supermärkten, Einkaufszentren, an Tankstellen, in Parks, an Bushaltestellen und in öffentlichen Gebäuden. Viele Läden haben einen orangefarbenen Fernsprecher installiert, der von jedermann benutzt werden kann. Telefonzellen funktionieren mit Kredit- und Telefonkarten.

Telefonkarten gibt es in den Telefonämtern und bei fliegenden Händlern, an den Kassen der kleinen Lebensmittelläden und großen Supermärkte sowie an Kiosken und Tankstellen.

Festnetz-Telefonkarten

- Die **Etisalat Smart Payphone Card** ist eine Chip-Telefonkarte, welche die kostengünstige bargeldlose Direktwahl-Nutzung von öffentlichen Fernsprechern erlaubt (nationale wie auch internationale Gespräche, 30 Dh).
- Mit der **Prepaid Calling Card** kann von allen Etisalat-Telefonapparaten – Handy, Hoteltelefon, Privatanschluss – telefoniert werden. Vorteile: Es fallen lediglich die normalen Etisalat-Gebühren an, nicht etwa die teureren Hotel- oder Handygebühren. Die Prepaid Calling Card wird im Voraus bezahlt (Verkauf z.B. in Lebensmittelgeschäften, Supermärkten und an Tankstellen, Wert zwischen 20 und 500 Dh), und sie lässt sich für nationale und internationale Anrufe nutzen; dazu muss man wie folgt vorgehen: Zuerst 133 wählen, dann die Kartennummer und das Rautensymbol # über die Telefontastatur eingeben; dann muss ein persönlicher PIN-Code mit abschließender Raute # eingegeben werden, es folgt die gewünschte Nummer inklusive Vorwahl mit abschließender Raute #.

Beispiel für einen Anruf in ein anderes Emirat, nach Abu Dhabi: 02/1 23 45 67 #; Beispiel in ein emiratisches Mobiltelefon: 0 50/ 1 23 45 67 #; Beispiel für ein Gespräch nach Deutschland: 00 49/Ortsvorwahl ohne die erste Null/Teilnehmernummer #. Hilfe durch den Operator durch 0 #.

Die **Gebühren** entsprechen mit beiden Karten allen unten genannten Festnetzgebühren.

Inländische Vorwahlnummern

Bei Anwahl aus dem Ausland die 0 weglassen.

- Dubai und Hatta: 04
- Abu Dhabi: 02
- Al Ain: 03
- Sharjah, Ajman, Umm al Quwain: 06
- Ras Al Khaimah: 07
- Fujairah: 09

Englischsprachige Servicenummern

- Vermittlung: 100
- Zeitansage: 140
- Störungsstelle: 170
- Telefonauskunft (24 Std., kostenlos): 181
- Telefonauskunft aus dem Ausland: 0 09 71/4 00 44 41 81
- Auskünfte online: www.yellowpages. ae (Etisalat), www.tenyellowpages.com (TEN, mit vielen Ortsangaben)

Internationale Vorwahlnummern

Nach der internationalen Vorwahlnummer muss man die 0 der Ortskennzahl weglassen.

Deutschland:	**0049**
Österreich:	**0043**
Schweiz:	**0041**
V.A.E.:	**00971**
Oman:	00968
Bahrain:	00973
Qatar:	00974
Kuwait:	00965
Saudi-Arabien:	00966
Jemen:	00967

Mobiltelefone

Mobiltelefone werden **„Mobile“** genannt, die Bezeichnung „Handy“ ist unbekannt. Wer mit seinem Mobiltelefon telefoniert, muss immer **Vorwahlen mitwählen.**

Mobil mit emiratischer SIM-Karte

Es ist möglich, in Dubai eine **Handykarte mit vorbezahltem Gesprächsguthaben** zu erwerben und damit sein Mobiltelefon direkt im Netz der Vereinigten Arabischen Emirate zu benutzen. Dabei bekommt man eine emiratische Telefonnummer zuge-

Online mit emiratischem Anbieter

Wer in den V.A.E. auf kabelloses Internet zugreifen möchte, doch hohe Datenroaminggebühren und die Suche nach kostenfreiem Netzzugang scheut, der hat folgende Möglichkeiten:

- Der führende emiratische Telekommunikationsanbieter **Etisalat** bietet mit der vorbezahlten SIM-Karte **„Visitor Line“** für 35 Dh 100 MB (plus 25 Gesprächsminuten sowie 25 SMS); 30 Tage Gültigkeit, ohne Vertragsbindung. Etisalat-Kunden können WLAN z.B. im Zabeel Park nutzen. Infos zum Internetzugang, zu Gebühren und Hotspots: Tel. 8 00/ 1 01, aus dem Ausland Tel. 0 09 71/4 00 44 41 01, www.etisalat.ae.
- Auch der Telekommunikationsanbieter **du** ermöglicht vertragsfreien und vorbezahlten Internetzugang. Für Touristen interessant sind die SIM-Karten **„Visitor Mobile Line“** und **„Pay as you go“** (55 bzw. 35 Dh Kartengrundgebühr), die mobile Anrufe, SMS, MMS und verschiedene Datenpakete umfassen. du-Kunden können z.B. am Mohammed bin Rashid Boulevard in Downtown Dubai kostenfreies WLAN nutzen. Infos, Hotspots und Gebühren unter Tel. 8 00/1 55 (aus den V.A.E.), Tel. 0 09 71/5 55 67 81 55 (aus dem Ausland), www.du.ae.
- Zu kaufen gibt es **Etisalat- und du-SIM-Karten** in diversen Einkaufszentren (z.B. Mall of the Emirates, Ibn Battuta Mall, Lamcy Plaza, Al Ghurair Centre, Deira City Centre), in großen Supermärkten, in zahlreichen Shops im Souq und an den Flughäfen sowie in Etisalat-Geschäftsstellen bzw. du-Läden. Alle SIM-Kartenguthaben kann man wieder aufladen, entsprechende „recharge cards“ verkaufen nahezu alle Supermärkte und Tankstellen.
- Die Firma **Wi4Go** bietet rund um die Uhr unbeschränkten 3G-Zugang und dies mit dem eigenen Handy. Der Service kostet 50 Dh pro Tag plus einer Kaution von 350 Dh und umfasst ein Wi4Go-Kit mit allem Nötigen wie WLAN Hotspot, SIM-Karte mit unbegrenztem Datentransfer, Hotspot-Ladegerät etc. Da die Wi4Go-Internetverbindung von einem emiratischen Telekommunikationsanbieter stammt, funktioniert der 3G-Zugang nur dort, wo ein solches Signal angeboten wird. Der Service beinhaltet eine 3G-Verbindung in einem Umfeld von ca. 10 m, sodass weitere Geräte wie Tablet oder Notebook auch Internetzugang haben. Serviceschalter am Al Maktoum International Airport, Terminal 3 – weitere Kundenzentren sind geplant. Infos: Tel. 2 20 32 22, www.ae.wi4go.com.

Hinweis: Wer mit einem emiratischen Telekommunikationsanbieter online geht, muss damit rechnen, dass manche Website-Downloads oder Voice-over-Internet-Protocol-Funktionen blockiert sind.

wiesen. Alle, die weiterhin unter ihrer gewohnten Nummer erreichbar sein möchten, die aber auch in Dubai preiswert mit einem der einheimischen Anbieter telefonieren möchten, sollten sich für die Reisezeit ein zweites Gerät mitnehmen, z.B. ein älteres, ausgemustertes Modell.

- Von **Etisalat** gibt es den **Ahlan-Service** mit folgenden Bedingungen: ohne Vertragsbindung, Kosten 90 Dh, inkl. 90 Dh Gesprächsguthaben (V.A.E.) und neun Frei-SMS (V.A.E. und international), Gültigkeit 90 Tage (verlängerbar).
- Der Anbieter **du** bietet ebenfalls ohne Vertrag die vorbezahlten SIM-Karten **Visitor Mobile Line** bzw. **Pay as you go** an, beide mit unterschiedlichen Serviceleistungen; gegen Aufpreis kann man erweiterte Leistungen wie Datenpakete hinzukaufen.
- **Kontaktadressen und Websites** von Etisalat und du sowie weitere Informationen siehe „Online mit emiratischem Anbieter".

Mobil mit deutschem Anbieter

In den Vereinigten Arabischen Emiraten nutzt man üblicherweise 900 MHz GSM wie in Europa. Die meisten heimischen Provider haben einen Roaming-Vertrag mit einem der emiratischen Provider. Man muss bei der Nutzung seines Gerätes in Dubai mit **hohen Roaming-Kosten** rechnen (2017 Abschaffung oder Neuregelung dieser Gebühren).

Nicht zu vergessen sind auch die **passiven Kosten,** wenn man von zu Hause aus angerufen wird. Ein in Ihrem Heimatland befindlicher Anrufer zahlt nur die Gebühr ins inländische Mobilnetz, und die Rufweiterleitung nach Dubai findet man später auf der eigenen Mobilrechnung wieder.

Ärgerlich sind diese Kosten vor allem dann, wenn man nur vergessen hat, die **Rufumleitung auf die Mailbox** zu deaktivieren. Wenn man dann nicht zu erreichen oder es besetzt ist, schlägt sich die Rufumleitung nach Dubai und dann zurück nach Europa doppelt auf Ihre Rechnung nieder (bzw. bei Prepaid-Verträgen ist das Guthaben schneller alle als erwartet).

Wesentlich preiswerter ist es, sich von vornherein auf das **Versenden von Textnachrichten** zu beschränken. Es ist in der Regel wesentlich preiswerter als zu telefonieren.

Der **Empfang von SMS** ist in der Regel kostenfrei, der von **MMS** relativ teuer. Die **Einwahl ins Internet** über das Mobiltelefon ist meist noch kostspieliger – da ist in jedem Fall ein Gang ins nächste Internet-Café weitaus günstiger.

Falls das Mobiltelefon **SIM-lock-frei** ist (d.h. keine Sperrung anderer Provider vorhanden ist), kann man sich vor Ort eine vorbezahlte SIM-Karte besorgen und nach Bedarf ein Guthaben aufladen.

Inlandsgespräche

In den großen Hotels sowie mitunter auch in Geschäften und Wechselstuben stehen öffentliche Telefonapparate, von denen man als Kunde **kostenlos Ortsgespräche im Dubaier Festnetz** führen kann (= ohne Ortsvorwahl). Da für viele Festnetznutzer auch Gespräche innerhalb der V.A.E. kostenfrei sind (je nach Telefonvertrag), ist es durchaus üblich, einfach zu fragen, ob man ein solches Gespräch führen kann. Ansonsten kostet eine Minute Telefonieren innerhalb der V.A.E. im Festnetz bzw. aus dem Festnetz zu einem Mobiltelefon je nach Telefonvertrag 0,20–0,36 Dh.

Man erkennt emiratische **Mobiltelefone** an den Vorwahlen 0 50 und 0 56 = Etisalat bzw. 0 52 und 0 55 = du. Gebührenfreie Servicenummern beginnen mit 8 00 oder 6 00.

Auslandsgespräche

Eine Direktwahl nach Europa ist von allen (öffentlichen) Fernsprechern möglich. Gespräche nach Deutschland **kosten** Sa bis Do 21–7 Uhr und an Nationalfeiertagen jeweils bis zum folgenden Morgen 7 Uhr 1,37 Dh/Min., sonst 2,12 Dh/Min. Beide Tarife gelten allerdings nur dann, wenn man direkt vom Festnetz wählt oder ohne „operator“ (z.B. in einem Hotel oder via Etisalat, Tel. 100) aus einer öffentlichen Telefonzelle telefoniert. Diese Preise gelten auch mit den Etisalat-Telefonkarten (Smart Payphone Card und Prepaid Calling Card, s.o.).

Internetzugang

Die meisten **Hotels** bieten ihren Gästen Internetzugang, sei es auf dem Zimmer, in der Lobby oder im Businesszentrum, manche kostenfrei. Webzugang besteht auch in vielen **Cafés, Restaurants** und Internetshops vor allen in großen Einkaufszentren und **Malls,** manchmal im gesamten Mallgebäude, manchmal nur in Teilbereichen wie Lobby oder Food Court. Beispielsweise bieten die folgenden Café- bzw. Coffee-Shop-Ketten ihren Gästen **WLAN:** Barista, Coffee Bean & Tea Leaf, Second Cup, Starbuck's, Tim Hortons, Costa Coffee, Le Pain Quotidien, More, Caribou Coffee und Caffé Nero. Dubais Flughäfen, die Metro sowie manche Fernbusse haben WLAN.

In **Cafés und Internetshops** zahlt man meist 5–20 Dh pro Stunde, in Hotels ist es teurer. Preiswerte Internetshops finden sich in Bur Dubai, Khalid Ibn al Waleed Rd Ecke Al Mankhool Rd, und weiter weg vom Zentrum auch in der International City (Neubauwohnviertel an der E44, www.international-city-dubai.com).

Eine gute Anlaufstelle für Computer-, Tablet-, Smartphonezubehör, Werkstät-

dub15_010 kk

ten etc. ist die **Al Ain Computer Plaza** am Anfang der Al Mankhool Rd kurz hinter der Kreuzung mit der Khalid Ibn al Waleed Rd.

- **Mi Internet Café,** Al Ain Computer Plaza, Bur Dubai, Al Mankhool Rd Ecke Khaleed bin al Waleed Rd, 10–22 Uhr, Tel. 3 59 34 69.
- **FedEx Kinko's,** Bur Dubai, Khalid Ibn al Waleed Rd, Ecke Trade Centre Rd, gegenüber vom BurJuman- Einkaufszentrum, Sa bis Do 8–19 Uhr, Tel. 3 97 53 35, www.fedexkinkos.ae; WLAN Hotspot, Laptop Docking Station, Druck- und Büroservice; weitere Filialen in Satwa: World Trade Centre, Dubai International Financial Centre im The Gate Building, Dubai Internet City Buildings 3 und 12.
- **Living Rooms,** Dubai Festival City, Festival Centre, Tel. 2 32 92 91, www.livingroomscafe.com, 10–24 Uhr; Videospiel- und Internet-Café.
- **Make Business Hub,** Dubai Marina, Al Fattan House, Sa bis Do 8–20 Uhr, Fr 10–20 Uhr, Tel. 3 92 92 16, www.makebusinesshub.com; kein klassisches Internet-Café, sondern ein Arbeitsplatz für alle, die ihre Tablets oder Notebooks dabeihaben.
- **Ebony Interactive Restaurant,** Business Bay, Bay Avenue Mall F17, 10–1 Uhr, Tel. 3 68 80 15, www.ebonyrestaurant.ae; preiswertes, smartes Restaurant, an den Touch-Screen-Tischen kann man interaktiv internationale Speisen bestellen, dem Küchenchef via Videokamera zusehen und im Web surfen; auch Mittags- und Abendbüfetts.
- Im Rahmen des Projekts **„Smart City"** (www.dsg.gov.ae) werden Stadtverwaltungegebäude, Parks, Strände und öffentliche Plätze nach und nach mit kostenfreiem Hochgeschwindigkeits-Internetzugang ausgestattet. Die solarbetriebenen WLAN-Stationen haben die Form einer sechs Meter hohen Palme, im Palmenstamm eingebaute Bildschirme liefern Nachrichten, Wettervorhersagen und Dubai-Infos. Die „Smart Palms" senden ca. 50 m weit.

[<] WLAN heißt in Dubai WIFI

Geldwechsel

- **Hinweis:** In Dubai können emiratische Dirham unter Inkaufnahme der üblichen Kursabweichungen in **Devisen** zurückgetauscht werden – auch an Dubais Flughäfen kurz vor Abreise.

Wechselstuben

Die vielen **„Exchange offices"** sind die beste Adresse zum Geldwechseln. Sie bieten die günstigsten Wechselkurse (auch wenn man die oft üblichen Gebühren berücksichtigt, mind. 2 Dh pro Wechselvorgang), die Bearbeitung geht meist schnell und unkompliziert, und ihre Öffnungszeiten sind kundenfreundlicher als die der Banken. Der Grund, warum es so viele Geldwechselstuben gibt, liegt darin, dass die in den Emiraten arbeitenden Ausländer diese für die Lohnüberweisung in die Heimat nutzen. Die meisten Wechselstuben, insbesondere in den großen Einkaufszentren, sind ganztägig geöffnet (9 oder 10 Uhr bis 22 oder 23 Uhr), manche schließen allerdings mittags von ca. 13–16 Uhr sowie Freitagvormittag und -mittag.

Neben dem Devisenwechsel bieten die großen Exchange-Büros auch den Kauf und Verkauf diverser Währungen, Geldtransfer zu großen internationalen Banken und einen Geldautomaten.

Wechselstuben öffnen **Sa bis Do etwa von 8–13 und 16–20 Uhr,** einige auch über Mittag und freitags.

Viele große Firmen finden sich **in den Souqs der Altstädte von Deira und Bur Dubai,** in Deira besonders rund um den Baniyas-Platz und in der Naif Rd. In Bur

Dubai gibt es in der Al Fahidi St. westlich des Forts mehrere Wechselstuben. Auch **alle Malls und großen Einkaufszentren** verfügen zumindest über ein Exchange-Büro.

Auswahl bekannter Wechselstuben

- **Al Ansari Exchange**

www.alansariexchange.com, Tel. 6 00/5 46 00 00; Bur Dubai, an der Al Ghubaiba Bus Station Tel. 3 25 75 12; weitere Filialen z.B.: in Bur Dubai auch im Carrefour Hypermarket, ferner Bur Dubai Souq, Deira Souq, JBR Walk, Marina Walk, Naif St., Al Rigga St. sowie in den Einkaufszentren The Dubai Mall, Souq Madinat Jumeirah, Lamcy Plaza, Dragon Mart, Wafi Mall, Mall of the Emirates, Deira City Centre, Dubai Festival City Festival Centre und am Dubai International Airport

- **UAE Exchange Centre**

www.uaeexchange.com, Tel. 6 00/55 55 50; Deira, Metro Station Union, Tel. 2 50 27 87; weitere Filialen z.B.: Deira Metro Station Union, Naif Rd, Jumeirah Rd, Khalid bin al Waleed Rd, Metro-Stationen Al Ghubaiba, Al Fahidi und Burjuman sowie in den Einkaufszentren Mall of the Emirates, Dubai Mall, Deira City Centre und an den Flughäfen Dubai International und Al Maktoum International

- **Al Fardan Exchange**

www.alfardanexchange.com, Tel. 6 00/52 22 65; Deira, Al Maktoum Rd, Tel. 2 28 00 04; weitere Filialen z.B.: Shaikh Zayed Rd, Khaleed bin al Waleed Rd, Al Mankhool Rd sowie in den Einkaufszentren Dubai Festival City Festival Centre und The Dubai Mall

- **Al Rostamani International Exchange**

www.alrostamaniexchange.com, Tel. 8 00/42 50; Satwa, Shaikh Zayed Rd, Al Rostamani Tower A, Tel. 3 32 74 44; weitere Filialen z.B.: Naif Rd, Baniyas Rd, Al Fahidi St. und in den Einkaufszentren Mall of the Emirates, The Dubai Mall und Ibn Battuta Mall sowie Dubai World Trade Centre, Al Karama Souq, Dubai International Airport

- Neben diesen großen Firmen gibt es zahlreiche **weitere Wechselstuben** in der Stadt, deren Kurse sich nur wenig voneinander unterscheiden.

Banken

Bankfilialen nationaler wie auch internationaler Bankhäuser findet man im Zentrum Deiras und Bur Dubais nahezu an jeder großen Straßenkreuzung. Regelrechte „Bankenstraßen“ sind die Khalid Ibn Al Waleed Rd in Bur Dubai und die Al Maktoum Rd zwischen dem Uhrturm und dem Baniyas-Platz in Deira.

Doch Geldwechsel in Banken bedeutet **vergleichsweise schlechte Wechselkurse** und langwierigere Formalitäten als in den Wechselstuben.

Bei den **Öffnungszeiten** gilt zu unterscheiden, ob es sich um Privat- oder Staatsbanken handelt. Viele Privatbanken haben Sa bis Do von 8–13 Uhr offen, donnerstags schließen einige bereits um 12 Uhr. Manche Filialen sind auch nachmittags von 16–18.30 Uhr geöffnet. Staatsbanken haben So bis Do von 8–13 Uhr offen.

Das Netz der **Geldautomaten** (engl. *automatic teller machines*, Abk. **ATM**) ist dicht, sodass man auch außerhalb der Öffnungszeiten Bargeld abheben kann. In jedem Fall findet sich in jedem größeren Einkaufszentrum und an den wichtigen Metrostationen (mindestens) ein Geldautomat.

Dubaier Banken

- **National Bank of Dubai**

www.emiratesnbd.com, Tel. 6 00/54 00 00

- **Dubai Bank**

www.dubaibank.ae, Tel. 6 00/59 99 95

15 Dh = 5 Dollar = 3.5 Euro
ABU DHABI
DUBAI
Dubai
ABU DHABI
DUBAI
Dubai
Dubai
DUBAI
DUBAI
Dubai
dub14-052 kk

Notfälle

Notrufnummern

- **Ambulanz und Polizei: 999**
- **Feuerwehr: 997**

Polizei

- **Hauptquartier** (engl. *police headquarter*)
Al Ittihad Rd am Ortsausgang Richtung Sharjah, zwischen dem Galadari R/A und dem Al Nahda R/A, Tel. 2 69 22 22, 6 09 99 99
- **Verkehrspolizei** (engl. *traffic police*)
Nahe des Polizeihauptquartiers, Tel. 2 17 23 00
- **Touristenpolizei** (engl. *tourist security*)
Tel. 8 00/44 38
- **www.dubaipolice.gov.ae**

Medizinische Versorgung

Dubai verfügt über ein **gut organisiertes Gesundheitssystem** mit einer großen Anzahl an Ärzten und Krankenhausbetten. Die Technik ist auf dem neuesten Stand, die Hygiene vorbildlich. Fast alle Ärzte haben im Ausland studiert, viele Spezialisten sind Ausländer und sprechen sehr gut englisch.

Neben staatlichen und privaten Krankenhäusern arbeiten **private Arztpraxen** und sogenannte **„clinics"**, also **Gemeinschaftspraxen** verschiedener Fachärzte in einem Gebäude.

Im Souq und in Quartieren, in denen überwiegend Gastarbeiter wohnen, gibt es allereinfachste Praxen, deren Besuch nicht anzuraten ist.

Staatliche Krankenhäuser sind auch für **Notfälle** ausgestattet. Touristen müssen für eine (Notfall)behandlung zahlen, ebenso in Privatkliniken. Wer zu Hause eine private Auslandskrankenversicherung abgeschlossen hat, bekommt die Kosten nach Vorlage von Quittungen und Bescheinigungen erstattet.

An der Rezeption seines Hotels oder von der Reiseleitung kann man weitere Adressen erfahren oder einen Arzt rufen lassen. Möchte man sich von einem **deutschsprachigen Arzt** untersuchen lassen, so helfen folgende Infostellen:

- **Ärztesuche** über **Doctor Dubai,** Tel. 8 81 41 88, www.doctor-dubai.com, oder über **DoctorUna,** http://ae.doctoruna.com
- **Infos** zu den staatlichen Krankenhäusern bei der **Dubai Health Authority,** Tel. gebührenfrei 8 00/3 42, www.dohms.gov.ae

Staatliche Krankenhäuser (alle mit 24-Stunden-Notfallservice)

- **Dubai Hospital**
Hamriya, Al Khaleej Rd Ecke Abu Baker Al Siddique Rd, Tel. 2 19 50 00
- **Rashid Hospital**
Umm Hureir, südlich der Abfahrt von der Al Maktoum Bridge an der Oud Metha Rd, Tel. 2 19 20 00

Privatkrankenhäuser und -kliniken (alle mit 24-Stunden-Notfallservice)

- **Al Zahra Medical Centre**
Shaikh Zayed Rd gegenüber Emirates Towers, Tel. 3 31 50 00, www.alzahra.com
- **Belhoul European Hospital**
Satwa, 2nd of December Rd, 1. Etage vom Dune Centre, Tel. 3 45 40 00, www.belhouleuropean.com

Medizinischer Sprachführer

Deutsch : Englisch

Notfall : *emergency*
Apotheke : *pharmacy*
Krankenhaus : *hospital*
Klinik : *clinic*
Schmerzen : *pain*
Kopfschmerzen : *headache*
Zahnschmerzen : *toothache*
Magenschmerzen : *stomach ache, upset*
Brechreiz : *nausea*
Halsschmerzen : *sore throat*
Ohrenschmerzen : *ear pain*
Atembeschwerden : *difficulty in breathing*
Husten : *cough*
Schnupfen : *cold, blocked nose*
Fieber : *fever, high temperature*
Sonnenbrand : *sunburn*
Sonnenallergie : *sun allergy*
Schwangerschaft : *pregnancy*
Durchfall : *diarroha*
Verstopfung : *constipation*
Schwindel : *dizziness*
Kreislaufschwäche : *circulatory insufficiency*
hoher Blutdruck : *high blood pressure*
niedriger Blutdruck : *low blood pressure*
Brandwunde : *burn*
Vergiftung : *poisoning*
Verstauchung : *spraining*
Verrenkung : *dislocation*
Medikament : *medicine*
Impfung : *vaccination*
Salbe : *ointment*
Verband : *bandage*
Einnahme des Präparates :
administration of the medication
vor/nach/zum Essen : *before/after/during meal*
Lassen Sie die Tablette
langsam im Mund zergehen :
let the tablet dissolve slowly in your mouth
zerkauen/schlucken : *chew/swallow*
in Wasser auflösen und trinken :
dissolve in water and drink

dub14-026 kk

Emirates Hospital
Jumeirah, Jumeirah Rd gegenüber vom Jumeirah Beach Park, Tel. 3 49 66 66; Behandlungen rund um die Uhr ohne Termin, mit 24-Std.-Apotheke; auch Dubai Marina; www.emirateshospital.ae

German Medical Centre
Umm Hureir, Dubai Healthcare City nahe der Wafi Mall, Tel. 4 32 29 89, www.gmcdhcc.com

Mediclinic Welcare Hospital
Garhoud, beim Hotel Al Bustan Rotana, Tel. 2 82 77 88, www.mediclinic.ae; weitere Mediclinic-Krankenhäuser und -Kliniken z.B.: Jumeirah Rd, Knowledge Village, Ibn Battuta Mall, The Dubai Mall, Dubai Healthcare City

The Children's Medical Centre
Umm Suqeim, Al Wasl Rd, Villa 1064, Tel. 3 28 26 64, www.tcmcdubai.com; Kinderklinik

Zahnkliniken

Zahnärzte (engl. *dentist*) arbeiten auch in den meisten Privatkliniken (s.o.).

German Dental & Neuromuscular Clinic
Jumeirah Lakes Towers, Tiffany Tower, Tel. 3 79 47 22, www.germandent.com

German Dental Oasis
Dubai Healthcare City, Al Razi Medical Complex, Building No. 64, Tel. 3 63 53 67, www.germandentaloasis.com

Dubai Sky Clinic
Bur Dubai, BurJuman Business Tower, Tel. 3 55 88 08, www.dubaiskyclinic.com; auch Jumeirah Lakes Towers

NOA Dental Clinic
Al Mankhool Rd, Al Hana Centre, Tel. 3 98 70 75, www.noadentalclinic.com

Swiss Dental Clinic
Satwa, Shaikh Zayed Rd, im Gebäude des Hotels Crowne Plaza, Tel. 3 32 14 44, www.swissdentalclinic.com

Top Modern Dental Clinic
Dubai Marina, Dubai Marina Terrace Building, Tel. 8 00/3 36 84 78, www.dubaimarinadentalclinic.com

Augenklinik

Augenärzte (engl. *eye specialist*) arbeiten auch in den meisten Privatkliniken (s.o.). Deutschsprachige Fachärzte hat:

Laser Eye Medical Center, Satwa, Sheikh Zayed Rd, im Mazzaya Shopping Center (Entrance D), Tel. 3 43 17 44, www.lasereyecare-uae.com

Apotheken

In den zahlreich vorhandenen Apotheken (engl. *pharmacy*) erhält man ein **breites Sortiment an Medikamenten** großer **internationaler Pharmakonzerne.** Apotheken finden sich entlang wichtiger Geschäftsstraßen und in nahezu jedem größeren Einkaufszentrum.

Die **Preise** von Arzneimitteln werden staatlich kontrolliert und sind oft niedriger als bei uns. In großen Filialen sind auch medizinisches Zubehör, Babynahrung, Kosmetikprodukte und ähnliche Dinge erhältlich. Große Supermärkte führen verschreibungsfreie Medikamente und Erste-Hilfe-Utensilien.

In den meisten Fällen haben die Apotheken **von frühmorgens bis abends geöffnet** – manche unterbrochen durch eine Mittagspause. Das Apothekenpersonal spricht sehr gut englisch.

Informationen über den wechselnden **Nachtdienst** in den Tageszeitungen, unter Tel. 8 81 41 88 und 2 23 23 23 sowie www.doctor-dubai.com. Apotheken mit 24-Std.-Service finden sich z.B. im Emirates Hospital, im Dubai Hospital und im Mediclinic Welcare Hospital (s.o.).

Große Apothekenketten

- **www.life-me.com**
- **www.asterpharmacy.com**
- **www.super-care.ae**
- **www.almanarapharmacy.com**

Verluste

Reisepapiere, Flugticket

Hat man den **Reisepass** verloren, so kann man sich bei den **diplomatischen Vertretungen** des Heimatlandes melden und sich nach dem Ersatz erkundigen. Dazu muss man eine **Verlustbestätigung der Polizei** vorlegen (in Englisch auszufüllen). Außerdem muss man sich auch ausweisen können, beispielsweise durch die **Vorlage eines Personalausweises.** Es kann ein Reiseausweis als Passersatz zur Rückkehr in das Heimatland ausgestellt werden. Dieser berechtigt aber nur zur direkten, baldigen Heimreise, nicht zur Weiterreise in andere Länder. Falls der Aufenthalt länger dauert oder eine Weiterreise in andere Länder geplant ist, kann ein befristeter vorläufiger Reisepass durch die örtliche Auslandsvertretung ausgestellt werden.

Beim Verlust von nicht unbedingt benötigten Dokumenten wie dem **Personalausweis** oder dem **Führerschein** braucht man die Botschaften nicht zu kontaktieren, denn diese Papiere können ohnehin **nur von den Behörden des Heimatortes** ersetzt werden.

Das verlorene **Flugticket** bekommt man bei den **Vertretungen der Fluggesellschaft** ersetzt. Auch hier erleichtern Kopien die Arbeit.

Reisekasse

Der Verlust von Geld- oder Kreditkarte sollte bei der kontoführenden Bank gemeldet werden. In Deutschland gibt es mit der **Tel. 116 116** einen gebührenfreien zentralen **Sperrnotruf** für Medien, die einer elektronischen Gültigkeitsprüfung unterzogen werden können (Bank- und Kreditkarten, SIM-Karten, elektronische Identitätsfunktion des neuen Personalausweises, Kundenkarten mit Zahlungsfunktion usw.; www.sperr-notruf.de). Um den Missbrauch von EC-Karten im elektronischen Lastschriftverfahren, also mit gefälschter Unterschrift im Einzelhandel, zu verhindern, sollte man deren Verlust auch beim **Sperrsystem Kuno** melden (www.kuno-sperrdienst.de, Tel. 08 00/1 04 44 03) und polizeilich anzeigen.

Sollte die gesamte Reisekasse, die niemals nur aus **Bargeld** bestehen darf, verloren sein, so kann man sich von Angehörigen oder Freunden im Heimatland über eine Transferfirma (s.u.) **Geld schicken** lassen. Man muss dazu lediglich die Person, die das Geld schicken soll, vorab benachrichtigen. Diese muss dann bei einer Partnerbank einzahlen und Ihnen den Code der Transaktion telefonisch oder anderweitig übermitteln. Man muss dann mit diesem Code und dem Reisepass nur noch zu einer Vertretung der Transferfirma in Dubai gehen. Nach Ausfüllen eines Formulares wird das Geld binnen Minuten ausgezahlt.

Sicherheit

Die Kriminalitätsrate in Dubai ist niedrig, schwere Delikte kommen fast nicht vor und werden hart bestraft. Dennoch sollte man mit seinen Wertgegenständen nicht leichtsinnig umgehen – weniger aus Angst vor Dieben als vielmehr im Bewusstsein der eigenen (urlaubsbedingten) Nachlässigkeit. Schmuck, Wertsachen, Papiere und Bargeld kann man in den Hoteltresor schließen lassen, Dokumente und Geld nimmt man sinnvollerweise nur in einer Innentasche oder einem Bauchgürtel mit nach draußen. Am Pool sollte man Zimmerschlüssel bzw. -karte im Auge behalten.

Von politischen und sozialen Protesten, Unruhen und Umstürzen sind die V.A.E. weit entfernt. Die Akzeptanz des Herrscherhauses ist groß, und ein relativ großer Wohlstand ohne hohe Arbeitslosigkeit machen die Emirate zu **einem der sichersten Länder des Mittleren Ostens.** Das Auswärtige Amt gab Mitte 2015 den – weltweit gültigen – Hinweis, dass die Terrororganisation **IS** (Islamischer Staat) seit September 2014 mit Anschlägen in Ländern gedroht hat, die mit den USA verbündet sind; die V.A.E. sind ein aktives Mitglied der Anti-IS-Koalition. Daher wird Reisenden empfohlen, sich v.a. in größeren Menschenansammlungen sicherheitsbewusst und situationsgerecht zu verhalten.

- Zu aktuellen Hinweisen siehe **www.auswaertiges-amt.de.**

Infos zum Geldtransfer

- **www.westernunion.de,** Tel. 08 00/1 81 17 97
- **www.moneygram.de,** Tel. 0 08 00/6 06 60 19

Beim **Verlust der Kreditkarte** ist diese schnellstmöglich zu sperren, um Missbrauch zu verhindern (s.o.).

Handy

Sollte das Mobiltelefon im Ausland verloren gehen oder gestohlen werden, sollte man bei einem Laufzeitvertrag, aber auch bei bestimmten Prepaid-Abonnements die **Nutzung der SIM** umgehend beim Provider **sperren lassen** (nicht immer kostenfrei!). Dazu muss man in der Regel folgende Angaben machen können: Rufnummer, SIM-Kartennummer (auf SIM vermerkt), Kundennummer oder -kennwort.

Ebenfalls vorher notieren sollte man die **IMEI-Nummer,** die in der Regel bei der Diebstahl- oder Verlustmeldung anzugeben ist.

Tipp: SIM-Karten- und IMEI-Nummer vor der Reise auf einem Extra-Zettel notieren und separat aufbewahren.

Notfallhilfe durch diplomatische Vertretungen

Für Touristen und im Ausland ansässige Ausländer sind die diplomatischen Auslandsvertretungen **in dringenden Notfällen** wie Verhaftung, schwerer Verkehrsunfall, Vermissten- oder Todesfall, Gewaltverbrechen, Naturkatastrophe, innere Unruhen oder bei rechtlichen Notlagen nicht privatrechtlicher Art eine wichtige Anlaufstelle.

Touristen sollten wissen, dass die Auslandsvertretungen nicht als Banken, Reisebüros oder Krankenkassen fungieren. Hotelrechnungen werden ebenso wenig bezahlt wie Rettungsflüge. **Hilfe wird nur gewährt, wenn eine Notlage auf andere Weise nicht behoben werden kann.** Eventuell zur Überbrückung eines Notfalles vorgestreckte Gelder müssen ersetzt werden.

Über das Servicespektrum im deutschen Rechts- und Konsularbereich informiert **www.konsularinfo.diplo.de,** Österreicher finden Infos unter www.bmeia.gv.at, Schweizer unter www.eda.admin.ch.

Diplomatische Vertretungen

- **Embassy of the Federal Republic of Germany**
Abu Dhabi, Abu Dhabi Mall, Towers at the Trade Center, Tel. 5 96 77 00, So bis Do 8–12 Uhr, www.abu-dhabi.diplo.de
- **Consulate General of the Federal Republic of Germany**
Jumeirah, Street 14A, Tel. 3 49 88 88, So bis Do 9–12 Uhr, www.dubai.diplo.de
- **Embassy of the Republic of Austria**
Abu Dhabi, Reem Island Sky Tower, Tel. 02/6 94 49 99, So bis Mi 9–13 Uhr, Do 12–13 Uhr, www.bmeia.gv.at
- **Embassy of Switzerland**
Abu Dhabi, Al Safarat, Al Khaleej al Arabi St., im Gebäude des Centro Capital Centre Hotel, Tel. 02/6 27 46 36, So bis Do 9–12 Uhr, www.eda.admin.ch
- **Consulate General of Switzerland**
Dubai, Satwa, im Dubai World Trade Centre, Tel. 3 29 09 99, So bis Do 8–12 und 13–16 Uhr, www.eda.admin.ch/dubai

Reisebüros und Tourveranstalter

Reisebüros

- **Dubai International Air Travel Agency, DNATA Travel**
Generalagent internationaler Fluggesellschaften, Informationen und Reisebuchungen, Mietwagenservice, Hotelreservierung, Business-Service, Cargo, Zentrale am Flame R/A in Rigga, Contact Center (24 Std.) Tel. 3 16 66 66, www.dnatatravel.com
- **Emirates Holidays**
Rigga, im DNATA-Gebäude am Flame R/A; auch Business Bay und Jumeirah Rd; Tel. 8 00/49 69, www.emiratesholidays.com
- Reisebüro-Service auch durch **lokale Tourveranstalter** (s.u.)

Lokale Tourveranstalter

Will man sein Reiseprogramm nicht pauschal im Heimatland buchen (siehe „Reisevorbereitung/Reiseorganisation"), um nicht den ganzen Urlaub über in ein festes Veranstaltungsprogramm oder in eine unbekannte Gruppe eingebunden zu sein, kann man auf die Dienste zahlreicher qualifizierter einheimischer Tourveranstalter (engl. *tour operator*) zurückgreifen.

Man hat die Möglichkeit, einzelne **Ausflüge und Touren** zu buchen und p.P. zu zahlen. **Das Angebot ist sehr vielfältig:** Wie wäre es mit einer Stadtrundfahrt, einer Shoppingtour, einem Segeltörn, dem Besuch eines Wasserparks oder einer abendlichen Stadtbesichtigung mit Dinner in einem Luxusrestaurant? Die sehenswertesten Orte der Emirate können in Form von Halbtages- oder Tagesausflügen besichtigt werden.

Nicht entgehen lassen sollte man sich den Besuch eines Kamelrennens, einen Ausflug in die Wüste oder einen Abend im Wüstencamp (Kamelritt, Musik, Tanz, Speisen, Getränke und ausgelassene Stimmung).

Auch im Programm: Bergtouren und Wüstenfahrten mit oder ohne Übernachtung. Sehr beliebt sind „wadi bashing" und „dune bashing", wörtlich übersetzt: „Sanddünen bzw. Flussbett prügeln". Darunter versteht man rasante Fahrten mit einem Allradwagen entweder durch die Dünen der Wüste oder durch regenwassergefüllte Flussläufe in den Bergen. Bei diesen Ausflügen sind meist vier oder fünf Passagiere im Wagen – wer gerne unter sich bleiben will, mehr Platz benötigt oder Einflussmöglichkeiten auf Zwischenstopps oder Fahrweise haben möchte, der kann auch einen Wagen exklusiv für sich buchen – was entsprechend mehr kostet.

Wer **aktiv sein** möchte, kann über die einheimischen Agenturen Tauchgänge, Hochseefischen, Sanddünenski, Sandbuggyfahrten, Mountainbiketouren, Golfpakete, Ausritte hoch zu Ross oder eine Kamelsafari buchen.

Gemütlich und sehr romantisch geht es auf einer Bootstour auf den typisch arabischen Holzdhaus zu.

Auch möglich ist die Organisation von **Rundflügen** über die Stadt, die Berge oder die Wüste.

Interessant sind auch „desert driving schools", **„Wüstenfahrschulen".** Einige Tourveranstalter (Orient Tours, Arabian Adventures etc.) organisieren Lehrgänge im Gelände- und Tiefsandfahren mit einem Allradwagen. Man lernt, wie man den Wagen durch die Dünen manövriert, ohne stecken zu bleiben.

Natürlich können die einheimischen Veranstalter auch **Rundreisen** zu allen Sehenswürdigkeiten der Emirate organisieren. Interessant ist auch die Kombination mit Oman.

Hat man ein **besonderes Interesse,** z.B. an geologischen, archäologischen oder sonstigen Themen (Beobachtung von Vögeln, Sport, Offroad etc.), so können zahlreiche Veranstalter ein an diesen

dub10_007 dt

⊡ Ein Abend im Wüstencamp gehört zu jedem Dubai-Urlaub dazu

Wünschen orientiertes individuelles Programm ausarbeiten und organisieren. Der Preis für eine komplette Reiseorganisation richtet sich nach der Reisedauer und der Anzahl der Fahrzeuge, nicht unbedingt nach der Zahl der teilnehmenden Personen. Es ist also wesentlich günstiger, wenn man diesen „tailor made" (= maßgeschneiderten) Service mit mehreren Personen in Anspruch nimmt.

Die **Tour- oder Reisebegleiter** sprechen meist englisch oder deutsch.

Neben Reisen für Touristen werden **auch Geschäftsreisen** organisiert und Incentive-Programme ausgearbeitet.

Egal, was man bucht: Die meisten Veranstalter bieten an, einen kostenfrei vom Hotel abzuholen (und zurückzubringen), oder zumindest einen Transfer ab/zu einem zentralen Treffpunkt.

Die meisten Tourveranstalter bieten auch die **Serviceleistungen eines Reisebüros** (engl. *travel agency*) mit Reiseinfos, Zimmerbuchung, Flugreservierung, -buchung, -rückbestätigung etc.

Ausflugsbeispiele – konventionelle Angebote

Die im Folgenden genannten Rundfahrten und Ausflüge werden in ähnlicher Form von vielen Tourveranstaltern angeboten. **Man kann vor der Reise oder spontan vor Ort buchen.**

Stadtbesichtigungen finden im Bus oder Kleinbus statt, **Überlandfahrten** werden meist in komfortablen Großraum-Geländewagen mit Klimaanlage durchgeführt. Safaris und Bergtouren führen teils durch unwegsames Gelände

und sind nichts für Kranke, Schwangere, kleine Kinder und alte Menschen. Bei Halbtages- und Tagesausflügen sind Softdrinks im Preis eingeschlossen, bei Tagestouren auch Mahlzeiten. In der Hitze des Sommers fallen Wüstentrips und Picknicks aus.

Die **Auflistung** von Besichtigungsbeispielen, Touren und Adressen von Tourveranstaltern geschieht **ohne Wertung** und erhebt keinen Anspruch auf Vollständigkeit. Die Preise beziehen sich auf einen Erwachsenen und dienen der unverbindlichen Orientierung, Kinder erhalten meist eine Ermäßigung.

- **Dubai-Stadtrundfahrt:** 150–300 Dh
- **Dubai-Einkaufstour:** 150–300 Dh
- **Dhaufahrt mit Dinner durch den Dubai-Creek:** 180–350 Dh
- **Golfen in Dubai:** Tagespakete ohne Schlägermiete ab 500 Dh
- **Frühstück, Mittag- oder Abendessen im Burj Al Arab oder Atlantis The Palm Hotel:** 400–800 Dh
- **Hochseefischen:** 450–550 Dh
- **Dubai-Attraktionen:** Ausflüge zum Dubai Dolphinarium, zu den Wasserparks Wild Wadi bzw. Aquaventure, Dubai Autodrome, Ski Dubai oder Burj Khalifa je nach Eintrittspreis
- **Halbtagesfahrt durch Sharjah und Ajman:** 120–170 Dh
- **Halbtagesfahrt nach Ras al Khaimah:** 150–180 Dh
- **Tagesfahrt in die nördlichen Emirate:** 250–400 Dh
- **Tagesausflug nach Abu Dhabi:** 250–400 Dh
- **Tagesausflug nach Al Ain:** 250–400 Dh
- **Tagesausflug nach Fujairah/Ostküste:** 250–400 Dh
- **Tagesausflug zu den Quellen von Hatta:** 250–400 Dh
- **Tagesausflug Musandam/Oman:** 380–480 Dh
- **Tagessafari durch die Wüste:** 300–700 Dh
- **Halbtagessafari durch die Wüste:** 200–350 Dh
- **Sonnenuntergang mit Grillabend und Bauchtanz in der Wüste:** 180–380 Dh
- **Wüstensafari mit Übernachtung in einem Beduinencamp:** 350–800 Dh
- **Sanddünenski oder Quad:** Aufpreis bei Wüstensafaris ca. 150 Dh
- **Ganztages-Wüstenfahrschule ohne Kosten für den Leihwagen:** 600–1100 Dh

Tourveranstalter

- **Alpha Tours,** Deira, Al Ittihad Rd, Al Owais Building, Tel. 2 94 98 88, www.alphatoursdubai.com
- **Arabian Adventures,** Satwa, Shaikh Zayed Rd, Emirates Holidays Building, Tel. 2 14 48 88, www.arabian-adventures.com
- **Arabia Horizon Tours,** Garhoud, Airport Rd, Golden Business Center, Tel. 2 94 60 60, www.arabiahorizons.com
- **Desert Adventures Tourism,** Al Barsha, 329 St. im Boutique Building, Tel. 4 50 44 50, www.desertadventures.com
- **Fun Tours,** Outlets Deira City Centre und Mall of the Emirates, Tel. 2 83 08 89, www.funtoursdubai.com; nur Ausflüge, keine Serviceleistungen eines Reisebüros
- **Hala Abu Dhabi,** Shaikh Zayed Rd, 3rd Interchange in der Etihad Travel Mall, Tel. 8 00/23 24, www.halaabudhabi.com
- **Oasis Palm Tourism,** Deira, Rigga Rd, 404 Royal Plaza, Tel. 2 62 88 89, www.opdubai.com
- **Orient Tours,** Garhoud, Rückseite der Garhoud Rd beim Welcare Hospital, Tel. 2 82 82 38, www.orienttours.ae
- **Private Tour Guide Dubai,** Shaikh Zayed Rd, Tel. 0 55/7 31 30 28, www.privatetourguidedubai.com; exklusiv für deutsche Touristen

Jenseits konventioneller Angebote richten sich die folgenden Agenturen speziell an **Aktivurlauber, Abenteuerlustige und Offroad-Fans:**

- **Absolute Adventure,** Tel. 3 92 64 63, www.adventure.ae; Geländewagenausflüge, Trekking, Kletterkurse, Mountainbike- und Kajakfahren, Fliegen, Tauchen, Outdoor-Kurse
- **Desert Rangers,** Tel. 4 56 99 44, www.desertrangers.com; Abenteuertouren, Trekking, Bergsteigen, Kanutouren, Mountainbiking, Sandbuggys, Bergtouren, Wüstensafaris, Kamelsafaris, Sand-Fahrkurse, Hochseefischen, Dhaufahrten, Ballonfahrten
- **Explorer Tours,** Tel. 2 86 19 91, www.explorertours.ae; Wüstenfahrschule, Wüstensafaris, Expedition in die Rub al Khali, Sandbuggyfahren, Kameltrekking, Bergsafaris, Bergsteigen, Kayaking, Dhaufahrten nach Musandam, Hochseefischen, Rundfahrt nach Oman, mehrtägige Abenteuer-Touren, Teambuilding-Kurse
- **Platinum Heritage,** Tel. 3 88 40 44, www.platinum-heritage.com; Wüstensafaris in Luxusgeländewagen, Wüstenabende und Touren in historischem Geländewagen

Viele Touren, Ausflüge und Aktivitäten können auch über die in der Schweiz ansässige Internet-Plattform GetYourGuide gebucht werden:

- **GetYourGuide,** www.getyourguide.de,
Tel. Schweiz 0 44/5 86 40 74,
Tel. Deutschland 0 30/54 44 59 44

Sonstiges

Tourist- und Businessinfos

Dubai Department of Tourism and Commerce Marketing (DTCM)

- **Deira,** Al Fattan Plaza, Airport Rd, Tel. 6 00/55 55 59, 2 23 00 00, www.dubaitourism.ae, www.definitelydubai.com
- **Informationsstellen** *(Visitor Information Bureau)* befinden sich auch am Dubai International Airport, in der Mitte des Baniyas-Platzes in Deira, in den Einkaufszentren City Centre und Hamarain in Deira, BurJuman und Wafi Mall in Bur Dubai sowie in der Mercato Mall in Jumeirah und von Abu Dhabi kommend vor Dubai am Shaikh Zayed Highway. Ein weiteres Büro im Dubai World Trade Centre öffnet während wichtiger Messen. Mit Ausnahme des Büros am Dubai International Airport (24 Std., Tel. 2 24 52 52) sind die Stellen von 10–21 Uhr geöffnet.

Kulturarbeit und Völkerverständigung

Shaikh Mohammed Centre for Cultural Understanding

- **Bur Dubai,** Al Fahidi Historical Neighbourhood, Al Mussalla Rd, Haus Nr. 43, Tel. 3 53 66 66, www.cultures.ae; von Shaikh *Mohammed* aufgebautes Zentrum, das Barrieren zwischen Kulturen, Konfessionen und Nationalitäten überbrücken und die gegenseitige Akzeptanz fördern möchte. Organisiert regelmäßige Führungen in der Jumeirah-Moschee (siehe „Jumeirah, Umm Suqeim und Al Sufouh"), Diskussionsforen, Mahlzeiten (Reservierung notwendig: z.B. Frühstück Mo, Mi 10 Uhr, Mittagessen So, Di 13 Uhr, Abendessen Di 19 Uhr, Brunch Sa 10.30 Uhr), Stadtteil-Spaziergänge (Reservierung notwendig: Walking Tour So bis Do 9 Uhr, 60 Min.,

Henna

Malereien mit dem Naturstoff Henna sind bei uns in den letzten Jahren stark in Mode gekommen. Sozusagen als **„Tatoo light"** werden sie verkauft, doch mit dem Prinzip des Tätowierens hat die Hennakunst, außer der Abbildung von farblichen Mustern auf der Haut, nichts gemein.

In Dubai ist Henna Alltag und hat eine **lange Tradition.** Es sind sowohl arabische wie auch indische Frauen, die ihre Hände und Füße mit filigranen Mustern aus brauner Farbe verzieren (bei Indern heißt diese Kunst „Mehndi"). Viele Araber glauben, Henna sei eine Gabe Gottes und übertrage „Baraka", „Segen". Einer von Prophet *Mohammeds* Ratschlägen besagt, dass sich die Männer ihre grauen Haare mit nichts anderem als Henna färben sollten.

Der Brauch, Henna zum Verschönern der Hände zu benutzen, soll von **Mohammeds Tochter Fatima** etabliert worden sein. Sie war arm und besaß keinen Schmuck, so bemalte sie ihre Haut mit eleganten Ornamenten und Arabesken.

Rührt man getrocknetes, fein gemahlenes Hennapulver mit Wasser, Eukalyptusöl, Limonensaft, Tamarinden- oder Teeblättern zu einer **weichen Paste** an, so lassen sich damit feingliedrige, ornamentartige und blumenförmige Motive auf die Haut auftragen. Solche perfekt und fein angefertigten Malereien werden von arabischen und indischen Frauen sowie ihren Männern als Schönheitsmerkmal angesehen. Meist sind die Handinnenflächen bemalt, zu besonders feierlichen Anlässen auch Füße, Knöchel, Beine und Arme.

Ein originelles **Souvenir** können Touristinnen in Form einer formvollendeten Henna-Malerei mit nach Hause nehmen. Zahlreiche Schönheitssalons bieten diesen Dienst an, man erkennt sie an der Aufschrift „Henna Artist and Hair Dressing", „Facial and Bridal Make Up", „Beautician" oder „Henna and Beauty Saloon". Einige Adressen siehe „Hennastudios".

dub07_267 dt

50 Dh; Heritage Tour Sa 9 Uhr, So, Di, Do 10.30 Uhr, 90 Min., 65 Dh), arabische Sprachkurse.

Arabisch-Sprachkurse

Berlitz Institute
Jumeirah, Jumeirah Rd, beim Zoo, Tel. 3 44 00 34; auch Jumeirah Lakes Towers; www.berlitz.ae

Eton Institute
Knowledge Village, Block 3, Tel. 4 38 68 00, www.etoninstitute.com

Goethe-Institut
Al Mankhool, Tel. 3 25 98 65, www.goethe.de; Arabischkurse für Deutschsprachige

Polyglot Language Institute
Deira, Al Maktoum Rd, Al Masaeed Building, Tel. 2 22 25 96, www.polyglot.ae

Shaikh Mohammed Centre for Cultural Understanding, s.o.

University of Wollongong in Dubai
Al Sufouh, Dubai Knowledge Village, Block 5, 14, 15, Tel. 3 67 24 00, www.uowdubai.ac.ae

Hennastudios

Heritage for Henna
Souq Madinat Jumeirah, Shop No. 64, Tel. 3 68 65 16; auch im Souq Al Bahar und in den Hotels Burj Al Arab, Jumeirah Beach, Sheraton Jumeirah Beach, Hilton, Jumeirah, Le Meridien, Atlantis The Palm, Jumeirah Zabeel Saray sowie am Dubai International Airport, Terminal 1; www.heritageforhenna.com

Areej Ladies Salon
Al Karama, 13 B Street, Juma Al Majid Building neben Seven Days Supermarket, Tel. 3 96 28 38, www.areejsalon.com

La Femme Briding Beauty
Jumairah, im Beach Centre, Tel. 3 44 83 00; auch am Dubai International Airport, Abflughalle, Gate 18; www.lafemmedubai.com

Rachna Salon
Deira, Al Rasheed Rd nahe der Kreuzung mit der Abu Baker al Siddique Rd, www.rachnasalon.com, Tel. 2 72 80 01; auch Jumeirah, Jumeirah Rd auf Höhe des Dubai Offshore Sailing Club

Kirchen

Evangelisch: Dubai Evangelical Church Center, Jebel Ali, Tel. 8 84 66 30, www.deccc.com

Katholisch: St. Francis of Assisi Catholic Church, Jebel Ali, Tel. 8 84 52 51, www.stfrancisjebelali.ae

Sonstige: New Covenant Church Dubai, Oud Metha, Oued Metha Rd, Tel. 0 55/7 84 48 45, www.nccuae.org; **Emirates Baptist Church International,** Jumeirah, Jumeriah Rd, Tel. 3 49 15 96, www.ebci.org

Camping-, Outdoor- und 4x4-Ausrüstung

ACE, Shaikh Zayed Rd (zwischen Interchange 2 und 3), Tel. 8 00/27 52 23, www.aceuae.com; auch in der Dubai Festival City

Campingzubehör gibt es auch **in den Carrefour-Supermärkten.**

Buchläden mit englischsprachiger Literatur und Karten

In Dubai gibt es ein umfangreiches Angebot an Literatur. Das Meiste stammt von einheimischen oder britischen Verlagen und ist **auf Englisch** geschrieben. Es gibt aber auch einige deutsche und wenige französische Bücher sowie einige

dub12_022 dt

Karten und Stadtführer. Verkauft werden sie **in Hotelshops** und **Buchläden** sowie in den **Buchabteilungen großer Supermärkte** (z.B. Carrefour, Spinney's, Géant). Die Preise in Hotels sind oft höher als in den Buchläden.

- **Kinokuniya Books World,** www.kinokuniya.com/ae, riesiger Buchladen in The Dubai Mall, Tel. 4 34 01 11
- **Jashanmal Bookstore,** www.jashanmalbooks.com, in der Mall of the Emirates, Tel. 3 49 69 00; auch Al Ghurair Centre, Mercato Mall, Spinney's Jumeirah
- **Magrudy's,** www.magrudy.com, in der Mercato Mall, Tel. 3 44 41 93; auch BurJuman Centre, Deira City Centre, Dubai Festival City, Ibn Battuta Mall

Kreuzfahrtschiff vor Dubai

- **Books Plus,** www.booksplusuae.com, in der Ibn Battuta Mall, Tel. 3 86 53 75; auch Arabian Centre, Town Centre, Dubai Festival City

Online-Buchläden

Viele der in den V.A.E. veröffentlichten Bücher kann man auch in Deutschland beziehen. Die sehr empfehlenswerten Bücher und Karten von Explorer Publishing können in den meisten deutschen Buchläden oder via Internet bestellt werden, z.B. über www.booksarabia.com.

Buchverlage in Dubai

Die folgenden Verlage haben etliche empfehlenswerte englischsprachige Publikationen im Programm, zu beziehen bei obigen Online-Buchläden oder z.T. direkt vom Verlag:

- **www.motivatepublishing.com** bzw. **www.booksarabia.com**
- **www.askexplorer.com**
- **www.media-prima.com**

Stadtpläne/Landkarten

Da Dubai in rasendem Tempo wächst und ständig neue Straßen gebaut werden, veralten Karten und Pläne schnell. **In Hotels** kann man oftmals kleine, durch Werbung gesponsorte Übersichtspläne gratis erhalten. Der in Dubai ansässige Verlag **Explorer Publishing** gibt stets aktualisierte und detaillierte Karten heraus, in Dubai zu kaufen und auch online zu bestellen (www.askexplorer.com, www.amazon.de).

- Sehr zu empfehlen ist der **Dubai Street Atlas** mit detaillierten Karten, Gebäudekennzeichnungen, einem Straßenindex sowie Verzeichnissen mit wichtigen Attraktionen und Einrichtungen für Touristen und Geschäftsleuten (von Explorer Publishing Dubai).
- Im Großformat gibt es den **Dubai Jumboatlas** von Explorer Publishing.
- Für den alltäglichen Gebrauch gut ist die **Faltkarte Dubai Map,** ebenfalls von Explorer Publishing.
- **Dubai Mini Map,** handlicher Dubai-Stadtplan im Taschenformat von Explorer Publishing.
- **Dubai Tourist Map,** Dubai-Stadtplan für Touristen von Explorer Publishing.
- **UAE Road Map,** sehr gute V.A.E.-Straßenkarte von Explorer Publishing.
- **UAE Off-Road Atlas,** detailliertes Kartenbuch der V.A.E. samt aller Städte von Explorer Publishing.
- **UAE Street Atlas,** detaillierte V.A.E.-Karten und Stadtpläne im Spiralbuch von Explorer Publishing.
- **V.A.E.,** 1:470.000, **Dubai,** 1:80.000, world mapping project, Reise Know-How Verlag, Bielefeld.

Interaktive Landkarten

- **www.dtcm-dubaimap.com**
Interaktive Karte des Dubai Department of Tourism and Commerce Marketing, englisch
- **www.makani.ae**
Gebäudegenauer Stadtplan mit Routenplaner und Standortanzeige, online nutzbar mit Desktop, Navigationsgeräten, Smartphones, Tablets
- **www.uaeinteract.com/german/uaemap/**
Interaktive Karte des UAE National Media Council mit 3D-Ansichten
- **www.2gis.ae/dubai**
Sehr detaillierte Karte, auch Business-Auflistungen, 3D-Ansichten, drei Versionen für PC, Handy, Web

V.A.E. in Google Earth

Google Earth bietet online einmalige Einblicke in die V.A.E., die Auflösung ist besser als zu vielen anderen Regionen (sogar Baukräne und deren Schatten sind gut zu erkennen!), auch Google Street View ist verfügbar. Infos/Download unter www.google.com bzw. http://earth.google.de.

Stadtführer

- **Dubai Mini Guide,** kleinformatiger Minireiseführer samt Faltstadtplan von Explorer Publishing.
- **The Dubai Explorer.** The Complete Resident's Guide to Dubai, Explorer Publishing, allumfassend samt detailliertem Kartenteil und alljährlich neu.
- **Dubai Red Tape,** für alle, die in Dubai leben und arbeiten möchten, sehr zu empfehlen, Explorer Publishing.
- **CityTrip Dubai,** der komprimierte Stadtführer für den Kurztrip – alle Infos und alles Wissenswerte kurz und bündig. Von der gleichen Autorin wie das vorliegende Buch. Reise Know-How Verlag, Bielefeld.

dub14-030 sct

3 Ausflugsziele

Dubais zentrale Lage im Herzen der Vereinigten Arabischen Emirate ist eine gute Voraussetzung für Erkundungen in der Umgebung, wo sich Sandwüste, Bergwipfel, Trockenflusstäler und Palmenhaine finden. Naheliegend, sowohl aus geografischer wie auch aus reiseplanerischer Sicht, ist ein Ausflug in Dubais Nachbarstadt Sharjah.

< Im Herzen von Sharjah – „Heart of Sharjah“

Überblick

Es lohnt sich durchaus, Dubai den Rücken zu kehren. Unbedingt empfehlenswert ist ein halbtägiger **Wüstenausflug** bzw. ein **Arabischer Abend** in einem touristischen Wüstencamp.

Wem der Sinn nach Natur steht, der kann in die Einsamkeit der **Sandwüste** eintauchen oder die schroffe **Bergwelt des Hajar** erkunden. Beschaulichkeit verspricht der Oasenort **Hatta,** der malerisch zwischen Wüste und Bergen liegt.

Auch Dubais im Norden gelegene Nachbarstadt **Sharjah** bietet sich für einen Tagesausflug an. Der Weg nach Sharjah ist zwar nicht weit – von Altstadt zu Altstadt sind es ca. 20 km –, und bestenfalls dauert die Anfahrt knapp 1 Stunde. Doch leider kann man diese Bestzeit selten erreichen, denn zwischen Dubai und Sharjah ist der Verkehr dicht und Stau auf der Hauptverbindungsstraße E11 ein Dauerzustand; zwischen 1½ und 2 Stunden Fahrzeit sind realistisch. Etwa genauso lang benötigt man, um nach Hatta zu fahren – Zwischenstopps und Pausen auf der ca. 100 km langen Strecke nicht eingerechnet. Eine mehrspurige Autobahn verbindet die im Westen des Emirats gelegene Metropole mit dem im Osten gelegenen Oasenort.

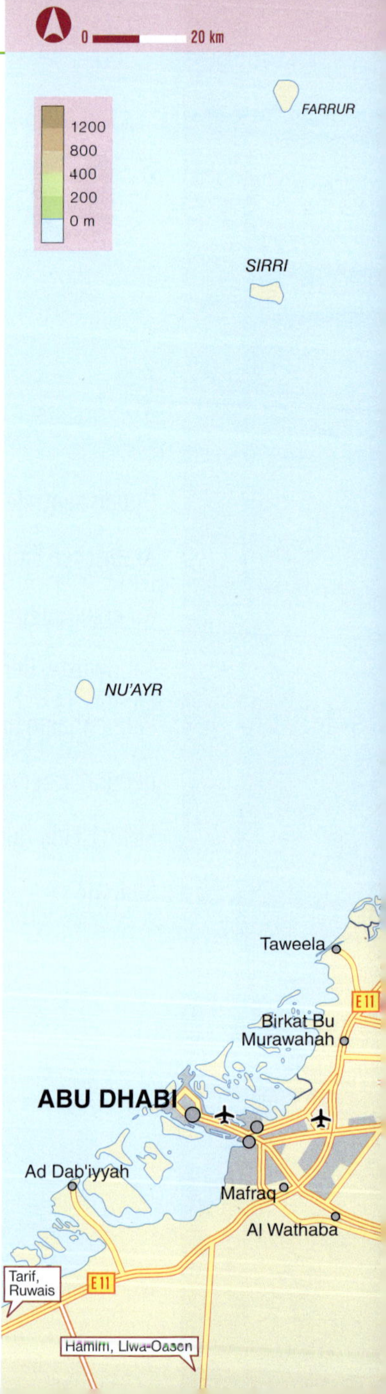

Vereinigte Arabische Emirate

Wüstenausflug/ Arabischer Abend

Nahezu alle in Dubai ansässigen **Tourveranstalter** (siehe „Urlaub in Dubai/Reisebüros und Tourveranstalter") haben halbtägige Ausflüge im Programm, welche in die wogenden Sanddünen führen. Während jeder **Desert Safari** heißt es mit dem Allradwagen durch die Dünen düsen. Viele Veranstalter bieten einen kurzen Kamelritt oder Sandski an, manche gegen Aufpreis Quadrunden. Sehr empfehlenswert sind abendliche Ausflüge, die in ein sog. **Beduinencamp** in den Sanddünen führen. Gäste können sich hier bei Musik und Tanz, Speis und Trank auf einem Lager aus Teppichen und Kissen entspannen und den Sternenhimmel betrachten. Meist werden Grillgerichte zubereitet, Bauchtanzshows, Hennamalerei und Kamelritte sind weitere Bestandteile der Ausflüge.

Eine ähnliche Gelegenheit bietet das zum Wüstenresort Bab Al Shams (siehe „Urlaub in Dubai/Wüstenresorts") gehörende **Wüstenrestaurant Al Hadheerah.** Unter 1001 Sternen kann man im Freien mit Blick auf Lagerfeuer und Dünen dinieren. Kamele, Falken, Pferde, Bauchtanz und arabische Musik runden den Wüstenabend ab. Details siehe „Urlaub in Dubai/Gastronomie".

> Sharjah Light Festival: Die imposante Moschee Al Noor erstrahlt in buntem Lichterglanz

Sharjah-Stadt

Sharjah ist das einzige Emirat, das **Gebiete sowohl an der West- als auch an der Ostküste** besitzt: Dibba, Kalba, Khor Kalba sowie Khor Fakkan heißen die Ostküsten-Orte. Sharjah besitzt auch Inseln: Das an der Golfküste gelegene Eiland Sir Bu Nuair wird derzeit touristisch erschlossen.

Buchtipp: Allen, die gerne länger bleiben oder Sharjahs Orte an der Ostküste besuchen möchten, sei das **Reisehandbuch „Vereinigte Arabische Emirate"** empfohlen (Reise Know-How Verlag, Bielefeld). Hier finden sich auch alle praktischen Informationen zu Sharjah.

Auf einen Blick

Sharjah-Stadt dehnt sich **zwischen Dubai und Umm al Quwain** aus und umschließt dabei Ajman. Knapp eine Million Menschen leben in der Hauptstadt des gleichnamigen Emirats, welches das drittgrößte der V.A.E. ist.

Sharjah besitzt verhältnismäßig wenig Erdöl, aber dafür umso größere Gasvorkommen. Rund 13% des Bruttoinlandsprodukts entfallen auf den **Öl- und Gassektor.** 1974 begann die Erdölförderung, auf den daraus resultierenden Exporteinnahmen basierte das damalige schnelle Wachstum Sharjahs. 1980 wurde wenige Kilometer hinter dem Flughafen das **Saja'a-Gasfeld** entdeckt. Aus den dort geförderten Rohstoffen werden Flüssig- (Propan, Butan) und Trockengase (Methan, Ethan) gewonnen. Die Flüssiggase werden von einem Exportterminal bei der kleinen Stadt Hamriyah per Schiff in alle Welt exportiert, die Trockengase über eine Pipeline nach Jebel Ali bei Dubai geleitet, wo sie zur Erzeugung von Elektrizität und zur Meerwasserentsalzung genutzt werden. Auch Privathaushalte in Sharjah verwenden landeseigenes Erdgas. Inzwischen wurden weitere Erdgasfelder erschlossen, sodass die wirtschaftliche Existenz in diesem Bereich momentan gesichert ist.

Dennoch setzt Sharjah auch auf den Industriesektor, auf Frachtverkehr und Dienstleistungen. Das Emirat ist zu einem wichtigen **industriellen Zentrum der V.A.E.** avanciert. Vornehmlich kleine und mittelgroße Betriebe fertigen Metallwaren, chemische und mineralische Produkte sowie Plastik- und Holzartikel. Im Südosten der Hauptstadt breiten sich schnell wachsende Industriekomplexe aus.

Immer größere Bedeutung gewinnen der Tourismus und der Immobiliensektor. Im Norden Sharjahs, an der Küste bei Hamriyah, entsteht mit **Nujoom Islands** eine Wohn- und Freizeitstadt (www.nujoomislands.com). Zehn Inseln werden in das Projekt integriert, 40.000 Menschen sollen in dieser über fünf Millionen Quadratmeter großen Inselstadt wohnen, alle Nationalitäten dürfen dort Immobilienbesitz erwerben. Die Infrastruktur besteht – wie gewöhnlich – vor allem aus Apartmenttürmen und Privatvillen, Hotels, Einkaufszentren, Gastronomiebetrieben, Häfen und Sportstätten. Der Großteil des Areals soll unbebaut bleiben und Strände, Gärten, Lagunen und Wasserkanäle umfassen.

sharjah_001 sct

Sharjah ist eine Stadt mit auffallend **vielfältigem Kunst- und Kulturangebot** und wurde mehrfach als „Kulturhauptstadt" ausgezeichnet. Einen wesentlichen Beitrag dazu lieferte der Regent des Emirats, der promovierte Agrarökonom – er ist der einzige Akademiker unter den Herrschern der V.A.E. – und passionierte Schriftsteller *H.H. Shaikh Dr. Sultan bin Mohammed Al Qasimi* (www.sheikhdrsultan.ae). Er setzt sich zum Beispiel intensiv für Restaurierung und Wiederbelebung der Altstadt von Sharjah ein.

Immer wieder wird Sharjah prämiiert: 1998 verlieh die UNESCO den Titel **„Arab World's Cultural Capital".** 2014 wurde Sharjah von der Organisation of Islamic Conference zur „Islamic Culture Capital" ernannt, und 2015 zelebrierte das Emirat seine Ernennung zur **„Capital of Arab Tourism"** durch das Arab Council of Tourism. Diese Auszeichnungen bekunden die Besonderheit von Sharjahs kulturellem Erbe und belohnen die Bemühungen, dieses zu konservieren und zu präsentieren.

Auch Sharjahs **Bildungseinrichtungen** sind vorbildlich. Neben zahlreichen Fachschulen und Ausbildungszentren wie beispielsweise der Polizeiakademie gibt es vor den Toren der Stadt die 6,5 Quadratkilometer große „University City", die durch ihren hohen Bildungsstandard sowie ihre opulente arabische Architektur auffällt.

So weltzugewandt sich Sharjah zeigt, und so offen wie die Vermittlung der lokalen Gebräuche auch präsentiert wird: In punkto **Religion** zeigt sich Sharjah als das tugendreichste der Emirate. Es gibt einige als **„Local Order"** verfasste Anstandsregeln, beispielsweise ist der öffentliche Verkauf und Genuss von Alko-

sharjah_005 sct

hol untersagt, und Gäste werden ersucht, sich nicht allzu freizügig zu kleiden; das bedeutet und gilt für Männer und Frauen: Knie, Bauch, Schultern, Rücken und Dekolleté bedeckt halten.

Orientierung

Ähnlich wie in Dubai ragt auch in Sharjah eine **Inlandlagune, Al Khaleed,** ins Zentrum der Stadt. Eine zweite, kleinere Lagune, **Al Khan,** liegt am nordöstlichen Ende und bildet die Grenze zu Dubai. Beide Buchten sind durch den künstlichen **Kanal Al Qasba** miteinander verbunden. Das ganze Gebiet um den Kanal und die Lagune Al Khaleed ist abends ein beliebter Ort zum Bummeln und Flanieren. Im Osten der Lagune Al Khan liegen auf Dubaier Gebiet zwei weitere Buchten: **Al Mamzar Nord** und **Al Mamzar Süd** – insgesamt vier Einbuchtungen erstrecken sich also zwischen den Stadtgebieten von Sharjah und Dubai.

Zwischen den beiden Sharjaher Lagunen liegt die **Landzunge Al Khaledia,** auf der sich die meisten Strandhotels und der Hafen befinden. Am nordwestlichen Ende liegt der **Ortsteil Al Khan.** Im neuen Al Khan überwiegen Hochhäuser, die in den letzten Jahren mit unglaublicher Geschwindigkeit hochgezogen wurden. Herz dieses Stadtteils ist das EXPO-Messegelände, an der Küste gibt es darüber hinaus noch das Aquarium und das Maritime Museum.

Das aus touristischer Sicht **interessanteste Gebiet** erstreckt sich zwischen der Corniche am Eingang der Lagune Al Khaleed und dem Areal um die Al Hisn St.: Hier befinden sich das rekonstruierte und als Museum eingerichtete Fort, das alte Souqgebiet, die Heritage Area und die Arts Area. Innerhalb der Stadt sind die Sehenswürdigkeiten und Hotels mit braunen Schildern ausgewiesen.

Das **Geschäftszentrum** von Sharjah erstreckt sich südöstlich der Lagune zwischen Al Arouba Rd und Al Zahra Rd rund um die Plätze Al Rolla und Al Zahra. Hier finden sich viele Geschäfte und Straßenrestaurants, außerdem Banken und Wechselstuben, Reisebüros, Autovermieter und Versicherungen. Ebenfalls eine Einkaufsstraße ist die Al Wahda St., die in ihrem weiteren Verlauf in die Schnellstraße nach Dubai mündet.

Außer im Gebiet um die Lagunen ist die **Stadt klar strukturiert,** was die Orientierung einerseits erleichtert, da fast alle Straßen rechtwinklig oder parallel zueinander verlaufen, andererseits aber zu Verwechslungen führt, weil sich viele Kreuzungen ähnlich sehen. Als Orientierungspunkte oft hilfreich sind die Skulpturen auf den Kreisverkehrsinseln.

Prägend für das Stadtbild ist der **Bauboom:** An jeder Ecke schießen neue Hochhäuser aus der Erde, allerorts recken Baukräne ihren stählernen Hals in den Himmel. **Viele kleine Moscheen** lockern das Bild auf. Schön sind im neoarabischen Stil erbaute Souqgebäude und **zahlreiche Parks.** Rund um die Lagune Al Khaleed sind Freiflächen begrünt.

◁ Der Souq al Arsah,
ein rekonstruierter historischer Markt

Sharjah Zentrum

0
1 km
VAE14_SharjahZtr
Khaleed Hafen
310
Corniche
Al Meraijah St.
Al Hisn Av.
Fischmarkt
B
Obst-/
Gemüsemarkt
Al Arouba
Rd.
317
Sharjah
Museum
of Islamic
Civilisation
Al Khalifi
Khaleej
Square
Road
Arabi Rd.
Corniche
Ahmed bin
Darwish R/A
Sh. Moh. bin Saqr
Al Qasimi R/A
Ajman
Salim bin Ali
al-Owasis R/A
Al Arouba Rd.
Rashid bin
Khadim R/A
Sh.
Mohd. Bin Saqr
Al Qasimi
Road
King Faisal
Moschee
B
Rolla
Square
Souq
al Ghuwair
319
Souq
al Markazi
Al Ittihad
Square
Al
Zahra Rd.
Gouvernment
House Square
Al Zahra
Square
Sh. Abdul Karim
al Bakri R/A
Al Zahra Road
Polizei
Sh. Abdullah
bin Moh. R/A
Road
Aziz Road
Road
Al Soor Road
Sh. Zaid Rd.
Etisalat
Moh. Abu
Khatar R/A
Al Kuwait Road
Mubarak bin Saif
al Nakhi R/A
Al Jawazat
R/A
Istiqlal
Square
Kuwait R/A
uwait Road
King Abdul
Al Qasima
Road
Sh. Khalid bin Moh.
Al Qasimi R/A
Sh. Khalid
Bin Saqr
Ricca R/A
Bin Mohammad
Al Qasimi Rd.
Al Wahda
Road
E11
Sh. Humaid bin Saqr
Al Qasimi R/A
King Abdul Aziz R/A
Sh. Jumma bin Moh.
al-Mutwa R/A
Ras Al Khaimah
Al-Wahda Road
Sh. Zaid Rd.
Sh. Sultan
Diwan
E11
Ali bin Salem
Al Mazroa R/A
Sh. Rashid
bin Saqr
Al Qasimi R/A
323
Science
Museum
Cultural
Square
Green Belt Road
Green Belt Road
324
Sharjah
Archaeological
Museum
Cultural
Centre
Green-Belt-
Park
Al-Qasima Road
Sh. Zaid Rd.
Sh. Sultan Bin
Sh. Mohammad bin
Sultan Al Qasimi
Rd.
Ali bin Ahmad
al Abdouli R/A
Sh. Khalid bin Sultan
Al Qasimi R/A
Wasit
Square
Wasit Road
Wasit Road
Umm al Quwain,
Ras Al Khaimah
E88
Saqr Al Qasimi Rd.
Desert Park,
Sharjah National Park,
Discovery Centre,
Classic Cars Museum,
Flughafen,
Al Dhaid, Ostküste

Typisch auch das **Verkehrsaufkommen:** In der City heißt es insbesondere in den frühen Morgen- und Abendstunden Stop and Go, nach Dubai herrscht ohnehin Dauerstau (vor allem auf der Stadtstraße E11).

Infos und Sightseeing Bus

■ **Touristische Informationen zu Sharjah**
Sharjah Commerce and Tourism Development Authority, Tel.-Hotline 8 00/8 00 00, www.sharjahmydestination.ae

■ **Sightseeing Bus**
Für Touristen fahren **Doppeldeckerbusse** von City Sightseeing (www.city-sightseeing.com, Tel. 5 19 53 54) auf **zwei Hop-on/Hop-off-Routen** durch Sharjah: die Vergnügungsrundfahrt Red Tour dauert, wenn man nicht aussteigt, 90 Min., die Kulturtour Green Tour 60 Min. Bei günstigem Klima wird das Dach geöffnet. Via Kopfhörer kann man sich Stadtbeschreibungen auf Deutsch anhören. Passagiere können gratis WLAN nutzen. Zudem kann man an einer Abend-Stadtrundfahrt ohne Ausstiegsmöglichkeiten teilnehmen.

Red Tour: Souq al Markazi – Palm Tree Oasis – Moschee Al Noor – Al Majaz Waterfront – Flag Island – Al Khan Beach – Sharjah Aquarium – Al Qasba – Sahara Centre – Safeer Mall- Sharjah City Centre; **Green Tour:** Souq al Markazi – Fischmarkt – Heart of Sharjah – Islamic Museum – Cultural Square – Sharjah Mega Mall.

Die Busse beider Touren starten ab dem Zentralmarket an der Lagune Al Khaleed täglich zwischen 9 und 19 Uhr alle 30 Min.; Hop-on/Hop-off-Tickets gelten 24 Std. (85 Dh) oder 48 Std. (295 Dh). Tickets sind erhältlich beim Busfahrer oder an verschiedenen Verkaufsständen entlang der Route, z.B. Al Majaz Waterfront, Al Qasba Canal und Zentralmarkt, Vorausbuchung ist nicht nötig.

Night Tour: 50 Dh, ab Souq al Markazi, Start 19.30–22 Uhr alle 30 Min., Fahrtdauer 1½ Std.

Tipp zur Besichtigung von Sharjah und Dubai: Inhaber eines 48-Stundentickets können sich nicht nur Sharjah ansehen, sondern auch an einer Dubai City Sightseeing Tour mitmachen. Außerdem kann man mit dem 48-Stundenticket einen Gratis-Shuttlebus sowohl nach Dubai (Dubai City Centre) als auch nach Sharjah (Zentralmarkt) – nutzen.

Al Hisn Fort (Museum)

Bis 1969 standen mitten auf einer Verkehrsinsel zwischen den Fahrspuren der verkehrsreichen Al Hisn St. ein einzelner alter Wachturm und verfallene Mauerteile, einzige **Überbleibsel eines einst prächtigen Wohnforts** der früheren Herrscher von Sharjah. 1823 im Auftrag von *Shaikh Sultan bin Saqr Al Qasimi* erbaut, war das Fort rund 150 Jahre lang die Residenz der herrschenden Familie. Zudem wurde es als **Gouverneurssitz** und Gefängnis genutzt.

Heute ist das Al Hisn Fort in seiner alten Größe rekonstruiert und als **Museum** eingerichtet. Ein zentraler Innenhof und drei Wehrtürme sind die zentralen Elemente des zweigeschossigen, rechteckigen Festungsbaus. In zwölf modern und interaktiv ausgestattetetn Ausstellungsgalerien kann man sich über die Geschichte der Festung, der Stadt und der Herrscherfamilie informieren. Aus der Gründerzeit stammen das mächtige Teakholz-Haupttor und die Kanone Al Raggas, mit der die Al Qawassim angeblich jeden Angriff auf die Stadt siegreich abgewehrt haben.

■ **Infos:** geöffnet Sa bis Do 8–20 Uhr, Fr 16–20 Uhr, Eintritt: 5 Dh, Tel. 5 68 55 00, Infos: www.sharjahmuseums.ae.

Souq al Shinasiyah

Dieser im Rahmen von umfassenden Altstadtrestaurierungen (siehe „Heart of Sharjah") auf seinen alten, mit Bodenradar lokalisierten Grundmauern neu errichtete Souqbereich war in den 1950er Jahren ein bedeutender Marktplatz der Stadt. Sein Name rührt daher, dass damals Kaufleute aus Shinas am omanischen Golf hier regen Handel trieben. Der im alten Stil errichtete Neubau beherbergt **18 Geschäfte** entlang einer schattigen Gasse. Überwiegend traditionelle Waren und Handwerksprodukte werden hier angeboten, Souvenirs und Alltagsprodukte finden sich ebenso.

Die **Souqgasse** fungiert als Bindeglied zwischen den beiden anderen neo-historischen Altstadt-Marktgassen: dem Souq Saqr der Arts Area und dem Souq al Arsah der Heritage Area.

Heritage Area und Arts Area

Die **Al Hisn St.,** die mehrspurige Straße, in der das Al Hisn Fort steht, zerteilt das historische Altstadtgebiet Sharjahs in Heritage Area (Volkskundeviertel, arabischer Name des Stadtteils: **Al Marijah**) und Arts Area (Kunstviertel, **Al Shuwayheen**). Wegen der vielen ansässigen Banken wird die Straße auch Bank St. sowie Al Boorj Avenue genannt. Noch reihen sich hier wenig ansehnliche Hochhäuser aus den 1960er bis 1970er Jahren aneinander, doch diese sollen in Zukunft weichen, um Platz für rekonstruierte Altstadthäuser zu bieten.

Arabische Architektur mit Windtürmen in der Heritage Area

sharjah_003 kk

Heart of Sharjah

Sharjahs Herz – sprich: der Altstadtbereich bzw. das, was nach der schnellen Modernisierung seit Mitte des letzten Jahrhunderts davon noch übrig ist – erfährt gerade eine aufwendige und einmalige Wiederbelebung. Das mit 35.000 m^2 **größte Denkmalschutzprojekt der Region** widmet sich der Rekonstruktion und Restauration eines kompletten Altstadtbereichs. Das Areal des Heart of Sharjah soll eine Art **Zeitreise** ein halbes Jahrhundert zurück ermöglichen.

Insbesondere in der **Heritage Area** kann man bereits heute einen guten Eindruck davon bekommen, wie das Leben früher ausgesehen haben mag. Etliche historische Häuser wurden bereits seit Anfang des Milleniums instand gesetzt, viele wurden umfunktioniert, einige komplett neu aufgebaut.

Heart of Sharjah wurde 2010 initiiert, **2025** sollen die **Bauarbeiten abgeschlossen** sein. Souqviertel, Museen, Kunst- und Kulturstätten, Hotels, Restaurants, Cafés, Spielplätze, Moscheen sowie Wohn- und Verwaltungsgebäude sollen dann die komplette Altstadt und ihre Geschichte mit neuem Leben erfüllen.

Natürlich wird Heart of Sharjah eine moderne städtische Infrastruktur aufweisen und zeitgemäß ausgestattete Gebäude. Alles wird **fußgängerfreundlich** konzipiert. Sharjah möchte sich als moderne Stadt präsentieren, die ihre historischen und kulturellen Wurzeln wertschätzt.

Nicht nur die Bereiche Heritage Area und Arts Area sind Teil des Projekts, sondern auch die mittendrin verlaufende **Al Hisn St.** Viele der dortigen, 45 bis 50 Jahre alten Hochhäuser sollen nach und nach abgerissen bzw. rückgebaut werden, damit auch hier Gebäude im alten Stil entstehen können. Hausbesitzer erhalten vom Staat Entschädigungen in Form von Neuland und Investitionswert. Einzig historisch war hier bislang nur das **Al Hisn Fort,** das jahrzehntelang quasi mitten auf der Straße stand. Als erstes auf der Al Hisn St. vollendet war die Rekonstruktion des nahe am Creek gelegenen **Souq al Shinasiyah.**

Heart of Sharjah wurde 2014 von der **UNESCO** in die Anwärterliste der World Heritage Sites aufgenommen. Dies belegt die Bedeutung der Baudenkmalspflege in Sharjah.

In weiten Teilen kommen althergebrachte Bauweisen und Baustoffe zum Einsatz. **Authentizität** soll erreicht werden. So weisen historische Häuser eine niedrige Geschosszahl auf, Häuser wohlhabender Familien haben einen zentralen Innenhof mit umlaufenden Galerien, Windtürme (arab. *bajeel*) sorgen für Luftaustausch. Korallenstein war einst der vorherrschende Baustoff, doch da der Abbau des Gesteins aus Meeresschutzgründen heute nicht mehr gestattet ist, wird Schuttmaterial wiederverwertet. All diese Umstände machen den besonderen Reiz, aber auch die Herausforderungen dieses langwierigen Projekts aus.

Und es geht nicht nur um den Wiederaufbau von Gebäuden. Heart of Sharjah soll dem traditionellen Kulturerbe und Brauchtum genauso wie moderner **Kunst und Kultur** gewidmet sein. Das Ergebnis wird sicherlich auch touristisch hochinteressant sein.

Teil von Heart of Sharjah ist das **Al Bait Hotel,** was übersetzt schlicht „Das Haus" heißt. Es wird ein einmaliges Luxus-Boutiquehotel, das sich über mehrere Häuser sowie deren Innenhöfe in der Altstadt erstreckt. In dem stilvoll arabisch-gemütlich eingerichteten Hotel soll man sich ab 2017 wie in einem Märchen aus 1001 Nacht fühlen (www.ghmhotels.com).

Während der **nächsten Jahre** müssen Besucher damit rechnen, dass manche Museen, kulturellen Einrichtungen oder Häuser wegen Umbaumaßnahmen vorübergehend geschlossen sind. Leider verweisen Ausschilderungen mitunter auf nicht-öffentliche historische Häuser oder führen zu verschlossenen Türen.

Das Altstadtareal ist Austragungsort interessanter **Festivitäten:** Bei den Sharjah Heritage Days alljährlich im April werden z.B. traditionelle Musik- und Tanzaufführungen gezeigt, Handarbeiten hergestellt, Leckereien verkauft und Familienfeste veranstaltet. Während der Kunstmesse Sharjah Biennale, die alle zwei Jahre im Frühjahr stattfindet, öffnen viele historische Häuser ihre Pforten und fungieren als Kunstraum.

Infos: www.heartofsharjah.ae, Tel. 5 44 88 47; für das Projekt verantwortlich ist die Sharjah Investment and Development Authority, www.shurooq.gov.ae, Tel. 5 56 07 77

sharjah_003 kk

Auf den Ruinen des ursprünglichen Stadtzentrums entsteht unter der Schirmherrschaft des Herrschers *Shaikh Sultan* und mit viel Aufwand das **kulturelle und touristische Herzstück der Stadt.** Seit Beginn dieses Millenniums werden historische Gebäude restauriert, Mauerreste zu Häusern rekonstruiert, Museen und Kulturstätten eingerichtet, Plätze gestaltet und Souqgassen gebaut. Auch an Details wie Petroleumlampen, welche die Gassen erhellen, wurde gedacht. Das Projekt dauert an und trägt seit 2010 den Namen **Heart of Sharjah.**

Viele der hiesigen Gebäude – auf Arabisch „bait“ = „Haus“ genannt – waren im Besitz prominenter und wohlhabender Familien Sharjahs. Wie damals üblich, trugen Häuser den Namen der darin lebenden Familie. Manche zeigen heute als **kleine Museen** gesellschaftliche oder geschichtliche Aspekte des kulturellen Erbes von Sharjah.

Vom Al Hisn Fort bietet sich ein **Besichtigungsspaziergang** an, der westlich der Al Hisn St. zunächst zu den Museen und traditionellen Häusern des Volkskundeviertels und durch den Souq al Arsah zur Corniche führt. Nach einem Bummel durch die Gasse des Souq al Shinasiyah kann man auf der anderen Seite der Al Hisn St. den Rundgang mit einem Besuch des Souq Saqr und der Arts Area beenden. Heritage Area und Arts Area sind weitgegend autofrei – das macht einen Spaziergang umso schöner.

Heritage Area

Die Wiederaufbauarbeiten in diesem **Volkskundeviertel** sind relativ weit fortgeschritten, sodass man sich in alte Zei-

ten zurückversetzt fühlt. Historische, mit Windturm versehene Häuser und kleine Moscheen, lauschige Altstadtplätze und stellenweise schulterenge Gassen charakterisieren das Viertel.

Zur Landseite hin wird das Areal eingerahmt von einer **rekonstruierten Stadtmauer,** die von Toreingängen durchbrochen und von Wehrtürmen flankiert wird. Im Norden markiert die **Corniche** die Grenze.

Mit ihren blau-bunten Mosaiken im persischen Stil ist die **Moschee Al Zahra** die schönste weit und breit, sie steht direkt am Ufer. Mitten im Viertel liegt der **Heritage Square.**

Neben den unten aufgelisteten historischen Häusern bzw. Museen sind in der Heritage Area weitere **Kultur- und Kunstorganisationen** mit Lehrstätten, Veranstaltungs- oder Ausstellungsräumen untergebracht, z.B. National Thea-

tre, Theatrical Association, Centre for the Art of Arabic Calligraphy and Ornamentation, Ceramics House, Traditional Games House, Sharjah Art Foundation Art Space, Handcraft Centre.

Heritage Museum

Nicht weit vom Al Hisn Fort, jenseits der nachgebauten Stadtmauer, widmet sich das **Volkskundemuseum** der Erforschung, Bewahrung und Präsentation der Traditionen, Bräuche und kulturellen Überlieferungen Sharjahs. Ein Besuch ist eindrucksvoll und lehrreich.

Das Museum wurde eingerichtet im historischen **Bait Saeed Al Taweel** („Das Haus des hochgewachsenen Taweel"), dessen Ursprünge ins Jahr 1795 zurückreichen. Der für seine ungewöhnliche Körpergröße bekannte Hausherr war ein wohlhabender Perlenhändler. Die um **zwei Innenhöfe** gelegenen Räume sind nach verschiedenen volkskundlichen Themen eingerichtet. Für Kinder gibt es spezielle interaktive Angebote. Die Dauerausstellung ist in **sechs Themengalerien** unterteilt: Landschaften – Sharjahs Naturräume; Lebensweisen – Traditionen, Bräuche, Kleidung, Religion; Festivitäten – muslimische Festtage, Familienfeste; Lebensunterhal – althergebrachte Lebensgrundlagen, Dienstleistungen, Handel; Traditionelles Wissen – Medizin, Astrologie, Wetterkunde; Mündliche Überlieferungen – Märchen, Legenden, Lieder, Dichtkunst. Das Museum veranstaltet zudem wechselnde Ausstellungen oder zeigt Kinofilme.

■ **Heritage Museum:** geöffnet Sa bis Do 8–20 Uhr, Fr 16–20 Uhr, Eintritt: 5 Dh, Tel. 5 68 00 06, www.sharjahmuseums.ae

Calligraphy Museum

Das gegenüber vom Volkskundemuseum gelegene **Museum der arabischen Kalligrafie (Schönschreibkunst)** zeigt verschiedene Schriftformen und formvollendete Schönschreibbilder, darunter auch Werke international bekannter Kalligrafen. Auch wenn sich die inhaltliche Bedeutung der Worte den meisten Touristen mangels Arabischkenntnissen nicht erschließt, so kann man ein Augenmerk richten auf ästhetische Wirkung, technische Umsetzung und die Komplexität der Ausdrucksformen auf verschiedenen Materialien (Papier, Holz, Keramik, Leinwand).

Die künstlerische Gestaltung der arabischen Schrift schafft eine **formvollendete Verbindung von Wort und Bild.** Aus Buchstaben entstehen elegante, verschlungene Formen oder kleine Kunstwerke, der eigentliche Kern aber ist der **religiöse Inhalt** des Textes. Das am häufigsten geschriebene Wort ist „Allah", und was im Christentum das Kreuz symbolisiert, dem entspricht im Islam in etwa Gottes Schriftzug.

Nicht nur Kalligrafie, sondern auch Ornamentik und andere traditionelle Kunstformen sowie deren historische Entwicklung werden thematisiert. **Kalligrafie und Ornamentik** stellen eine Art „Ersatzkunst" dar, denn streng genommen sind im Islam bildliche Darstellungen von Gott, Heiligen, Menschen und Tieren untersagt. In der heutigen Zeit von Massenmedien, Passfotos und Spiegeldekorationen ist das **Bilderverbot** nicht mehr ausnahmslos durchzusetzen und gilt oft nur noch im religiösen Zusammenhang.

Neben der Dauerausstellung organisiert das Museum auch wechselnde Ausstellungen, Workshops und Vorträge. Im angrenzenden Gebäude befindet sich das **Sharjah Centre for the Art of Callygraphy & Ornamentic,** in dem Studenten Kalligrafie und Ornamentik in ihrer ganzen Vielfalt erlernen. Auch Ateliers von Kalligrafen finden sich hier.

■ **Calligraphy Museum:** geöffnet Sa bis Do 8–20 Uhr, Fr 16–20 Uhr, Eintritt: 5 Dh, Tel. 5 69 45 61, www.sharjahmuseums.ae

Bait al Nabooda

Mitten in der Heritage Area steht **das älteste aller Häuser der Altstadt,** ein aus dem Jahr 1845 stammendes Handelshaus. Es war das erste Gebäude, das 1995 im Rahmen des Staatsprogrammes auf Erlass des Herrschers restauriert wurde. Auch damals schon kamen vorrangig traditionelle Materialien wie Korallenstein (sehr gut sichtbar am teilweise unverputzten Mauerwerk), Kalkmörtel und afrikanisches Holz zum Einsatz.

Das Bait al Naboodah hat **16 Zimmer auf zwei Etagen,** die um einen großen Innenhof herum gebaut sind. Ungewöhnlicherweise wurde es ohne Windtürme erbaut, für Kühlung sorgten raffiniert angeordnete Lüftungsschlitze. Besonderes Augenmerk verdienen die **holzgeschnitzten Säulen, Balkongitter,** Dachvorsprünge und Fensterverkleidungen.

Das Haus gehörte der Familie des *Obaid bin Issa bin Ali al Shamsi,* dessen Spitzname „Al Naboodah" war. Der **Hausherr** handelte hauptsächlich mit Perlen und besaß Büros in Indien, England und Frankreich. Bis Ende der 1970er Jahre lebte die Familie hier.

Nebenan befindet sich der **Majlis al Nabooda,** der Empfangsraum, in dem einst entfernt wohnende Familienmitglieder, Freunde und Geschäftspartner empfangen wurden. Beide Gebäude sind durch eine im ersten Stock über die Gasse laufende Überführung verbunden. Heute ist hier das **Heart of Sharjah Discovery Centre** eingerichtet. Dieses Besucherzentrum bietet Informationen über das Projekt Heart of Sharjah.

Bait al Nabooda: nur von außen zu besichtigen, voraussichtlich ab 2017 wird das Haus als Museum zugänglich sein, Tel. 5 68 17 38, www.sharjahmuseums.ae

☐ Ausstellungsstücke im Calligraphy Museum

sharjah_004 sct

■ **Heart of Sharjah Discovery Centre:** geöffnet Sa bis Do 8–20 Uhr, Fr 16–20 Uhr, Tel. 5 44 88 47, www.heartofsharjah.ae

Schulmuseum Al Eslah

Vom selben Altstadtplatz, von den man das Nabooda-Haus betritt, kann man die einstige Eslah-Schule besuchen. **1935 gegründet,** gehörte sie zu den ersten Bildungseinrichtungen im Land. Die vier Klassenzimmer sind in der Ausstattung der Gründerzeit eingerichtet und mit historischen Fotos bereichert.

Seinerzeit bestand die übliche Form des Lehrens und Lernens darin, dass im Haus des Religionslehrers kleinen Gruppen von Kindern **Islamkunde** erteilt wurde. Al Eslah war die erste Schule, die darüber hinaus quasi als Volksschule regelmäßigen und dauerhaften Unterricht ermöglichte und nicht einzig die Koranvermittlung zum Ziel hatte.

Als **Schulgründer** gilt *Shaikh Mohammed bin Ali al Mahmoud,* der sich auf Reisen in der Region über unterschiedliche Didaktiken informierte und daraus seine eigenen Methodiken entwickelte. Der intellektuelle Pionier unterrichtete neben Religion Mathematik, Geografie, Geschichte, Literatur, Astronomie und Englisch. Zudem stellte er eine bedeutsame Bibliothek zusammen. Bis 1948 war er Schuldirektor.

In den 1940er Jahren ist die Schule zu Ehren von *H.H. Shaikh Dr. Sultan bin Mohammed Al Qasimi* in **Al Eslah Al Qasimia** umbenannt worden. Der heutige Herrscher von Sharjah ist der prominenteste Schüler. In den frühen 1950er Jahren war Al Eslah eine der ersten Schulen, in der Mädchen unterrichtet wurden. Kurz danach war das Gebäude zu klein und die Schule zog um.

Der Name der Schule entspricht ihrem Fortschrittsstreben: „Al Eslah" heißt „die Erneuerung".

■ **Schulmuseum Al Eslah:** geöffnet Sa bis Do 8–20 Uhr, Fr 16–20 Uhr, Eintritt: frei, Tel. 5 68 41 14, www.sharjahmuseums.ae

Souq al Arsah

Am nordöstlichen Rand des Volkskundeviertels, nahe der Corniche, betritt man den Souq al Arsah, einen **rekonstruierten historischen Markt** (übersetzt heißt Souq al Arsah „Hofmarktplatz"). Dank gelungener Wiederaufbau- und Verschönerungsmaßnahmen besticht der Souq durch sein malerisches Flair. Seine gedeckten Gassen treffen sich in einem zentralen, **säulenbestandenen Platz,** den Geschäfte umgeben, die aus Korallenstein erbaut sind – der Platz zählt zu den schönsten in Sharjah. Ein traditionelles **Café** (Arsah Public Coffee Shop) lädt zum Verweilen und zum Probieren des traditionellen arabischen Kaffees ein (auch gute Snacks, Süßigkeiten und preisgünstige arabische bzw. indische Speisen).

In den rund **100 kleinen Läden** des Souqs finden Touristen viele als Souvenir geeignete Kunsthandwerksprodukte, darunter Perlentruhen, Kaffeekannen, Wandteppiche, Palmwedelkörbe, Parfüm, Räucherstoffe, Weihrauchbrenner, Stofftücher, Krummdolche, Schmuck. Auch traditionelle Bekleidungsstücke sowie Schneiderläden bietet der Souq. Frauen können sich durch eine Vielzahl an Duftölen schnuppern, Männer einen traditionellen Barbier besuchen. Etwas versteckt liegt ein kleiner Laden, der die traditionelle Süßspeise Halwa in großen Kupferschüsseln kocht und verkauft.

Über Mittag sind die Geschäfte geschlossen, nachts werden die vier Eingangstore mit schweren Holztüren verriegelt.

Die Fläche am Rande des Marktes war früher ein **Kamelrastplatz,** Beduinen tauschten hier ihre Ware mit Seefahrern aus Indien und Persien.

In direkter Nachbarschaft zum Souq dehnt sich das **Al Bait Hotel** über mehrere Altstadthäuser aus.

Arts Area

Auf der anderen (nordöstlichen) Seite des Al Hisn Fort schlägt das künstlerische „Herz" Sharjahs. Im Kunstviertel, im Schatten des riesigen Gebäudes des Sharjah Art Museum, haben diverse Kunstorganisationen ihren Sitz in neuhistorischen Häusern. Aber auch einen Souq bietet dieses Viertel. Mittendrin liegt der **Art Square,** er verbindet die umliegenden Kunsträume und fungiert als Ort für Kunstwerke, Projekte, Interventionen oder Performances im öffentlichen Raum.

Im Westen, neben dem Sharjah Institute of Arts, steht die **Moschee Al Dalil.** Die restaurierte Moschee ist eine der ältesten Sharjahs und datiert auf die Mitte des 18. Jahrhunderts. Nicht-Muslime dürfen das Gebetshaus nicht betreten.

Sharjah Art Museum

Mitten in der Arts Area, mit dem Haupteingang am Art Square, ist das **riesige Kunstmuseum** wegen seiner Größe und seiner vielen Windtürme nicht zu übersehen. In den 11.000 m² umfassenden 72 Räumen befinden sich mehrere Ausstellungen, teils fest, teils wechselnd. Auf zwei Etagen sind Gemälde und Skulpturen junger einheimischer Künstler und Werke aus allen Teilen des Mittleren Ostens zu sehen. Im zweiten Stock befindet sich die Sammlung von *H.H. Shaikh Dr. Sultan bin Mohammed Al Qasimi.* Der Herrscher Sharjahs und Schirmherr dieses Museums hat zahlreiche Werke von Künstlern aus verschiedenen arabischen Ländern als Leihgabe zur Verfügung gestellt.

Über eine Brücke im Museum gelangt man in ein Nachbargebäude, in dem die Sammlung für zeitgenössische arabische Kunst **(Museum for Contemporary Arab Art)** untergebracht ist. Auf drei Etagen (unterteilt in sechs Ebenen) werden aktuelle Kunsttrends aus der arabischen Welt gezeigt, die Vielfalt ist bemerkenswert. Auch ausgezeichnete Stücke der Sharjah Biennale sind zu sehen. Zum Museum gehören auch ein Café und eine Bibliothek mit über 4000 Titeln in arabischer, englischer und anderen Sprachen sowie eine multimediale Materialiensammlung.

■ **Sharjah Art Museum:** geöffnet Sa bis Do 8–20 Uhr, Fr 16–20 Uhr, Eintritt: frei, Tel. 5 68 82 22, www.sharjahmuseums.ae

Old Souq

Landeinwärts vom Sharjah Art Museum liegt der Old Souq, der alte Souq. Bis zur Al Hisn St. erstreckt sich dieses Marktareal, das anders als sein Name suggeriert aus den 1980er Jahren stammt. Im Erdgeschoss mehrerer gesichtsloser Hochhäuser bieten **kleine Läden** allerlei Alltagswaren an, so wie Räucherwerk und Duftstoffe in vielen Nuancen sowie arabische und indische Bekleidung in allen Farben.

Souq Saqr

Zum Creek hin wird das Kunstviertel begrenzt vom Souq Saqr, im Volksmund auch **Souq al Bahar** („Markt des Meeres") oder **Irani Souq** („iranischer Markt") genannt. Diese **gedeckte Souqgasse** zeigt sich in bescheidener Ursprünglichkeit und ist gerade deswegen sehenswert. Das Warenangebot richtet sich, anders als im benachbarten Souq al Arsah, nicht vorrangig an Touristen. Auffallend viele Emirater kaufen hier Gebrauchsgegenstände wie Gewürze, Parfüm, Kosmetikartikel oder Bekleidung ein.

Sonstiges in der Arts Area

Die im dreigeschossigen Bait Al Serkal zu findende **Sharjah Art Foundation** bietet ein breites Programmspektrum zeitgenössischer Kunst und Kultur und ist Veranstalter der **Sharjah Biennale** (Tel. 5 68 50 50, www.sharjahart.org). In der Arts Area nutzt die Art Foundation das nahe gelegene Collections Building als Ausstellungsgebäude; weitere Ausstellungsräume liegen in der Heritage Area.

Im **Sharjah Institute of Arts** kann man Kunst verschiedener Sparten studieren (Tel. 5 68 88 00, www.sdci.gov.ae).

Die **Emirates Fine Arts Society** fördert ihre Mitglieder durch vielerlei Aktivitäten und Seminare und beherbergt einige Studios (Tel. 5 68 44 88, www.arts-uae.ae).

Die **Sharjah Arts Galleries** sind im 1845 errichteten Bait Obaid bin Hamad al Shamsi untergebracht, rund um den Innenhof haben Künstler ihre Ateliers, Werkstätten und Galerien eingerichtet (Tel. 5 68 88 11, www.sdci.gov.ae).

sharjah_006 sct

Das Haus Abdallah Al Sari beherbergt die **Very Special Arts,** eine Kunstschule für Behinderte (Tel. 5 68 78 12).

Viele der vorgenannten Institutionen veranstalten wechselnde Ausstellungen oder andere Kunstevents. Aktuelle Termine unter **www.sharjahart.org** und **www.heartofsharjah.ae.**

Sharjah Museum of Islamic Civilisation

Jenseits der Arts Area, etwas weiter die Corniche lagunenauswärts Richtung Nordosten, erhebt sich rechter Hand ein markantes, lang gezogenes Gebäude mit einer goldfarbenen Kuppel: das Museum der islamischen Zivilisation. Es zeigt über **5000 bedeutsame Kulturgüter aus der gesamten islamischen Welt** und beschreibt den Islam in seiner Geschichte, seinen Grundzügen und seiner Vielfalt. Die Exponate stammen teilweise aus der privaten Sammlung von *H.H. Shaikh Dr. Sultan bin Mohammed Al Qasimi,* dem Herrscher von Sharjah.

Die **Ausstellungsstücke** und die dazugehörigen Erklärungstexte, Wandgrafiken und Modelle vermitteln Besuchern ein Verständnis der kulturellen, sozialen und wissenschaftlichen Errungenschaften des Islam. Unter anderem sind historische Manuskripte, wertvolle Ausgaben des Koran, die angeblich älteste Weltkarte aus dem Jahr 1099 und ein Vorhang der Kaaba in Mekka zu sehen. In der ersten Etage herrschen Gegenstände der islamischen Kunst vor. Unter der goldfarbenen Kuppel gibt es ein **Café,** ein Blick nach oben lohnt: Die Kuppel ist ausgeschmückt mit einem Nachthimmel samt Sternzeichen. Ergänzend richtet das Museum wechselnde Ausstellungen aus.

Sharjah Museum of Islamic Civilisation: geöffnet Sa bis Do 8–20 Uhr, Fr 16–20 Uhr, Eintritt: 5 Dh, Tel. 5 65 54 55, www.islamicmuseum.ae, www.sharjahmuseums.ae

Lagune Al Khaleed

Der größte Teil des Innenstadtbereichs schmiegt sich an die Lagune Al Khaleed. In Ufernähe befinden sich zahlreiche Cafés, Hotels und Restaurants, aber auch Sehenswürdigkeiten wie die Moschee Al Noor, der Souq al Markazi, der Vieh- und Pflanzenmarkt. Schon von Weitem sichtbar ist die **Fontäne,** die in der Mitte der Lagune 220 m hoch aus dem Wasser schießt. Abends (18.30–23 Uhr) starten halbstündlich Fontänen-Shows mit verschiedenen Licht-, Laser-, Video- und Audioeffekten. Sie sind gratis und beispielsweise gut zu beobachten von Al Majaz Waterfront.

Freitags ist die Lagune ein beliebtes Ausflugsziel fürs **Familienpicknick,** der schattigste Platz der Stadt ist die **Palmenoase** am östlichen Lagunenufer zwischen dem Holiday International Hotel und der Moschee Al Noor. Abends bieten die von unten angestrahlten Palmen ein besonders beeindruckendes Bild. Spaß für Klein und Groß bieten die beiden **Freizeitparks Al Majaz und Al Montazah.**

◁ Sharjah Museum of Islamic Civilisation

Hinter der **Al Arouba Bridge,** ab dem Fischmarkt lagunenauswärts, liegen zahlreiche **Holzdhaus** in mehreren Reihen vor Anker und warten auf ihre Be- oder Entladung. Ein Bummel entlang der Schiffe lohnt sich besonders frühmorgens oder am späten Nachmittag. Vom Fischmarkt bis zur Arts Area ist es entlang der nordöstlichen Corniche etwas mehr als 1 km.

Das Laguneninnere wird gesäumt von der Uferstraße namens **Al Buhaira Corniche** – der direkt am Ufer verlaufende Fußgängerweg heißt **Khaleed Lake Trail.** Immer wieder trennen Grünanlagen beide voneinander und laden zur Rast auf einer schattigen Bank ein. Vom Souq al Markazi rund um die Lagune über die Al Arouba Bridge zurück zum Ausgangspunkt sind es knapp 7 km. Auch per Leih-Fahrrad kann man das Areal erkunden.

Wer lieber per Boot fahren möchte, findet bei **Al Majaz Waterfront** Anlegestellen, von denen hölzerne Dhauboote sowie kleinere Abra-Boote zu einer Rundfahrt aufbrechen. Apropos: In der Lagune, nördlich des Marbella Resorts, ankert eine Dhau, die als Restaurant eingerichtet wurde **(Sharjah Dhau Restaurant),** etwas weiter laguneneinwärts, nahe an der Moschee Al Noor, befindet sich in einem rekonstruierten Bruchsteinhaus ein traditionelles Caféhaus **(Qahwa Shabia);** auf der Terrasse kann man mit Blick auf die Lagune einen Kaffee schlürfen.

Im Inneren der Lagune gibt es drei Inseln: Mittendrin und am größten ist **Flag Island** – unverkennbar dank der 123 m hoch aufragenden, 15 x 30 m riesigen Flagge der Vereinigten Arabischen Emirate. Über die Insel führt die Al Arouba Bridge, die Al Arouba St. verläuft ab der Lagune Al Khan mitten durch Sharjah. Auf der Insel kann man den **Vergnügungspark Al Montazah** besuchen.

Al Majaz Island liegt am westlichen Buhaira-Ufer. Hier wurde ein 4500 Zuschauer fassendes Amphitheater im römischen Stil erbaut. Weitere Freizeiteinrichtungen sollen in Zukunft folgen.

Als kleinste Insel liegt **Al Noor Island** am östlichen Buhaira-Ufer. Ab Ende 2015 sollen Attraktionen wie Park, Café, Schmetterlingshaus, Literaturpavillon, Abenteuerspielplatz, Bootsangelestelle und Showbühne ausgebaut und über eine Fußgängerbrücke zu besuchen sein.

☑ Blick von der Al Buhaira Corniche auf Sharjah

sharjah_009 sct

Die Lagune Al Khaleed ist über den künstlich angelegten, ca. 1000 m langen **Kanal Al Qasba** mit der westlich gelegenen Lagune Al Khan verbunden.

Einige der oben erwähnten Sehenswürdigkeiten seien im Folgenden detaillierter beschrieben.

Souq al Markazi

An der Lagune Al Khaleed, an der östlichen Buhaira Corniche nahe der Al Arouba Bridge, wurde Ende der 1970er Jahre der Souq al Markazi erbaut. Sein arabischer Name lautet übersetzt **„Zentralmarkt"**, er wird auf Englisch auch „Central Souq" oder „Blue Souq" genannt – das Blau im Namen bezieht sich auf die herrlichen blauen Ornamentkacheln und die blauen Dächer. Das mit einer Fläche von **80.000 m²** riesige Gebäude besteht aus acht Blöcken in zwei Reihen, die über zwei Brücken miteinander verbunden sind. Mit zwanzig hohen Windtürmen, den Rundbogenfenstern, den halbrunden Dächern und allein schon durch seine Größe bietet der neoarabische Bau einen imposanten Anblick.

Auf zwei Etagen befinden sich **600 Geschäfte** (224 pro Etage, je 36 in den beiden Überführungen und 80 in den Treppenaufgängen). In den **oberen Abteilungen** werden vorwiegend Teppiche, Handwerksartikel und Andenken verkauft, das wenigste davon aus den Emiraten: Die Teppiche sind meist im Iran geknüpft, die aus Holz gearbeiteten Kästchen, Schränkchen und Figuren

sind Massenware aus Indien, der Silberschmuck wird in Oman gefertigt, und viele der paillettenverzierten Wandbehänge stammen aus Burma. Diese Vielfalt verwandelt die obere Etage in einen internationalen Souvenirbasar.

In der unteren Etage ist das Warenangebot deutlich zweigeteilt. Auf der der Lagune zugewandten Seite verkaufen viele Läden Goldschmuck, zwischen ihnen breiten sich die Düfte der Parfümerien aus. In der anderen Gebäudehälfte werden fast ausschließlich preiswerte Textilien feilgeboten. Handeln ist fast überall Pflichtübung!

Wie üblich ist das Souqgebäude mittags durchgehend geöffnet, auch wenn dann viele Geschäfte Mittagspause haben. Der größte Andrang herrscht am Abend, wenn Einheimische zum Bummeln kommen.

sharjah_008 sct

Moschee Al Noor

Am östlichen Ufer der Lagune Al Khaleed, an der Buhaira Corniche, ist die riesige, osmanisch inspirierte Moschee Al Noor ein echter **Blickfang:** 34 Kuppeln unterschiedlicher Größe und zwei pfeilspitze, 52 m hohe Minarette dominieren das Außenbild. Die Lage zwischen Lagunenufer und Hochhäusern bietet kontrastreiche Ansichten. Besonders pittoresk ist die Moschee abends, wenn sie **hell illuminiert** wird und damit ihrem Namen („Das Licht") alle Ehre macht. Beim Sharjah Light Festival alljährlich im Februar erstrahlt die Moschee kunterbunt.

Die 2005 fertiggestellte Moschee wurde im Auftrag von *Shaikha Jawaher bint Mohammed al Qassimi,* der Ehefrau des Herrschers, errichtet. Sie ist die einzige der rund 600 Moscheen des Emirats, die auch von **Nicht-Muslimen** im Rahmen einer **Führung** besichtigt werden darf. Dabei werden Grundlagen des Islam und Details zur Moschee erklärt, auch Landeskunde fließt ein. Besucherfragen werden gerne aufgenommen.

Der **zentrale Gebetsraum** ist reich verziert mit floralen und geometrischen Mustern sowie Kalligrafien aus Stuck. Hoch aufragende Arkaden und mit Kronleuchtern behangene Kuppeln gliedern den Raum, bunt verglaste Rundbogenfenster schaffen Licht- und Schatteneffekte. Die **Zentralkuppel** der Moschee

< Im zentralen Gebetsraum der Moschee Al Noor

ist 31,50 m hoch und 100 Tonnen schwer – vier Säulen tragen sie. Die Auskleidung mit Marmor und die zarte Farbgebung verleihen dem Gebetshaus eine edle Note. 2200 Menschen finden Platz, Frauen haben, wie in allen großen Moscheen, eigene Gebetssräume.

■ **Moschee Al Noor:** Einstündige **Gratis-Führungen** werden Mo und Do 10 Uhr organisiert vom Sharjah Centre for Cultural Communication, Tel. 5 68 00 55, www.shjculture.com, das Büro findet sich in der Heritage Area im Souq al Arsah, geöffnet So bis Do 8–14 Uhr. Bitte konservative Kleidung anziehen, lokale Herren- und Damengewänder sowie Kopftücher werden ausgeliehen. Die Moschee darf fotografiert werden.

Al Majaz Waterfront

Dieser direkt am östlichen Lagunenufer gelegene **Park** bietet diverse Attraktionen. Grünflächen, Blumenbeete und Spazierwege ziehen sich durch den Park, Jogger können den 750 m langen gummierten Joggingweg nutzen. Am Lagunenufer gelegene preisgünstige bis mittelpreisige Restaurants und Cafés bieten sich für eine aussichtsreiche Rast an. Abra-Boote laden zu **Lagunenrundfahrten** ein (12.30–23 Uhr, 80 Dh).

„The hierarchy of being“ („Die Hierarchie des Seins“) heißt die weiße, runde, begehbare Kunstinstallation des Irakers *Wafaa Bilal*. Im Inneren wird das Prinzip der Lochkamera – eine arabische Erfindung aus der mittelalterlichen Blütezeit des Islam – umgesetzt, sodass die Welt auf dem Kopf steht. Das Kunstwerk ist Teil des **Maraya Art Park,** der wechselnde Kunst zeigt. Ein Bereich, der **Children's Art Park,** zeigt Kunst für bzw. von Kindern. Für Kids gibt zudem einen großen, schattigen Spielplatz (20 Dh, Kinder 15 Dh), einen Minigolf-Parcours (25 Dh, Kinder 15 Dh), den Wasserspielplatz Splash Park (30 Dh) und das betreute Kinderspielzentrum Alwan (40 Dh pro Std.).

Al Majaz Waterfront ist Austragungsort diverser **Festivitäten,** am bekanntesten ist das Sharjah Water Festival jeden Dezember. Tagtäglich ist hier ein Stopp der Sharjah City Sightseeing Bustour.

In den Wintermonaten bietet der **Ripe Market** jeden Dienstagvormittag Bio-Obst und -Gemüse sowie Handwerks- und Kunstprodukte (Tel. 3 80 76 02, www.ripeme.com).

■ **Al Majaz Waterfront:** Die einzelnen Attraktionen haben verschiedene Öffnungszeiten, hier einige Kernzeiten: Minigolf, Splash Park 9–24 Uhr, Bimmelbahn 14–24 Uhr, Alwan Sa bis Do 11–22 Uhr, Fr 14–24 Uhr, Spielplatz im Winter 9–24 Uhr, im Sommer 15–24 Uhr, Tel. 5 52 15 52, www.almajaz.ae.
■ **Tipp:** Die Restaurants und Cafés laden zu Speis und Trank ein – insbesondere abends lohnt die Einkehr, wenn die Lagune zur Bühne der Fontänen-Shows wird.

Qanat Al Qasba

Der **künstliche Kanal** (= Qanat) Al Qasba, durch den die beiden Lagunen Al Khaleed und Al Khan eine Verbindung erhalten, ist ein beliebtes Ausflugs- und Touristenziel, vor allem für Familien. An beiden Uferpromenaden kann man spazieren gehen und die lauen Abendstunden genießen. Wer möchte, kann zum Sightseeing ein Abra-Boot mieten. Eine Fußgängerbrücke und drei Autobrücken überspannen den Kanal.

Die pittoreske, knapp 1 km lange **Uferpromenade** ist ein kulturelles Zentrum Sharjahs: Immer wieder ziehen Kunstausstellungen, Konzerte, Lesungen, Theater- oder Filmaufführungen Besucher an. Im Fastenmonat Ramadan werden am Kanal zahlreiche Festivitäten im Rahmen des Sharjah Ramadan Festival veranstaltet.

Al Qasba Plaza nennen sich die arkaden- und bogengeschmückten Gebäude an den Kanalufern. Im Erdgeschoss finden sich rund 25 Boutiquen, Cafés und Restaurants – die Gaststätten bieten preisgünstige bis mittelpreisige Speisen aus verschiedenen Weltwinkeln und haben schattige Terrassen mit Uferblick. In den oberen Geschossen sind staatliche und nicht-staatliche Einrichtungen ansässig, so etwa die Islamische Bildungs-, Wissenschafts- und Kulturorganisation, die Soziologische Gesellschaft, eine Musikschule und ein Businesszentrum.

Als Attraktion ermöglicht das **Riesenrad „Eye of the Emirates"** die Sicht aus 60 m Höhe – bei klarem Himmel kann man aus den klimatisierten gläsernen Gondeln bis Dubai blicken (Wintersaison Sa bis Do 10–24 Uhr, Fr 15–1 Uhr, Sommersaison Sa bis Mi 16–24 Uhr, Do, Fr 15–1Uhr, Tel. 5 56 07 77, 30 Dh).

Das **Maraya Art Centre** unterstützt junge Künstler, organisiert wechselnde Ausstellungen moderner Kunst und bietet verschiedene Kurse an (www.maraya.ae, Tel. 5 56 65 55). Auch die **Barjeel Art Foundation** samt Galerie findet sich hier (www.barjeelartfoundation.org, Tel. 5 56 65 55).

Der Kanal und die Lagune Al Khaleed können mit hölzernen **Abra-Booten** erkundet werden (tägl. 16–24 Uhr, 15 Dh pro Person oder 100 Dh pro Boot).

Kinder haben Spaß auf dem großen Kinderspielplatz, an den tanzenden Fontänen des Musikbrunnens oder mit den Go-Karts, die zur Ausleihe ab dem späten Nachmittag bereit stehen.

Am Kanal stoppen Stadtrundfahrtbusse, **Tickets** kann man am Informationsschalter am Eye of the Emirates kaufen (9–24 Uhr) oder auch online (weitere Infos s.o. „Sightseeing Bus").

■ **Qanat Al Qasba:** www.alqasba.ae, Tel. 5 56 07 77; die verschiedenen Restaurants und Cafés am Kanal sind zur Einkehr bestens geeignet.

Maritime Museum

Das am Eingang der Lagune Al Khan im Stadtteil Al Khan gelegene Meeres-Museum widmet sich den maritimen Traditionen des Landes. Das Meer hat schon seit der ersten Besiedlung dieses Küstenstreifens eine bedeutende Rolle im Leben der Menschen gespielt. **Historische Utensilien der Fischerei,** des Seehandels, der Navigation und des Bootsbaus sind ausgestellt.

Lange Zeit waren die Perlentaucherei und der Perlenhandel eine wichtige Einnahmequelle. Die mit 7000 Jahren vermutlich **weltweit älteste Perle** (arab.: *lulu*) ist im Museum ausgestellt, gefunden in Sharjah in einem küstennnahen Grab. Wahrscheinlich fand sie ähnlich wie heute als Schmuckstück Verwendung.

An den ausgestellten **Schiffsmodellen bzw. Original-Schiffen** kann man die nach Nutzungsart verschiedenen Bauty-

☒ Das Riesenrad „Eye of the Emirates" am Kanal Al Qasba

pen erkennen. „Dhau" ist der gebräuchliche Sammelname dieser ursprünglich ganz ohne Nägel gebauten Holzschiffe – jeder Typ hat einen eigenen Namen.

Maritime Museum: geöffnet Sa bis Do 8–20 Uhr, Fr 16–20 Uhr, Eintritt: 10 Dh, Tel. 5 22 20 02, www.sharjahmuseums.ae

Sharjah Aquarium

Ebenfalls in Al Khan, in direkter Nachbarschaft zum Maritime Museum, liegt das Aquarium, das zur Erkundung von Sharjahs Unterwasserwelt einlädt. **250 Arten** tummeln sich **in zwanzig Aquarien und Becken** mit 1,8 Millionen Liter Wasser. Trockenen Fußes führt der Weg durch gläserne Tunnel, nachgebaute Schiffswracks und Mangrovenwälder vorbei an Clownfischen, Aalen, Rochen, Muränen, Seepferdchen, Quallen und (harmlosen) Riffhaien.

Nach so viel Fisch hat man vielleicht Lust auf ein leckeres Seafood-Essen im angeschlossenen **Restaurant Samach.**

Sharjah Aquarium: geöffnet Sa bis Do 8–20 Uhr, Fr 16–20 Uhr, So geschlossen, Eintritt: 25 Dh, Tel. 5 28 52 88, www.sharjahmuseums.ae

Science Museum

In diesem außerhalb des Zentrums, nicht weit vom Cultural Square, gelegenen **Wissenschaftsmuseum** wird der Begriff „interaktiv" groß geschrieben. Besucher aller Altersklassen können an 50 Exponaten „Hand anlegen" und so wissenschaftlich-technische oder physikalische Zusammenhänge „begreifen". Interessant auch die Vorführungen im

sharjah_007 kk

Museum, z.B. zum Thema Elektrizität, sowie im **Planetarium.** Das Museum ist zugleich Fortbildungsstätte für Lehrer und Kursort für Schulklassen. Auch Workshops werden angeboten.

■ **Science Museum:** im Stadtteil Halwan, Green Belt Rd (Al Hizam al Akhdar Rd), neben der Sharjah TV-Station, geöffnet So bis Do 8–14 Uhr, Fr 16–20 Uhr, Eintritt: Erwachsene 10 Dh, Kinder 2–12 Jahre 5 Dh, Tel. 5 66 87 77

Sharjah Archaeological Museum

Das **Archäologie-Museum** liegt neben dem Science Museum. Im ersten Museumsraum wird der Frage „Was ist Archäologie?" auf den Grund gegangen. Die Hauptausstellung heißt „Gateway to a Living Past", „Tor zu einer lebendigen Vergangenheit". Durch vier Torbögen hindurch „betritt" man die Zeitepochen von 5000 v.Chr. bis zum Einzug des Islam zu Beginn des 7. Jahrhunderts. Ausgestellt sind archäologische Fundstücke zu Themen wie Besiedlung, Ernährung, Behausung, Schmuck, Kunst, Rituale oder Handel. Neben den interessant präsentierten altertümlichen Relikten vermitteln Riesen-Nachbildungen von bedeutsamen Artefakten einen Einblick in die jeweilige Zeit. Sehr anschaulich sind z.B. die **Modelle** von bronzezeitlichen Häusern, archäologischen Fundstellen und Grabstätten. Klug eingesetzt werden Licht- und Schatteneffekte. Schautafeln und Filme informieren über das Gesehene, an Touch-Screen-Computern kann man sich über die Exponate näher informieren oder selber Archäologe spielen.

■ **Sharjah Archaeological Museum:** im Stadtteil Halwan, Green Belt Rd (Al Hizam al Akhdar Rd) Ecke Shaikh Zayed Rd., geöffnet Sa bis Do 8–20 Uhr, So geschlossen, Eintritt: 5 Dh, Tel. 5 66 54 66, www.sharjahmuseums.ae

Discovery Centre

Ähnlich wie im Science Museum wird „Anfassen erlaubt" auch im Discovery Centre, einem speziell für Kinder bis 13 Jahre konzipierten **Entdecker-Zentrum,** groß geschrieben. In einer klimatisierten, 4000 m² großen Plastikwelt können Kinder spielen, experimentieren und Entdeckungen machen. Sie können z.B. ihre fünf Sinne erkunden, klettern lernen, Verkehrsregeln er-fahren, im Supermarkt spielend einkaufen, die Bewegung von Wasser kennen lernen, bauen und konstruieren.

Direkt neben dem Discovery Centre liegt der **Sharjah National Park** – vielleicht genau der richtige grüne Ausgleich nach dem Besuch der kunterbunten Kunstwelt des Centre?

■ **Discovery Centre:** an der Fernstraße E88 nach Al Dhaid, hinter dem Airport und dem Interchange No. 4., geöffnet So bis Do 8–14 Uhr, Fr 16–20 Uhr, Eintritt: Erwachsene 10 Dh, Kinder 2–12 Jahre 5 Dh, Tel. 5 58 65 77, www.sharjahmuseums.ae

Classic Cars Museum

Gegenüber vom Discovery Centre kommen Oldtimer-Fans auf ihre Kosten. **Mehr als 100 klassische Automobile** verschiedener Hersteller, gebaut zwischen 1917 und 1960, sind hier ausgestellt. Das älteste Fahrzeug ist ein Dodge aus dem Jahr 1915. Viele Autos stammen aus der Privatsammlung von *Shaikh Dr. Sultan bin Mohammad Al Qasimi,* dem Herrscher von Sharjah.

■ **Classical Cars Museum:** an der Fernstraße E88 nach Al Dhaid, hinter dem Airport und dem Interchange No. 4., geöffnet Sa bis Do 8–20 Uhr, Fr 16–20 Uhr, Eintritt: 5 Dh, Tel. 5 58 02 22, www.sharjahmuseums.ae

Desert Park

Die 30 km weite Anreise lohnt sich, denn dieser Wüstenpark ist das größte Museum Sharjahs. Texte und Vorführungen sind zweisprachig (arabisch und englisch). Der Desert Park besteht aus fünf Hauptteilen: Arabia's Wildlife Centre, Natural History Museum, Botanical Museum, Islamic Botanical Garden und Children's Farm. Den Park umgibt ein 2 km² großes Wüstennaturschutzgebiet.

Einmalig ist **Arabia's Wildlife Centre,** Arabiens Wildtierzentrum (www.breedingcentresharjah.com), das rund 100 Tierarten Arabiens beheimatet: Säugetiere, Reptilien, Vögel, Insekten, Amphibien und Fische. Besucher bewegen sich beim Besuch des Zentrums stets in klimatisierten Innenräumen, manche Tiergehege sind innen, andere draußen durch Scheiben getrennt von den Menschen. Die Außengehege sind geräumig, statt durch Zäune begrenzt durch natürlich wirkende Barrieren und Glaswände. Nicht öffentlich zugänglich ist die Aufzuchtstation für seltene einheimische Tiere. Eine Cafeteria mit Blick auf das Außengelände samt Oryx-Antilopen lädt zu einer Pause ein. Am Ausgang befindet sich ein Souvenirshop.

In dem mit Exponaten, Schaukästen und Infotafeln üppig ausgestatteten **Natural History Museum** (Naturgeschichtliches Museum) wird man durch die verschiedenen Epochen der erdgeschichtlichen Entstehung Sharjahs geführt – vom Urknall im Untergeschoss bis zur Erdölzeit in der ersten Etage. Die multimediale und interaktive Darbietung zu den Themen Mensch und Umwelt, Flora, Fauna und Ökologie der Wüste und des Meeres zündet ein Feuerwerk an Sinneseindrücken unter Rundumbeschallung.

Im **Botanical Museum** (Botanisches Museum) dreht sich alles um Pflanzen, um ihre Entstehung und ihr Wachstum, um ihren biologischen Bauplan und um die Nutzung durch den Menschen. Beeindruckend ist das begehbare Riesenmodell einer Pflanzenzelle. Auch in diesem Museum geht es abwechslungsreich zu, und es gilt „Anfassen erwünscht".

Der **Islamic Botanical Garden** (Islamischer Botanischer Garten) widmet sich Pflanzen, die im Koran und islamischen Überlieferungen genannt sind, etwa Granatapfel, Zwiebel, Ingwer, Olive, Kürbis, Tamarinde, Banane, Henna und Safran, viele davon wachsen in Innen- und Außenbeeten. Text-, Grafik- und Filmerklärungen liefern Zusatzwissen.

Die **Children's Farm** ist ein Streichelzoo mit Haustieren und der Gelegenheit, Pony oder Kamel zu reiten.

■ **Desert Park:** ca. 30 km außerhalb des Stadtzentrums, hinter dem Sharjah International Airport an der Fernstraße E88 nach Al Dhaid, ausgeschilderte Abfahrt am Interchange No. 8.; geöffnet Mo, Mi, Do, So 9–18 Uhr, Fr 14–18 Uhr, Sa 11–18 Uhr, Di geschlossen, Eintritt: 15 Dh, Tel. Natural History Museum 5 31 14 11, Arabian Wildlife Centre 5 31 19 99; www.epaashj.com

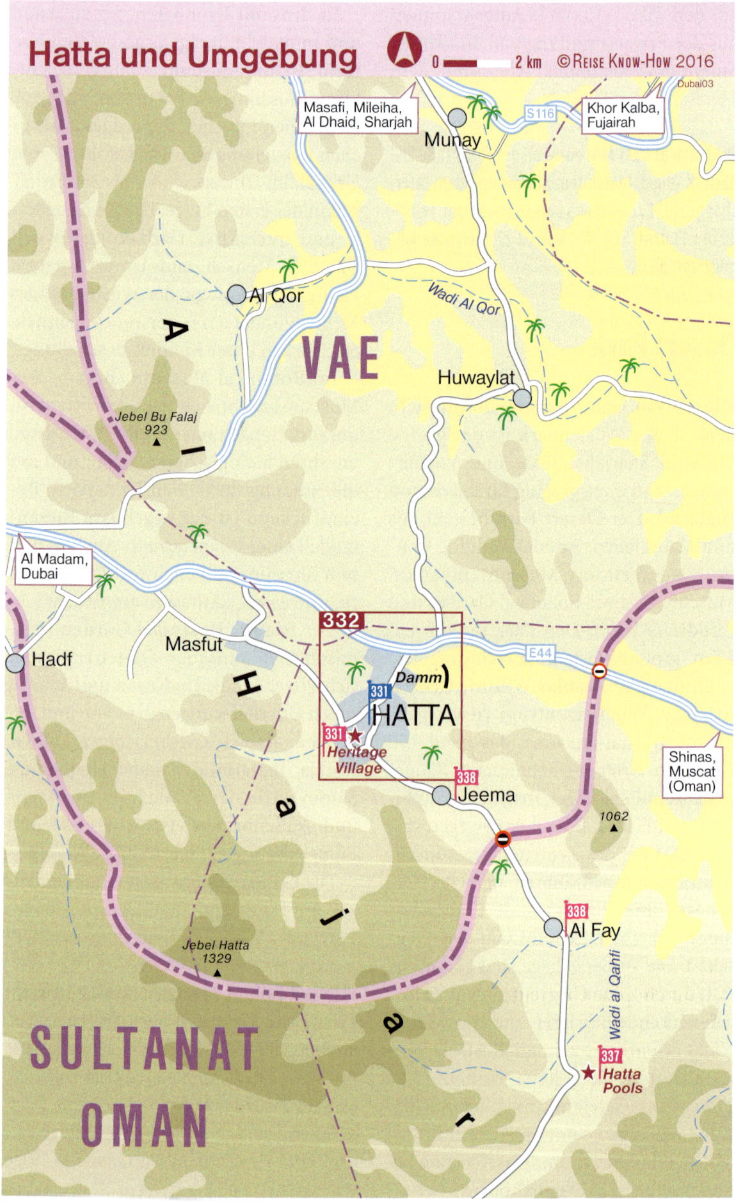
Hatta und Umgebung
0 2 km
©Reise Know-How 2016
Dubai03
Masafi, Mileiha, Al Dhaid, Sharjah
Munay
S116
Khor Kalba, Fujairah
Al Qor
Wadi Al Qor
VAE
Huwaylat
A
Jebel Bu Falaj
923
l
Al Madam, Dubai
Hadf
Masfut
332
Damm
E44
H
331
HATTA
331
Heritage Village
338
Jeema
Shinas, Muscat (Oman)
a
1062
338
Al Fay
j
Jebel Hatta
1329
Wadi al Qahfi
a
337
Hatta Pools
r
SULTANAT
OMAN

Hatta und Umgebung

Bitte beachten: Auch wenn das Oasenörtchen Hatta zum Emirat Dubai gehört, sollte man unbedingt seinen **Reisepass mitnehmen,** denn mitunter wollen ihn unterwegs gelegene Kontrollposten sehen (s.u.).

Sanddünen auf dem Weg nach Hatta

Die **vierspurige Autobahn E44** von Dubai nach Hatta führt durch ein wunderschönes Sanddünengebiet. Die Dünen erreichen teils eine Höhe von 270 m über NN. Folgt man vom Dubaier Stadtzentrum den Straßenschildern nach Hatta oder Al Awir, so gelangt man auf die Überlandstraße nach Hatta, die ab dem Dubai International Airport ca. 100 km lang ist.

Nach knapp 40 km durch eine spärlich mit Gräsern und Büschen bewachsene **sanfte Dünenlandschaft** erreicht man den kleinen Durchfahrtsort Al Habab, wo sich die von Dubai kommende Strecke mit einer von Jebel Ali kommenden Straße kreuzt und eine Polizeistation samt ein paar Geschäften und Tankstelle das einzig Erwähnenswerte sind.

Wenige Kilometer hinter Al Habab beginnt die **Bilderbuch-Landschaft** aus steil aufsteigenden **Dünen,** die im sanften Abendlicht noch weitaus pittoresker wirken als tagsüber im gleißenden Sonnenlicht. Die höchsten Dünen stehen 16 km hinter Al Habab (50 km vor Hatta) links und rechts der Straße. Hier ist auch der bislang durchgängige Kamelschutzzaun unterbrochen. Hier zweigen auch nahezu alle lokalen Tourveranstalter mit ihren Reisenden in die Sande und auf die Gipfel der höchsten Dünen ab (mit **„Big Red" als Highlight**), wo man eine wunderbare Aussicht auf das Sandmeer hat. Diese Dünen eignen sich hervorragend zum **„Dune Skiing",** dem absolut ungefährlichen und bei Anfängern eher gemächlichen **Surfen auf Sand.** Am Wochenende sind die Dünen ein beliebter Treffpunkt junger Emirater, die hier die Leistung ihrer Geländewagen zur Schau stellen und die Grenzen ihres Fahrkönnens testen. Das Dünengebiet wird zu einem großen **„Offroad-Sandkasten",** jeder versucht so schnell wie möglich den Gipfel der höchsten Düne zu erklimmen. **„Dune Bashing",** „Sanddünen prügeln", nennt sich diese beliebte Freizeitbeschäftigung. Man kann auch mit einem Sandbuggy bzw. Quad oder einem Geländemotorrad durch die Dünen düsen; diverse **„Moto Cycle Rentals"** am Straßenrand (sowie im folgenden kleinen Ort Al Madam) bieten ihre Vehikel an. Doch auch ganz „klassisch" auf dem Rücken eines Kamels lässt sich die Wüste erkunden – bei manchen der „Moto Cycle Rentals" warten die Tiere auf Kundschaft. Es gibt zudem ein paar kleine Cafeterias und Restaurants.

Diese hohen Dünen erstrecken sich bis wenige Kilometer (ca. 7 km) vor den nächsten Kreisverkehr, dem **Al Madam Roundabout,** wo die von Nord nach Süd verlaufende E55 von Al Dhaid nach Al Ain auf die Verbindung Dubai – Hatta trifft. Von hier sind es noch 40 km bis Hatta. Die Landschaft geht über in die

Offroad ins Gelände wagen

Ein **Fahrzeug mit Allradantrieb** ist sicherlich die beste Möglichkeit, die Umgebung von Dubai zu erkunden. Es gibt Gebiete in den Bergen und der Wüste, die man (außer per pedes) gar nicht anders erreichen kann, denn mit einem Wagen mit Zweiradantrieb gelangt man schnell an die Grenze des Machbaren.

In der Theorie bietet Dubai ein **vielfältiges Offroad-Terrain:** planierte Pisten, steile und kurvenreiche Felswege, lose Schotterdecken, Flussbetten mit tiefem Kies, sperrigen Felsbrocken oder Wasser, mit Geröll bedeckte Wüstenebenen, Salztonebenen mit getrockneter Oberfläche und Dünengebiete aus purem Sand.

Doch in der Realität sind in den letzten Jahren **immer mehr Pisten geteert** worden. Und in den Hajar-Bergen sind seit dem Bau der Palmeninseln viele Hänge in Steinbrüche verwandelt worden. Einzig die Wüstenareale bieten noch unberührtes – jedoch schwieriges – Terrain.

Viele **schöne Berg- und Wüstenwege** liegen im Bereich um Hatta und Al Ain. Hier sollte man beachten, das emiratische Hoheitsgebiet nicht zu verlassen und auf omanischem Boden zu fahren – ein mächtiger Grenzzaun verhindert dies ohnehin. Wer sich auf omanischem Terrain ins Gelände wagen möchte, der muss sich um Einreisebestimmungen und Kfz-Versicherungsschutz kümmern.

Die in diesem Buch beschriebenen Ziele sind über Teerstraßen erreichbar, denn nur einem Bruchteil der Urlauber wird daran gelegen sein, halsbrecherische Offroad-Fahrten persönlich zu fahren. Erfahrung in der fahrtechnischen Beherrschung eines Wagens und in Orientierung sind Grundvoraussetzungen, erst recht wenn man sich weitab aller Wege in unbesiedelte Gebiete vorwagen möchte. Für einen gefahrlosen Offroad-Ausflug sorgen zahlreiche Tourveranstalter, die ihre Kunden zumeist in die Hajar-Berge oder in die Sandwüste bringen.

Diejenigen, die **selber im Gelände fahren** möchten und darin kaum Erfahrung haben, können sich von einem erfahrenen Fahrer eines Tourveranstalters begleiten lassen – entweder im selben oder in einem separaten Fahrzeug (siehe „Urlaub in Dubai/Reisebüros und Tourveranstalter"). Selbstfahrer mit Mietwagen sollten besonders vorsichtig sein, da die Vollkasko-Versicherung für Schäden, die durch Offroad-Fahrten entstehen, oft nicht aufkommt. Wer noch nie einen Geländewagen (4WD = *Four Wheel Drive*) gefahren hat, sollte nicht glauben, damit jede Düne bezwingen zu können: Nicht Technik oder PS-Stärke, sondern Können ist maßgeblich. Wer noch nie mit zuschaltbarem Allradantrieb gefahren ist, sollte nicht am Schaltknüppel bzw. an den Zuschaltknöpfen herumspielen, sondern sich das Schalten genau erklären und zeigen lassen. Mit Allradantrieb zu fahren, wenn dies unnötig ist, sollte vermieden werden.

Gewisse **Vorsichtsmaßnahmen** sind bei allen schwierigen und längeren Offroad-Fahrten zu beachten. Am wichtigsten ist, dass man niemals allein „auf die Piste geht", denn zu (mindestens) zweit kann man Probleme oder Pannen stets besser lösen und im Ernstfall kann einer zu Fuß Hilfe holen gehen, während der andere beim Wagen bleibt. Zudem sollte man an der Hotelrezeption oder bei Bekannten eine Nachricht hinterlassen, wo man mit wem und in welchem Fahrzeug hinfährt, welche Route man wählt und wann man plant, spätestens zurück zu sein. An **Ausrüstung** gehören ein ausreichend aufgepumpter Ersatzreifen, ein Wagenheber, ein Werkzeugkoffer, ein Abschleppseil und ein Erste-Hilfe-Set immer mit ins Gepäck. Auf regelmäßig befahrenen Pisten kann man sich so meist von anderen Fahrzeugen helfen lassen, wenn der Wagen feststeckt oder wenn man eine Panne hat. Abhängig vom Vorhaben sollte man zudem Schaufeln, Sandbleche- oder matten, GPS-Gerät oder Kompass, Landkarten, genügend Treibstoff, Lebensmittel und Wasser (lieber zu viel als zu wenig) einpacken. Da weite Gebiete Netzabdeckung aufweisen, ist es ratsam, ein Mobiltelefon samt aufgeladenem Ersatzakku mitzunehmen.

Natürlich sollte man nur mit einem **technisch einwandfreien Wagen** fahren, außer auf sehr einfachen Pisten sollte es ein Allradwagen sein.

Bezüglich **Fahrverhalten** gehören Sicherheit und Selbstbeherrschung an erste Stelle. Stets sollte man Sichtkontakt zu seinem Vorder- und Hintermann halten. Zum Fahrzeug vor sich sollte man einen gebührenden Abstand halten (Steinschlag, Staub, Sicherheit). Beim Fahren im Gelände ist es besser, die Scheinwerfer einzuschalten; so wird man auch im aufwirbelnden Staub gut gesehen. Kommt einem auf staubigen Pisten jemand entgegen, ist es besser, langsamer oder rechts ran zu fahren, anzuhalten und ihn passieren zu lassen. Niemals im Staub überholen!

Trockenflusstäler (arab. *wadis*) bergen die Gefahr einer Flutwelle, sogenannter „Flash Floods", in sich. Bei plötzlichen Regenfällen, die auch weit entfernt sein können, sammelt sich das Wasser in den Wadis, fließt zusammen und strömt durch das Hauptwadi ins Tal. Diese Fluten können zerstörerische und manchmal tödliche Ausmaße annehmen. Daher sollte man auf jeden Fall davon absehen, unmittelbar in einem Flussbett zu übernachten. Falls man durch ein Wadi fahren muss, in dem tiefes Wasser steht, sollte man zuvor zu Fuß den Weg überprüfen (ggf. mit Stöcken markieren), damit man nicht plötzlich in ein tiefes Loch fährt. Oder man wartet auf einen vorbeikommenden Einheimischen, denn sie kennen den Weg meist sehr genau. Unerfahrene sollten bedenken, dass ein Auto sich in nassem Kies sehr leicht festfährt. Neben Asphaltstraßen oder häufig befahrenen Pisten, die durch ein Wadibett führen, stehen oftmals im Boden verankerte Pfähle, die den Wasserstand markieren. Hat die Wassermarke die rote Farbmarke überschritten, sollte man nicht weiterfahren.

Niemals sollte ein Neuling einen Ausflug in die **Sandwüste** wagen und schon gar nicht mit nur einem Fahrzeug. Für Ungeübte bieten die folgenden **Spezialveranstalter** Kurse im Gelände- und Tiefsandfahren *(desert driving)* an:

- **Offroad-Zone**
  Tel. 04/3 39 24 49, www.offroad-zone.com
- **Emirates Driving Institute**
  Tel. 04/2 63 11 00, www.edi-uae.com
- Kurzkurse für Einsteiger haben außerdem einige **lokale Tourveranstalter** im Programm (z.B. Arabian Adventures, Orient Tours, Desert Rangers, Explorer Tours, Adressen siehe „Urlaub in Dubai/Reisebüros und Tourveranstalter").

Ein beliebtes **Übungsgelände** sind die Dünen **auf dem Weg nach Hatta – „Big Red"** ist die höchste Düne weit und breit (siehe „Hatta und Umgebung"); hier ist der Kamelzaun unterbrochen, Profis toben sich aus, doch auch Anfänger können hier erste Fahrversuche wagen – vorausgesetzt, sie bleiben in Reichweite der Fernstraße und kommen den Heizern nicht in die Quere.

Auch im **Quad oder Sandbuggy** können die hohen Dünen – oder andere Areale – angegangen werden, diverse Anbieter verleihen diese Vehikel (z.B. Desert Rangers, Explorer Tours, Arabian Adventures, Adressen siehe „Urlaub in Dubai/Reisebüros und Tourveranstalter").

Ganz ohne Motorkraft kann man auch Sanddünenski- bzw. Sanddünenboard fahren. Das ist ideal für Anfänger, denn der Sand bremst die Geschwindigkeit. Für passionierte Skifahrer liegt der Reiz weniger im Speed als vielmehr in der Kuriosität dieses Sports. Nahezu alle einheimischen Tourveranstalter bieten **Dune Skiing** im Rahmen eines Wüstenausflugs an.

Wer es natürlicher liebt, der sollte auf dem Rücken eines Kamels in das wogende Dünenmeer hineinreiten, längere **Kamelsafaris** bieten z.B. die Veranstalter Explorer Tours und Desert Rangers an (siehe „Urlaub in Dubai/Reisebüros und Tourveranstalter").

Literatur und Apps

- **UAE Off-Road Maps,** für alle, die die Naturseite der V.A.E. erkunden wollen, unbedingt zu empfehlen; Explorer Publishing
- **UAE Off-Road Explorer,** 26 Routenbeschreibungen samt Satellitenfotos und GPS-Koordinaten; Explorer Publishing

dub14-028 kk

flache und vorwiegend von Steinen und Geröll bedeckte **Ebene Al Madam.** Zahllose Trockenflussläufe, die von den **nahe gelegenen** Höhenlagen der **Hajar-Berge** kommen, enden hier in der Kargheit der Wüste. Etwa 4 km östlich vom Al Madam Roundabout führt ein Teil der Fernstraße über **omanisches Staatsgebiet,** erkennbar am speziell für diese Straße unterbrochenen Grenzzaun. Hin und wieder sind hier Straßenkontrollen aufgebaut (für dieses Straßenstück ist kein omanisches Visum nötig).

Dass man Hatta bald erreicht hat, ist an den vielen **Straßenständen** mit Teppichen und Töpferwaren zu erkennen.

Hatta

Hatta ist ein kleines, überschaubares Oasendorf und ein **emiratisches Städtchen par excellence:** Mit einem Fuß steht es bereits in der Zukunft, mit dem anderen ist es fest in seiner traditionsreichen Vergangenheit verankert.

An einem wichtigen Übergangspunkt der Hajar-Berge gelegen, war Hatta einst ein wichtiger Grenzort zum benachbarten Oman. Zudem lag die Oase **an einem bedeutenden Handelsweg,** der von der am Golf von Oman gelegenen omanischen Hafenstadt Sohar an den Golf führte. **Bereits vor über 4000 Jahren** wurden große Mengen **Kupfer** von Sohar nach Westen transportiert. Noch in den 1970er Jahren benutzten die Einwohner von Hatta Kamele, um auf einer beschwerlichen, fünftägigen Karawane nach Dubai zu reisen.

Beeindruckend ist die schöne Landschaft: Hatta liegt auf einer **Höhe von knapp 1000 m mitten im Gebirge.** Der Ort eignet sich daher hervorragend als Ausgangsbasis für Erkundungen der von zahlreichen Trockenflussläufen und grünen Oasen geprägten Bergwelt (Vorschläge s.u.). Auch Vogelkundler werden hier auf ihre Kosten kommen (siehe Info-Kasten „Durchs Fernglas geschaut – Dubai für Vogelfreunde“).

Die meisten Einwohner leben von der **Kultivierung der Dattelpalme** und bauen in deren Schatten andere landwirtschaftliche Produkte wie Feigen und Tabak an. Die Wasserversorgung zahlreicher Gärten sichern traditionelle Bewässerungskanäle (arab. *falaj*). Das Wasser stammt aus den umliegenden Bergtälern. Um den Ort treffen sich mehrere Wadis. Das **Haupttal Wadi Hatta** wird von einem **Damm** gestaut. Nach ergiebigen Regenfällen verleiht ein See der Oase ein besonders pittoreskes Aussehen.

Viele reiche Einwohner Dubais haben sich in dieser ruhigen und kühlen Umgebung **Villen** und **Wochenendhäuser** errichten lassen.

Östlich und südlich von Hatta beginnt das **Staatsgebiet Omans.**

Sehenswertes

Die wichtigste Sehenswürdigkeit des Ortes ist das **Hatta Heritage Village.** Dieses Volkskunde-Dorf widmet sich anschaulich der Kultur und den Traditionen Hattas. In einem rekonstruierten Dorf sind die **Ausstellungsräume in einzelnen Häusern** untergebracht; Themen sind z.B. Folklore, Sozialleben, Palmprodukte und Bewässerung. Detailgetreu sind Szenen mit Puppen nachgestellt. Exponate, Schautafeln und per Knopfdruck einschaltbare Filme liefern vertiefende Informationen in englischer (und arabischer) Sprache. Die Häuser des Heritage Village sind allesamt neu erbaut, aber man hat sich streng an **traditionelle Grundrisse** gehalten und **lokale Baumaterialien** verwendet. Als Mörtel und Putz der Häuser (und des Forts) dient **saruj,** eine extrem haltbare Mischung aus Lehm und Kalk, deren Herstellung sehr zeit- und arbeitsaufwendig ist. Der den benachbarten Palmengärten entnommene Lehm musste zunächst mehrere Wochen in Wasser eingeweicht und in der Sonne getrocknet werden. Dann wurde er in einem Ofen gebrannt, bevor er abermals in der Sonne getrocknet und mit Kalk vermischt gebrauchsfertig angerührt werden konnte.

Zum Heritage Village gehört auch das **Fort** Hattas, welches das **älteste des Emirats Dubai** ist. Es wurde von Shaikh

Maktoum bin Hasher Al Maktoum im späten 19. Jahrhundert erbaut und diente als Wohnfort sowie zur Verteidigung des Ortes. Die Mauern der Feste sind 4½ Meter hoch, die Wände des an der Ostseite errichteten quadratischen Wehrturms haben eine Seitenlänge von 11 Metern. Erbaut wurde das Fort aus Berggestein, als Mörtel und Putz dient Lehm. In der Festung sind das Versammlungszimmer und das Schlafgemach des einstigen Residenten eingerichtet und weitere Räume den Themen Waffen und Festungsbau gewidmet.

Das Fort steht zwischen **zwei Wehrtürmen,** die auf zwei steilen Felsen thronen. Die Türme haben einen Durchmesser von 7 und 8½ Metern, ihre Wände sind im Fundament knapp 1½ Meter dick. Einer der beiden Wehrtürme ist in das Heritage Village integriert und kann bestiegen werden.

Ebenfalls zum Hatta Heritage Village gehören diverse **traditionelle Steinhäuser,** in denen die Menschen des Hajar-Gebirges einst gelebt haben, ferner ein **Restaurant, Souvenirstände** sowie ein Kinderspielplatz.

An das Heritage Village grenzt der **Palmenhain** mit seinen falaj-Kanälen.

Heritage Village: geöffnet Sa bis Do 8–20 Uhr sowie Fr 14.30–20 Uhr; Tel. 04/8 52 13 74

Praktisches

Hatta ist klein und überschaubar. An Sehenswürdigkeiten gibt es das Heritage Village (s.o.) sowie den Hill Park (Spazierwege, Grillplätze und Aufstieg zum Wehrturm). Am Kreisverkehr beim

Moschee in der Oase Hatta

dub252 kk

Archäologisches

Bereits über 2000 Jahre vor Christus lebte auf dem heutigen Dubaier Gebiet eine hochentwickelte Kultur, die **Überseehandel** mit den Völkern im Indus-Tal (Meluhha-Kultur) und in Mesopotamien (Sumer-Kultur) trieb. In bedeutenden sumerischen Keilschrifttexten wird diese Kultur Magan genannt. Eine bedeutende Handelsstation war die Insel Al Bahrain, die damals Dilmun genannt wurde.

Bis heute ist umstritten, wo genau das sagenhafte **Magan** lag. Die mesopotamischen Keilschrifttafeln liefern sieben Anhaltspunkte, die einen relativ eindeutigen Schluss zulassen. Die Wissenschaft geht davon aus, dass dieses Reich in den Hajar-Bergen der heutigen östlichen Emirate und des Nordoman lag. Magan war der Hauptlieferant von **Kupfer,** einem damals begehrten Rohstoff zur Bronzeherstellung. Mit den Völkern jenseits des Golfes wurden auch Edelsteine, Elfenbein und Ebenholz gegen Stoffe, Öl und Silber eingetauscht. Neben der Kupferverhüttung und dem Handel lebten die Bewohner von der Viehzucht, Jagd und Fischerei.

Die **bedeutendsten archäologischen Stätten Dubais** sind Al Sufouh, Al Qusais, Jumeirah, Umm Suqeim und Hatta. Angesichts der gelungenen Präsentation der archäologischen Funde im Museum von Dubai und im Heritage Village lohnt sich eine Besichtigung der Originalstätten nur für besonders Interessierte (zum Besuch der Stätten sind Genehmigungen im Dubai Museum einzuholen).

Die **wichtigste Stätte aus der frühen Bronzezeit** liegt bei **Umm Suqeim,** nördlich des Mina al Siyahi. Sie datiert zurück bis in das 3. Jahrtausend v. Chr. Steinblöcke, Töpferscherben und Muschelreste belegen, dass dort einst eine bedeutsame Stadt oder ein Hafen gelegen haben muss.

Bei **Hatta und Al Sufouh** stehen die bislang einzig bekannten Gräber aus der sogenannte **Umm-al-Nar-Periode.** Diese Epoche (2700–2000 v. Chr.) ist benannt nach berühmten **Grabbauten,** die auf einer Insel bei Abu Dhabi gefunden wurden. Es war die früheste Glanzzeit der Kupfergewinnung und -verarbeitung. Das Grab bei Al Sufouh ist ein oberirdisches, rundes Gemeinschaftsgrab. Mit einem Durchmesser von 6,5 Metern ist es das bislang größte gefundene Grab in Dubai. Es besitzt zwei Eingänge und ist in sechs Kammern unterteilt. Archäologen fanden diverse Skelette, die Grabkammern waren nicht nach Alter und Geschlecht getrennt. An Grabbeigaben wurden Keramikgefäße, Bronzeschwerter, Fingerringe und Halsketten gefunden, die in die Zeit zwischen 2500 und 2000 v. Chr. datiert werden.

Jüngeren Ursprungs ist das heute nordöstlich vom Dubai International Airport gelegene **Al Qusais.** Zwischen 1800 und 550 v. Chr. befand sich hier möglicherweise die größte Siedlung an der arabischen Golfküste. In den 120 bisher entdeckten Gräbern wurden die Menschen auf vier verschiedene Arten beerdigt. Differenziert wurde vermutlich nach Geschlecht, Sozialstatus, Glauben und Reichtum der Toten. Zudem gibt es verschiedene Grabformen aus jeweils anderen Epochen. Am interessantesten war der Fund zweier Skelette, die Händchen haltend in einem Grab lagen und in die Zeit zwischen 1500 und 1200 v. Chr. datiert werden. Im Museum finden sich Rekonstruktionen diverser Gräber von Al Qusais sowie Grabbeigaben. Diese Beerdigungsriten lassen zwei Schlüsse zu: zum einen, dass die Menschen damals an ein Leben nach dem Tod glaubten, und zum anderen, dass die damalige Gesellschaft streng hierarchisch organisiert gewesen sein muss.

Bei Al Qusais liegt auch der sogenannte **„Mount of Serpents“** („Schlangenhügel“). Es handelt sich um einen ca. 3 km langen Sandhügel, in dem zahlreiche Mosaiksteine und *carred stones* gefunden wurden. Manche waren mit Schlangen dekoriert. Auch viele kleine Bronze-Schlangen barg der Sand in sich. Archäologen glauben, dass den Schlangen eine zeremonielle Bedeutung zukam. Der Fund von Pfeilspitzen, Weihrauchbrennern, Nadeln und Angelhaken gestattet eine Datierung des Mount of Serpents auf die Zeit zwischen 2000 und 1000 v. Chr.

Aus islamischer Zeit stammen Zeugnisse **an der Küste von Jumeirah,** wo man 1968 die Ruinen einer Karawanserei, einer Moschee, eines Dorfes und eines Marktes entdeckte. Die aufwendige Architektur (Stuckdekoration und Arkadenbogen) sowie Funde von dekorativer Töpferei und feinen Glaswaren bezeugen den Reichtum der Stadt, der sich aus seiner Stellung als Handelsstation zwischen Oman und Persien erklären lässt. Frühe Funde stammen aus dem 5. und 6., jüngere aus dem 9. und 10. Jahrhundert.

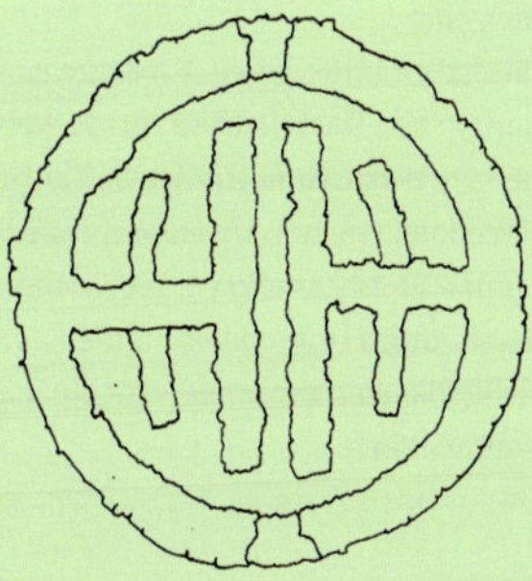

Hatta Fort Hotel liegt der Supermarkt Emirates Co-Op mit diversen angegliederten **Geschäften,** auch Nützliches wie Apotheke, Reisebüro, Bank und Geldwechsler findet sich beim Supermarkt. Weitere, meist kleine **Lebensmittelläden** finden sich an der Straße nach Dubai und im alten Stadtzentrum.

- Zum **Essen** empfiehlt sich der Food Court im Einkaufszentrum **Emirates Co-Op** am Hatta Fort R/A, außerdem das **Lebanon Spring Restaurant and Bakery** sowie das **Emirates Resid Restaurant and Kitchen,** beide an der E44 Richtung Dubai 9 km vor dem Hatta Fort R/A auf der linken Straßenseite. Auch preiswerte Imbisse finden sich hier, gute Restaurants/Bars/Cafés bietet das **Hatta Fort Hotel** (s.u.).
- Das **Hatta Hospital** liegt neben dem Hill Park, Tel. 8 14 70 00.
- Die **Hatta Police Station** befindet sich im alten Ortskern am zentralen Kreisverkehr, Tel. 8 52 11 11.
- **Hatta Cross Country Golfcourse:** Der 1075 Yard große 9-Loch-Golfkurs erstreckt sich um das Gelände des Hatta Fort Hotel. Weite Streckenabschnitte führen über steiniges, hügeliges Gelände, die Abschlagplätze sind mit Rasen begrünt. Par 3, von 68 bis 173 Yards.
- Wer **nach Oman weiterreisen** möchte, findet den emiratischen Grenzkontrollposten ca. 30 km östlich des Hatta Fort Hotel an der E44. Der omanische **Kontrollposten,** an dem man als Deutscher, Österreicher oder Schweizer sein Visum direkt gegen Gebühr (5 RO) in den Pass gestempelt bekommt, folgt ca. 1,5 km weiter. Ab hier führt die Straße nach Osten an die Küste nördlich von Shinas.

◁ Grundriss eines Grabes aus der sog. Umm-al-Nar-Periode

Baum des Lebens

Für die Wüstenbewohner war die Nutzung der **Dattelpalme** (lat. *Phoenix dactylifera*) seit jeher von großer Bedeutung. Archäologische Funde erlauben den Schluss, dass Datteln schon vor 8000 Jahren ein grundlegendes Nahrungsmittel waren. Nur eine Handvoll Früchte, zusammen mit frisch gemolkener Kamel- oder Ziegenmilch, war – und ist – für viele Nomaden und Karawanenführer auf ihren langen Wüstenwanderungen die einzige Energiequelle. Auch während die Perlentaucher lange Wochen auf See waren, stellten Datteln, neben der Milch mitgeführter Ziegen und Limetten, ein wertvolles Nahrungsmittel dar.

dub14-029 kk

Der Anbau von Datteln bildet die **Grundlage der Oasenwirtschaft** (z.B. um die Oase Hatta). Dattelbäume benötigen trockene Luft, viel Sonne und kontinuierlich große Mengen Wasser. Sie gedeihen aber auch mit salzhaltigem Wasser. Ein altes arabisches Sprichwort besagt, sie gehören „mit den Füßen ins Wasser und mit dem Kopf ins Feuer". Der hohe Wuchs der Bäume bringt zudem den Vorteil, dass sie wie ein Schattendach alle unter ihnen wachsenden Pflanzen (niedrige Obstbäume, verschiedene Gemüsesorten und Futtergräser für Tiere) vor den sengenden Sonnenstrahlen schützen.

Um eine gute Ernte zu erbringen, müssen Dattelpalmen **intensiv gepflegt** werden. Neben regelmäßigem Wässern, Düngen und Beschneiden des Baumes sowie der weiteren Pflege der heranreifenden Früchte fällt der **Bestäubung** eine wichtige Rolle zu. Da die männlichen Bäume keine Datteln tragen, werden sie nicht in den Gärten angepflanzt. Die Befruchtung jedes einzelnen weiblichen Blütenstandes muss daher von Hand erfolgen und ist entsprechend arbeitsaufwendig.

Grundsätzlich unterscheidet man zwischen roten und gelben **Dattelsorten.** Beide weisen die folgenden **Wachstumsstadien** auf: *ankaziz,* die sprießenden Früchte; *khalal,* wenn sie ihre runde, grüne Form annehmen; *bisr,* wenn die Datteln sich rötlich bzw. gelblich färben; *rutab,* wenn sie essbar werden; *tamar,* Früchte in getrocknetem Zustand.

Die geernteten und in der Sonne getrockneten Datteln sind nicht nur **sehr eiweißhaltig,** sondern zugleich **reich an wichtigen Vitaminen und Mineralien.** Der relativ hohe Faseranteil wirkt verdauungsfördernd, und ein weiterer ernährungsphysiologisch wichtiger Vorteil ist, dass die Früchte keinerlei Fett enthalten. Dafür bestehen sie zu 70% aus Zucker, welcher sich zu gleichen Teilen aus Fructose, die eine langfristige Kalorienzufuhr garantiert, und Glucose, die dem Körper einen schnellen Energieschub spendet, zusammensetzt.

Dattelbauern pflegen den **Brauch,** anlässlich der Geburt eines Sohnes neue Bäume zu pflanzen, sodass dieser später über eigene Anpflanzungen verfügt. Die arabische Sprache ehrt die Frucht mit über 500 Namen, und einer guten Köchin fällt es leicht, jeden Tag eine andere Dattel-Speise zu servieren.

Das **Holz** der Dattelpalme war noch vor wenigen Jahren ein wichtiges Material beim Hausbau (Deckenbalken und Türen) und aus den Palmwedeln (arab. *arjun*) und Strünken (arab. *jarid*) wurden Dächer von Lehmhütten oder komplette Barasti-Hütten hergestellt und Gehöfte eingezäunt. Palmen lieferten Brennmaterial und auch zur Herstellung von alltäglichen Gebrauchsgegenständen wie Seilen, Matten, Säcken, Körben, Taschen, Kleiderständern, Kinderwiegen, Kamelsätteln, kuppelförmigen Fischreusen (arab. *garghour*) oder kleinen Fischerbooten (arab. *shasha*) sind sie von Bedeutung. Selbst abgestorbene Blätter und Dattelkerne können an Ziegen, Esel und Kamele verfüttert werden.

Wegen ihrer immensen Bedeutsamkeit wird die Dattelpalme von den Arabern als ein **Geschenk Gottes** angesehen (Sure 6, Vers 95) und trefflich als „Baum des Lebens" bezeichnet.

Unterkunft

Hatta Fort Hotel
Tel. 04/8 09 93 33, www.jaresortshotels.com. **Familienfreundliches 4-Sterne-Bergresort** in schöner Lage mit 50 geräumigen Gartenchalets im Landhausstil – jedes mit eigenem schattigem Balkon. Für das leibliche Wohl sorgen das am Pool gelegene **Café Gazebo** (7–20 Uhr), das internationale **Restaurant Jeema** (19–23 Uhr) und die **Roumoul Cocktail Bar** (18–24 Uhr).

Ausstattung: 2 Swimmingpools, 1 Naturstein-Wadi-Pool, 9-Loch-Cross-Country-Golfplatz (Par 3), Skeet- und Fallen-Tontaubenschießen, Feld- und Zielbogenschießen, Wege zum Walken oder Joggen (1,8, 2,8 und 5 km), Kinderspielplatz, Tennisplätze und Minigolf. Die Anlage ist von üppigem Grün und blühenden Gärten umgeben, in denen zahlreiche Vogelarten zwitschern. Ausflüge mit einem Allradwagen einschließlich Fahrer werden vermittelt.

An den Wochenenden kommen viele Dubaianer, um sich von der Großstadthektik zu erholen, eine **Reservierung** ist dann empfehlenswert.

Hatta Heritage Souq and Motel
Ende 2015 soll diese neue Unterkunft samt Souq an der Hauptstraße zwischen Hatta und Oman eröffnen. Auf einem Areal von fast 8600 m² Fläche wird das Hatta Heritage Souq and Motel 46 Geschäfte und drei Hauptrestaurants umfassen. Im 1. Stock befinden sich 32 Hotelzimmer und zwei Suiten mit Blick auf das angrenzende Tal.

Hatta Pools

Die **natürlichen Becken** und Schluchten mit ihrem **glasklarem Wasser** laden zu einem Ausflug ein. Badebekleidung und -schlappen sollten eingepackt werden.

Die Becken und Wasserfälle liegen **17 km südlich von Hatta im Wadi Qahfi,** eine neue Teerstraße führt dorthin. Leider hat das Tal nach seiner „Erobe-

rung“ durch Besuchermassen und dem Bau der Teerstraße viel von seiner einstigen Idylle verloren.

Die Hatta Pools liegen **auf omanischen Staatsgebiet,** da sie jedoch ein Besuchermagnet sind, braucht man kein omanisches Visum. Man kann von Hatta aus zu den Pools fahren und muss den gleichen Weg zurück nehmen. Eine Reisepass ist mitzuführen! Mietwagenfahrer sollten sich nach der Gültigkeit ihrer Haftpflichtversicherung erkundigen.

Anfahrt

Ab dem Hatta Fort R/A fährt man zunächst rund 1 km Richtung **alten Ortskern** und biegt dann links zum Hatta Heritage Village ab; 1 km weiter sind das **Hatta Heritage Village** und der alte Ortskern erreicht. Am Verkehrskreisel direkt vor der großen weißen Moschee links abbiegen (unmittelbar hinter dieser Moschee kann man von der Hauptstraße nach rechts abbiegen, es führt eine ca. 2 km lange Sackgasse hinauf zu einem Staudamm). Zu den Hatta Pools geht es von der Moschee ohne Abbiegen der Straße folgend weiter, bis man nach ca. 1 km vor einem Berg mit aufgemalten Flaggen rechts abbiegen und der mit Bodenwellen versehenen Straße folgen muss (das letzte Haus an dieser Holperstraße ist beschildert mit „Dubai Women's Association, Hatta Branch“).

Etwas weiter ist der emiratisch-omanische **Grenzzaun unterbrochen.** Mitunter kontrollieren Polizisten die Pässe, die Durchfahrt von Touristen wird geduldet (dies ist kein Grenzkontrollposten zur Ausreise aus den V.A.E. bzw. zur Einreise nach Oman!).

Nachdem man durch den für sein Mineralwasser bekannten Ort **Jeema** gekommen ist, führt eine neue Teerstraße über **Al Fay,** eine Ortschaft, die schon auf omanischem Gebiet liegt, weiter zu den Hatta Pools. Durch enge Schluchten

⌃ In den Hatta Pools kann man herrlich baden

› Kamele in den Hajar-Bergen

schlängelt sich das **Wadi Qahfi,** auch ein Wasserkanal (arab. *falaj*) ist angelegt worden. Zumeist gibt es das ganze Jahr über Wasser, sodass man durch das schmale und immer wieder von Felsvorsprüngen überhangene Flussbett schwimmen kann (Müll und Graffiti markieren die Fußwege hinunter). Geht man nordwärts, erreicht man nach etwa 500 m mehrere tiefe **Badebecken** in einem breiteren Talstück. Sollte der Wasserstand niedrig sein, so kann man etwa 2 km südwärts gehen, denn jenseits einer Stelle, an der die Straße das Flussbett kreuzt, liegen erneut **tiefe Pools, Wasserfälle und eine zerklüftete Schlucht,** in der meist auch nach einer langen Trockenzeit noch Wasser fließt.

Die Teerstraße führt weiter über omanisches Gebiet nach Mahdah und Buraimi, die Weiterreise ist Touristen jedoch nicht gestattet.

dub15_006 kk

4 Land und Leute

Seit Gründung der Vereinigten Arabischen Emirate 1971 vollzog sich Dubais Entwicklung im Zeitraffer. Davor lebten die Menschen hauptsächlich vom Dattelanbau, von Viehzucht, Perlenhandel, Piraterie, Goldschmuggel oder der Fischerei. Doch so (post)modern, kosmopolitisch und extravagant Dubai heute auch ist: Traditionen und Gesetze der alten Beduinengemeinschaft prägen weiterhin viele Aspekte des gesellschaftlichen und politischen Systems.

< Frau beim Klöppeln im Heritage Village

Geografie

Der Stadtstaat Dubai ist mit einer Landesfläche von 4114 km² der **zweitgrößte Teilstaat der Vereinigten Arabischen Emirate** (Abk. V.A.E., arab.: *daulat al imarat al arabia al muttahidah*). Das Gebiet der insgesamt sieben Emirate erstreckt sich im Nordosten der Arabischen Halbinsel entlang der Südwestküste des Golfes. Mit ca. 83.600 km² entspricht die Landesgröße etwa der Ausdehnung Österreichs.

Die restlichen sechs **Föderationsstaaten** heißen Abu Dhabi, Sharjah, Umm al Quwain, Ras al Khaimah, Ajman und Fujairah. Das größte Emirat mit gleichnamiger Hauptstadt ist Abu Dhabi, das im Süden und Südwesten an Dubai grenzt. Dubais östlicher und nordöstlicher Nachbar ist das Emirat Sharjah.

Den größten Teil des emiratischen Binnenlandes bedecken **flache Wüstenflächen.** Im Süden dehnen sich die Dünen der Großen Arabischen Wüste „Rub al Khali" („Leeres Viertel") aus. Im Osten verläuft die Gebirgskette (arab. *jebel*) des **Hajar,** ein im Tertiär entstandenes Faltengebirge, das auf dem Territorium der V.A.E. Höhen von bis zu 2000 m erreicht. Die Bergketten stauen die vom Golf von Oman kommenden Regenwolken, weshalb dort, und insbesondere an den Ostflanken, höhere Niederschlagsmengen als im Rest des Landes erreicht

dub15_011 kk

werden. An der Westseite des Jebel Hajar, an der Grenze zum Sultanat Oman, liegt die ebenfalls zu Dubai gehörende Oase Hatta.

Der größte Teil des Dubaier Territoriums erstreckt sich mit ca. 75 km natürlicher **Küstenlänge** allerdings entlang des Golfufers.

Flora und Fauna

Da Dubai ein Land ohne Dauerflüsse, Seen oder größere unterirdische Wasservorkommen ist, sichern sich zahlreiche Arten von **Trockenpflanzen** ihr Überleben durch Maßnahmen zum Wassersparen und große Saugfähigkeit. Selbst in Regionen, in denen es jahrelang nicht geregnet hat, sind sie anzutreffen. Nach einem Regenschauer sprießen aus dem so unfruchtbar wirkenden Wüstenboden sogleich Gräser und Blumen, die oft schon nach Stunden, spätestens aber Tagen wieder verdorren. Ihre Wurzeln, Knollen und Samen werden konserviert, um nach den nächsten Niederschlägen erneut auszuschlagen. Viele Pflanzenarten haben nur kleine Blattflächen, um der Verdunstung Einhalt zu gebieten.

Viele Pflanzen müssen nicht nur widerstandsfähig gegen Trockenheit, sondern auch gegen **Salz** sein, denn weite Gebiete weisen als Standortbedingung salzhaltiges Wasser und Erde auf.

Im Bereich der Stadtfläche von Dubai finden sich in den zahlreichen **Parkanlagen und Grünstreifen** entlang der Straßen Bäume und Blütensträucher aus aller Welt. Die meisten Bäume sind jedoch Palmen verschiedener Sorten.

Nur noch vereinzelt leben **Wildtiere** in den Emiraten. Stetige Siedlungserweiterungen, eine zunehmende landwirtschaftliche Erschließung und das Vordringen des Menschen selbst in entlegene Gebiete haben viele Tiere aus ihren Lebensräumen in schwer zugängliche Gegenden verdrängt. Zahlreiche Arten sind vom Aussterben bedroht, z.B. der arabische Leopard, die Streifenhyäne, der arabische Wolf, die arabische Ziege Tahr, das Wildschaf, der nubische Steinbock oder diverse in den Wüsten heimische Gazellen- und Antilopenarten.

Kleintiere wie Igel, Hasen, Kaninchen, Wanderratten, Fledermäuse, Stachelschweine, Mungos oder Mäuse sowie Amphibien und Reptilien findet man sehr häufig. Ebenfalls artenreich sind Insekten und Spinnentiere, von denen sich viele auf das Überleben in der Wüste spezialisiert haben.

Die V.A.E. besitzen reiche Fischgründe, bis zu 45 verschiedene Arten von **Fischen und Krustentieren** finden sich auf den Fischmärkten. **Meeresschildkröten** wie die Grünen Meeresschildkröten leben zwar in den Gewässern des Golfes, doch zum Brüten bevorzugen sie einsamere Küstenabschnitte im Indischen Ozean. Auch **Pottwale, Delfine** und die äußerst seltenen **Seekühe,** die allesamt zu den Meeressäugern gehören, leben in den emiratischen Meeren.

< Im Osten Dubais bestimmt das Hajar-Gebirge die Landschaft

Durchs Fernglas geschaut – Dubai für Vogelfreunde

Auch Vogelfreunde kommen in Dubai auf ihre Kosten: **Über 440 Vogelarten** sind verzeichnet, von denen allerdings nur etwa 100 heimisch sind. Dennoch ist die Vielfalt überraschend, sind die Emirate doch ein kleines, überwiegend arides Land ohne Seen und Wälder. Die meisten Vögel sind lediglich Gäste (Wintervögel oder Durchzügler), die hier einen Zwischenstop auf ihren jährlichen Flugrouten aus Skandinavien, Sibirien, Europa oder Zentralasien nach Indien oder Afrika und zurück einlegen (Sept./Okt. bzw. April/Mai) oder hier überwintern.

Endemische Arten gibt es zwar nicht, doch unter den Besuchern gibt es zahlreiche **seltene Spezies,** die man leichter als irgendwo sonst beobachten kann. Jedes Jahr werden neue Arten verzeichnet, zum einen seltene Durchzügler, aber auch solche, welche das Wüstenemirat als Brutplatz wählen. So machen die in den Emiraten auf eine Zahl von etwa 200.000 geschätzten Schwarzgesichtsscharben-Kormorane über ein Viertel der angenommenen Weltpopulation aus und von den Schieferfalken (Blaufalken) findet sich in den V.A.E. die größte Brutkolonie der Golfregion.

In Dubai lassen sich nicht nur in entlegenen Landstrichen interessante oder seltene Vogelarten beobachten, sondern quasi direkt vor der Hoteltür finden. So liegt das bedeutendste Vogelschutzgebiet der arabischen Halbinsel, das **Ras al Khor Wildlife and Waterbird Sanctuary,** im südlichen Teil der Dubaier Lagune nur wenige Kilometer vom Stadtzentrum entfernt und steht Besuchern offen (siehe „Urlaub in Dubai/Sehenswertes am Creek"). Das Gebiet ist eine bedeutende Brutstätte vieler Vogelarten. Wat- und Stelzvögel staksen durch das seichte Wasser und durchwühlen mit ihren langen Schnäbeln den schlammigen Grund nach Muscheln und Schnecken. Besonders eindrucksvoll sind die Großen Flamingos. Heute überwintert im Creek mit einer Zahl von bis zu 2000 Tieren die größte Flamingokolonie der Golfregion. Wenige hundert Meter vor der Küste wurden für verschiedene Vogelarten künstliche Brutinseln geschaffen. Zur Nahrungsaufnahme suchen sie den nahen Mangrovensumpf auf.

Viele Vogelarten haben die künstlichen Seen und Wiesen der Golfplätze Dubais als neue Heimat anerkannt. So sind die Flamingos in den Seen des Dubai Creek Golf and Yacht Clubs keine Attrappen, sondern geschätzte Gäste.

Auch in den **Wüsten- und Gebirgsregionen** des Binnenlandes lassen sich zahlreiche interessante Arten erspähen. Eine Exkursion dorthin dauert nur wenige Stunden und führt weitgehend über erstklassige Teerstraßen. Ein für alle Ornithologen interessanter und zudem komfortabler und stilvoller Treffpunkt ist das Hatta Fort Hotel, wo es schon im ausgedehnten Hotelgarten von diversen Arten wimmelt und in dessen näherer Umgebung sich zahlreiche Spezies aus dem umgebenden Oasengärten, Bergtälern und Wüstenebenen beobachten lassen.

Typische und interessante Vogelarten können an den aufgelisteten Orten beobachtet werden. Die Namensnennung erfolgt zuerst in Deutsch, dann in Latein und in Englisch. In Klammern folgt ihr Status in Dubai – die Abkürzungen bedeuten: Jv = Jahresvogel, brütend; Wv = Wintervogel; Sv = Sommervogel; SBv = Sommervogel, brütend; Dz = Durchzügler.

Khor Dubai

- **Großer Flamingo** – Phoenicopterus ruber – Greater Flamingo (Jv, Wv)
- **Schelladler** – Aquila clanga – Spotted Eagle (Wv)
- **Küstenreiher** – Egretta gularis – Reef Heron (Jv)
- **Sumpfläufer** – Limicola falcinellus – Broad-billed Sandpiper (Dz)
- **Terekwasserläufer** – Xenus cinereus – Terek Sandpiper (Dz, Wv)
- **Wüstenregenpfeifer** – Charadrius leschenaultii – Greater Sand Plover (Dz, Wv)
- **Seeregenpfeifer** – Charadius alexandrinus – Kentish Plover (Jv)
- **Reiherläufer** – Dromas ardeola – Crab Plover (DZ, Wv)
- **Löffler** – Platalea leucorodia – Spoonbill (Wv, Dz)
- **Rohrweihe** – Circus aerugiosus – Marsh Harrier (Wv)
- **Raubseeschwalbe** (Riesenseeschwalbe) – Sterna caspia – Caspian Tern (Sv, Wv)
- **Silberreiher** – Egretta alba – Great White Egret (Wv, Dz)
- **Graugans** – Anser anser – Greylag Goose (Wv)
- **Spießente** – Anas acuta – Pintail (Wv)
- **Teichhuhn** – Gallinula chlorophus – Morhen (Wv)
- **Fischmöwe** – Larus ichthyaethus – Great Black-headed Gull (Wv, Dz)
- **Lachmöwe** – Larus ridibundus – Black-headed Gull (Wv)
- **Dünnschnabelmöwe** – Larus genei – Slender-billed Gull (Jv)
- **Weißwangenseeschwalbe** – Stena repressa – White-cheeked Tern (SBv)
- **Rüppelseeschwalbe** – Sterna bengalensis – Lesser Crested Tern (SBv)

Parks und Gärten

- **Palmtaube** – Streptopelia senegalensis – Palm Dove (Jv)
- **Streifenprinie** – Prinia gracilis – Graceful Warbler (Jv)
- **Smaragdspint** – Merops orientalis – Little Green Bee-eater (Jv)
- **Streifenohreule** – Otus brucei – Bruce's Scops Owl (Jv)
- **Gelbkehlensperling** – Petronia xanthocollis – Yellow-throated Sparrow (Bv)
- **Hinduracke** – Coracias benghalenis – Indian Roller (Jv)
- **Hausrotschwanz** – Phoenicurus ochruros – Black Redstart (Wv)
- **Wiedehopf** – Upupa epos – Hoopoe (Dz, Jv)
- **Orpheusgrasmücke** – Sylyia hortensis – Orphean Warbler (Dz)

Golfclubs

- **Großer Flamingo** – Phoenicopterus ruber – Greater Flamingo (Jv, Wv)
- **Isabellwürger** – Lanius isabellinus – Isabelline Shrike (Dz, Wv)
- **Braunbauch-Flughuhn** – Pterocles exustus – Chestnut-bellied Sandgrouse (Jv)

Wüste zwischen Dubai und Hatta (Qarn Nazwa)

- **Uhu** – Bubo bubo – Eagle Owl (Jv)
- **Braunbauch-Flughuhn** – Pterocles exustus – Chestnut-bellied Sandgrouse (Jv)
- **Elsterschmätzer** – Oenanthe picata – Eastern pied Wheatear (Wv)
- **Rostbürzelsteinschmätzer** – Oenanthe xanthoprymna – Red-tailed Wheatear (Wv, Dz)
- **Wüstenschmätzer** – Oenanthe deserti – Desert Wheatear (Wv, Dz)
- **Wüstenläuferlerche** – Alaemon alaudipens – Hoppoe Lark (Jv)
- **Wüstengrasmücke** – Sylvia nana – Desert Warbler (Wv)
- **Wüstenläufer** – Cursorius cursor – Cream-coloured Courser (Jv)
- **Raubwürger** – Lanius excubitor – Great Grey Shrike (Dz, Jv)
- **Neuntöter** – Lanius Collurio – Red-blacked Shrike (Dz)
- **Raubwürger** – Lanius excubitor – Lesser grey Shrike (Dz, Jv)

Hajar-Berge

- **Wüstenfalke** – Falco pelegrinoides – Barbary Falcon (Jv)
- **Habichtsadler** – Hieraaetus fasciatus – Bonelli's Eagle (Jv)
- **Arabisches Wüstenhuhn** – Ammoperdix heyi – Desert Partridge (Jv)
- **Wüstenlerche** – Ammomanes deserti – Desert Lark (Jv)
- **Purpur Nektarvogel** – Nectarinia asiatica – Purple Sunbird (Jv)
- **Elsterschmätzer** – Oenanthe picata – Eastern-pied Wheatear (Wv)
- **Rostbürzelsteinschmätzer** – Oenanthe xanthoprymna – Red-tailed Wheatear (Wv, Dz)
- **Buschgrasmücke** – Sylvia minula – Desert Lesser Whitethroat (Wv)
- **Dorngrasmücke** – Sylvia communis – Whitethroat (Dz)
- **Mönchsgrasmücke** – Sylvia atricapilla – Blackcap (Dz)
- **Eichenlaubsänger** – Phylloscopus neglectus – Plain Leaf Warbler (Wv)
- **Wüstenprinie** – Scotocerca inquieta – Scrub Warbler (Jv)
- **Haussperling** – Passer domesticus – House Sparrow (Jv)
- **Fahlsperling** – Petronia brachydactyla – Pale Rock Sparrow (Dz)
- **Hausammer** – Emberiza striolata – House Bunting (Jv)
- **Wellenflughuhn** – Pterocles lichtensteinii – Lichtenstein's Sandgrouse (Jv)
- **Seidenwürger** – Hypocolius ampelinus – Grey Hypocolius (Dz)

Garten des Hatta Fort Hotel

- **Schwarzkopfsteinschmätzer** – Oenanthe alboniger – Hume's Wheatear (Jv)
- **Wiedehopf** – Upupa epos – Hoopoe (Dz, Jv)
- **Schafstelze** – Motacilla flava – Yellow Wagtail (Dz)

dub10_033 dt

Raubwürger – Lanius excubitor – Great Grey Shrike (Dz, Jv)
Streifenprinie – Prinia gracilis – Graceful Warbler (Jv)
Smaragdspint – Merops orientalis – Little Green Bee-eater (Jv)
Blauwangenspint – Merops superciliosus – Blue-checked Bee-eater (Dz)
Hinduracke – Coracias benghalenis – Indian Roller (Jv)
Palmtaube – Streptopelia senegalensis – Palm Dove (Jv)
Zilpzalp – Phylloscopus collybita – Chiffchaff (Wv)
Hausrotschwanz – Phoenicurus ochruros – Black Redstart (Dz, Wv)
Blaumerle – Monticola solitarius – Blue Rock Thrush (Wv)
Zwergtaucher – Tachybaptus ruficollis – Little Grebe (Wv)
Haubenlerche – Galerida cristata – Crested Lark (Jv)

Literaturtipps

Killian Mullarney, Lars Svensson, Dan Zetterström: **Der Kosmos Vogelführer: Alle Arten Europas, Nordafrikas und Vorderasiens.** Franckh-Kosmos Verlag
Simon Aspinall: **Birds of the United Arab Emirates.** Helm Field Guides
Andreas Schulze, Karl-Heinz Dingler: **Die Vogelstimmen Europas, Nordafrikas und Vorderasiens.** Edition Ample, MP3, CD
Richard Porter, Simon Aspinall: **Birds of the Middle East.** Princeton Field Guides
Lars Svensson, Killian Mullarney, Dan Zetterström, Peter J. Grant: **Collins Bird Guide.** Harper Collins Publishers

Infos im Internet

www.uaebirding.com, UAE Birding & Emirates Bird Records Committee, mit Rare Bird Reports (RBR) und Forum, Fotos, Dokumenten, geführten Vogelerkundungstouren
www.osme.org, Ornithological Society of the Middle East, mit Infos zu den V.A.E. und anderen Ländern des Mittleren Ostens und dem Magazin „Sandgrouse"

Flamingos im Vogelschutzgebiet Khor Dubai

Infos im Internet

- **www.ead.ae**
Environment Agency, staatliche Informationen zu Umwelt(schutz)
- **www.arkive.org/uae**
Unter „Juwels of the UAE" finden sich zahlreiche Videos und Fotos zur Tier- und Pflanzenwelt
- **www.uaeinteract.com**
Zahlreiche (auch deutsche) Infos, Videos, Index und Suchfunktion zum Tierleben; auch das Buch „The Emirates – A Natural History" steht gratis als PDF zum Download bereit
- **www.uae.panda.org**
World Wide Fund for Nature, UAE
- **www.dnhg.org,** Dubai Natural History Group; **www.enhg.org,** Emirates Natural History Group; **www.eeg-uae.org,** Emirates Environmental Group – Natur- und Umweltgruppen für Engagierte

Die Flaggen Dubais (links) und der V.A.E.

Geschichte und Politik

Geschichte und Stadtentwicklung

Historisch findet der Siedlungsstandort Dubai erstmals im vierten Jahrhundert v. Chr. Erwähnung. Damals erkundete *Nearchus,* ein Kommandeur *Alexanders des Großen,* die Golfregion, worauf sich in und um das Dubaier Gebiet mehrere **griechische Siedlungen** entwickelten.

Ein wichtiges Datum in der Entwicklung Dubais zur Handelsmetropole war das Jahr **1479,** als die Entdeckung des Seeweges nach Indien den internationalen Seehandel aufblühen ließ.

Im frühen 16. Jahrhundert erreichten die **Portugiesen** die Region und besiegten das Königreich von Hormuz. Nach diversen Schlachten und der Zerstörung von Küstenstädten und wichtigen Häfen kontrollierten sie die gesamte arabische Küstenregion. Erst 1622 wurden sie vom iranischen Schah *Abbas* unter Mithilfe der britischen East India Company vertrieben.

Weitere hundert Jahre später brachen die jeweiligen Herrschaftsdynastien in Persien und in Oman zusammen, ein politisches Vakuum entstand. Nach einer kurzen Phase der holländischen Vorherrschaft übernahmen die **Briten** die Schutzherrschaft. 1820 schlossen sie mit den Shaikhs der Golfregion einen Vertrag ab, nach dem sie für deren Verteidigung und Außenpolitik zu sorgen hatten. Faktisch wurden die Emirate zu britischem Protektoratsgebiet, was die weltweite militärische und politische Dominanz der Briten noch stärker festigte.

Zu dieser Zeit siedelten sich 800 Angehörige des Stammes der **Al Bu Falah,** einer Untergruppe der in Abu Dhabi ansässigen Bani-Yas-Föderation, unter der Leitung von Shaikh *Maktoum bin Butti* entlang des Dubaier Creek in Deira an. Sie besetzten das Fort, und Shaikh *Maktoum* erklärte das bislang zu Abu Dhabi gehörende Dubai 1833 zu einem eigenständigen Shaikhtum, welches er bis 1852 regierte.

1835 vermittelten die Briten einen Waffenstillstand, der allerdings nur auf die Perlentauchsaison begrenzt war. Er wurde mehrmals verlängert und 1853 immerwährend auf die gesamte Küste ausgeweitet. So erhielt die Küste ihren Namen **„trucial coast“**, „Waffenstillstandsküste“. Das Piratentum wurde zurückgedrängt, der Seehandel blühte auf, wodurch der Perlenhandel zur Haupteinnahmequelle Dubais avancierte.

Doch bis zum Ende des 18. Jahrhunderts waren die damals kleinen Fischersiedlungen an der Golfküste verarmt. **Piraterie** lähmte den Handel und die wirtschaftliche Entwicklung. Viele Bewohner suchten ihr Glück jenseits der Meerenge an persischen Gestaden. Bereits seit 1763 kontrollierten die *Qawasim* von Ras al Khaimah Orte an der persischen Küste.

Bis zu seinem Tod 1874 konnte der Qasimi-Regent Shaikh *Khalifa bin Said* seine Vormachtstellung am oberen Golf halten, sein Nachfolger allerdings nicht. Mit Waffengewalt setzte die **persische Regierung** eigene Regenten und Handelsdirektoren ein. Die Folge waren neue hohe Handelszölle, welche eine große Auswanderungswelle in Bewegung setzten. Mit den Arabern zogen auch persische, indische und baluchische Kaufleute an die südliche Golfküste, in die Hafen- und Handelsstadt Dubai. Diese Migration hielt einige Jahrzehnte an.

Der in Dubai regierende Shaikh *Maktoum bin Hasher Al Maktoum* (Amtszeit 1859–1886) gewährte den ausländischen Händlern **Steuerfreiheit,** wodurch sich immer mehr Kaufleute niederließen. 1903 gründeten die Briten in Dubai eine neue Schifffahrtsgesellschaft und wählten es (statt vormals Bandar Lingeh an der persischen Golfküste) zur neuen Zwischenstation für ihre Dampfschiffe auf dem Weg nach Indien. Zudem eröffneten sie zahlreiche **Handelsniederlassungen.** Reiche indische Kaufleute, die nach Dubai emigriert waren, beorderten jetzt ihre riesigen Handelsschiffe – von Indien kommend – direkt nach Dubai. Durch den Geschäftssinn der ansässigen Kaufleute und durch die Ernennung der Stadt zum Freihafen im darauf folgenden Jahr erstarkte Dubai und entwickelte sich zur bis heute unumstrittenen Handelsmetropole der Golfregion. Auch Schmuggelgeschäfte dürften im Angesicht der hohen Zölle auf der gegenüberliegenden Golfseite nicht die Ausnahme gewesen sein.

Ende der 1930er Jahre stammte ein Viertel der 20.000 Einwohner aus dem Ausland. Diese „Stadt der Kaufleute“ lebte hauptsächlich vom **Gold- und Perlenhandel,** exportierte aber auch getrockneten Fisch und Muscheln. Importiert wurden vor allem Reis, Zucker und Gewürze aus Indien, Datteln aus Basra (Irak) sowie Holz aus Ostafrika. Als japanische Zuchtperlen den Markt überfluteten, blühte in Dubai der Goldhandel auf. Und als die Inder 1947 die Einfuhr von Gold verboten, entwickelte sich ein reger Schmuggelverkehr nach Indien. Dubai wurde zentraler Goldumschlagplatz. Barrengold und andere Edelmetalle durften in beliebiger Menge zoll- und abgabefrei im- und exportiert werden. Zudem konnte ohne Schwierigkeiten in indischen Rupien bezahlt werden, da diese auch als Währung in Dubai gültig waren. Daher waren die Verluste im Perlengeschäft samt der nachfolgenden allgemeinen Wirtschaftsflaute sowie die Auswirkungen des Zweiten Weltkrieges in Form von Verteuerungen und Engpässen der aus Indien importierten Nahrungsmittel für Dubai nicht so einschneidend wie für andere Städte, in denen eine ungeahnte Verarmung einsetzte. Wie gehabt, war es vor allem der steuerfreie Handel, der die weitere Entwicklung vorantrieb, und – im Gegensatz zu Nachbarshaikhtümern – weniger das Öl.

Shaikh *Saeed bin Maktoum Al Maktoum,* der 1912–1958 regierte und technischen Neuerungen sowie allem Modernen sehr positiv gegenüberstand, gab die erste Konzession für Festlandsölbohrungen 1937 an die Briten. Doch in dieser Zeit des Zweiten Weltkrieges blieben sie erfolglos. Erst 1966 stieß die Dubai Marine Areas Company auf **Öl,** aber nicht an Land, sondern „offshore" im Golf. Der nachfolgende Herrscher, Shaikh *Rashid bin Saeed Al Maktoum* (Amtszeit 1958–1990), wählte persönlich einen Namen für Dubais erstes Ölfeld aus: „Fateh" – „Glück". Shaikh *Rashid* gilt als geistiger Vater des Dubaier Wirtschaftswunders. Dank seiner Weitsicht etablierte sich Dubai als wettbewerbsfähiger Wirtschafts- und Handelsplatz. Er ließ das Land parzellieren und an die Bewohner verteilen. Zahlreiche öffentliche Bauvorhaben wurden aus seiner Privatschatulle finanziert.

1968 kündigten die Briten ihren Rückzug an, und nach der **Gründung der V.A.E. 1971** wurde Dubai das Handels- und Industriezentrum des Landes. Die hohen Ölpreise erlaubten einen großzügigen Auf- und Ausbau der Stadt, an dem aber auch der private Sektor nicht unbeteiligt war. In den folgenden Jahren entstanden zahlreiche wichtige infrastrukturelle Einrichtungen und Großbauten. Lebten Ende der 1960er Jahre erst 59.000 Menschen in der Stadt, so waren es zur Jahrtausendwende über eine Million.

Anfang des dritten Millenniums erlebte Dubai einen immensen **Wirtschaftsaufschwung.** Viele internationale Firmen siedelten sich in Dubai an und profitierten von günstigen Handelsbedingungen. Am stärksten war das Wachstum in der Bau- und Immobilienbranche, rund ein Viertel des Bruttoinlandsproduktes stammte aus diesem Sektor. Überall entstanden **Neubauviertel,** die eine Atmosphäre exklusiver Wohn- und Lebensqualität propagierten und Investoren aus aller Welt anlockten. Dubai wurde zum Mekka der Immobilienspekulanten, die Stadt war der weltgrößte Betonverbauer, auf kaum einem anderen Flecken der Erde standen Baukräne dichter beisammen. Visionen wurden in Windeseile Wirklichkeit. Für Furore sorgten kostenintensive und fantasievolle Inselbauprojekte. Doch nicht nur Sand wird ins Wasser gepumpt, auch Wasser wird in den Sand geleitet: Auf einst nur von Staub bedeckten Wüstenarealen (insbesondere zwischen Shaikh Zayed Rd E11 und Shaikh

dub12_006 dt

Mohammed Bin Zayed Rd E311) entstanden neue Wohnviertel, umgeben von sattem Grün, durchzogen von plätscherndem Nass, bestückt mit Sport- und Freizeitanlagen, Restaurants und Einkaufszentren.

Da die Stadt in ihrer Boomzeit schneller als jede Projektion wuchs und eine Vielzahl prestigeträchtiger Immobilieninvestment-Großprojekte gleichzeitig geplant und in Angriff genommen wurden, gleicht Dubai heute einem bunten, stellenweise unfertigen **Flickenteppich.**

Diese **XXL-Expansionsstrategie** hat in den letzten Jahren durch die globale Wirtschaftsrezession deutliche Dämpfer erfahren. Tempo und Ausmaß des Städtewachstums haben sich verlangsamt, die Prioritäten zum Teil auch verschoben. Besonders deutlich wird dies an der Verkehrssituation. Dubais Straßen sind völlig überlastet, Stop and Go sowie Staus an der Tagesordnung. Lange Jahre stand der Ausbau des Straßennetzes im Vordergrund, inzwischen wendet man sich verstärkt dem öffentlichen Nahverkehr zu.

Infolge des Baubooms sind Wüstenboden wie auch Seeseite erschlossen. Dabei geht man gerne Viertel für Viertel vor und erschafft **künstliche Welten:** Hier ein Wohnviertel aus mediterranen Villen, dort eines umgeben von grünen Golfwiesen, daneben eine Landschaft aus Hochhaustürmen, im Landesinneren am Ufer eines künstlichen Sees oder Kanals, an der Küste auf einer aufgeschütteten Palmeninsel – in Dubai liebt man das Wohnen am Wasser.

⌃ Dubais Skyline mit dem Burj Khalifa als herausragendem Mittelpunkt

Vieles in Dubai ist **monofunktional:** Es gibt Wohnbereiche, Hotelareale, Festivalviertel, Freizeitparks, Einkaufsmeilen, Sportstätten, Golfresorts, Krankenhausbezirke, Schulquartiere, Autohandelsflächen, Businessbuchten und Freihandelszonen für Industrie, Logistik und Medienschaffende. Auf der anderen Seite plant und baut man **multifunktional:** Wohnen, Business, Freizeitgestaltung, Shoppen und Speisen gehen oft Hand in Hand. So werden in der Festival City zwar relativ wenige Kulturevents veranstaltet, dafür gibt es eine Mall plus etliche Großgeschäfte sowie unzählige Restaurants an einer Kanal-Flaniermeile.

Nach der Krise kam ein **Umdenken im Umgang mit Naturressoucen:** Statt weiterhin Raubbau an der Natur zu betreiben, sind „grüne" Staatsprogramme und Initiativen entworfen worden, beim Bau neuer staatlicher Gebäude werden Umweltschutzrichtlinien befolgt. Immer mehr Immobilienprojekte machen sich **Umweltschutz,** Ressourcenschonung, Energieeffizienz und **Nachhaltigkeit** zur Maxime, auch autofreie Siedlungen und erschwinglicher Wohnraum werden geplant.

Infos im Internet

- **www.dm.gov.ae**
Dubai Municipality, Stadtverwaltung
- **www.na.ae,** UAE National Archives

Literaturtipps

- *Noor Ali Rashid,* **The UAE. Visions of Change.** Motivate Publishing; historischer Bildband zur Geschichte der V.A.E.
- *Julia Wheeler,* **Telling Tales. An Oral History of Dubai.** Explorer Publishing; 23 autobiografische Berichte zur Geschichte Dubais.

dub14-053 kk

Regierung

Präsident der V.A.E. und Herrscher Abu Dhabis ist **H.H. Shaikh Khalifa bin Zayed Al Nahyan** (seit 2004). Shaikh *Khalifa,* der auch Oberbefehlshaber der emiratischen Streitkräfte ist, wurde 1948 in Al Ain geboren. Politisch setzt er den Kurs seines 2004 verstorbenen Vaters Shaikh *Zayed bin Sultan Al Nahyan* fort. Shaikh *Zayed* war 38 Jahre lang Herrscher von Abu Dhabi und erster Präsident des 1971 gegründeten Föderationsstaates. Er initiierte die Gründung dieses Staatenbundes und war angesehener Po-

‹ Himmelstrebende Glitzerfassaden sind typisch für das Dubaier Stadtbild

litiker, charismatische Leitfigur und weiser Visionär. Seine Weitsicht und sein Engagement haben aus dem einstmals vom Rest der Welt vergessenen Wüstenwinkel das gemacht, was er heute ist: ein prosperierender, weltoffener und wohlhabender Staat.

Vizepräsident und Premierminister der V.A.E. ist der Herrscher von Dubai, **H.H. General Shaikh Mohammed bin Rashid Al Maktoum.** Kronprinz ist sein zweitältester Sohn *Hamdan.* Seit 1833 übt die Dynastie der *Al Maktoum* in absolutistischer, aber keinesfalls nachteiliger Manier ihre Herrschaft über Dubai aus. Sowohl der Vater (Shaikh *Rashid bin Saeed Al Maktoum)* als auch danach der Bruder (Shaikh *Maktoum bin Rashid Al Maktoum)* von Shaikh *Mohammed* hatten das Sagen im Emirat und haben das moderne Dubai geschaffen. Die von 1990 bis 2006 dauernde Regentschaft von Shaikh *Maktoum bin Rashid Al Maktoum* war geprägt von Freigebigkeit in allen Bereichen, sei es Politik, Wirtschaft, Kultur oder Bildung. Zahllose ehrgeizige und zukunftsweisende Projekte hat er ins Leben gerufen, stets waltete er mit Weitsicht. So setzte er durch, dass Dubais Wirtschaft vom Erdöl unabhängig sein soll. Shaikh *Mohammed* führt die Politik seines Vaters fort.

Die **einzelnen Emirate** verfügen über weitgehend **autonome Regierungen,** die sich aus den jeweiligen Shaikhs und ihren Familienmitgliedern zusammensetzen. Die Einzelemirate besitzen keine

Die Herrscher der sieben Vereinigten Arabischen Emirate

dub14-031 kk

Die arabische Namensfolge

Die für westliche Ohren oftmals verwirrende arabische Namensfolge fügt sich traditionell aus **drei bis sechs Elementen** zusammen. Sie geben zunächst Aufschluss über den eigenen Namen sowie den des Vaters und eventuell auch des Großvaters und Urgroßvaters. Diese Namenselemente werden verbunden: bei Söhnen durch „bin" oder „ibn" („Sohn des"), bei Töchtern durch „bint" („Tochter des").

Nach den **verwandtschaftlichen Verhältnissen** folgen **Angaben über die Herkunft.** Dies kann entweder eine Stadt, eine Familie oder aber – was häufiger ist – ein Herrschergeschlecht bzw. ein Stamm sein.

Neben der Abstammung und der Herkunft gibt die arabische Namensfolge auch Hinweise über den **gesellschaftlichen Rang:** Mitglieder der Herrscherdynastie werden mit „Seine Hoheit", engl. **„His Highness"** (engl. Abk. *H.H.*) betitelt. „Ihre Exzellenz", engl. **„His Excellency"** (engl. Abk. *H.E.*) werden hohe Regierungsbeamte genannt. „Shaikh" kann übersetzt werden mit „Ältester", „Verehrungswürdiger". Mit diesem Titel bezeichnet man Stammesälteste und -oberhäupter, Vorstände von Familienverbänden, Adelige und deren Söhne. **„Shaikh"** ist auch ein Würdentitel für Religionsgelehrte, die über geistige und rechtliche Autorität verfügen. Der Shaikh-Titel wird durch Erbfolge übertragen.

In voller Länge lautet der Name des Präsidenten der V.A.E. *His Highness Shaikh Khalifa bin Zayed bin Sultan Al Nahyan Al Bu Falah* (Seine Hoheit Stammesoberhaupt Khalifa, Sohn des Zayed, Enkel des Sultan, aus der Familie Al Nahyan vom Stamm der Al Bu Falah), verkürzt nur Shaikh Khalifa, also „Shaikh" plus Eigenname.

Spricht man einen titellosen Araber an, so benutzt man meist lediglich seinen Vornamen mit dem englischen Zusatz „Mister", männliche **Ausländer** werden ebenfalls mit „Mister" und ihrem Vor- oder Familiennamen angesprochen (z.B. *Mr. Achim* bzw. *Mr. Müller*), ausländische Frauen entsprechend mit „Mrs." oder „Ms.".

Die **Namen arabischer Frauen** ändern sich nach ihrer Heirat nicht. Sie bleiben wie oben beschrieben „bint", „Tochter des", und werden auch so angesprochen. Ein Ehemann wird seine Angetraute meist „Tochter des" und nur selten als „seine Frau" bezeichnen. So heißt eine Angetraute von Shaikh Mohammed *Her Royal Highness Princess Haya Bint Al Hussein.* Ein ehrenvoller Frauentitel ist „Umm", „Mutter des", gefolgt vom Vornamen ihres ältesten Sohnes („Umm Abdullah" ist also die Mutter von Abdullah, ihrem ältesten Sohn). Für Männer gibt es die entsprechende Bezeichnung: „Abu", „Vater des", die allerdings selten benutzt wird.

Araber, die ihre Pilgerfahrt zu den heiligen Stätten von Mekka unternommen haben, sind dem Titel nach zwar **„Hajji"**, als Namenszusatz ist dieser in den Emiraten allerdings ungebräuchlich.

dub07_074 dt

H.H. Shaikh Mohammed bin Rashid Al Maktoum – seit 2006 Dubais Herrscher

eigene Verfassung. Die Landesverfassung schreibt die Trennung von Exekutive, Legislative und Judikative vor und benennt fünf Verfassungsorgane.

Das höchste Verfassungsorgan und maßgeblich die Politik der Föderation bestimmend ist der aus den sieben Herrschern bestehende **Oberste Bundesrat.** Alle wichtigen Entscheidungen wie die Ratifizierung von Gesetzesvorlagen oder die Erstellung des Bundeshaushaltes benötigen die Zustimmung von mindestens fünf der sieben Herrscher (Abu Dhabi und Dubai haben ein Vetorecht). Alle fünf Jahre oder nach dem Tod eines Präsidenten kommen die Regenten der Emirate in Form dieses Rates zusammen und ernennen das Staatsoberhaupt.

Nur beratende Funktion hat der **Nationale Bundesrat.** Ein weiteres Verfassungsorgan ist der **Oberste Gerichtshof,** der unter anderem die Verfassungsmäßigkeit von Gesetzen prüft. In allen Verfassungsorganen besetzen Mitglieder der Herrscherfamilien wichtige Ämter.

Möglichkeiten der **politischen Partizipation** hat die einheimische Bevölkerung im Rahmen traditionell-stammespolitischer Kommunikations- und Versammlungsformen (arab. *majlis*), allen voran die Herrscherversammlung. Ausländer sind politisch nicht repräsentiert.

Literaturtipps

- *Noor Ali Rashid,* **Sheikh Khalifa Life and Times.** Motivate Publishing; Bildband vom „Royal Photographer" über den Präsidenten der V.A.E.
- *Noor Ali Rashid,* **Sheikh Mohammed Life and Times.** Motivate Publishing; Foto-Biografie des Herrschers von Dubai

Dubai Stammbaum

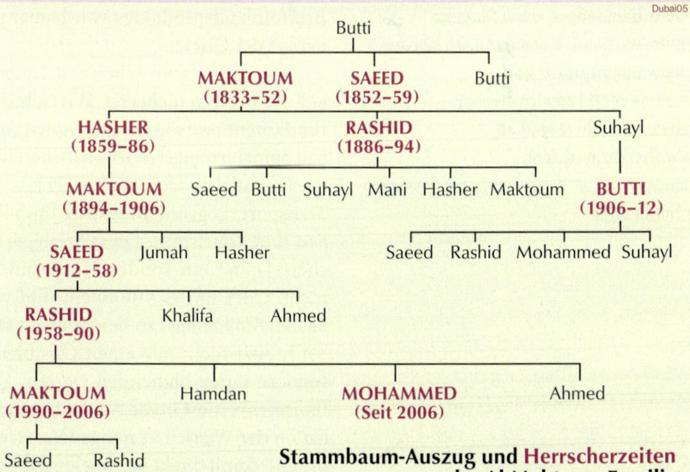

Stammbaum-Auszug und Herrscherzeiten der Al Maktoum-Familie

Infos im Internet

- **www.government.ae**
Emirates eGovernment, Regierung und Ministerien
- **www.uaeinteract.com**
Department of External Information; vielfältige Infos – auch auf Deutsch – und Gratis-Download des PDF-Buchs „Sheikh Zayed – A Special Tribute"
- **www.dubai.ae,** Regierung von Dubai
- **www.sheikhmohammed.com, www.uaepm.ae, www.facebook.com/HHSheikhMohammed, http://twitter.com/HHShkMohd, http://ae.linkedin.com/in/mohammedbinrashid, http://instagram.com/hhshkmohd, www.youtube.com/user/HHSMohammedBinRashid**
Homepages und Netzwerkseiten von Shaikh *Mohammed*
- **www.motherofthenation.ae**
Her Highness *Shaikha Fatima bint Mubarak,* die sich politisch sehr engagiert für Frauenbelange einsetzt
- **www.princesshaya.net**
Website von Prinzessin *Haya,* einer der Ehefrauen Shaikh *Mohammeds*
- **www.hamdan.ae, www.fazza.ae**
Websites von Dubais Kronprinz Shaikh *Hamdan*
- **www.uaepresident.ae**
Homepage des Präsidenten der V.A.E.
- **www.ourfatherzayed.ae, www.sheikhzayed.com**
Informationen über den verstorbenen Staatsgründer Shaikh *Zayed*

Wirtschaft

Das Emirat Dubai ist ein wichtiges **Handels-, Industrie- und Dienstleistungszentrum.** Die Stadt profitiert von ihrer zentralen Lage und guten Verbindungen sowohl zum indischen Subkontinent als auch in den Nahen Osten, nach Europa und Afrika. Dass das Lohnniveau vergleichsweise niedrig und der Dirham an den US-Dollar gekoppelt ist, sind weitere Standortvorteile. Zudem haben wirtschaftsfreundliche Politik und moderne Infrastruktur gute Rahmenbedingungen geschaffen. Mit Dubai und Abu Dhabi im Zentrum zeigte sich die Wirtschaft in den V.A.E. 2014 robust mit einem Wachstum von rund 5%.

Dubai besitzt zwar **Öl** (Ölfelder im Golf), allerdings nicht annähernd so viel wie das weit größere Nachbaremirat Abu Dhabi, auf das etwa 10% der OPEC-Produktion entfallen. Lediglich rund 5% des Bruttoinlandsproduktes von Dubai generiert der Ölsektor.

Dubai setzt daher schon seit Langem auf ein **breit gefächertes Wirtschaftsfundament** und fördert gezielt den Ausbau ölunabhängiger Wirtschaftsbereiche wie Dienstleistungen, Handel, Finanzen, Transport, Logistik, Industrie, Immobilien und Tourismus. Diese Strategie sichert Dubai ein solides Finanzfundament. Oder um es mit einem Bild von Shaikh *Mohammed* zu beschreiben: Dubai besitzt nicht nur einen Obstbaum, sondern einen blühenden Garten. Das Emirat investiert in die für die Diversifikation der Wirtschaft nötige Infrastruktur und damit direkt in Projekte zur Entwicklung neuer Industrien und Wirtschaftsbereiche. Dies dient der Schaffung von Arbeitsplätzen für die junge einheimische Bevölkerung und soll Wohlstand und Zukunftsperspektiven nach dem Öl-Zeitalter garantieren.

Ein Standbein der Wirtschaft ist der **Tourismus.** 2014 kamen 13,2 Millionen Besucher ins Land. Dubai will ab 2020 jährlich 20 Millionen Touristen anlocken – entsprechend schreitet der Ausbau von Hotel- und Freizeiteinrichtungen stetig voran. Diese Rechnung könnte aufgehen, denn Dubai ist ein viel beworbenes, bekanntes und beliebtes Reiseziel. Aufgrund innenpolitischer Krisen oder der Terrorgefahr in anderen arabischen Touristenzielen weichen Reisende nach Dubai aus. 2020 findet im Emirat die Weltausstellung **EXPO** (www.expo2020-dubai.ae) statt, zu der mehr als 25 Millionen Besucher erwartet werden, davon 70% aus dem Ausland. Die Ausstellung wird auf einem 438 Hektar großen Gelände in Jebel Ali veranstaltet, extra dafür entsteht dort das neue Dubai Trade Centre. Andere imposante Bauprojekte sind so geplant, dass sie vor der EXPO fertig werden. Der Bausektor erlebt einen Aufschwung mit starker Beteiligung lokaler und internationaler Investoren.

Interessant an Dubais **Handelsbilanz:** Weniger als ein Drittel aller Importe (die meisten Waren kommen aus Indien und China) wird in Dubai selbst verbraucht, der Rest wird reexportiert. Bei den Reexporten ist wiederum Indien Hauptabnehmer, lange war es der Iran, doch der Handel hat sanktionsbedingte Einbußen erlebt. Der Großteil (76%) des gesamten Außenhandelsvolumens der V.A.E. wird über Dubai abgewickelt.

Freihandel bescherte Dubai in den ersten Jahren dieses Millenniums wirtschaftliche Wachstumsraten von bis zu 15%. Als ein Teil des Freihandelskonzepts dürfen ausländische Unternehmen in bestimmten Sonderzonen bei hundertprozentiger Eigentümerschaft agieren, für die meisten Produkte brauchen sie kaum Steuern und Zölle zu zahlen. So sollen **Kapital und Know-how** aus aller Welt angelockt werden, um Forschung zu vertiefen, innovative Ideen zu verwirklichen, Schulungsmöglichkeiten zu schaffen und den Weg in die Ära nach dem Öl zu weisen. Die älteste und betriebsamste **Freihandelszone** ist die Jebel Ali Free Zone, weltweit erstmalig entstand mit der Internet City eine Freihandelszone für e-commerce, elektronischen Handel und Telekommunikation. Weitere Orte der gewinnbringenden Geschäftigkeit sind z.B.: Dubai Knowledge Village (Weiterbildung), Dubai Media City (Medien), Dubai Gold and Diamond Park (Gold und Diamanten), Dubai Maritime City (Marineindustrie), Dubai Healthcare City (Medizinzentrum), Dubai Textile Village (Textilherstellung), Dubai Metals and Commodities Centre (Metallerzeugnisse und Erdölprodukte), d3 Design District (Mode).

Da der Freihandel einträglich funktionierte, wurde er vom Handels- und Industriesektor auch auf den privaten Immobilienbesitz ausgeweitet. In den Jahren vor der globalen Finanz- und Wirtschaftskrise bescherte „Freehold Private Property" der **Bau- und Immobilienbranche** einen Megaboom: Danach ist auch Ausländern in bestimmten Arealen Immobilieneigentum erlaubt. In Dubai versuchten viele, ihre Eigenheimträume, Investmentvorteile und Urlaubsfreuden unter einen Hut zu bringen. Dass für einen Großteil der geplanten Immobilien noch nicht einmal die Baugenehmigung erteilt war, schien niemanden zu verschrecken. So waren alle Villen der ersten Palmeninsel binnen weniger Wochen vom Reißbrett weg verkauft, und manche Hochhausapartments wurden noch vor dem ersten Spatenstich mehrfach gewinnbringend gehandelt. Zu Lande und zu Wasser wurde gebaut, die gesamte Golfregion profitierte von dieser Entwicklung. Ganze Berge wurden um Dubai zur Errichtung von Inselwelten abgesprengt, manche Neubaugebiete glichen einem Kranenwald, Dubai war Großbaustelle, ein Eldorado für Steuerflüchtlinge, Geldwäscher, Baumagnaten, Stararchitekten und Immobilienspekulanten. Dubais Immobilienmarkt war lukrativ bis dubios, Glücksritter und Lügenbarone wussten Gutgläubigkeit und Geldgier zu nutzen. Inzwischen sorgen staatliche Vorgaben und Aufsichtsinstanzen für Kontrolle und Regulierung.

Die Situation wandelte sich so schnell, wie die Krise Kreise zog. Die **Krisenstimmung** und das Immobilienüberangebot ließen die Dubaier Immobilienpreise in nur zwei Jahren bis zu 70% unter den Höchststand vom Herbst 2008 fallen. Kapital wurde knapp, der Leerstand hoch. Unzählige Bauarbeiter, vornehmlich vom indischen Subkontinent, wurden entlassen, aber auch viele Experten aus westlichen Ländern. Fehlspekulationen, Firmenpleiten, Bauverzögerungen oder -stopps und eine hohe Staatsverschuldung waren – und sind – weitere Folgen. Dubai ist voller Bauruinen, offener Baugruben sowie ungenutzter Immobilien, viele Bauunternehmen sitzen auf unbezahlten Rechnungen.

Doch so wie bis zum Beginn der Weltwirtschaftskrise kaum jemand begriff, wie marode das globale Finanzsystem ist, so ahnten auch nur wenige, dass das vermeintlich so steinreiche Dubai in der Klemme steckt. Vorherrschend war das Bild einer unverwundbaren und über schlimmste Krisen hinweg wachsenden Volkswirtschaft, denn bis dahin hielt sich die hartnäckige Mär, man schwimme in Petrodollars. In punkto Wachstum hat Dubai sich selbst haushoch in den Himmel gehoben, doch der Stadt wurde auch viel angedichtet. Bauvorhaben der Superlative und exorbitante Investmentprojekte waren begleitet von einer **groß angelegten Selbstvermarktung,** und all das traf auf offene Ohren und Medienbegeisterung. Dabei wurden nicht nur Luxushotels sieben Sterne verliehen, sondern der Dubaier Wirtschaft auch ewiges Wachstum zugeschrieben.

Seit 2012 freut sich die Baubranche über wiederbelebte und neue Aufträge, auch wurden deutlich mehr Immobilien verkauft, und das, obwohl Kauf- und Mietpreise gestiegen sind. Immer mehr Käufer sind vornehmlich an der Eigennutzung und weniger am gewinnbringenden Wiederverkauf interessiert.

Das Emirat setzt weiterhin auf **Expansion und Vielfalt.** Die steigende Bevölkerungszahl und instabile politische Verhältnisse in anderen arabischen Ländern verursachen einen wachsenden Immobilienbedarf. Andererseits ist der Leerstand vor allem bei Büroflächen hoch, und viele Menschen ziehen nach Sharjah oder Ajman und pendeln nach Dubai.

Nach Durchschreiten des Krisentiefs wurden zunehmend **Infrastrukturprojekte** (Energie, Verkehr, Meerwasserentsalzung) in Angriff genommen und der Ausbau der Industrie verstärkt. Den ersten Meilenstein auf dem Weg in die Liga der führenden Handels- und Wirtschaftszentren hat Dubai mit der **Business Bay** (www.businessbay.ae) gesetzt. Mit dem fortschreitenden Aufbau des Luftfahrt- und Logistikzentrums **Dubai World Central** (www.dwc.ae) realisiert Dubai einen weiteren Baustein zum Ausbau seiner Position als Handelsmetropole. Bis 2050 entsteht DWC als 140 km² große Stadt in der Stadt. Ein Teil davon ist der – bereits eröffnete – Al Maktoum International Airport. Zudem soll DWC Logistik-, Technologie-, Luftfahrtindustrie- sowie Messezone werden. In die angegliederte **Residential City** sollen 900.000 Menschen einziehen. Für Urlauber interessant werden Freizeit- und Tourismuseinrichtungen wie die **Golf City,** die Einkaufsmöglichkeiten in der **Commercial City** sowie 25 Hotels, die zwischen 3- und 5-Sternekomfort bieten werden. Ergänzt wird der Ausbau der Infrastruktur durch den Aufbau eines an andere Golfstaaten angebundenen Eisenbahnnetzes bis voraussichtlich Ende 2018 (Etihad Rail, www.etihadrail.ae).

Als Weltrekordprojekt soll die **Mall of the World** (MOW) nicht nur das weltweit größte Einkaufszentrum, sondern auch der welterste klimatisierte Stadtteil werden und somit eine gigantische Ganzjahres-Touristenattraktion. In die MOW sollen der größte Indoor-Vergnügungspark der Welt, ein Kulturviertel, ein Gesundheits- und Wellnessdistrikt sowie 80 Hotels und 20 Apartmenthäuser mit insgesamt 20.000 Gästezimmern integriert werden. Der Vergnügungspark soll mit einer im Sommer geschlossenen und im Winter geöffneten Glaskuppel überdacht sein – hier brauchen Gäste keinen Fuß vor die Tür zu setzen. 7 km lange überdachte Shopping-, Gastronomie- und Flanierwege werden die einzelnen Bereiche miteinander verbinden, eine Tram übernimmt die Personenbeförderung. Die Mall of the World entsteht an der Shaikh Zayed Rd gegenüber der Mall of the Emirates (Infos: www.dubaiholding.com).

Ein weiteres Megaprojekt ist **Mohammed bin Rashid City** (MBR), die angrenzend an Downtown Dubai zwischen Al Khail Rd und Shaikh Mohammed Bin Zayed Rd (E311) entsteht. Weltklasse sollen die Wohnviertel sein und die Freizeiteinrichtungen jede Menge Besucher aus aller Welt anlocken. Das Ganze trägt nicht nur den Namen des Landesvaters, Shaikh *Mohammed* ist auch der Initiator des Vorzeigeprojekts. MBR City soll allerlei in sich vereinen, auch einen Universal-Studios-Familienfreizeitpark mit Hotels. Geplant sind eine 7 km lange künstliche Lagune mit 14 km Uferstränden sowie riesige Parkflächen und ein Golfplatz. In einem Sondergebiet will man Unternehmensansiedlungen forcieren. Dieser neue Megastadtteil wird mit Downtown Dubai und der Business Bay über das Kunstgalerien-Areal Cultural Crossing verbunden sein. Zuerst – voraussichtlich 2018/19 – sollen die Wohngebiete Dubai Hill Estates und District One bezugsfertig sein. Auch das Wohnviertel The Lagoons am Creek ist Teil der MBR City. An diesem Großprojekt sind diverse Dubaier Großinvestoren beteiligt (Infos: www.meydansobha.com, www. emaar.com, www.meraas.com, www.dubaiholding.com).

Ein ambitioniertes Großprojekt ist der **Dubai Water Canal:** Der künstliche Kanal wird von der Business Bay über die Shaikh Zayed Rd und die Jumeirah Rd

dub14-034 kk

bis zur Küste gegraben. Mitte 2016 soll der Kanal fertig sein, es folgen Luxusapartments, Jachthäfen, Einkaufszentren, Freizeiteinrichtungen, Hotelkomplexe, Geschäfte, 450 (!) Restaurants, Sandstrände sowie begrünte Fuß- und Radwege. Zukünftig werden Teile der Mohammed bin Rashid City an dieser Creekerweiterung liegen.

Vor der Küste der Jumeirah Beach Residence wird **Bluewaters** ein weiterer Touristen-Hotspot – mit dem 210 Meter hohen **Riesenrad Dubai Eye,** dem größten der Welt, als Hauptattraktion und Wahrzeichen. Die Freizeitinsel wird einen Mix aus Unterhaltung, Gastronomie und Shopping bieten, inklusive Souq und Luxushotel, Eigentumshäusern und Apartments (Infos: www.meraas.com).

Seit der globalen Finanz- und Wirtschaftskrise sind immer mehr Vorzeigeprojekte **umweltfreundlich-grün** koloriert. Umweltschutz, Ressourcenschonung, Energieeffizienz und Nachhaltigkeit heißen die neuen Maximen. Doch die Energiepolitik zeigt sich wenig innovativ: Bis 2030 will Dubai nur 5% seines Energiebedarfs aus erneuerbaren Energien decken, zu 12% aus Atomkraft und zu 71% aus Erdgas.

Dubai hat nicht nur ehrgeizige wirtschaftliche und stadtplanerische Zukunftspläne, sondern auch virtuelle: Wie viele Städte der Welt will auch Dubai eine „Smart City“ werden, eine **Stadt der digitalen Zukunft,** im Falle von Dubai natürlich „The World’s Smartest City“. Shaikh *Mohammed* persönlich initiierte eine entsprechende Ausbaustrategie. In-

⌃ Ohne Bewässerung gedeiht gar nichts

ternet- und Digitaltechnik sollen das urbane Leben angenehmer und nachhaltiger machen, die Zufriedenheit der Bürger steht im Mittelpunkt. Und der Wohlstand soll auch wachsen. Neue Verwaltungsformen und kommunale Offenheit sind ein wichtiger Baustein dieser Strategie. Wo immer es geht, sollen Internetdienste und Smartphone-Apps das Leben der Bewohner komfortabler machen, z.B. die Kommunikation mit Bauamt, Stromversorger, Schule, Wasserwerk, Taxis oder der Metro vereinfachen. Bis 2017 soll eine Vielzahl der staatlichen bzw. kommunalen Dienstleistungen als **„Smart Government Service"** angeboten werden. Schon heute gibt es von der Stadtverwaltung (www.dubai.ae) sowie von HappyLiving (www.app.happyliving.ae) eine Vielzahl an E-Services. Weitere V.A.E.-Regierungs-Apps ergänzen das stetig wachsende Angebot (www.apps.gov.ae). Teilprojekte der „World's Smartest City" sollen z.B. „Smart Economy", „Smart Enviroment", „Smart Society", „Smart Police" und „Smart Tourism" sein, die E-Services sollen untereinander vernetzt werden.

Literaturtipps

- *Michael Backfisch,* **Die Scheich-AG: Wie unsere Unternehmen vom Wirtschaftswunder am Golf profitieren.** Campus Verlag; verständlich geschriebenes Kompendium über wirtschaftliche und politische Zusammenhänge.
- *Tewe Pannier,* **1001 Deal. Erfolgreich in Dubai – ein Blick hinter die Kulissen der Glitzerwelt am Golf.** Börsenmedien Verlag; Mix aus Anekdoten und Hintergrundinformationen.
- *Jim Krane,* **City of Gold: Dubai and the Dream of Capitalism.** Picador Verlag; humorvolle Schilderung der Entwicklung Dubais bis zur Finanz- und Weltwirtschaftskrise.

Landwirtschaft und Bewässerung

Die natürlichen Voraussetzungen für eine landwirtschaftliche Nutzung Dubais sind aufgrund des ariden Klimas und der Bodenbeschaffenheit ungünstig. Für die Volkswirtschaft Dubais ist der landwirtschaftliche Sektor von untergeordneter Bedeutung. Keine 7000 Menschen arbeiten in diesem Wirtschaftszweig, ein Großteil der Agrarerzeugnisse wird aus dem Ausland importiert. Der Großteil der in Dubai produzierten **Agrarprodukte** ist Grünfutter für Tiere (ca. 80.000 Tonnen), es folgen Datteln (ca. 20.000 Tonnen) und Tomaten (ca. 2000 Tonnen). Die meisten Gemüse und Früchte werden für den lokalen Markt produziert, nur Datteln gehen auch in den Export.

Das größte Problem und den höchsten Kostenfaktor stellt die **Bewässerung** dar. Rund ein Drittel des Nutzwassers in Dubai verbraucht die Landwirtschaft – **„desert farming"** sprengt alle Dimensionen: Die Produktion von einem Kilo Orangen erfordert ca. 55.000 Liter Süßwasser. Insbesondere Abu Dhabi baut eifrig Farmen auf Sandflächen, das Wasser wird durch Rohrleitungen von der Küste in die Wüste gepumpt – zwei Drittel des Brauchwassers wird energieintensiv aus Meerwasserentsalzungsanlagen gewonnen. Die V.A.E. haben sich das ehrgeizige Ziel gesetzt, 2030 landwirtschaftlich autark zu sein. Wegen des steigenden Wasserverbrauchs (auch infolge der wachsenden Bevölkerungszahl und der innerstädtischen Begrünungsmaßnahmen) ist der Bau weiterer Meerwasserentsalzungsanlagen nötig.

Die Bergregion gehört zu den wenigen Gebieten, in denen **Ackerbau** ohne künstliche Bewässerung möglich ist, da die jährlichen Niederschlagsmengen dort Werte von bis zu 500 mm erreichen können. So finden sich dort Flussläufe, in denen das ganze Jahr über Wasser fließt, das Emirat Ras al Khaimah ist das fruchtbarste. In der Oase Hatta wurde durch Restaurierungsarbeiten das traditionelle **Bewässerungssystem der aflaj** (arab. sg. *falaj*, dt. spalten, teilen) erhalten. Das Bauprinzip besteht darin, dass das Grundwasser aus den Bergen in unterirdischen Sickergalerien oder Stollen mit leichtem Gefälle talabwärts geleitet und am Ende in einer offenen Rinne in die Siedlung oder in die Gärten geleitet wird.

Erstmalig Erwähnung findet dieses Bewässerungssystem im 6. Jahrhundert v. Chr. Im persischen Hochland entwickelt, wurde es aller Wahrscheinlichkeit nach von dort eingeführt. Mittels der aflaj konnten die **Oasenbauern** ihre Gärten ständig bewässern, sodass sie nicht auf unregelmäßige Überflutungsbewässerung angewiesen waren. Viele aflaj-Systeme stammen noch aus vorislamischer Zeit und sind in den letzten Jahren sorgsam restauriert worden.

Manche Gärten werden aus **Brunnen** (arab. *bir*) bewässert, doch meist dienen sie dazu, die falaj-Bewässerung zu ergänzen oder im Notfall auszugleichen. Um ihren Wasserbedarf zu decken und unabhängig von Wasserrechten und Rotationszeiten zu sein, haben viele Garteneigner zusätzliche, mit Motorpumpen betriebene Brunnen installiert.

Mittels reichlicher und technisch ausgeklügelter Bewässerungssysteme kann man selbst dem Wüstensand landwirtschaftliche Produkte wie verschiedene Gemüsesorten und Futtergras entlocken. **„Desert Farming"** nennt man diese Art des Landbaus. Leider ist diese Anbaumethode sehr personalaufwendig und kapitalintensiv.

Islam

Die **große Mehrheit der Emirater** gehört dem Islam an. Auch viele ausländische Gastarbeiter sind Muslime, beispielsweise aus Nordafrika oder dem Nahen Osten, doch finden sich auch zahlreiche Hindus und Christen unter ihnen. Der gemeinsame muslimische Glaube ist den Einheimischen der Mittelpunkt des Lebens. Zudem fungiert der Islam als ein wichtiges Bindeglied zwischen Privilegierten und Zugereisten. Dubais Herrscher achten sehr genau darauf, dass das islamische Fundament keine Risse bekommt. Unwillkommenes Gedankengut und fundamentalistische Ansätze würden von den ansonsten so liberal herrschenden Al Maktoums im Keim erstickt.

Das arabische Wort für „Islam" kann als „Heilzustand", „vollständige Hingabe", „Ergebung und Unterwerfung in den Willen Gottes" übersetzt werden. „Muslim" bezeichnet jemanden, der den Islam ausübt, sich also Gott hingibt. Der Islam ist eine **streng monotheistische Religion.** Es gibt nur einen Gott, der im Arabischen Allah genannt wird, der aber derselbe Gott ist, an den auch Christen und Juden glauben. Der Name „Allah" wird abgeleitet vom arabischen „Al Illahu", dem „einzigen Gott".

Die wichtigsten Glaubensgrundsätze des Islam sind im **Koran** („Lesung“, „Verkündigung“) niedergeschrieben. Er ist ein heiliges Buch und in **114 Suren** (Abschnitte) unterteilt. Der **Prophet Mohammed** empfing die Inhalte als Verkündungen Gottes (Sure 46, Vers 2; Sure 69, Vers 43) über einen Zeitraum von 23 Jahren und verbreitete sie weiter. Mohammed war nicht etwa derjenige, der die Lehren des Islam entwickelte, sondern er war ein Gesandter Gottes (Sure 33, Vers 40; Sure 46, Vers 7ff). Der Koran ist für Muslime das unverfälschte und unveränderliche Wort Gottes und besitzt absolute Autorität. Er basiert teilweise wörtlich auf dem Alten Testament, weshalb sich im Islam viele Grundideen der beiden anderen Buchreligionen, des Christentums und Judentums, finden.

Im Koran sind neben Glaubensaussagen, Erziehungsgrundsätzen, der gesellschaftlichen Aufgabenteilung von Mann und Frau sowie Regelungen zum ethnischen Zusammenleben der Glaubensgemeinschaft auch das Staatsrecht samt gesetzlicher Bestimmungen festgeschrieben. Er enthält auch konkrete **Grundsätze** für nahezu jede Lebenslage. Bestimmt wird beispielsweise, was Muslime essen und trinken dürfen (z.B. kein Schweinefleisch und keinen Alkohol) und dass Männer maximal vier Ehefrauen haben dürfen (was zur Zeit des Propheten Mohammed eine Beschränkung war). Auch das Verbot des Zinses und korrektes Verhalten sind festgeschrieben.

Neben dem Koran bildet die vorbildliche Lebenspraxis des Propheten Mohammed (**Sunna** = „Brauch“, „Tradition“) eine weitere wichtige Quelle des Glaubens und ist eine Anleitung zur richtigen Lebensführung. Die Sunna gilt Muslimen als gelebte Deutung der göttlichen Offenbarungen, weshalb Mohammeds Biografie niedergeschrieben wurde. Im 9. und 10. Jahrhundert wurden daraus sechs mehrbändige Sammlungen, die **Hadith** („Mitteilung“), zusammengestellt.

Kalligrafie des Wortes „Allah“

Kalligrafie des Wortes „Mohammed“

Die wichtigsten Elemente des muslimischen Glaubens und Handelns bilden die sogenannten **fünf Säulen des Islam.** Die erste Säule ist das Glaubensbekenntnis: „La ilaha illa Allah, Muhammad rasul Allah“, „Es gibt keinen Gott außer dem einen Gott, Mohammed ist sein Gesandter“. Die zweite Säule bildet das Gebet. Theoretisch sollte jeder Muslim fünfmal am Tag zu festgesetzten Zeiten beten. Das wichtigste ist das mit einer Predigt verbundene Gebet Freitag mittags. Den dritten Pfeiler bildet das Fasten im heiligen Monat Ramadan (Sure 2, Vers 183 bis 187, siehe auch „Reisevorbereitung/Feste und Feiertage“). Die Almosensteuer und die Pilgerfahrt zu den heiligen Stätten in und um Mekka bilden die vierte und fünfte Säule des Islam.

Die **Rechtsprechung** in den V.A.E. beruht zum Teil auf islamischen Grundsätzen (arab. **sharia**), die im Koran und den Hadithen wurzeln. Für Familien- und Erbschaftsangelegenheiten, aber auch für Bereiche des geschäftlichen Miteinanders gilt die Sharia, jedoch nur für Muslime, nicht für Gastarbeiter. Zivil- und Strafrecht folgen westlich orientierten Rechtsstandards.

Zum Thema **Moscheebesuch** siehe „Reisevorbereitung/Verhalten“.

Literaturtipps

- *Rudi Paret,* **Der Koran. Übersetzung.** Kohlhammer Verlag; deutsche Fassung des Heiligen Buches
- *Hartmut Bobzin,* **Mohammed.** C.H. Beck Verlag; gut lesbares Grundwissen aus verschiedenen Blickwinkeln beleuchtet

Der Gebetsruf

„Allahu akbar. Allahu akbar.
Gott ist allmächtig. Gott ist allmächtig.
Ashhadu ʻan la illaha illa Allah.
Ich bezeuge, es gibt keinen Gott außer Gott.
Ashhadu ʻan Muhammad rasul Allah.
Ich bezeuge, Muhammad ist der Gesandte Gottes.
Haiya ala-s-salat!
Auf zum Gebet!
Haiya ala-l-falah!
Auf zum Erfolg!
Allahu akbar. Allahu akbar.
Gott ist größer. Gott ist größer.
La illaha illa Allah.
Es gibt keinen Gott außer Gott.“

الله أكبر. الله أكبر.
أشهد أن لا إله إلا الله.
أشهد أن محمدا رسول الله.
حي على الصلاة.
حي على الفلاح.
الله أكبر. الله أكبر.
لا إله إلا الله.

In der anbrechenden Morgendämmerung fügt der Muezzin dem Gebet noch die Zeile **„Das Gebet ist besser als der Schlaf“** ein.

- *Yan d'Albert,* **Muhammad: Das faszinierende Leben des Propheten Muhammad.** Verständlich und interessant aufgemachtes Audiobook
- *Lamya Kaddor* und *Rabeya Müller,* **Der Islam. Für Kinder und Erwachsene.** Audio-CD (cbj audio 2012), Taschenbuch (C.H. Beck Verlag 2012); die Grundlagen des Islam als Audiobuch für Klein und Groß

Infos im Internet

- **www.islam.de**
Zentralrat der Muslime
- **www.islam-guide.com/de**
Illustrierter Wegweiser zum Verständnis des Islam
- **www.answering-islam.de**
Christen antworten Muslimen
- **www.iacad.gov.ae**
Government of Dubai, Islamic Affairs & Charitable Activities Department
- **www.koransuren.de**
Deutsche Koran-Übersetzung

Gesellschaft

Who is Who?

In den V.A.E. leben rund 8 Millionen Menschen, davon sind knapp 90% (!) nicht-emiratischer Herkunft. Im Emirat Dubai leben rund **2,3 Millionen Menschen,** der Ausländeranteil ist ähnlich hoch. Die Emirate sind eine multi-ethnische Gesellschaft und die Emirater Minderheit im eigenen Land. Doch Dubai ist kein Schmelztiegel der Kulturen, denn es herrscht eine strenge sozioethnische Segregation.

Die **Bevölkerungszahl wächst** nicht nur stetig, sondern enorm schnell: Dubai hat mit rund 5% eine der höchsten jährlichen Wachstumsraten der Welt. Diese Zahl verdankt sich dem massenhaften **Zuzug von Gastarbeitern** aus über sechzig Herkunftsländern. Auffällig auch, dass nur knapp 25% aller Einwohner weiblichen Geschlechts sind; der Grund: Die meisten Gastarbeiter sind Männer, die solo in die Emirate kommen. Die Tatsache, dass die große Mehrheit der Bevölkerung aus Gastarbeitern besteht, wird von vielen mit Sorge betrachtet. Sie fürchten **Überfremdung,** insbesondere wegen der zahlreichen Einwanderer vom indischen Subkontinent. Mahnende Stimmen fordern mehr Raum für arabische Kultur, Sprache, Lebensstil und Werte. Andererseits sieht sich Dubai gerne als kosmopolitische Schnittstelle von Orient, Asien und westlicher Welt.

Die **Gelassenheit und Toleranz** der Einheimischen gegenüber anderen Kulturen und Lebensweisen ist vergleichsweise groß – insbesondere wenn man manche Nachbarländer betrachtet. Diese Einstellung der Einheimischen wurzelt in der Gewissheit, das sie in Politik, Gesellschafts- und Wirtschaftsleben ohnehin die Führungspositionen einnehmen. Zudem ist Kritik an der islamischen Gesellschaftsordnung, der emiratischen Kultur, der Innenpolitik und insbesondere an der Herrscherfamilie verboten.

Mit **„Einheimischen"** (engl. *locals*) bezeichnet man die eigentlich ansässige Bevölkerung der Emirate, also die Nachfahren und Angehörigen der schon seit Jahrhunderten hier lebenden Beduinenstämme. Denjenigen, die in ihrer Ahnenfolge direkt mit jenen Beduinen verwandt sind, die im Jahr 1833 Dubai gründeten, geht es heute so gut wie wahrscheinlich nirgendwo sonst auf der

Welt. Wer das Glück hat, dieser mayflower-Schicht anzugehören, ist ein gemachter Mann – nicht unbedingt wegen der eigenen Leistungen, sondern wegen der Loyalität, die im alten Stammesverband herrscht und an den finanziellen Erfolgen des Wirtschaftsbooms Anteil haben lässt. Führende – und überdurchschnittlich gut bezahlte – Posten aus den Bereichen Politik, Verwaltung, Armee und Wirtschaft haben Angehörige der Herrscherfamilie inne. In der per Verfassung festgeschriebenen staatlichen Ordnung wird immer ein *Al Nahyan* Staatspräsident sein und Premierminister immer ein *Al Maktoum.*

Emirater und Dubaianer sind Staatsbürger der V.A.E., also **Besitzer eines emiratischen Passes.** Dies sind nicht nur locals, sondern zusätzlich Angehörige anderer arabischer Länder wie Palästina, Ägypten, Jordanien, Syrien, Sudan oder Jemen. Sie arbeiten meist in gehobenen Berufen, z.B. als Lehrer, Arbeiter in der Ölindustrie oder als Angestellte in der Verwaltung.

Man muss Einheimische bzw. Emirater unterscheiden von den **Gastarbeitern,** die in der Mehrheit aus Indien, Pakistan, Thailand oder von den Philippinen stammen. Sie sind keine Staatsbürger und in ihrem Pass befindet sich lediglich ein Arbeitsvisum. Meist sind sie als Arbeiter im Baugewerbe, in der Ölindustrie oder im Servicebereich, z.B. als Gärtner, Haushaltshilfen oder Hotelpersonal, angestellt. Jedem wohlhabenden local-Haushalt steht mindestens ein Dienstmädchen, ein Gärtner, ein Koch und ein Chauffeur zu Diensten. Ohne dieses Heer von Gastarbeitern würde der Dienstleistungs- und Bausektor zusammenbrechen, denn kein local würde solch einen Job annehmen. Ohne die Hilfe der vielen Gastarbeiter wäre es auch nicht möglich gewesen, dem unglaublichen Entwicklungsboom Dubais, für den andere Städte hundert Jahre und mehr gebraucht haben, in nur wenigen Jahrzehnten nachzukommen.

Den Luxus, das Konsumparadies erleben die Gastarbeiter zumeist nur als **Zaungäste.** Sie bleiben einige Jahre und kehren dann heim zu ihren Familien, die nur bei einem Mindestverdienstnachweis nachreisen dürfen. Aufgrund des hohen Angebotes an Arbeitskräften verdienen sie vergleichsweise wenig, und jeder Dirham wird gespart und an die Familie überwiesen. Die Miete ist meist im Lohn inbegriffen und der Wohnraum vom Arbeitgeber organisiert: entweder im Diensttrakt oder zusammen mit mehreren Landsleuten in einem kleinem Apartment oder kaserniert in Gemeinschaftswohnquartieren. Gastarbeiter leben in einer regelrechten **Parallelgesellschaft,** unterhalten kaum Kontakte zur einheimischen Bevölkerung (bzw. die nicht zu ihnen) und haben ihre eigenen Orte der Begegnung und Freizeitgestaltung. Die Emirate haben strenge Gesetze erlassen: Gastarbeiter dürfen nicht ohne Erlaubnis ihre Arbeitsstelle wechseln, und ohne gültigen Arbeitsvertrag verliert ihre Aufenthaltsgenehmigung die Gültigkeit. Nur die wenigsten Ausländer sind eingebürgert, in ihrem Pass befindet sich lediglich ein Arbeitsvisum.

Auch viele **Westeuropäer und Nordamerikaner** (engl. *expatriates, residents,* dt. Residenten) leben in Dubai. Sie arbeiten als gut bezahlte Ingenieure, Berater und Experten in allen wichtigen Wirtschaftsbereichen sowie in Verwaltung, im Erziehungs- und Bankenwesen oder als Kaufleute. Viele Briten genießen eine Sonderstellung als Regierungsberater.

Eine immer größer werdende Zahl von Gastarbeitern – egal aus welcher sozialen Schicht – sieht Dubai heutzutage nur noch als temporären Arbeitsort an. Hatte Dubai in den 1990ern den Ruf eines komfortablen, ruhigen und aufstrebenden Wüstenwinkels, so wandelte sich das Bild immer mehr zu dem eines Eldorados des schnellen Geldes. Immer mehr Menschen kamen auf der Suche nach einem leichten und sonnigen Leben voller Wohlstand in die boomende und inzwischen prominente Golfmetropole. Dubai wurde zu einem **Sammelbecken der Glückssucher,** doch viele übersahen, dass nicht Illusionen, sondern starke Nerven, viel Geduld, geschäftliche Beziehungen plus Startkapital nötig sind, um in der Stadt Fuß zu fassen und Erfolg zu haben.

Gesellschaftsstrukturen

Die Mehrheit der *locals* ist beduinischer Herkunft und der Tradition entsprechend in ein strenges gesellschaftliches **System von Stammes- und Familienzugehörigkeit** eingebunden. Grundlage der Beduinengesellschaft ist die Gruppe, nicht das Individuum. Die **Loyalität** gegenüber Stamm und Familie ist seit jeher ein wichtiger Wert, dessen Ablehnung zum Verlust der Ehre und zu sozialer Ausgrenzung führt.

Der **Stamm** als älteste gesellschaftliche Organisationsform auf der Arabischen Halbinsel bestand schon in vorislamischer Zeit. Die weitgehend nomadischen Stämme kann man nur schwer in

Indischer Obst- und Gemüseverkäufer

dub15_012 kk

dub105 kk

geografischen Grenzen fassen, Mitglieder eines Stammes teilen das Verständnis einer gemeinsamen Abstammung und gegenseitiger Verwandtschaftsbeziehungen. Das Befolgen ungeschriebener stammeseigener Regeln und Gebräuche dominiert noch heute das Leben der locals.

In vorindustriellen Zeiten lebte die Mehrzahl der Einheimischen als **Beduinen** (arab. *bedu*), die Menschen zogen nomadisch oder halbnomadisch als Viehhirten in der Wüste umher. In Küsten- und Oasensiedlungen lebten zudem **Sesshafte** (arab. *hadar*), die Fischfang, Perlentaucherei, Seehandel oder Landwirtschaft betrieben. Sie waren nicht in Stämmen organisiert. Bedu und Hadar standen in einem engen Beziehungs- und Handelsnetzwerk miteinander in Verbindung. Obwohl sie Handelspartner waren und die Stämme wichtige Handels- und Pilgerrouten kontrollierten und sicherten, so waren die Nomaden wegen ihrer Raubzüge auch eine ständige Bedrohung für die Städte.

Über allem steht die **muslimische Gesellschaftsordnung,** die auf dem Koran (heiliges Buch der Muslime mit den Prophezeiungen Gottes), der Sunna (Sammlung von überlieferten Aussagen und Taten des Propheten Mohammed) und der Sharia (islamische Gesellschafts- und Rechtslehre) basiert.

Dem Koran, der muslimischen Gesellschaftsordnung sowie den emiratischen Staatsgesetzen nach ist es legal, dass Männer bis zu **vier Frauen heiraten.** Jedoch nur unter der Voraussetzung, dass sie alle respektvoll und gleich behandelt werden (Koran Sure 4, Vers 129). Diese Gleichbehandlung meint sowohl finanzielle als auch emotionale Zuwendungen. Vier Ehefrauen haben aber die wenigsten Männer, Shaikh *Mohammed* hat beispielsweise zwei.

Kennzeichnend für das Zusammenleben ist das Leben in der Großfamilie und eine **Trennung der Lebensbereiche von Männern und Frauen.** Dabei werden nach alter Tradition die innerfamiliären und häuslichen Dinge von den Frauen und die außerhäuslichen Angelegenheiten vom Familienvorstand, meist dem ältesten Vater, geregelt.

In den Händen der **Männer** liegt die Aufgabe, sich um das Wohlergehen der Familie sowie um die Angelegenheiten der Gemeinde und des Stammes zu kümmern. Sie besitzen dadurch zwar Privilegien, haben aber auch Verantwortung und müssen vielen Verpflichtungen nachkommen.

Emiratische **Frauen** treten seltener in der Öffentlichkeit auf, wahren Distanz und bleiben lieber unter sich. Sie haben viel Einfluss und eine starke Position, die weit über die Rolle der Hausfrau und Mutter hinausgeht. Die größte Autorität und Ehre wird alten Frauen mit vielen Söhnen sowie Schwiegermüttern zugesprochen. Ihre Ratschläge sind gefragt, ihren Worten wird Folge geleistet. In der weiblichen Familiengesellschaft (arab. harem) haben sie die zentrale Rolle inne. Viele Frauen haben ein hohes Bildungsniveau, und viele sind berufstätig, bis hinauf zur Ministerialebene. Frauen bzw. Frauennetzwerke haben maßgeblich Anteil an der Liberalisierung des Landes.

In den Emiraten stehen Frauen und Männern die gleichen **Bildungsmöglichkeiten** offen. Das Angebot ist vielfältig und auf hohem Niveau. Der Frauenanteil an Fachschulen und Universitäten ist zum Teil höher als der der Männer. Daneben hat es sich etabliert, dass viele Familien für die Frauen einen Privatlehrer (etwa zum Erlernen einer Fremdsprache) einstellen. Die meisten local-Frauen widmen sich trotz einer fundierten Ausbildung nach ihrer Heirat einzig dem **Familienleben.** Wegen der festen Familienbande gibt es für einheimische Frauen kaum die Notwendigkeit, finanzielle Unabhängigkeit zu erlangen. Auch fehlen attraktive Arbeitsplätze, viele Arbeitgeber scheuen sich aufgrund fehlender Erfahrungen und kultureller Einschränkungen, einheimische Frauen anzustellen. So sind es meist Frauen ägyptischer, syrischer oder palestinensischer Herkunft, die voll im Berufsleben stehen. Dennoch sind emiratische Frauen in den Behörden, im Wirtschafts- und Bildungsbereich präsent, in den Medien behandeln sie mutig Tabuthemen, und in der Politik haben sie es als Staatsministerin oder Parlamentarierin geschafft. Bei alledem ist auch zu beachten, dass die Situation der Frauen in der Großstadt deutlich anders ist als auf dem Land, wo es meist erheblich konservativer zugeht.

■ Interessante Einblicke in das Leben der emiratischen Frauen bietet das **Frauen-Museum Bait al Banat** (siehe „Urlaub in Dubai/Sehenswertes in Deira").

Traditionelle Lebensweise

Bis zum Beginn der 1950er Jahre waren sowohl die Küstengebiete als auch das Hinterland nur spärlich besiedelt. Wichtigste traditionelle Existenzgrundlage war die **Viehhaltung.** Den natürlichen Gegebenheiten der Wüste optimal angepasst haben sich die **Beduinen,** die ursprünglichen Bewohner der arabischen Halbinsel, mit ihrer mobilen Viehhaltung. Dabei war das Kamel das wichtigste Tier. Die Bewohner gebirgsnaher Regionen bevorzugten die Haltung großer Ziegen- und Schafherden. In begrenztem Maße bauten sie auch Getreide an, doch selbst dort, wo die Äcker im Winter bewässert werden konnten, musste das Land wegen der großen Hitze im Sommer oft brach liegen. Einen besseren Ertrag sicherte die Bewirtschaftung der familieneigenen Dattelgärten.

Die meisten Beduinenfamilien lebten nicht allein von der Viehzucht, sondern zudem noch von anderen Wirtschaftsformen wie dem Dattelanbau in eigenen Gärten, dem Fischfang oder der Perlenfischerei. Daher waren die wenigsten

Vollnomaden, sondern besaßen einen oder **mehrere Wohnsitze.** Nahezu alle Angehörigen waren regelmäßig oder sporadisch an saisonalen Wanderungen zwischen dem Landesinneren und der Küste beteiligt. **Tauschhandel** spielte eine wichtige Rolle, um an Waren zu kommen, die man selber nicht erwirtschaften konnte.

Die traditionelle **Fischerei** beschränkte sich auf die küstennahen Zonen. Als Boote nutzten die Fischer aus Indien importierte Einbäume aus Holz und lokal aus Palmzweigen hergestellte shasha-Boote oder größere Holzschiffe (siehe Info-Kasten „Dhaus – jahrhundertealte Schiffsbautradition"). Als sich ab den 1950er Jahren im Zuge der Elektrifizierung auch Kühlanlagen etablierten, erfuhr die Branche eine wesentliche Veränderung. Nun konnte auch bei extremen Sommertemperaturen gefischt werden. Diese Zeit bedeutete für die Fischer in früheren Jahren unfreiwillige Untätigkeit, welche von vielen mit der Perlenfischerei überbrückt wurde.

Während die genannten Wirtschaftsformen die Produktion von Nahrungsmitteln – meist zur Selbstversorgung – sicherten, bot die allsommerliche **Perlentaucherei** (arab. *ghaus*) eine willkommene Möglichkeit des Ersatzverdienstes während der sommerlichen Fischereiflaute und eine zuverlässige Gelegenheit, Bargeld zu erwerben (siehe Info-Kasten „Traditionelle Perlenfischerei").

Händler und Seeleute waren diejenigen, die am meisten von dem Perlengeschäft profitierten. Und obwohl die Perlentaucherei ein jahrhundertealtes und traditionsreiches Gewerbe war, führte der wirtschaftliche Boom des Perlenhandels gegen Ende des 19., Anfang des 20. Jahrhunderts dazu, dass **Lohnarbeit** in die egalitäre Beduinengesellschaft Einzug hielt und sie in ihren Grundwerten veränderte. Jedoch waren nicht alle in gleichem Maße von dieser Entwicklung betroffen. Denn es gab zum einen solche, die kaum am Perlengeschäft beteiligt waren und sich nicht permanent in einer Küstensiedlung niedergelassen hatten, und zum andere solche, die zwar Boote besaßen, aber nach dem Niedergang dieses Wirtschaftszweiges dennoch in der Lage waren, von mobiler Viehzucht und Dattelpalmnutzung zu leben.

Moderne Zeiten

Tribale und religiöse Gesellschaftsnormen sind von großer Bedeutung, und ihre Einhaltung wird – neben der Loyalität zum Staat und dem alle Einheimischen verbindenden Nationalbewusstsein – als „oberste Bürgerpflicht" angesehen. Ein Großteil der Bräuche und Traditionen wird dem alten Beduinenleben zugeschrieben; daraus leitet sich die (nationale) Identität der Einheimischen ab. Allenorts bemühen sich Volkskunde- und Kulturerbezentren um die Bewahrung oder Erweckung der Erinnerung an alte Lebensweisen. In Dubai wird der Besucher schnell feststellen, dass traditionell-arabisches Leben und moderner Lifestyle, beduinisches Selbst- und glo-

> Frisch gerösteter Kaffee ist ein Zeichen arabischer Gastlichkeit – daran hat sich auch in der heutigen modernen Zeit nichts geändert

dub12_007 dt

Traditionelle Perlenfischerei

Seit Jahrhunderten gehen die Menschen in der Golfregion der Perlentaucherei nach, schon aus frühgeschichtlicher Zeit sind Überlieferungen bekannt. Entsprechend lange werden Perlen als Schmuckstücke geschätzt, doch zum **Ende des 19. und zu Beginn des 20. Jahrhunderts** florierte der Perlenhandel wie nie zuvor. In den 20er Jahren wurden führende Juweliere in Paris und New York zu wichtigen Direktabnehmern der Golfperlen, welche am begehrtesten und wertvollsten waren. Dubai und weitere kleine Küstenansiedlungen der Golfregion, die teilweise noch nicht einmal permanent bewohnt waren, entwickelten sich zu **aufstrebenden Küstenorten.** Märkte und Häfen entstanden, Kaufleute siedelten sich an und der Export der Perlen stieg stetig an.

In zwei bis 36 Metern Tiefe sind der Golfküste zahlreiche **Muschelbänke** (arab. *fasht)* vorgelagert. Qualitativ hochwertige Perlen (arab. *lu'lu'*) findet man in tiefen Gewässern mit felsigem Untergrund und starkem Wellengang. Die untere Golfregion ist – im Gegensatz zur iranischen – reich gesegnet mit Perlenbänken.

Eine **Perle** entsteht dadurch, dass ein Fremdkörper (z.B. Sandkorn) durch die Kiemen in eine Muschel eindringt. Zum Schutz bildet sie eine Hautfalte um den Fremdkörper und produziert darin Perlmutt, das zusammen mit einer Hornsubstanz in einer Zeitspanne von etwa zehn Jahren schichtweise zu einer Perle heranwächst.
Die Muschelbänke zählten in Vergangenheit nicht zu den Besitztümern einzelner Shaikhtümer, sondern konnten von jedem arabischen Schiff angelaufen werden. Die Schiffe eines Hafens, die alle unter der Obrigkeit eines Shaikhs standen und somit konkurrenzlos arbeiteten, brachen gemeinsam zur selben Zeit zu den Muschelbänken auf. Ein vom Shaikh ernannter Verwalter war für die Bekanntgabe des Datums und die Koordination der Abfahrt zuständig. Die **Tauchsaison** dauerte etwa 120 Tage, von Anfang Juni bis Ende September (arab. *ghaus al kabir*). Doch einige Mannschaften starteten vierzig Tage früher zur ghaus al barid, der „kalten Taucherei", sogenannt, weil Strömungen das Meerwasser zu dieser Jahreszeit kühlen. Keinem Boot war es erlaubt, zum Hafen zurückzukehren, bevor nicht alle anderen zur Heimfahrt fertig waren. Die Anfangs- und Enddaten der Saison variieren von Shaikhtum zu Shaikhtum und von Jahr zu Jahr.

Austernfelder können zwar eine Größe von 100 km^2 und mehr erreichen. Da sie aber im Laufe der Jahre wandern, müssen sie immer wieder neu geortet werden. Hatte eines der Boote ein Perlenfeld gefunden, so benachrichtigte es stets auch andere. Nachdem alle Schiffe ihr Ziel erreicht hatten, blieben sie meist die ganze Saison über an Ort und Stelle und verließen die Perlenfelder nur, um Trinkwasser oder Lebensmittel einzukaufen.

Während der Monate auf See bildete die im Schnitt zwanzig Mann starke **Crew** eine enge Einheit, in der Kooperation nicht nur dem wirtschaftlichen Erfolg diente, sondern auch das Überleben sicherte. Der Kapitän (arab. *nukhada*) war neben der Koordinaton seiner Mannschaft auch für die Wahl der Tauchgründe und die Vermarktung des schillernden Schatzes verantwortlich. Zur Crew gehörten Taucher (arab. *ghawas*), „Zieher" (arab. *saib*), Muschelöffner (arab. *fallika*) sowie ein Koch und „Mann für alles" (arab. *walaid*). Auf großen Schiffen begleitete sie noch ein mutawwa', ein Sänger, der auch die Funktion eines Vorbeters hatte.

Das Leben während der Tauchsaison war entbehrungsreich, hart und gefährlich – vor allem für die **Taucher.** Große Hitze, hohe Luftfeuchtigkeit, Salzwasser, Krankheiten (insbesondere Augenkrankheiten), Haiangriffe und giftige Quallen schädigten ihre Gesundheit. Sie hatten zudem ihr nicht allzu üppiges Gehalt im Voraus erhalten und mussten stets mit dem Risiko leben, dass die Saison mit schlechten Fangergebnissen endete und sie einen Teil des Lohnes zurückzuzahlen hatten. Viele der Taucher waren beim Kapitän verschuldet und mussten ohne Lohn arbeiten, manche schafften es trotz harter Schufterei nicht, zu Lebzeiten ihre Schulden zu begleichen, sodass noch ihre Söhne sie abtragen mussten. Ein Arbeitstag begann bei Sonnenaufgang und dauerte – mit Unterbrechungen zu den Gebetszeiten und einer kurzen Mittagspause – bis kurz vor Sonnenuntergang. Die Mahlzeiten bestanden meist aus getrockneten Datteln, Tee und Kaffee, nur Abends gab es zusätzlich Reis und Fisch.

Zu jedem Taucher gehörte ein saib, der den Taucher zwischen den Tauchgängen an die Wasseroberfläche ziehen musste, denn sein Körper war mit einem großen Stein beschwert. Die meisten Taucher waren nur mit einer kurzen Hose bekleidet, die wenigen, die es sich leisten konnten, hatten einen Anzug aus Segeltuch, der die Haut vor scharfkantigen Korallen und giftigen Quallen schützte. Lederhandschuhe oder Lederbänder gehörten ebenfalls zur Arbeitskleidung. Die Ohren wurden mit Wachs, die Nase mit einer Klammer aus Horn oder Holz (arab. *fatam*) geschlossen und die Augen zum Schutz mit Öl eingerieben. Zum Sammeln der Muscheln hatte der Taucher einen Korb (arab. *diyyin*) um die Hüfte gehängt. Pro Tauchgang wurden etwa zehn Muscheln gesammelt, zwischen sechzig und hundert Mal begaben sich die Taucher jeden Tag unter Wasser.

Die Muscheln wurden am nächsten Morgen unter den wachsamen Augen des Kapitäns geöffnet. Er sammelte die Perlen ein, prüfte mittels eines Siebes oder eines Gewichtes die Größe und bewertete jedes Stück ausgiebig nach Größe, Farbnuance und Glanz. Verkauft wurden sie an Zwischenhändler, welche während der Saison die Boote aufsuchten.

Das **Ende des Dubaier Perlenhandels** kam in den 1930er Jahren. Die Weltwirtschaftskrise, der Zweite Weltkrieg und indische Importsanktionen brachten den Perlenabsatz ins Stocken. Die verbleibenden Märkte konnten Japaner und Australier mit preiswerteren Zuchtperlen für sich gewinnen.

Tipps

- Das **Dubai Museum** vermittelt einen anschaulichen Einblick in die traditionelle Perlentaucherei (siehe „Urlaub in Dubai/Sehenswertes in Bur Dubai")
- **Perlentauchen** vor der Küste Jumeirahs kann man mit The Pavilion Dive Centre ab dem Jumeirah Beach Hotel (siehe „Urlaub in Dubai/Sport und Aktivitäten"); auch wer nicht selber abtauchen möchte, kann den Dhau-Ausflug mitmachen und an Bord zusehen

dub02_121 kk

bales Sendungsbewusstsein gleichermaßen Teile der Lebenskultur sind. Die Wertschätzung alter Bräuche und Tugenden steht im Kontrast zu der besonderen Dynamik, die sich im modernen Lebensstil, der vielgestaltigen Stadtplanung sowie der breit gefächerten Wirtschaftsorientierung manifestiert.

Man hat erkannt, dass man die alten Lebensweisen nicht vollständig aufzugeben braucht und dass **Fortschritt** nicht zwangsläufig mit dem totalen Verlust der kulturellen Identität einhergehen muss. So nehmen die Emirater die unumgänglichen und für sie nützlichen Errungenschaften des Fortschritts an und bewahren bewusst ihre **kulturelle Eigenart** und ihren Lebensrhythmus. So hat mancher reiche Wüstensohn im Innenhof seiner Villa am Stadtrand ein Beduinenzelt aufgebaut. Traditionelle Kleidungselemente wie die *dishdasha* oder Ledersandalen werden genauso selbstverständlich getragen wie Jeans oder Designeranzug. Ähnlich innig mutet das Verhältnis von Gebetskette und Mobiltelefon an. In der Architektur Dubais bemühen sich Architekten in zunehmendem Maße um eine Verbindung von modernen Materialien mit traditionellen Stilelementen. Gute Beispiele dafür sind die Clubhäuser des Emirates Golf Club und des Dubai Creek Golf and Yacht Club sowie das Jumeirah Beach Hotel, das Burj Al Arab und das Madiant Jumreirah Hotelresort.

Insbesondere im öffentlichen Leben der modernen Stadtumgebung dominiert eine eher westliche Lebensweise, wohingegen in kleinen Dörfern mehr traditionelle Bezüge ins Auge fallen. **Traditionelle Gewohnheiten** werden vor allem im familiären Bereich gewahrt, was keinesfalls heißt, dass sie der heutigen Zeit unangemessen sind. So leben viele Einheimische wie eh und je mobil. Viele besitzen nicht nur eine Stadtwohnung in Dubai, sondern auch einen Dattelgarten, ein Anwesen auf dem Land und ein Wüstencamp mit Viehbestand. Lange Wochenenden und Ferien werden meist außerhalb der Stadt im Rahmen der gesamten Familie verbracht.

Der **familiäre Bereich** wird von den Einheimischen als Privatsphäre behandelt, über die man nicht spricht und in die Fremde nur sehr selten Einlass finden. Getreu dem Motto „My home is my castle" sorgen hohe Mauern und getönte Glasscheiben für den nötigen Schutz.

Anders dagegen das von Reichtum und materieller Verwestlichung geprägte **öffentliche Leben.** Hier gehört es zum guten Ruf, sich und sein Vermögen zur Schau zu stellen. Autos, Villen, Jachten, Pferde, Juwelen etc. können sich locals leisten, ohne den Zwängen der Lohnarbeit zu unterliegen, denn alle sind beteiligt an den Staatseinnahmen. So erhält jeder Einheimische sein eigenes Land, bei der Hochzeit winken ein Haus und mehrere zigtausend Dirham als Hochzeitsgeschenk. Hinzu kommen Steuerfreiheit, freie Schulbildung und Krankenversorgung, soziale Leistungen sowie niedrige Lebenshaltungskosten. Die zahllosen Angehörigen der Herrscherfamilie sind an den nicht unerheblichen Staatseinnahmen beteiligt.

Der **Kult um das Automobil** ist eine markante Form des Modern Life: Superreiche Shaikhs thronen hinter den getönten Scheiben edler Limousinen, vornehmlich solcher mit dem Stuttgarter Stern auf dem Kühler. Dubais PS-verliebte Jeunesse dorée bevorzugt leistungsstarke Landcruiser oder nimmersatte Hummer. Wer richtig Geld hat, nennt einen Fuhrpark von mehreren Luxuslimousinen, Sport- und Geländewagen sein Eigen. Ein noch wichtigeres Statussymbol ist die Luxusjacht.

Prachtentfaltung ist auch ein stadtplanerisches Interesse, wie die zahllosen mit Spiegelglas verkleideten Hochhäuser, die üppig grünen Parkanlagen, die Prachtboulevards und die renovierten Souqs bezeugen.

Natürlich haben sich auch **Frauen** Bereiche dieses modernen Lebens erobert und verweilen nicht nur im Haushalt – der ohnehin vom Dienstpersonal versorgt wird. Gemeinsam bummeln sie durch Einkaufszentren, treffen sich in Eiscafés, besuchen Modenschauen, Ausstellungen, Konzerte, Kinos, Parks, Strandbäder, Schönheitssalons, Handarbeits- oder Kochkurse. Viele öffentliche Einrichtungen haben spezielle „Frauentage" eingerichtet, nicht etwa aus Diskriminierung, sondern um Frauen ein „unter sich sein" zuzugestehen.

Die in Dubai lebenden europäischen *residents* und Touristen schätzen vor allem die vielfältige **Wunderwelt des Entertainments.** So kann man sich neben den zahlreichen Sportveranstaltungen bei Open-Air-Konzerten vergnügen, bei Besuchen von englischsprachigen Kinofilmen oder beim Nightlife in Bars, Nachtclubs, Diskos, Jazzclubs und Irish Pubs. Nicht zu vergessen die kulinarischen Höhepunkte bei den schier unendlichen Special Events und Büfetts in den Restaurants. In den Nachtclubs der Hotels geht es bei arabischem Bauchtanz, russischem Ballet, senegalesischer Folklore, spanischem Flamenco und irischer Folkmusik besonders international zu. Im Winterhalbjahr halten europäische Kulturableger verstärkt Einzug: der Festtagsschmaus findet zum Sound von „I'm dreaming of a white christmas" unter einem teuer importierten und lamettabehangenen Tannenbaum in den großen Hotels statt, Kaufhäuser und Supermärkte verwandeln sich in bunte Weihnachtsbasare, zum New Years Eve erhellen Feuerwerken den Himmel, zu Halloween verkleidet man sich mit Hexenmaske, zum Oktoberfest wird die Lederhose angezogen, zum Karneval die rote Pappnase aufgesetzt …

Es lohnt, die Augen für die verschiedenen Formen der **Symbiose von traditioneller Lebensart und Moderne** offen zu halten. Dank dieses Phänomens können Urlauber sowohl die Annehmlichkeiten einer modernen Infrastruktur und vielfältigen Freizeitindustrie genießen als auch auf Entdeckungstour nach Traditionellem gehen.

Literaturtipps

- *Frauke Heard-Bey,* **Die Vereinigten Arabischen Emirate zwischen Vorgestern und Übermorgen: Die Gesellschaft eines Golf-Staates im Wandel.** Olms Verlag; gut leserliches, wissenschaftlich fundiertes Buch zur traditionellen und modernen Gesellschaft
- *Wilfred Thesiger,* **Die Brunnen der Wüste.** NG Taschenbuch; 1959 geschriebene Erzählung des britischen Forschungsreisenden
- *Gabi Kratochwil,* **Die neuen arabischen Frauen. Erfolgsgeschichten aus einer Welt im Aufbruch.** Orell Füssli Verlag; in 27 Porträts werden erfolgreiche Frauen aus diversen arabischen Ländern vorgestellt

Jagd – Beiz im Boomtown

Die Jagd gehörte zum **Lebensalltag der Beduinen,** denn so vermochten sie ihren kargen Speiseplan zu bereichern. Sowohl die Beizjagd, d.h. die **Jagd mit Greifvögeln,** als auch die Jagd mit Windhunden haben sich bis in die heutige Zeit als eine Verbindung zum ehemaligen Wüstenleben erhalten.

Im Nahen Osten lassen sich die **Ursprünge** der Beizjagd anhand von assyrischen Reliefzeichnungen bis ins 8. vorchristliche Jahrhundert zurückverfolgen. Seit dem 5. Jahrhundert ist Falknerei im arabischen Raum verbreitet, und in derselben Zeit, in der der Islam seine stärkste Ausbreitung erfuhr, gewann auch die Jagd mit Falken, Habichten oder Adlern an Popularität. Auch im persischen und mongolischen Reich zog man so zur Jagd. In den Fürsten- und Zarenhöfen mittel- und osteuropäischer Breiten etablierte sich die Beizvogeljagd im frühen Mittelalter. Das berühmteste europäische Schriftstück zur Beizvogeljagd namens „De arte venandi cum avibus" („Die Kunst mit den Falken zu jagen") wurde im 13. Jahrhundert von Kaiser *Friedrich II. von Hohenstaufen* verfasst.

Heute sind Jagdfalken nicht nur in finanzieller Hinsicht wertvoll, sie sind hoch angesehene und heiß geliebte Tiere. Viele Emirater betrachten ihre Falken als ein Familienmitglied und lassen ihnen eine ähnlich große **Fürsorge** zukommen wie ihren Kindern.

In der gesamten Golfregion hat sich die **Jagd mit Falken** durchgesetzt. Weibliche Tiere werden bevorzugt, denn sie sind größer und stärker als Männchen. Falkner in Dubai schwören auf Ger- und Wanderfalken (lat. *Falco rusticolus* bzw. *Falco peregrinus*), auch Kreuzungen (Hybriden) zwischen einem Ger-Muttertier und einem Wanderfalken-Männchen sind populär. Die Heimat der Gerfalken liegt in den arktischen Breiten Eurasiens und Nordamerikas. Wanderfalken sind mit 18 Rassen weltweit heimisch – mit Ausnahme von Neuseeland, Island und der russischen Steppe. Die Jagdfalken in Dubai stammen aus der Zucht mit zahmen Elterntieren aus den USA und Europa.

Da alle Greifvögel, also auch Falken, nicht gezähmt werden können, verbringen die Falkner zu Beginn der Jagdsaison, die auf die Wintermonate beschränkt ist, sehr viel Zeit mit ihren Schützlingen. Während dieser Zeit gewöhnen sich die Vögel an die streichelnden Hände und an die Stimme des Menschen. Um die sensiblen Tiere vor der Umgebung zu schützen und zu beruhigen, haben sie eine aus Leder handgearbeitete **Haube** (arab. *burqa*) über dem Kopf gestülpt. Die burqa wird nur zur Fütterung – und später auch beim Trainings- und Jagdflug – abgenommen. Zu Hause und während der Trainingspausen sitzt das Tier mit verbundenen Augen auf einem transportablen Holzständer oder in den Boden steckbaren Pflock (arab. *wakr*). Unterwegs werden die Falken auf dem Unterarm des Falkners getragen, der durch einen aus dickem Stoff bestehenden Muff (arab. *mangala*) gegen Verletzungen durch die scharfen Krallen geschützt ist. Auch zur Fütterung nimmt das Tier auf dem Arm des Falkners Platz. Um sich an die Handfütterung zu gewöhnen, wird es immer wieder mit kleinen Fleischhappen verköstigt.

Draußen, in der Wüste, wird der Falke dazu trainiert, gemäß seinem natürlichen Jagdinstinkt eine spezielle Beute zu erlegen. Zur Prägung auf das zukünftige Beutetier werden künstliche Köder, bestehend aus an einem Seil angebundenen Fleischstücken mit aufgesteckten Federn (Federspiel), über den Boden gezogen und durch die Luft gewirbelt. Manche technikbegeisterte Falkner nutzen Drohnen, an die tote Beutevögel angebunden werden. Zu Beginn dieser Ausbildungsphase ist der Falke an seinen Läufen festgebunden, doch später fliegt er frei, schlägt seine Beute und lässt sich, nachdem er sich an der Beute satt gefressen hat, wieder auf den Arm nehmen. Ein satter Vogel wird nicht so einfach auf den Arm zurückkehren, denn die Motivation, Futter aus der Hand des Falkners zu enthalten, entfällt.

Bis auf wenige Ausnahmen tragen alle Tiere zur Lokalisation einen Mini-Funksender.

Für den Fall, dass ein Vogel durch den Kampf mit seiner Beute verletzt oder erkrankt ist, gibt es diverse Falkenkliniken der Al Maktoums, in denen Einheimische ihre Tiere kostenlos behandeln lassen können. Am häufigsten sind Ballenentzündungen, die sich die Tiere zuziehen, weil nach tagelangem Sitzen durch Risse in den Fußballen Bakterien ins Gewebe eingedrungen sind. Auch Pilzinfektionen der Lunge und Lungenwürmer sind ein häufiges Problem. In den beim Beuteschlagen lädierten Stoß (Schwanz) eines Falken können mittels eines Klebeverfahrens neue Federn eingepasst werden.

Neben dem Falken sowie Kamel und Pferd gibt es ein weiteres Tier, dem Araber eine große Verehrung entgegenbringen. Es handelt sich um eine der ältesten Hunderassen der Welt, die bereits auf 7000 Jahre alten Felsmalereien dargestellt ist. Eigentlich betrachten Araber Hunde als „unreine" Tiere, doch eine Rasse, die **Saluqis,** genießt eine Sonderstellung. Die schlanken langbeinigen Windhunde erlangten ihre Popularität in der Vergangenheit dadurch, dass sie als Jagdhunde eingesetzt werden konnten. Und im Koran wird diese Jagdform als „legitim" beschrieben (Sure 5, Vers 4). Im Sprint kann ein Saluqi eine Geschwindigkeit von über 60 km/h erreichen, womit er schneller ist als eine Gazelle. Ältere Emirater erinnern sich an ihre Jugend, als sie mit Saluqis zur Jagd gegangen sind. Es konnten sich allerdings nur vergleichsweise wohlhabende Beduinen einen solchen Gefährten leisten, denn sie mussten mit Fleisch gefüttert werden, und das war Luxus. Bei der Jagd auf Kleintiere und Vögel ergänzen sich die Fähigkeiten von Falke und Saluqi gegenseitig. Heute wird diese edle Hunderasse vorwiegend aus Liebhaberei und zu Schauzwecken gehalten.

An so manchem Wochenende gehen reiche Shaikhs mit Falken und Hunden auf die Jagd. Es ist ein spannendes Spektakel, an dem nicht die Größe der Beute zählt, sondern sportliche Aspekte wie Grazie und Geschwindigkeit des Verfolgens und die Kunstfertigkeit des Kills. Statt auf Kamelen zu reiten, fahren heutige Generationen mit vollklimatisierten Geländewagen in die Wüste. Letztendlich bringen sie auch die eigens zur Jagd gezüchteten Beutetiere, wie z.B. diverse Vogelarten oder Hasen, mit, denn seit 1976 herrschen in den Emiraten strenge Jagdverbote. Oder begüterte Shaikhs packen ihren gesamten Tross an Falken, Hunden, Gehilfen und Geländewagen in ihre Privatflugzeuge und fliegen in die reichen Jagdgründe Pakistans.

- Der Tourveranstalter Arabian Adventures bietet einen halbtägigen **Jagdfalken-Ausflug** an (siehe „Urlaub in Dubai/Reisebüros und Tourveranstalter").
- **Jagdfalken-Vorführungen** bieten die Wüstenresorts Al Maha und Bab Al Shams (siehe „Urlaub in Dubai/Unterkunft").
- **Royal Shaheen Events,** Tel. 4 35 65 50, www.royalshaheen.ae; Vorführungen, Safaris, Falknerei-Nachmittage, Schnupperkurse
- **Al Hurr Falconary Services,** Tel. 3 23 48 29, www.alhurrfalconry.com; Vorführungen, Fototermine, Informationstouren
- **Falcon Heritage and Sports Centre:** im Stadtteil Meydan (Meydan Rd D69 neben dem Nad al Sheba Market nahe der Pferderennbahn) gelegenes Falkenzentrum mit Museum (So bis Do 7.30–14.30 Uhr, Tel. 3 38 02 01), Klinik und Spezialgeschäften rund um den Falkensport

Kultur

Traditionelle Bekleidung

Traditionelle Kleidung hat in Dubai nichts mit altmodischer Tracht zu tun, die nur zu besonderen Anlässen getragen wird. Traditionelle Kleidung ist **Alltagskleidung,** zum einen überaus bequem und praktisch, zum anderen aber vor allem ein Zeichen des tief verwurzelten Nationalstolzes.

Männermode

Das unverkennbare Kleidungsstück nahezu jedes einheimischen Mannes ist die **dishdasha** bzw. *kandoura,* ein schneeweißes, lose fallendes, knöchellanges Gewand, das stets langärmlig und gerade geschnitten ist. Auch bei wichtigen Geschäftsterminen und selbst bei Staatsgesprächen wird ein emiratischer Mann nie auf seine dishdasha verzichten, es sei denn, er reist ins Ausland, wo ein maßgeschneiderter Anzug obligat ist. Zu formellen Anlässen wird ein besonderer Übermantel aus feinem Stoff mit Goldstickereien, *bisht* genannt, angezogen. Die typische Kopfbedeckung ist ein weißes oder auch kariertes Tuch, die *ghutra,* die durch den *agal,* eine schwarze Kordel, eingefasst wird.

☒ Bekleidungsvorschriften für den Besuch einer Moschee

Traditionelle **Accessoires** sind dünne Kamelstecken aus gebogenem Bambus (arab. *assa*), allerdings werden sie nur von Beduinen oder zu feierlichen Anlässen und Tänzen getragen. In den zurückliegenden kriegerischen Zeiten wurde ein Krummdolch (arab. *khanjar*) in einer silber beschlagenen Scheide oder ein doppelschneidiges Schwert (arab. *saif*) um die Hüfte geschnallt oder ein Vorderladergewehr (arab. *buftilah*) geschultert. Viele Männer tragen mit Steinen eingefasste Fingerringe; einst waren sie aus Silber, heute sind sie meist aus Gold gefertigt. Tradition ist es auch, eine Gebetskette (arab. *misbah*) mit sich zu führen. Je nach gesellschaftlichem Status sind Marken-Armbanduhren und Mobiltelefone „Pflicht“.

Ein Blick hinter die Maske

Emiratische Frauen zeigen sich der Tradition und Religion entsprechend **körperbedeckt.** In der Öffentlichkeit soll Kleidung ein Zeichen von Anstand, Standesbewusstsein, Keuschheit und Religiosität sein.

Das symbolische Musterstück dazu bildet die **abaya,** ein schwarzer bodenlanger Umhang. Aber auch wenn viele local-Frauen sich in diesen undurchsichtigen Überhang hüllen, so geht es unter dieser „Tarnkappe“ nicht unbedingt schwarz, sondern recht bunt zu. Die abaya soll zudem die darunter getragenen wertvollen Stoffe vor Staub und Schmutz schützen. Ihr Haar bedecken viele Frauen mit einem schwarzen, locker geschlungenen Stofftuch, *shayla* genannt. Eher wenige tragen einen Gesichtsschleier.

Bei älteren einheimischen Frauen und bei Beduinen ist das Tragen einer Gesichtsmaske, der **burqa,** weit verbreitet. Dient der Schleier in erster Linie dazu, für die angeblich im Koran (Sure 24, Vers 31) geforderte Gesichtsverhüllung der Frau zu sorgen, so wird die burqa eher aus praktischen Gründen getragen, vor allem um das Gesicht vor der Sonne, dem Staub und Sandstürmen zu schützen, weshalb die Masken der Beduinen besonders groß sind. Die burqas der Frauen in den Städten fallen wesentlich kleiner aus. Sie bestehen oft nur aus zwei schmalen Streifen, einem über den Augenbrauen und einem über dem Mund, die mit einem Querstreben auf der Nase verbunden sind. Diese Maske dient als ein Zeichen der Tradition und Ehrbarkeit; sie zeigt außerdem an, dass die Frau verheiratet ist.

Musik und Tanz

Die vielfältigen traditionellen Lebensweisen und die Tatsache, dass an der Golfküste seit Menschengedenken fremde kulturelle Einflüsse Fuß fassen konnten, haben dazu geführt, dass sich **vielfältige musikalische und tänzerische Ausdrucksformen** entwickeln konnte.

Gesang, Musik und Tanz waren nicht darauf beschränkt, zu unterhalten, sondern drückten vor allem die verschiedenen Lebensformen aus. Den meisten

dub14-035 kk

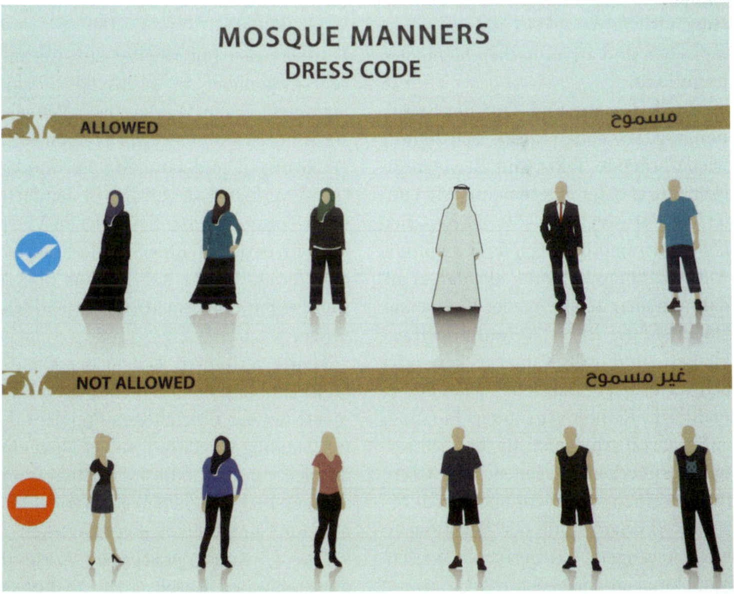

Musik- und Tanzstilen kam auch eine wichtige **soziale Funktion** zu, denn so bereitete die Stammesgemeinschaft z.B. eine Hochzeit oder einen Kriegszug vor, oder Familienangehörige feierten die unversehrte Heimkehr nach einer langen Reise. Musik- und Tanzstücke konnten – und können – auch einen zeremoniellen Charakter haben. Durch den Rhythmus bestimmter Lieder und Musikstücke fiel harte Gemeinschaftsarbeit leichter.

Ein gutes Beispiel dafür bietet die **Musik der Perlenfischer** (arab. *al nahamat*). Für jeden Arbeitsgang und für verschiedene Zeitpunkte der Reise gab es spezielle Liedformen, die in Rhythmus und Stimmung dem jeweiligen Anlass angepasst waren: zum Lichten des Ankers, zum Einholen der Segel, zum Auftauchen nach dem Tauchgang, zur Heimkehr. Die Gesänge bestanden aus langen Rhythmuszyklen und waren von indischen und afrikanischen Elementen beeinflusst.

Musik, Gesang und Tanz der Beduinen dagegen haben kurze, sich ständig wiederholende Takt- und Bewegungselemente als Charakteristikum. Man unterscheidet zwei Hauptstile: die lyrischen *khammari* und die kämpferische *ardah*. Am bekanntesten ist der **ayyalah al ardah,** ein alter zeremonieller Kriegstanz: Dabei stehen 20 bis 30 traditionell gekleidete und mit Kamelstecken oder Schwertern „bewaffnete" Männer in mehreren Reihen gegenüber. Einander auffordernd schwingen sie ihre Schwerter oder Stecken, wiegen sich im Trommeltakt einen Schritt vor und wieder zurück und singen unter der Anleitung eines Vorsingers kriegerische Weisen. Manchmal sind sie auch mit Gewehren geschmückt und feuern gemeinsam in die Luft. Auch Frauen nehmen am Geschehen teil: Sie haben sich – in ihren prächtigsten Kleidern und reich geschmückt – in einer Reihe zum *na'asht* aufgestellt und schwingen ihr schwarzes, meist taillenlanges Haar.

Die Kunst der schönen Worte

Arabische Poesie und Dichtkunst haben eine lange Tradition. In vergangenen Zeiten kam der lyrischen Ausdrucksweise eine weitaus größere Bedeutung zu als heute. Geschichten, Gedichte, Parabeln, Fabeln, Liebeserklärungen, Legenden, Weisheiten und Sprüche wurden in poetischer Form verfasst und von Generation zu Generation mündlich überliefert. Würdenträger, Stammesführer und Dorfverwalter unterhielten sich mit ihrem Gegenüber in poetischer Form. Stammesgrenzen, Weidegebiete, Wasserstellen, Karawanenwege, Friedensvereinbarungen und familiäre Verwandtschaftsverhältnisse wurden in dichterischer Form dokumentiert oder in Versform beschrieben. Eine alte Tradition ist das Verfassen von Rätseln, aus denen sich Fragen und Antworten ergründen lassen.

Heute verbinden sich in der Dichtkunst altarabische und beduinische Elemente mit der allmächtigen Populärkultur; Stellung wird bezogen zu Themen, die sich von der Stammesidentität über den gesellschaftlichen Wertewandel bis hin zum Computerzeitalter erstrecken.

Dass die Kunst der schönen Worte in der arabischen Gesellschaft ein **hohes**

Ansehen hat, liegt daran, dass man bildreiche Verse und rhythmische Feinheiten mit der arabischen Sprache wie mit kaum einer anderen auszudrücken vermag und dass der Koran ein poetisches Meisterwerk ist. Sein literarischer Rang gilt als Beleg seines göttlichen Charakters. Eine Übersetzung wird nie dem arabischen Text gleichwertig, sowohl in religiöser als auch in literarischer Hinsicht.

Mit Leidenschaft der Poesie verschrieben ist der Herrscher Dubais, **Shaikh Mohammed.** Er wuchs unter Poeten auf, lernte viele arabische Verse auswendig und verfasst selber Gedichte. Jedes Jahr kreiert er für seine interessierten Bürger ein dichterisches Rätsel. Derjenige, der es löst, wird mit hoheitlicher Anerkennung sowie einem beachtlichen Gewinn belohnt. Doch das Ganze ist nicht einfach, denn auch die Lösung muss in Versform verfasst sein, die zudem dieselbe Stuktur aufweisen muss wie die Rätselfrage.

Literaturtipp

- *Mohammed bin Rashid Al Maktoum* und *Leslie Tramontini*, **In der Wüste findet nur der Kluge den Weg.** Carl Hanser Verlag; vom Herrscher Dubais verfasste Gedichte in deutscher Übersetzung

Infos im Internet

- **www.dubaiculture.gov.ae**
Dubai Culture and Arts Authority
- **www.cultures.ae**
Sheikh Mohammed Centre for Cultural Understanding

Literatur- und Hörbuchtipp

- *Kirstin Kabasci*, **KulturSchock Kleine Golfstaaten/Oman.** Reise Know-How Verlag; Infos zu Kultur, Traditionen, Geschichte, Religion und Gesellschaft; auch erhältlich als Audiobuch

dub14-033 kk

Über Lautsprecher erschallt der Gebetsruf des Muezzin

dub14-036 kk

5 Anhang

☐ Dhaus am Creekufer in Deira

Sprache

Die offizielle Landessprache ist Arabisch. Englisch ist die gängige Geschäftssprache, die unter den Emiratern und den Gastarbeitern weit verbreitet ist. In Hotels, bei Tourveranstaltern, in Reisebüros, in Apotheken und Krankenhäusern, in Banken, Wechselstuben und Postämtern wird fast überall Englisch gesprochen. Viele Inder können es ebenfalls fließend, wenn auch mit einer ungewohnten Betonung und einigen fremden Vokabeln („Indlish"). Aber auch wer nicht perfekt Englisch spricht, verfügt in der Regel über einen Grundwortschatz. Mitunter sind etwas Geduld und genaues Hinhören erforderlich.

Deutsch oder **Französisch** wird hauptsächlich an den **Rezeptionen** der großen Hotels und von so manchem **Reiseleiter** gesprochen.

In den Souqs von Dubai sowie in preiswerteren Hotels sieht man auffallend viele Schilder oder Speisekarten in kyrillischen Buchstaben. Viele geschäftstüchtige **Händler und Hoteliers** haben sich in den letzten Jahren ein erstaunlich umfangreiches **Russisch-Vokabular** angeeignet.

Buchtipp

Ein nützlicher Reisebegleiter ist der praxisnahe und handliche **Sprachführer „Arabisch für die Golfstaaten – Wort für Wort"** aus der Kauderwelsch-Reihe des Reise-Know-How-Verlags, Bielefeld (auch als AusspracheTrainer auf Audio-CD erhältlich).

Oft zu hören sind auch **Hindi** (Indisch), **Urdu** (Pakistanisch) und **Farsi** (Persisch), die von den Gastarbeitern gesprochen werden.

Arabisch ist nicht gleich Arabisch: Das **klassische Arabisch** ist die Sprache, in welcher der Koran niedergeschrieben ist. Es ist eine auserwählte Schriftsprache, die sich seit dem 7. Jahrhundert, zu Lebzeiten des Propheten Mohammed, nicht verändert hat. Darauf baut das **moderne Hocharabisch** auf, allerdings mit vereinfachter Grammatik und zeitgemäßen Vokabeln. Es ist zugleich die gemeinsame Schriftsprache aller Araber, die in den Medien, im innerarabischen Handel und in der Politik gesprochen und in den Schulen gelehrt wird. Schließlich gibt es noch verschiedene **Regionaldialekte,** die nicht geschrieben, sondern nur gesprochen werden. Im Bereich des Wortschatzes, der Aussprache und der Grammatik weichen die Dialekte zum Teil stark voneinander ab.

Das arabische **Alphabet** besteht aus **28 Buchstaben, die von rechts nach links geschrieben und gelesen werden.** Es gibt nur die Vokale a, u und i, die lang oder kurz gesprochen werden. Je nach Länge ändert sich der Wortsinn. Alle Worte basieren auf Wurzeln, die meist aus drei Mitlauten bestehen, sinnverwandte Worte haben dieselbe Wurzel.

Zur Vereinfachung sind in diesem Buch viele arabische Begriffe – sofern nicht anders gekennzeichnet – in der **Singular-Form** gebraucht. Wenn auch grammatikalisch nicht korrekt, sind die meisten arabischen Mehrzahlformen durch Anhängen des in der deutschen Sprache gebräuchlichen **Plural-s** an die Singular-Form gebildet (z.B. souqs, wadis etc).

Höflichkeiten auf Arabisch

Auch wenn man sich nahezu überall und mit beinahe jedermann in Englisch unterhalten kann, so wird es sehr **hoch angerechnet, wenn man einige arabische Redewendungen, v.a. die Begrüßungsfloskeln, kennt.** Die hier aufgeführten „Sie"-Formen unterscheiden sich nicht von der jeweiligen „Du"-Form.

- **Friede sei mit Euch** (= Guten Tag): as-salâm 'alaikum; Antwort: Und Friede sei mit Euch: wa 'alaikum as-salâm
- **Guten Morgen:** sabâh al khair; Antwort: sabâh an-nûr (einen Morgen des Lichtes)
- **Guten Abend:** msâ al khair; Antwort: msâ an-nûr (einen Abend des Lichtes)
- **Hallo:** marhabâ
- **Willkommen:** 'ahlan wa sahlan (vgl. Glossar); Antwort: 'ahlan wa sahlan
- **Auf Wiedersehen:** ma' as-salâma
- **Allah beschütze Dich:** hayâk 'allâh
- **Wie geht's?:** kayf al hâl?; Antwort: al hamdulillah (Gott sei's gelobt) oder kwayyis (gut); dann stets Gegenfrage anschließen: Wie geht es Ihnen?: kayf al hâl 'anta (zu einem Mann), kayf al hâl 'anti (zu einer Frau)?

Transkription

Die in diesem Buch verwandte Transkription, also die **Umschreibung arabischer Sprachlaute** in unsere lateinische Schrift, lehnt sich mitunter an die in Dubai gebräuchliche Orientierung an englische Sprachlaute an. So bedeuten:

- **sh** sch (wie im engl. „ship")
- **ee** langes i (wie im engl. „feel")
- **ou, oo** langes u (wie im engl. „moon")
- **j** „dsch" (wie im engl. „John")
- **r** auf der Zungenspitze gerolltes „r"
- **q** tiefes, in der Kehle gesprochenes „k" (wie in „karg")
- **z** weiches „s" (wie in See")
- **w** weiches w (wie im engl. „what")
- **th** wie im engl. „think", scharf
- **dh** wie das engl. „this", weich
- **gh** ungerolltes „r" (wie im franz. „rouge")
- **kh** wie „ch" in „Bach" (nicht wie in „ich")
- **^** langer Vokal (nur im Abschnitt „Höflichkeiten auf Arabisch")
- **'** Stimmabsatz wie in „Be'amter" oder das berüchtigte arabische „Ain", einem aus der Tiefe der Kehle gequetschten „a"-ähnlichen Würgelaut (da Ungeübte bei der Aussprache des „Ain" meist zum Scheitern verurteilt sind, können sie ihn der Einfachheit halber auch als Stimmabsatz betrachten).
- Die Aussprache der übrigen Buchstaben entspricht etwa der im Deutschen.
- Da es keine einheitliche Umschrift der arabischen Buchstaben in lateinische gibt, ist es kein Wunder, dass es vor Ort verschiedene (englische) Schreibweisen gibt. In diesem Buch wurde versucht, Einheitlichkeit zu wahren.

- **Wie heißen Sie?:** mâ 'ismak (zu einem Mann), mâ 'ismik (zu einer Frau)?; Antwort: ich heiße …: 'ismî …
- **Woher kommen Sie?:** min ayna 'anta (zu einem Mann), min ayna 'anti (zu einer Frau)?; Antwort: aus Deutschland: min 'almâniyâ / aus der Schweiz: min swisrâ / aus Österreich: min an-nimsâ
- **Sprechen Sie englisch / arabisch?:** takhî 'inglîsî / 'arabî?; Antwort: ein bisschen: shwayya, oder ich spreche kein …: mâ 'atakallam …
- **Haben Sie Kinder?:** hal 'indak 'aulâd?; Antwort: Ja, ich habe 3: na'am, 'indî thalâtha / Nein, ich habe keine Kinder: lâ, laissa 'indî
- **Bitte (von jemandem erbitten):** min fadhlak (zu einem Mann), min fadhliki (zu einer Frau); Antwort: Danke: shukran; Gegenantwort: Keine Ursache: 'afwan
- **Bitte (jemandem etwas anbieten):** tafaddhal (zu einem Mann), tafaddhalî (zu einer Frau); Antwort: Danke: shukran
- **Wenn sie erlauben:** lau samaht; Antwort: Bitte: tafaddhal (zu einem Mann), tafaddhalî (zu einer Frau)
- **Entschuldigung, es tut mir leid:** 'anâ 'âsif (als Mann), 'anâ 'âsifa (als Frau); Antwort: Keine Ursache: 'afwan
- **Wie gefällt Ihnen Dubai?:** kayf Dubai?; Antwort: Dubai ist schön: Dubai jamîl
- **Hoffentlich,** wahrscheinlich, so Gott will, wenn nichts dazwischen kommt: 'insh'allâh (vgl. Glossar)
- **Darf ich fotografieren?:** mumkin sûra?
- **Auf Wiedersehen!:** good bye – ma'a salâma
- **Bis demnächst:** 'ila l-liqâ

Die **arabischen Ziffern** werden (im Gegensatz zu den Buchstaben) von links nach rechts geschrieben:

1 / one / wâhid	١
2 / two / ithnain	٢
3 / three / thalâtha	٣
4 / four / arba'a	٤
5 / five / khamsa	٥
6 / six / sitta	٦
7 / seven / sab'a	٧
8 / eight / thamânya	٨
9 / nine / tis'a	٩
10 / ten / 'ashara	١٠
20 / twenty / 'ishrîn	٢٠
30 / thirty / thalâthîn	٣٠
40 / fourty / arba'în	٤٠
100 / one hundred / miya	١٠٠
200 / two hundred / mîtain	٢٠٠
300 / three hundred / thalâtha miya	٣٠٠
400 / four hundred / arba'a miya	٤٠٠
1000 / one thousand / alf	١٠٠٠
2000 / two thousand / alfain	٢٠٠٠
3000 / three thousand / thalâthat alâf	٣٠٠٠

Glossar

Soweit nicht anders gekennzeichnet, sind die aufgelisteten **Begriffe arabischen Ursprungs.**

- **Abaya:** Schwarzer, knöchellanger Frauenumhang.
- **Abbasiden:** Kalifadendynastie, die im Jahr 750 die Omayyaden stürzte und bis 1258 ein Großreich beherrschte (zu seiner Glanzzeit von Pakistan bis Marokko). Hauptstadt war Bagdad.
- **Abra:** Kleine Holzbarkasse, die Personen günstig über die Creeks befördert.
- **Aflaj:** Pl. von „falaj", traditionelles Bewässerungssystem.
- **Agal:** Schwarze Kordel, die bei den Männern die Kopfbedeckung hält.
- **Ahlan wa sahlan:** Traditioneller Willkommensgruß, heißt wörtlich „Angehörige und leicht" und meint „als Angehörige (und nicht als Fremde) seid ihr gekommen, und leicht sollt ihr es haben".
- **Ain:** „Quelle" und „Auge".
- **Akbar:** „Größer", „al akbar" bedeutet „allmächtig".
- **al-:** Bestimmter arab. Artikel, der mit dem folgenden Wort zusammengeschrieben wird.
- **Al:** „Familie", eigenständiges Wort, daher in der Umschrift ohne Bindestrich.
- **Al hamdulillah:** „Gott sei's gelobt", wird nahezu immer ausgesprochen, wenn einem Gutes widerfährt; auch Antwort auf die Frage nach dem Befinden.
- **Allah:** Dt. Form von „Al Illah", „der eine Gott", arab. Name Gottes.
- **Al Maghreb:** Gebet bei Sonnenuntergang und arab. Name von Marokko.
- **Areesh:** Mobile Hütte aus zusammengesteckten Palmzweigen, Stangen und Matten mit Windturm.
- **Ayyubiden:** 1071–1250 Kalifat und Herrschergeschlecht mit der Hauptstadt Kairo.
- **Bab:** „Tor", auch: „Meerenge".
- **Bait:** „Haus".
- **Bani:** Arab. Namenszusatz, der die Stammeszugehörigkeit benennt, „die Söhne des …".
- **Bajeel:** Trad. Windturm; zwei diagonale Innenwände ergeben vier Schächte, durch die kühlende Luftströme in das Haus geleitet werden.
- **Balutschistan:** Landstrich in Südpakistan.
- **Barasti:** Luftdurchlässige Hütten aus zusammengesteckten Palmwedeln.
- **Bazar** (persisch): „Markt".
- **Beduine/Bedu:** Arab. Nomade, eigentlich richtige Form „bedu", Pl. „badawi".
- **Bint:** Arab. Namenszusatz, „Tochter des …".
- **Bisht:** Männerumhang, meist zu offiziellen Anlässen getragen.

Abkürzungen

arab.	arabisch
Bldg.	engl. „Building", „Gebäude"
Dh	Dirham
dt.	deutsch
DZ/EZ	Doppel-/Einzelzimmer
engl.	englisch
H.E.	engl. „His Excellency", „Seine Exellenz"
H.H.	engl. „His Highness", „Seine Hoheit"
pl.	Plural
p.P.	pro Person
R/A	engl. „roundabout", „Kreisverkehr"
Rd	engl. „Road", „Straße"
sg.	Singular
St.	engl. „Street", „Straße"
Std.	Stunde(n)
trad.	traditionell
UAE	engl. „United Arab Emirates"
V.A.E.	„Vereinigte Arabische Emirate"

Bismillah ar-rahman ar-rahim: „Im Namen des barmherzigen und gnädigen Gottes". Leitmotiv für das ganze Leben der Muslime, auch Segensformel z.B. vor dem Essen (im Sinne von „gesegnetes Mahl"). Steht vor jeder Koransure (außer vor der 9.).
Buftilah: Altes Vorderladergewehr.
Bukhur: „Rauch", „Duft", Sammelbegriff für duftende Räucherstoffe.
Burj: „Turm", meist Wehr- oder Wachturm.
Burqa: Frauen-Gesichtsmaske.

Clocktower (engl.): „Uhrturm".
Corniche (franz.): „Küstenstraße".
Creek (engl.): „Lagune", „Meeresarm", arab. „khor".

Dallah: Trad. Schnabelkaffeekanne, Symbol der Gastfreundschaft.
Dhau: Europäischer Sammelbegriff für trad. arab. Holzsegelschiffstypen.
Dilmun: Alte Hochkultur im 2. Jahrtausend v. Chr. um das Gebiet des heutigen Bahrain.
Dishdasha: Knöchellanges Männergewand.
Diwan: Regierungsbüro, Audienzsaal; auch Empfangsraum in Privathäusern.
Dune bashing (engl.): „Sanddünen prügeln", mit einem Geländewagen durch die Dünen jagen.
Dune skiing (engl.): Auf Ski oder mit dem Snowboard die Sanddünen hinabfahren.

Eid: Muslimische Feiertage; das Eid al Adha ist das große Opferfest zur hajj, das Eid al Fitr findet im Anschluss an den Fastenmonat Ramadan statt.
Expatriates (engl.): Eigentlich alle Ausländer, die im Land arbeiten; meist bezieht sich die Bezeichnung jedoch nur auf die aus Europa und den USA.

Falaj: Bewässerungskanal, pl. „aflaj".
Fatimiden: In Gegnerschaft zu den Abbasiden eine schiitsche Dynastie in Ägypten und Syrien, 910–1071.
Flyover (engl.): „Überflieger", Bezeichnung für eine Überführung über eine Kreuzung oder einen Kreisverkehr.

Ghaus: Perlentaucherei.
Ghazu: Stammesfehden und Überfälle der Beduinen.
Gutra: Typische weiße Kopfbedeckung der Männer.

Hadith: „Ausspruch", „Überlieferung", Sammlung über das Verhalten, die Handlungsweisen, Aussagen und Anweisungen, Billigungen und Missbilligungen Mohammeds, die neben dem Koran das Leben der sunnitischen Muslime bestimmen.
Hajar: Gebirgszug im Osten des Landes.
Hajj: „Ruf nach Aufbruch", Pilgerfahrt zu den heiligen Stätten des Islam, insbesondere nach Mekka.
Harem: Vom arab. „haram", „abgeschieden", „geheiligter Ort"; Bereiche, die nicht betreten werden dürfen; auch Frauengemächer.
Henna: Pflanze (lat. *Lawsonia inermis*), von der manche Arten getrocknet und gemahlen einen Farbstoff abgeben; zum Färben der Haare und der Haut.
Hijra: Mohammeds Umzug und der muslimischen Gemeinde von Mekka nach Medina (damals Yathrib) im Jahr 622 n. Chr.; Beginn der islamischen Zeitrechnung.
Hisn: „Burg", „Fort".

Ibn: Arab. Namenszusatz, „Sohn des ..." („bin" hat dieselbe Bedeutung).
Insha'allah: „So Gott will", Redewendung in verschiedenen Bedeutungsnuancen, die allen Bemerkungen über Ereignisse in der Zukunft angefügt wird.
Interchange (engl.): Autobahnkreuz.
Imam: Religiös-geistlicher (Staats-)Führer; Religionsgelehrter; auch Moschee-Vorbeter.
Imamat: Staatsform, geistliches und weltliches Oberhaupt ist der Imam.

Islam: Glaubenslehre, „vollständige Hingabe an Gott"; es bekennen sich von Marokko bis Indonesien insgesamt über 1 Milliarde Menschen zum Islam.

Jebel: „Berg", „Gebirgszug".

Jinn: „Geist", „Dämon".

Kaaba: (von griech. „kubus", „Würfel") Gebäudeteil der großen Moschee in Mekka.

Kalligrafie (griech.): „Schönschreibkunst".

Kandoura: Langes, weites Oberkleid von Männern und Frauen.

Kalif: Dt. Form von „khalifa", „Nachfolger", Titel für die Nachfolger Mohammeds in der Regentschaft über das arabische Großreich.

Kalifat: Herrschaft durch Kalifen.

Khanjar: In den alten Shaikhtümern getragener omanischer Krummdolch.

Khol: Kajal, Mascara.

Khor: Lagune, Bucht, Meeresarm.

Koran: Dt. Form von „qur'an", „Das Vorgetragene", heiliges Buch der Muslime, beinhaltet unveränderbare Worte Gottes, die dieser dem Propheten Mohammed offenbarte.

Madressa: „Ort, an dem unterrichtet wird", theologische Hochschule, Schule oder auch Koranschule.

Magan: Alte Hochkultur, im 2. Jahrtausend v. Chr. im Gebiet des heutigen Nordoman; gelegentlich auch als Makan bezeichnet.

Majlis: „Sitzplatz", „Sitzung, Rat, Versammlung"; bezeichnet auch einen Empfangsraum und die regelmäßigen Versammlungen von Herrschern oder wichtigen Persönlichkeiten und Bürgern.

Mall (engl.): Großzügiges, elegant eingerichtetes Kaufhaus mit einzelnen Geschäften.

Mamluken: Ab 1250 Kalifat, Hauptstadt Kairo; 1517 vertrieben von den Mongolen.

Masjid: „Moschee".

Medina: Stadt in Saudi-Arabien; erste Stadt, die sich zum Islam bekannte; Ort von Mohammeds Grabmoschee.

Medinat: „Stadt" bzw. Altstadt.

Mekka: Geburtsstadt des Propheten; Ort, an dem der Koran offenbart wurde; zusammen mit der großen Moschee heiliges Zentrum der Muslime und Pilgerort der Muslime in Saudi-Arabien.

Meluhha: Alte Hochkultur, im 2. Jahrtausend v. Chr. im Gebiet des Industals.

Mesopotamien: Ehemaliges Reich und Landschaft im Irak.

Mihrab: Nische in der Moscheewand, zeigt die Gebetsrichtung nach Mekka an.

Mina: „Hafen".

Minbar: Kanzel in der Moschee.

Minarett: Moscheeturm; deutsche Form von „minara", „Lichterturm".

Misbah: Gebetskette, deren Perlen die 99 Namen Gottes symbolisieren; es gibt entweder lange Ketten mit 99 Perlen oder kurze mit 33, die mal 3 gezählt werden.

Mohammed: „Der Gepriesene", heiliger Prophet und Religionsstifter des Islam (570– 623 n. Chr.), häufiger Männername.

Monotheismus (griech.): Glaube an einen einzigen Gott.

Moschee: Dt. Form von „masjid", „Ort der Niederbeugung", Gebetshaus und Zentrum des sozialen Lebens.

Mubkhar: Dient zum Verbrennen von Räucherstoffen und Weihrauch; trad. aus Ton getöpfert, werden die Duftstoffe auf glühender Kohle verbrannt; heute gibt es auch elektrische mubkhars.

Muezzin: Gebetsausrufer.

Musandam: Gebirgige Halbinsel an der Straße von Hormuz (gehört zu Oman).

Muslim: „Der sich Hingebende (an Gott)", fem. Muslima.

Myrrhe: Duftharz.

Omayyaden: Herrschergeschlecht, das direkt nach den ersten islamischen Eroberungen ab Mitte des 7. Jahrhunderts für etwa 100 Jahre in Ägypten und im Nahen Osten herrschte; Hauptstadt war Damaskus.

Orient (dt. und frz.): „Osten", „Morgenland".
Ornament (frz.): „Verzierung".
Osmanen: Türkische Dynastie von Anfang 1300 bis zum 1. Weltkrieg; sie umfasste zeitweise fast gesamt Nordafrika, den Nahen Osten, Teile der Arabischen Halbinsel und den Balkan bis Österreich; Hauptstadt Istanbul.

Pick-up (engl.): Pritschenwagen.
Prophet: Der Islam kennt eine große Anzahl von Propheten, die alle Wegbereiter Mohammeds waren, auch zahlreiche aus der Bibel.

Qadi: Islamischer Rechtsgelehrter, Richter.
Qahwa: Traditioneller Kaffee, oft mit Gewürzen wie Kardamon und Ingwer zubereitet; Zeichen der Gastfreundschaft.
Qasr: Schloss.

Ramadan: Heiliger Monat der Muslime; Fastenzeit im neunten Monat des islamischen Mondjahres.
Ras: „Kopf", Felsvorsprung, Kap.
Rasul: „Der Gesandte", Prophet.
Roundabout (engl.): „Kreisverkehr", Abkürzung R/A.
Rub al Khali: „Leeres Viertel", Sandwüste, die einen großen Teil der Arabischen Halbinsel bedeckt.

Sabkha: Salzebene.
Saif: Schwert.
Sakar: Falkner.
Salam: „Friede", auch Abkürzung von „As-salamu alaikum", „Der Friede sei mit dir", dem häufigsten arabischen Gruß; die Antwort lautet „Alaikum as-salam", „Der Friede sei auch mit dir".
Salat: Pflicht jedes Muslim, täglich fünfmal zu beten.
Sanduk: Trad. und wertvolle Truhen.
Sari: Indisches Frauengewand aus einer langen Stoffbahn.
Sasha: Boot aus Palmzweigen.
Shahada: Muslimisches Glaubensbekenntnis.
Schiiten: Von „Schia", „Partei"; muslimische Minderheit, die sich im 8. Jahrhundert von den Sunniten abspaltete, da sie nur den Kalifen *'Ali* als rechtmäßigen Nachfolger Mohammeds anerkennt und sich nicht an der Sunna orientiert.
Shaikh: „Ältester", „verehrungswürdig", Titel für Stammesälteste und Stammesoberhäupter, Vorstände von Familienverbänden, Adelige und deren Söhne sowie ehrwürdige Religionsgelehrte.
Shaikha: Ursprünglich Tochter eines Shaikhs, heute auch Titel seiner Frau.
Scharia: „Straße"; auch Name für die islamische Rechtslehre.
Shayla: Schwarzer Frauenschleier, der aus Chiffon hergestellt wird.
Shisha: Wasserpfeife.
Sirwal: Weite, bunte, an den Knöcheln bestickte Frauenhose, die unter dem Kleid getragen wird.
Souq: „Markt".
Sponsor (engl.): „Bürge"; jeder ausländische Arbeiter benötigt einen einheimischen Bürgen; ausländische Geschäftsleute benötigen – bis auf wenige Ausnahmen – einen einheimischen Partner und Teilhaber; auch Touristen aus einigen Ländern benötigen zur Visa-Erteilung einen Sponsor, z.B. ein Hotel oder einen emiratischen Bekannten.
Sunna: „Viel begangener Weg", „Gewohnheit", auch „Tradition", Gesamtheit der Hadith-Sammlung und Lebensweisen Mohammeds.
Sure: „Grad", „Schritt", Bezeichnung für jedes der 114 Kapitel des Koran.

Tamarinde: Baumart, der essbare Samen dient als Medizin oder Nahrung.

Ulema: „Die Gelehrten", islamische Gesetzesgelehrte, Juristen.
Umm: „Mutter von ...", in Verbindung mit dem Vornamen des ältesten Sohnes ehrenvolle Anrede.
Umma: Gemeinschaft aller Muslime.

Wadi: Trockental, das nach heftigen Regenfällen zeitweise Oberflächenwasser führen kann.

Wadi-bashing (engl.): „Flusstal prügeln", legerer Ausdruck für den populären Freizeitsport, mit einem Allradwagen durch die Bergwadis zu fahren; am spektakulärsten mit hoher Geschwindigkeit durchs Wasser.

Wahhabiten: Islamische Glaubensrichtung, die sich auf die Lehren des *Mohammed ibn Abdul Wahhab* (1703–1792) beruft und eine Rückkehr zu den Wurzeln des Islam fordert.

Zakat: Die Pflicht der Muslime, Bedürftigen zu helfen.

HILFE!

Dieser Reiseführer ist gespickt mit unzähligen Adressen, Preisen, Tipps und Infos. Nur vor Ort kann überprüft werden, was noch stimmt, was sich verändert hat, ob Preise gestiegen oder gefallen sind, ob ein Hotel, ein Restaurant immer noch empfehlenswert ist oder nicht mehr, ob ein Ziel noch oder jetzt erreichbar ist, ob es eine lohnende Alternative gibt usw.

Unsere Autoren sind zwar stetig unterwegs und versuchen, alle zwei Jahre eine komplette Aktualisierung zu erstellen, aber auf die Mithilfe von Reisenden können sie nicht verzichten.

Darum: Schreiben Sie uns, was sich geändert hat, was besser sein könnte, was gestrichen bzw. ergänzt werden soll. Nur so bleibt dieses Buch immer aktuell und zuverlässig. Wenn sich die Infos direkt auf das Buch beziehen, würde die Seitenangabe uns die Arbeit sehr erleichtern. Gut verwertbare Informationen belohnt der Verlag mit einem Sprechführer Ihrer Wahl aus der über 220 Bände umfassenden Reihe „Kauderwelsch". Bitte schreiben Sie an:

Reise Know-How Verlag
Peter Rump GmbH | Postfach 14 06 66 | D-33626 Bielefeld
oder per E-Mail an: info@reise-know-how.de

Danke!

REISE KNOW-HOW
Albanien
Sardinien
Tessin
Lago Maggiore
Nordseeküste
Schleswig-Holstein
Ostseeküste
Schleswig-Holstein
Andalusien
Litauen
England
Norden und Mitte
New York City
POSEN
ROSTOCK · WISMAR
WIESBADEN
PALMA de Mallorca
BUENOS AIRES
GÖTEBORG
ROTTERDAM
TRIER
WARSCHAU
CityTrip
mit Faltplan
Kauderwelsch plus
Brasilianisch plus Wörterbuch
Französisch Slang
Polnisch Slang
Polnisch Slang

Register

A

B

C

D

G

H

I

J

K

N

O

P

Q

R

S

T

X/Y

Z

Die Autorin

Kirstin Kabasci hat Islam-, Erziehungswissenschaft und Malaiologie studiert und arbeitet als Reisebuchautorin (V.A.E., Jemen, Oman, Qatar, Bahrain, Köln). Arbeits- und Studienaufenthalte, Recherchen und Reisen führen sie regelmäßig auf die arabische Halbinsel, in den Nahen Osten und nach Nordafrika.

Fotonachweis

Die Fotos stammen von der Autorin *Kirstin Kabasci* (kk) und von folgenden Fotografen bzw. Stellen, bei denen wir uns für die freundliche Abdruckgenehmigung bedanken:

- *Government of Dubai, Dubai Department of Tourism and Commerce Marketing* (dt): S. 12, 26, 41, 72, 75, 83, 116, 121, 128, 135, 144, 151, 163, 169, 175, 189, 192, 198, 240, 246, 263, 270, 288, 292, 294, 340, 346, 351, 354, 371
- *Nakheel/ReComPR GmbH* (na): S. 46, 137
- *Hamed Mohammed bin Mejren* (mm): S. 74
- *Emaar/wbpr* (tmd): S. 168
- *Big Bus Tours* (bbt): S. 77
- *Atlantis The Palm/Text&Aktion (GbR)* (at): S. 160, 176, 196, 205
- *Sharjah Commerce and Tourism Development Authority* (sct): S. 296, 301, 302, 313, 316, 318, 320
- *The Address Hotels and Resorts* (ah): S. 216, 236

⌵ Die Autorin im Hajar-Gebirge

dub14-038